LUCAS HERTNECK

Peer-to-Peer-Lending

Abhandlungen zum Deutschen und Europäischen
Gesellschafts- und Kapitalmarktrecht

Herausgegeben von

Professor Dr. Holger Fleischer, LL.M., Hamburg
Professor Dr. Hanno Merkt, LL.M., Freiburg
Professor Dr. Gerald Spindler, Göttingen

Band 162

Peer-to-Peer-Lending

Vertrags- und aufsichtsrechtliche Anforderungen

Von

Lucas Hertneck

Duncker & Humblot · Berlin

Die Rechtswissenschaftliche Fakultät
der Westfälischen Wilhelms-Universität Münster hat diese Arbeit
im Jahre 2019 als Dissertation angenommen.

Bibliografische Information der Deutschen Nationalbibliothek

Die Deutsche Nationalbibliothek verzeichnet diese Publikation in
der Deutschen Nationalbibliografie; detaillierte bibliografische Daten
sind im Internet über http://dnb.d-nb.de abrufbar.

© 2020 Duncker & Humblot GmbH, Berlin
Satz: 3w+p GmbH, Rimpar
Druck: CPI buchbücher.de gmbh, Birkach
Printed in Germany

ISSN 1614-7626
ISBN 978-3-428-15935-2 (Print)
ISBN 978-3-428-55935-0 (E-Book)

Gedruckt auf alterungsbeständigem (säurefreiem) Papier
entsprechend ISO 9706 ∞

Internet: http://www.duncker-humblot.de

Meinen Eltern

Vorwort

Die vorliegende Arbeit wurde im Sommersemester 2019 von der Rechtswissenschaftlichen Fakultät der Westfälischen Wilhelms-Universität Münster als Dissertation angenommen. Rechtsprechung und Literatur konnten bis Dezember 2018 berücksichtigt werden.

Mein herzlicher Dank gilt meinem Doktorvater Professor Dr. Matthias Casper für die hervorragende Betreuung der Arbeit. Herrn Professor Dr. Nikolas Guggenberger danke ich für die Erstellung des Zweitgutachtens. Großer Dank gebührt auch Jutta Hertneck, Lukas Gräter und Dr. Henrik Kühl für ihre hilfreichen kritischen Anmerkungen und das Korrekturlesen der Arbeit.

Ganz besonderer Dank gilt schließlich meinen Eltern für ihren steten und liebevollen Rückhalt und die langjährige Unterstützung während meiner Ausbildung. Ihnen ist diese Arbeit gewidmet.

Stuttgart, im April 2020   *Lucas Hertneck*

Inhaltsübersicht

Inhaltsverzeichnis

Kapitel 4

Aufsichtsrechtliche Anforderungen an das P2P-Lending   95

Kapitel 5

Reformperspektiven 176

Kapitel 6

Zusammenfassung in Thesen 207

Abkürzungsverzeichnis

6. KWG-Novelle	Gesetz zur Umsetzung von EG-Richtlinien zur Harmonisierung bank- und wertpapieraufsichtsrechtlicher Vorschriften vom 22.10.1997 (BGBl. I 2518)
a.A.	andere Ansicht
a.a.O.	am angegebenen Ort
ABlEG	Amtsblatt der Europäischen Gemeinschaften
ABlEU	Amtsblatt der Europäischen Union
Abs.	Absatz
AcP	Archiv für civilistische Praxis
a.E.	am Ende
AEUV	Vertrag über die Arbeitsweise der Europäischen Union
a.F.	alte Fassung
AGB	Allgemeine Geschäftsbedingungen
AO	Abgabenordnung
Auxmoney-AGB	Nutzungsbedingungen des auxmoney Online-Kreditmarktplatzes für Kreditsuchende, abrufbar unter https://www.auxmoney.com/contact/do kumente/Nutzungsbedingungen_Kreditsuchende.pdf, zuletzt abgerufen am 01.12.2018
B2B	Business-to-Business
B2C	Business-to-Consumer
BaFin	Bundesanstalt für Finanzdienstleistungsaufsicht
BAK	Bundesaufsichtsamt für das Kreditwesen
Bankenrichtlinie	Richtlinie 2006/48/EG des Europäischen Parlaments und des Rates vom 14. Juni 2006 über die Aufnahme und Ausübung der Tätigkeit der Kreditinstitute, ABlEG Nr. L 177 v. 30.06.2006, S. 1
BankvertragsR	Bankvertragsrecht
BayObLG	Bayerisches Oberstes Landesgericht
BB	Betriebs-Berater
BCBS	Basel Committee on Banking Supervision
BeckOGK	beck-online.GROSSKOMMENTAR
BeckOK	Beck'scher Online-Kommentar
Begr.	Begründer
BGB	Bürgerliches Gesetzbuch
BGB AT	Allgemeiner Teil des Bürgerlichen Gesetzbuchs
BGBl.	Bundesgesetzblatt
BGH	Bundesgerichtshof
BGHZ	Entscheidungen des Bundesgerichtshofs in Zivilsachen
BKR	Zeitschrift für Bank- und Kapitalmarktrecht
BRAO	Bundesrechtsanwaltsordnung
BT-Drucks.	Bundestags-Drucksache
BVerfGE	Entscheidungen des Bundesverfassungsgerichts

BVerwG	Bundesverwaltungsgericht
BVerwGE	Entscheidungen des Bundesverwaltungsgerichts
C2C	Consumer-to-Consumer
ca.	circa
Colum. J. Eur. L.	Columbia Journal of European Law
CR	Computer und Recht
CRD IV	Richtlinie 2013/36/EU des Europäischen Parlaments und des Rates vom 26. Juni 2013 über den Zugang zur Tätigkeit von Kreditinstituten und die Beaufsichtigung von Kreditinstituten und Wertpapierfirmen, zur Änderung der Richtlinie 2002/87/EG und zur Aufhebung der Richtlinien 2006/48/EG und 2006/49/EG, ABlEU Nr. L 176 v. 27.06.2013, S. 338
CrowdVO-E	Vorschlag für eine Verordnung des Europäischen Parlaments und des Rates über Europäische Crowdfunding-Dienstleister für Unternehmen, KOM/2018/113 endg.
CRR	Verordnung (EU) Nr. 575/2013 des Europäischen Parlaments und des Rates vom 26. Juni 2013 über Aufsichtsanforderungen an Kreditinstitute und Wertpapierfirmen und zur Änderung der Verordnung (EU) Nr. 646/2012, ABlEU Nr. L 176 v. 27.06.2013, S. 1
DB	Der Betrieb
ders./dies.	derselbe/dieselben
d. h.	das heißt
Diss.	Dissertation
DStR	Deutsches Steuerrecht
DZWIR	Deutsche Zeitschrift für Wirtschaftsrecht
EBA	European Banking Authority
ECRI	European Credit Research Institute
EGBGB	Einführungsgesetz zum Bürgerlichen Gesetzbuche
Einf.	Einführung
Einl.	Einleitung
EinlSiRL	Richtlinie 2014/49/EU des Europäischen Parlaments und des Rates vom 16. April 2014 über Einlagensicherungssysteme, ABlEU Nr. L 173 v. 12.06.2014, S. 149
endg.	endgültig
ESMA	European Securities and Markets Authority
ESZB	Europäisches System der Zentralbanken
EU	Europäische Union
EuCML	Journal of European Consumer and Market Law
EU-RatingVO	Verordnung (EG) Nr. 1060/2009 des Europäischen Parlaments und des Rates vom 16. September 2009 über Ratingagenturen, ABlEG Nr. L 302 v. 17.11.2009, S. 1
EUV	Vertrag über die Europäische Union
EWG	Europäische Wirtschaftsgemeinschaft
EWR	Europäischer Wirtschaftsraum
EWU-Kommentar	Kommentar zur Europäischen Währungsunion
EZB	Europäische Zentralbank
f./ff.	folgende (Einzahl)/folgende (Mehrzahl)
FAZ	Frankfurter Allgemeine Zeitung

FinDAG	Finanzdienstleistungsaufsichtsgesetz
FK-WpPG	Frankfurter Kommentar – WpPG und EU-ProspektVO
Frankfurt a. M.	Frankfurt am Main
FS	Festschrift
GbR	Gesellschaft bürgerlichen Rechts
GesR	Gesellschaftsrecht
GewArch	Gewerbearchiv
GewO	Gewerbeordnung
GewO 1869	Gewerbeordnung vom 21.06.1869 (BGBl. 245)
GG	Grundgesetz
GwG	Geldwäschegesetz
Hdb	Handbuch
HGB	Handelsgesetzbuch
h.M.	herrschende Meinung
Hrsg.	Herausgeber
hrsg.	herausgegeben
ICF	International Center for Finance
InvG	Investmentgesetz
IT-Bereich	Informationstechnischer Bereich
JZ	Juristen-Zeitung
KAGB	Kapitalanlagegesetzbuch
Kap.	Kapitel
KASG	Kleinanlegerschutzgesetz vom 03.07.2015 (BGBl. I 1666)
KG	Kammergericht
KK-WpHG	Kölner Kommentar zum Wertpapierhandelsgesetz
KMU	Kleine und mittlere Unternehmen
K&R	Kommunikation und Recht
KSzW	Kölner Schrift zum Wirtschaftsrecht
KuK	Kredit und Kapital
KWG	Kreditwesengesetz
KWG 1961	Gesetz über das Kreditwesen vom 10.07.1961
MaBV	Makler- und Bauträgerverordnung
MDR	Monatsschrift für Deutsches Recht
MiFID I	Richtlinie 2004/39/EG des Europäischen Parlaments und des Rates vom 21. April 2004 über Märkte für Finanzinstrumente, zur Änderung der Richtlinien 85/611/EWG und 93/6/EWG des Rates und der Richtlinie 2000/12/EG des Europäischen Parlaments und des Rates und zur Aufhebung der Richtlinie 93/22/EWG des Rates, ABlEG Nr. L 145 v. 30.04.2004, S. 1
MiFID II	Richtlinie 2014/65/EU des Europäischen Parlaments und des Rates vom 15. Mai 2014 über Märkte für Finanzinstrumente sowie zur Änderung der Richtlinien 2002/92/EG und 2011/61/EU, ABlEU Nr. L 173 v. 12.06.2014, S. 349
MMR	Multimedia und Recht
MüHdb-GesR	Münchener Handbuch des Gesellschaftsrechts
MüKo-HGB	Münchener Kommentar zum Handelsgesetzbuch
MüKo-VVG	Münchener Kommentar zum Versicherungsvertragsgesetz
MultimediaR	Multimediarecht

m.w.N.	mit weiteren Nachweisen
NJW	Neue Juristische Wochenschrift
NK-BGB	Nomos-Kommentar BGB
Nr.	Nummer
Nrn.	Nummern
OLG	Oberlandesgericht
OVG	Oberverwaltungsgericht
P2B	Peer-to-Business
P2P	Peer-to-Peer
p.a.	per annum
ProspektRL	Richtlinie 2003/71/EG des Europäischen Parlaments und des Rates vom 4. November 2003 betreffend den Prospekt, der beim öffentlichen Angebot von Wertpapieren oder bei deren Zulassung zum Handel zu veröffentlichen ist, und zur Änderung der Richtlinie 2001/34/EG, ABlEG Nr. L 345 v. 31.12.2003, S. 64
ProspektVO	Verordnung (EU) 2017/1129 des Europäischen Parlaments und des Rates vom 14. Juni 2017 über den Prospekt, der beim öffentlichen Angebot von Wertpapieren oder bei deren Zulassung zum Handel an einem geregelten Markt zu veröffentlichen ist und zur Aufhebung der Richtlinie 2003/71/EG, ABlEU Nr. L 168 v. 30.6.2017, S. 12
PWW	Prütting/Wegen/Weinreich
Ratesetter-AGB	Investor Terms, abrufbar unter https://www.ratesetter.com/investor-terms, zuletzt abgerufen am 01.12.2018
RBerG	Rechtsberatungsgesetz
RdF	Recht der Finanzinstrumente
RDG	Rechtsdienstleistungsgesetz
RegE	Gesetzentwurf der Bundesregierung
RGZ	Entscheidungen des Reichsgerichts in Zivilsachen
RL	Richtlinie
Rn.	Randnummer, Randnummern
Rz.	Randzeichen
S.	Seite, Seiten
StGB	Strafgesetzbuch
StiftungsR-Hdb	Stiftungsrechts-Handbuch
Tz.	Textziffer
u.a.	und andere
UK	United Kingdom
Unterabs.	Unterabsatz
Urt.	Urteil
v.	von, vom
VAG	Versicherungsaufsichtsgesetz
Var.	Variante
VerbrKrG	Verbraucherkreditgesetz
VerbrKrRL	Richtlinie 2008/48/EG des Europäischen Parlaments und des Rates vom 23. April 2008 über Verbraucherkreditverträge und zur Aufhebung der Richtlinie 87/102/EWG des Rates, ABlEG Nr. L 133 v. 22.05.2008, S. 66
VermAnlG	Vermögensanlagengesetz

Vor.	Vorbemerkung
VuR	Verbraucher und Recht
VVG	Versicherungsvertragsgesetz
VwVfG	Verwaltungsverfahrensgesetz
Wash. Lee L. Review	Wash Lee Law Review
WertpapierhandelsR	Wertpapierhandelsrecht
WiSt	Wirtschaftswissenschaftliches Studium
WM	Wertpapier-Mitteilungen
WohnimmoKrRL	Richtlinie 2014/17/EU des Europäischen Parlaments und des Rates vom 4. Februar 2014 über Wohnimmobilienkreditverträge für Verbraucher und zur Änderung der Richtlinien 2008/48/EG und 2013/36/EU und der Verordnung (EU) Nr. 1093/2010, ABlEU Nr. L 60 v. 28.02.2014, S. 34
Wpdl-RL	Richtlinie 93/22/EWG des Rates vom 10. Mai 1993 über Wertpapierdienstleistungen, ABlEG Nr. L 141 v. 11.06.1993, S. 27
WPg	Die Wirtschaftsprüfung
WpHG	Wertpapierhandelsgesetz
WpPG	Wertpapierprospektgesetz
WuB	Entscheidungssammlung für Wirtschafts- und Bankrecht
ZAG	Zahlungsdiensteaufsichtsgesetz
ZBB	Zeitschrift für Bankrecht und Bankwirtschaft
ZEuP	Zeitschrift für Europäisches Privatrecht
ZEV	Zeitschrift für Erbrecht und Vermögensnachfolge
ZFBF	Schmalenbachs Zeitschrift für betriebswirtschaftliche Forschung
ZfPW	Zeitschrift für die gesamte Privatrechtswissenschaft
ZGR	Zeitschrift für Unternehmens- und Gesellschaftsrecht
ZHR	Zeitschrift für das gesamte Handelsrecht und Wirtschaftsrecht
Ziff.	Ziffer
ZIP	Zeitschrift für Wirtschaftsrecht
Zopa-Investor-AGB	Part B: Investor Principles, abrufbar unter https://www.zopa.com/principles, zuletzt abgerufen am 01.12.2018
Zopa-Plattform-AGB	Part A: Lending Platform Principles, abrufbar unter https://www.zopa.com/principles, zuletzt abgerufen am 01.12.2018
ZVglRWiss	Zeitschrift für Vergleichende Rechtswissenschaft

Kapitel 1

Einleitung

A. Einführung

Echtes Peer-to-Peer-Lending ermöglicht die unmittelbare Vergabe von Krediten durch eine Vielzahl von Verbrauchern oder Unternehmen an einzelne Verbraucher oder Unternehmen über Internetplattformen. Ist der Darlehensnehmer Privatperson, handelt es sich um echtes Peer-to-Peer-Consumer-Lending (P2P-Consumer-Lending), ist der Darlehensnehmer Unternehmer oder ein Unternehmen, handelt es sich entsprechend um echtes Peer-to-Peer-Business-Lending (P2P-Business-Lending).[1] Beim P2P-Consumer-Lending liegen die Verwendungszwecke im Bereich typischer Konsumentenkredite, gehen also von der Finanzierung von Autos, Möbeln oder Computern über die von Urlauben, Umzügen und Ausbildungen bis hin zur Ablösung anderer Kredite.[2] P2P-Business-Lending richtet sich primär an Selbstständige[3] oder Unternehmen zur Anschaffung von Vermögensgegenständen wie Computern, Maschinen oder Fahrzeugen[4].

Der Begriff „Peer-to-Peer" findet sich schon längere Zeit im IT-Bereich und wird typischerweise dann verwendet, wenn unmittelbare Beziehungen zwischen beliebigen, nicht notwendigerweise „gleichen" Akteuren betont werden sollen, wie beispielsweise bei Peer-to-Peer-Netzwerken.[5] Als FinTech kann das P2P-Lending vor diesem Hintergrund verstanden werden. Der Begriff hebt die prägende Besonderheit

---

[1] Siehe unten unter Kapitel 2 C. f. noch vertieft zur begrifflichen Abgrenzung.

[2] Siehe zu möglichen Verwendungszwecken etwa https://www.zopa.com/loans, zuletzt abgerufen am 01.12.2018. Siehe zu entsprechenden möglichen Verwendungszwecken beim unechten P2P-Lending auch https://www.auxmoney.com/kredit/darlehen-privatkredit.html, zuletzt abgerufen am 01.12.2018.

[3] Zopa vermittelt im Bereich P2P-Business-Lending ausschließlich Kredite an „Einzelunternehmer" (http://help.zopa.com/customer/portal/articles/2468041, zuletzt abgerufen am 01.12.2018). Siehe zur Finanzierung von Selbstständigen beim unechten P2P-Lending etwa auch Auxmoney, https://www.auxmoney.com/kredit/darlehen-kredit-fuer-selbstaendige.html, zuletzt abgerufen am 01.12.2018.

[4] Ratesetter vermittelt im Bereich des P2P-Business-Lendings ausschließlich Kredite zur Finanzierung des Erwerbs von Vermögensgegenständen (https://www.ratesetter.com/borrow/asset-finance, zuletzt abgerufen am 01.12.2018).

[5] Siehe *Milne/Parboteeah*, Peer-to-Peer Lending, S. 2; *Polke*, Crowdlending, S. 31, die auf die Anlehnung an den aus der Informatik stammenden Begriff der „Peer-to-Peer-Netzwerke" wie BitTorrent hinweisen.

des Geschäftsmodells hervor: Die unmittelbare Kreditvergabe zwischen sich weitgehend fremden Personen. Bis zum Auftreten des P2P-Lendings waren unmittelbare Finanzierungsbeziehungen in dieser Form und Umfang nicht anzutreffen. Traditionellerweise sind es eigentlich Banken, die Verbrauchern und Unternehmen Darlehen gewähren, indem sie sich zwischen Kapitalgeber und Kapitalnehmer schalten. Sie nehmen von den Kapitalgebern beispielsweise durch Giro- oder Spareinlagen Gelder entgegen und reichen diese als Kredite an Darlehensnehmer weiter. Die Variante des P2P-Lendings, bei der die Darlehensverträge unmittelbar zwischen Kapitalgebern und Kapitalnehmern zustande kommen, ist die ursprünglichste Form des P2P-Lendings und wird deshalb auch „echtes" P2P-Lending genannt.[6] Die wesentlichen Akteure und Beziehungen beim echten P2P-Lending lassen sich wie folgt veranschaulichen:

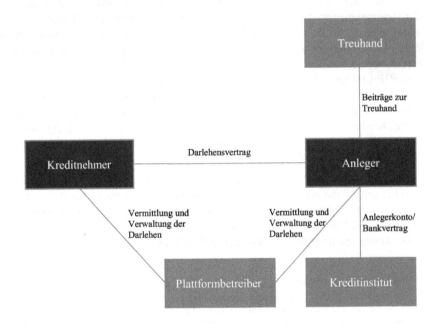

In Deutschland wird statt des echten nur „unechtes" P2P-Lending angeboten. Es wird als unecht bezeichnet, weil die Darlehensverträge nicht unmittelbar zwischen den Nutzern zustande kommen, sondern zwischen Darlehensnehmern und klassischen Banken, die mit den jeweiligen Plattformbetreibern kooperieren. Die Banken schließen mit den einzelnen Anlegern wiederum Forderungskaufverträge und treten ihnen ihre Rückzahlungs- und Zinsansprüche aus den Darlehensverträgen im Wege

---

[6] Siehe unten unter Kapitel 2 C. f. noch vertieft zur begrifflichen Abgrenzung, insbesondere dem in Deutschland vorherrschenden „unechten" P2P-Lending.

der Teil- und Vorausabtretung[7] ab. Durch diese Konstruktion werden die Anleger wirtschaftlich so gestellt, als hätten sie das Darlehen selbst unmittelbar gewährt. Trotz der Zwischenschaltung eines klassischen Kreditinstituts wirbt aber beispielsweise Deutschlands größte P2P-Lending-Plattform Auxmoney mit dem Slogan „Geld braucht keine Bank"[8]. Die Verwunderung dürfte damit bei unbedarften Anlegern spätestens dann sicher sein, wenn sie statt Darlehensverträgen mit Darlehensnehmern Forderungskaufverträge mit einer Bank schließen. Die wesentlichen Akteure und Beziehungen beim unechten P2P-Lending lassen sich wie folgt veranschaulichen:

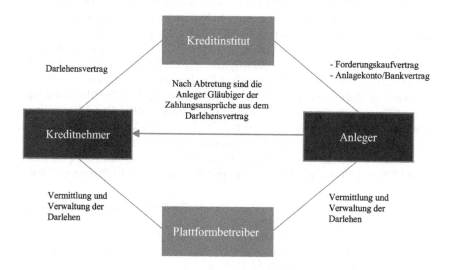

P2P-Lending wurde erstmals 2005 von der britischen Plattform Zopa angeboten.[9] Über die Plattform können Verbraucher Darlehen zwischen 1.000 GBP und 25.000 GBP über eine Laufzeit von einem Jahr bis zu fünf Jahren mit einem effektiven Zinssatz zwischen 2,8 % und 34,9 % p.a. aufnehmen.[10] Einzelunternehmer können bei Zopa unter denselben Rahmenbedingungen Kredite aufnehmen. Andere Unternehmensformen, wie Kapitalgesellschaften, haben dagegen keinen Zugang zu

---

[7] Siehe etwa bei Auxmoney § 4 Abs. 1 Muster des Vertrags über den Verkauf und die Abtretung einer zukünftigen Verbraucherdarlehensforderung einschließlich Verwertungsvollmacht, abrufbar unter https://www.auxmoney.com/contact/dokumente/lender/AnlageC.pdf, zuletzt abgerufen am 01.12.2018. Siehe aber *Polke*, Crowdlending, S. 69 ff. dazu, dass diese Abtretung je nach Einzelfall auch als eine Vertragsübernahme qualifiziert werden kann.

[8] https://www.auxmoney.com/kredit/geldanlage-geld-braucht-keine-bank.html, zuletzt abgerufen am 01.12.2018.

[9] https://www.zopa.com/about, zuletzt abgerufen am 01.12.2018.

[10] https://www.zopa.com/loans, zuletzt abgerufen am 01.12.2018.

Finanzierungen über die Plattform.[11] Über Zopa wurden bislang Kredite mit einem Gesamtvolumen von 3,81 Milliarden GBP vermittelt.[12] Ratesetter, die zweitgrößte britische Plattform, bietet Verbrauchern die Aufnahme von Krediten zwischen 500 GBP und 35.000 GBP über eine Laufzeit von einem Jahr bis zu fünf Jahren mit einem effektiven Jahreszinssatz ab 3,9 % an.[13] Unternehmen können bei Ratesetter Kredite zwischen 10.000 GBP und 500.000 GBP zur Finanzierung von für den Betrieb benötigten Vermögensgegenständen aufnehmen. Über die Plattform wurden seit der Gründung 2010 insgesamt 2,91 Milliarden GBP an Krediten vermittelt.[14]

Innerhalb der EU nimmt der britische P2P-Consumer- und P2P-Business-Lending-Markt eine herausragende Stellung ein. 2016 wurden auf dem britischen Markt Kredite mit einem Gesamtvolumen von 2,40 Milliarden GBP[15] gewährt, während in Europa im selben Zeitraum insgesamt lediglich Kredite mit einem Gesamtvolumen von 1,05 Milliarden EUR[16] vergeben wurden.[17] Das P2P-Consumer-Lending in Großbritannien weist dabei ein äußerst dynamisches Wachstum auf. 2013 betrug das Volumen aller vermittelten P2P-Consumer-Kredite noch 287 Millionen GBP, 2014 waren es 547 Millionen GBP, 2015 909 Millionen GBP, 2016 1,169 Milliarden GBP und schlussendlich 2017 insgesamt 1,403 Milliarden GBP.[18] Das P2P-Business-Lending wuchs von 193 Millionen GBP in 2013, über 749 Millionen GBP in 2014, 881 Millionen GBP in 2015, 1,232 Milliarden GBP in 2016, auf 2,039 Milliarden GBP in 2017.[19] Für 2018 wird ein P2P-Consumer-Marktvolumen von 3,437 Milliarden EUR und für das Jahr 2022 bereits von 5,671 Milliarden EUR prognostiziert.[20]

---

[11] http://help.zopa.com/customer/en/portal/articles/2468041-what-can-i-use-a-zopa-loan-for-, zuletzt abgerufen am 01.12.2018.

[12] https://www.zopa.com/about, zuletzt abgerufen am 01.12.2018.

[13] https://www.ratesetter.com/borrow/personal-loans; https://www.ratesetter.com/borrow/faqs, jeweils zuletzt abgerufen am 01.12.2018.

[14] https://invest.ratesetter.com/aboutus/statistics, zuletzt abgerufen am 01.12.2018.

[15] *Cambridge Centre for Alternative Finance*, 4th UK Alternative Finance Industry Report, S. 13.

[16] *Cambridge Centre for Alternative Finance*, 3rd European Alternative Finance Industry Report, S. 28. Die Studie weist keine gesonderten Zahlen für die EU aus, sondern betrachtet Europa als eine geographische Region, die unter anderem auch Island, die Ukraine und die Türkei umfasst. Siehe für die von der Studie umfassten geographischen Region *Cambridge Centre for Alternative Finance*, 3rd European Alternative Finance Industry Report, S. 24.

[17] Es werden die Werte für 2016 verglichen, da für den europäischen Raum (Großbritannien ausgenommen) bislang noch keine Studie für 2017 veröffentlicht wurde.

[18] *Cambridge Centre for Alternative Finance*, 5th UK Alternative Finance Industry Report, S. 35.

[19] *Cambridge Centre for Alternative Finance*, 5th UK Alternative Finance Industry Report, S. 32.

[20] https://de.statista.com/outlook/338/156/kreditmarktplatz–p2p-/grossbritannien, zuletzt abgerufen am 01.12.2018. Die Zahlen von Statista sind jedoch mit Vorsicht zu genießen und veranschaulichen eher einen Trend, da ohne Angaben zur Datenherkunft insbesondere für 2017 ein deutlich höheres Volumen (2,797 Milliarden Euro) genannt wird als in der Studie des Cambridge Centre for Alternative Finance. Die Daten der Studie des Cambridge Centre for

Über britische P2P-Consumer-Lending-Plattformen hat der durchschnittliche Darlehensnehmer 2016 einen Kredit in Höhe von rund 6.289 GBP aufgenommen, der
von ca. 217 Anlegern finanziert wurde.[21] Die einzelnen Anleger steuerten damit im
Mittel rund 29 GBP pro Kreditprojekt bei. Über die P2P-Business-Lending-Platt-
formen vermittelten Kredite hatten ein durchschnittliches Gesamtvolumen von
95.000 GBP, wobei die Kreditprojekte von durchschnittlich 640 Anlegern finanziert
wurden.[22]

Der deutsche P2P-Consumer-Lending-Markt ist in den letzten Jahren von
36 Millionen EUR im Jahr 2013 über 80 Millionen EUR in 2014 und 136 Millionen
EUR in 2015 auf 182 Millionen EUR in 2016 stark gewachsen.[23] Für 2018 wird in
Deutschland ein P2P-Consumer-Lending-Marktvolumen von 432 Millionen EUR
und für 2022 ein solches von 883 Millionen EUR prognostiziert, womit dem Markt
noch ein erhebliches Wachstumspotential zugeschrieben wird.[24] Der P2P-Business-
Lending-Markt entwickelte sich erst später als der P2P-Lending-Markt. So existierte
2013 noch kein nennenswerter P2P-Business-Lending-Markt. 2014 betrug das
Marktvolumen dann erstmals 6 Millionen EUR und wuchs 2015 stark auf 49 Millionen EUR[25] an. 2016 ist der Markt jedoch wieder auf 23 Millionen EUR ge-
schrumpft.[26]

B. Anlass der Untersuchung

Das wirtschaftliche Ergebnis des echten und des unechten P2P-Lendings ist quasi
identisch. Die Darlehensnehmer erhalten ein „einfaches" Annuitätendarlehen, dessen Finanzierung die Anleger übernehmen und hierfür mit Zinsen vergütet werden.

Alternative Finance beruhen dagegen auf einer Branchenumfrage, die nach eigenen Angaben
der Autoren 95 % des Marktes abdecken soll, siehe Cambridge Centre for Alternative Finance,
5th UK Alternative Finance Industry Report, S. 10.

[21] *Cambridge Centre for Alternative Finance*, 4th UK Alternative Finance Industry Report,
S. 49. Entsprechende Durchschnittswerte für 2017 sind nicht im 5th UK Alternative Finance
Industry Report des Cambridge Centre for Alternative Finance aufgeführt.

[22] *Cambridge Centre for Alternative Finance*, 4th UK Alternative Finance Industry Report,
S. 42.

[23] *Cambridge Centre for Alternative Finance*, 3rd European Alternative Finance Industry
Report, S. 63.

[24] https://de.statista.com/outlook/338/137/kreditmarktplatz–p2p-/deutschland, zuletzt abgerufen am 01.12.2018. Auch hier sollten die Prognosen mit Vorsicht genossen werden, siehe
Fn. 20.

[25] *Cambridge Centre for Alternative Finance*, 3rd European Alternative Finance Industry
Report, S. 63.

[26] *Cambridge Centre for Alternative Finance*, 3rd European Alternative Finance Industry
Report, S. 63.

Es stellt sich die Frage, warum in Deutschland eine klassische Bank („CRR-Kreditinstitut"[27]) zwischen die Darlehensnehmer und Anleger geschaltet wird. Die Plattform ist beim P2P-Lending das Unternehmen, das jegliche Vermittlungs-, Informations- und Verwaltungsdienstleistungen erbringt. Die Tätigkeit der Bank beschränkt sich allein auf den Abschluss der Darlehensverträge und die unmittelbare Abtretung der Rückzahlungs- und Zinsansprüche. Sie agiert damit wie ein Strohmann. Das CRR-Kreditinstitut erbringt auf den ersten Blick keine wirtschaftlich nutzbringende Funktion, da die Nutzer die Darlehensverträge unter Zuhilfenahme der Dienstleistungen der Plattform eigentlich genauso gut auch selbst miteinander schließen könnten. Dieser Befund ist nicht nur wegen des fehlenden ökonomischen Nutzens überraschend, sondern auch deshalb, weil die Zwischenschaltung des CRR-Kreditinstituts noch erhebliche zusätzliche Kosten für die Plattformnutzer erzeugt. Die Vergütung der Bank für ihre Dienstleistung als Intermediär beträgt zwischen 0,5 % bis 1,5 % der Darlehensvaluta[28]. Diese Kosten werden vom Plattformbetreiber in Form von höheren Vermittlungsgebühren auf die Nutzer der Plattform weitergereicht.

Die Ursache für die in Deutschland vorherrschende transaktionskostenerhöhende und umständlich erscheinende Konstruktion kann in der von den Einzelfallumständen weitgehend losgelösten Verwaltungspraxis der Bundesanstalt für Finanzdienstleistungsaufsicht (BaFin) gesehen werden. Diese übt gem. § 6 Abs. 1 KWG die Aufsicht über Kreditinstitute aus. Nimmt eine Person mehr als 25 Einzeldarlehen auf, geht die BaFin davon aus, dass diese das Einlagengeschäft gem. § 1 Abs. 1 Satz 2 Nr. 1 KWG in einem Umfang betreibt, der einen in kaufmännischer Weise eingerichteten Geschäftsbetrieb erfordert.[29] Ähnliches gilt für die Darlehensgeber, für die § 1 Abs. 1 Satz 2 Nr. 2 KWG einschlägig ist. Die BaFin geht davon aus, dass ab 100 vergebenen Einzeldarlehen Kreditgeschäfte in einem Umfang betrieben werden, die einen kaufmännischen Geschäftsbetrieb erfordern.[30] Kennzeichen des P2P-Lendings ist es, dass die einzelnen Kreditprojekte durch Kleinstbeiträge finanziert werden und die Darlehensgeber sich nicht auf die Finanzierung eines einzelnen Darlehensvertrags beschränken, sondern zur Risikostreuung in eine zwei- bis dreistellige Anzahl von Kreditprojekten investieren. Die Kreditprojekte werden in Großbritannien beim P2P-Consumer-Lending von durchschnittlich 217 Anlegern und beim P2P-Business-Lending von durchschnittlich 640 Anlegern finanziert.[31] Würden in Deutschland über die Plattformen Darlehensverträge unmittelbar zwischen den Darlehensnehmern und Anlegern geschlossen werden, würde das bedeuten, dass große Teile der Darlehensnehmer und Darlehensgeber nach der Verwaltungspraxis der BaFin gem. § 1 Abs. 1 Satz 1 KWG als Kreditinstitut qualifiziert werden würden. Dies hätte zur

---

[27] Siehe zur Definition noch unten Kapitel 4 A.III.1.a).

[28] *Lenz*, Peer-to-Peer lending, S. 8.

[29] *BaFin*, Merkblatt Einlagengeschäft (März 2014), Ziff. V.

[30] *BaFin*, Merkblatt Kreditgeschäft (Mai 2016), Ziff. 2.

[31] Siehe oben Kapitel 1 A.

Folge, dass Darlehensnehmer und -geber gem. § 32 Abs. 1 Satz 1 KWG eine Banklizenz benötigen würden. Derzeit ist auch nicht ersichtlich, dass die BaFin für das P2P-Lending von dieser Verwaltungspraxis abweichen will, da sie selbst im Merkblatt für internetbasierte Kreditvermittlungsplattformen auf ihre Verwaltungspraxis und die damit potentiell bestehende Erlaubnispflicht der Nutzer hinweist.[32]

Zum Erhalt dieser bankaufsichtsrechtlichen Erlaubnis müsste der Betreiber des Bankgeschäfts unter anderem zwei nicht nur ehrenamtlich tätige Geschäftsleiter einsetzen (§ 33 Abs. 1 Satz 1 Nr. 5 KWG), die zuverlässig sind (§ 33 Abs. 1 Satz 1 Nr. 2 KWG) und die für die jeweilige Tätigkeit erforderliche fachliche Eignung besitzen (§ 33 Abs. 1 Satz 1 Nr. 4 KWG). Das würde wiederum ausreichende theoretische und praktische Kenntnisse in den betreffenden Geschäften sowie Leitungserfahrung voraussetzen (§ 25c Abs. 1 Satz 2 KWG). Auch müssten die Plattformnutzer über ein angemessenes Risikomanagementsystem verfügen, das insbesondere Risikostrategien, Notfallkonzepte und interne Kontrollverfahren umfasst (§ 25a Abs. 1 Satz 1 und 3 KWG).

Bereits die Erfüllung dieser nur rudimentär dargestellten regulatorischen Vorgaben ist für die sich in der Rolle der Privatperson befindlichen Nutzer der P2P-Lending-Plattformen, aber auch Unternehmen, die nicht aus dem Finanzsektor stammen, ausgeschlossen. Der Zeit- und Kostenaufwand des P2P-Lendings stünde für sie in keinem angemessenen Verhältnis zum Nutzen. Wird jedoch ein zugelassenes CRR-Kreditinstitut zwischen die Darlehensnehmer und die Darlehensgeber geschaltet, müssen weder Darlehensnehmer noch „Darlehensgeber", welche nach der Zwischenschaltung einfache Anleger sind, bankaufsichtsrechtliche Vorgaben einhalten.[33] Die in Deutschland herrschende Konstruktion ist insofern nicht mehr als eine Umgehungskonstruktion.[34]

Nun hat die Verwaltungspraxis der BaFin und auch deren Verlautbarung in Merkblättern keine Gesetzesqualität.[35] Es käme insofern in Betracht, eine Plattform

---

[32] *BaFin*, Merkblatt Kreditvermittlungsplattform (Mai 2007), Ziff. 1.

[33] Siehe dazu, dass die Aufnahme eines Darlehens bei einem Kreditinstitut kein Einlagengengeschäft i.S.d. § 1 Abs. 1 Satz 2 Nr. 2 KWG darstellt, noch Kapitel 4 B.II.1.a)aa). Siehe dazu, dass der Erwerb der Rückzahlungs- und Zinsansprüche im Wege der Abtretung von einem Kreditinstitut kein Kreditgeschäft i.S.d. § 1 Abs. 1 Satz 2 Nr. 2 KWG darstellt, noch Kapitel 5 A.II.

[34] So auch *Hartmann*, BKR 2017, 321, 324. *Bitter* warf insofern auf dem Bankrechtstag 2015 die Frage auf, ob die bankaufsichtsrechtlichen Erlaubnispflichten analoge Anwendung finden sollten (*Grimm*, WM 2015, 1497, 1500). Siehe ausführlich zur Erlaubnispflichtigkeit der Anleger beim unechten P2P-Lending *Polke*, Crowdlending, S. 106 ff. und der Darlehensnehmer *ders.*, a.a.O., S. 153 ff. (im Ergebnis jeweils ablehnend).

[35] Die Verwaltungspraxis erlangt primär über den Gleichheitsgrundsatz aus Art. 3 Abs. 1 GG eine gewisse Außenwirkung, siehe dazu etwa *Sachs*, in: Stelkens/Bonk/Sachs, VwVfG, § 40 Rn. 103 ff. Siehe ausführlich, jedoch ablehnend zur h.M., dass BaFin-Verlautbarungen wie Merkblätter als norminterpretierende Verwaltungsvorschriften einzuordnen sind, *Fekonja*, BaFin-Verlautbarungen, S. 70 ff., 91 ff. m.w.N. zur h.M.

zu eröffnen, auf der das echte P2P-Lending angeboten wird. Praktisch wäre das jedoch mit erheblichen Risiken verbunden, da eine tatsächlich bestehende Erlaubnispflicht weitreichende rechtliche Konsequenzen hätte. Wird ein erlaubnispflichtiges Bankgeschäft ohne Erlaubnis betrieben, kann die BaFin von den Nutzern gem. § 37 Abs. 1 Satz 1 Nr. 1 KWG die Einstellung ihrer Aktivitäten und unverzügliche Abwicklung der Darlehensverträge anordnen. Eine entsprechende Verfügung könnte auch gegenüber dem Plattformbetreiber ergehen, § 37 Abs. 1 Satz 4 KWG.[36]

Der erlaubnislose Betrieb eines Bankgeschäfts stellt darüber hinaus gem. § 54 Abs. 1 Nr. 2 KWG eine Straftat dar, die im Falle des vorsätzlichen Handelns mit bis zu 5 Jahren Freiheitsstrafe und im Falle des fahrlässigen Handelns mit einer solchen von bis zu 3 Jahren bedroht ist (§ 54 Abs. 2 KWG). Da es sich um eine teilnahmefähige Haupttat handelt,[37] unterlägen die Führungskräfte der Plattform potentiell einer strafrechtlichen Verantwortlichkeit.[38]

In zivilrechtlicher Hinsicht wären die Darlehensverträge zwar nicht nach § 134 BGB unwirksam, da sich das gesetzliche Verbot des unerlaubten Einlagengeschäfts ausschließlich gegen den Bankbetrieb als solchen und nicht gegen die abgeschlossenen Rechtsgeschäfte richtet,[39] jedoch könnten die Darlehensgeber gem. § 823 Abs. 2 BGB i.V.m. §§ 32 Abs. 1, 1 Abs. 1 Satz 2 Nr. 1 KWG die Rückzahlung der überlassenen Gelder verlangen[40]. Den Darlehensnehmern stünde auf der anderen Seite ein Kündigungsrecht nach § 314 Abs. 1 BGB zu.[41]

Der unerlaubte Betrieb des Kreditgeschäfts durch die Darlehensgeber würde ebenfalls nicht gem. § 134 BGB zur Nichtigkeit der Verträge führen, da die Er-

---

[36] *Renner*, ZBB 2014, 261, 267 f.; *Veith*, BKR 2016, 184, 187. Zum unechten Crowdlending: *Polke*, Crowdlending, S. 84.

[37] *Gercke*, in: Park, Kapitalmarktstrafrecht, § 54 KWG Rn. 13; *Lindemann*, in: Boos/Fischer/Schulte-Mattler, KWG, § 59 KWG Rn. 25.

[38] *Renner*, ZBB 2014, 261, 268. Zum unechten P2P-Lending: *Polke*, Crowdlending, S. 84.

[39] So die h.M.: VGH Kassel WM 2009, 1889, 1893; KG Berlin, Urt. v. 04.12.2001 – 14 U 103/01 (juris); *Fischer/Müller*, in: Boos/Fischer/Schulte-Mattler, KWG, § 32 KWG Rn. 30; *Polke*, Crowdlending, S. 90; *Schürmann/Langner*, in: Schimansky/Bunte/Lwowski, BankR-Hdb, § 69 Rn. 9; *Thessinga*, in: Ebenroth/Boujong/Joost/Strohn, HGB, BankR III Rn. 7. A.A. OLG Stuttgart NJW 1980, 1798, 1800; *Kramer*, Verstoß gegen ein gesetzliches Verbot, S. 102; *Müller-Grune*, in: Beck/Samm/Kokemoor, KWG, § 32 Rn. 27. Nichtigkeit gem. § 134 BGB der *Fälligkeitsabrede* annehmend: VG Frankfurt a.M., Beschl. v. 11.03.2010 – 1 L 271/10.F (juris); VG Frankfurt a.M. WM 2009, 1324, 1326; *Mai*, ZBB 2010, 222, 224 ff. Keine Nichtigkeit annehmend, dem Darlehensnehmer aber die Möglichkeit einer sofortigen Fälligstellung analog § 15 Abs. 5 KWG eröffnend: *Canaris*, in: Staub, HGB, 2. Auflage, Bankvertragsrecht Rn. 1174; *Sack/Seibl*, in: Staudinger, BGB, § 134 Rn. 258; *Servatius*, in: Langenbucher/Bliesener/Spindler, Bankrechts-Kommentar, Kap. 35 Rn. 19.

[40] BGH WM 2006, 1896, 1897; *Fischer/Müller*, in: Boos/Fischer/Schulte-Mattler, KWG, § 32 KWG Rn. 31; *Müller-Grune*, in: Beck/Samm/Kokemoor, KWG, § 32 Rn. 27 f.; *Schürmann/Langner*, in: Schimansky/Bunte/Lwowski, BankR-Hdb, § 69 Rn. 9.

[41] VG Frankfurt, Beschl. v. 11.03.2010 – 1 L 271/10.F (juris); *Hammen*, WuB I L 1. § 37 KWG 1.09, 695, 697; *Schürmann/Langner*, in: Schimansky/Bunte/Lwowski, BankR-Hdb, § 69 Rn. 9.

laubnispflicht dem Schutz der Darlehensnehmer dient und die Nichtigkeitsfolge diesem Ziel widersprechen würde.[42] Jedoch kann der Darlehensnehmer vom Darlehensgeber nach § 823 Abs. 2 BGB i.V.m. §§ 32 Abs. 1, 1 Abs. 1 Satz 2 Nr. 2 KWG Schadensersatz verlangen[43].

Im Einzelnen sind die dargestellten zivilrechtlichen Implikationen zwar umstritten,[44] sollen hier aber, da lediglich die Risiken für die Beteiligten aufgezeigt werden sollen, nicht abschließend erörtert werden[45]. Fest steht, dass die aufsichts-, straf- und schlussendlich auch zivilrechtlichen Risiken für alle Beteiligten so erheblich sind, dass derzeit das Aufkommen entsprechender Geschäftsmodelle in Deutschland ausgeschlossen ist. Ergänzend kommt hinzu, dass die Schwellenwerte der Verwaltungspraxis mehrfach gerichtlich bestätigt wurden[46] und in der rechtswissenschaftlichen Literatur ohne kritische Auseinandersetzung wiedergegeben werden[47]. Auch der Gesetzgeber scheint die Schwellenwerte zu akzeptieren, da bislang keine gesetzliche Klarstellung erfolgt ist.[48]

---

[42] BGH WM 1972, 853, 853; BGHZ 76, 119, 126 f.; BGH NJW 2011, 3024, 3025; *Fischer/ Müller*, in: Boos/Fischer/Schulte-Mattler, KWG, § 32 KWG Rn. 30; *Körner*, ZHR 131 (1968), 127, 134 f.; *Lünterbusch*, Einlagen- und Kreditgeschäfte, S. 82 f.; *Polke*, Crowdlending, S. 92; *Renner*, ZBB 2014, 261, 268; *Sack/Seibl*, in: Staudinger, BGB, § 134 Rn. 258. Dagegen für die Nichtigkeit und Rückabwicklung entsprechend den Grundsätzen über Wucherdarlehen: *Kramer*, Verstoß gegen ein gesetzliches Verbot, S. 100 ff.

[43] *Fischer/Müller*, in: Boos/Fischer/Schulte-Mattler, KWG, § 32 KWG Rn. 31; *Müller-Grune*, in: Beck/Samm/Kokemoor, KWG, § 32 Rn. 28; *Schwennicke*, in: Schwennicke/Auerbach, KWG, § 32 Rn 93 mit umfassenden Nachweisen zur von der Rechtsprechung anerkannten Schutzgesetzqualität im Kontext anderer Erlaubnistatbestände.

[44] Siehe oben in den Fn. 39 ff.

[45] Siehe für eine ausführliche Auseinandersetzung etwa *Polke*, Crowdlending, S. 85 ff.

[46] Zum Einlagengeschäft OVG Berlin, Urt. v. 14.11.1973, Beckmann/Bauer, § 1 Abs. 1 Satz 1 Nr. 26; OVG Berlin, Urt. v. 13.07.1983, Beckmann/Bauer, § 1 Abs. 1 Satz 1 Nr. 39; OVG Berlin, Urt. v. 03.08.1988, Beckmann/Bauer, § 1 Abs. 1 Satz 1 Nr. 46; VG Berlin, Urt. v. 17.05.1971, Beckmann/Bauer, § 1 Abs. 1 Satz 1 Nr. 20. Zum Kreditgeschäft BVerwG, Urt. v. 24.06.1975, Beckmann/Bauer, § 1 Abs. 1 Satz 1 Nr. 31; BVerwG, Urt. v. 25.06.1980, Beckmann/Bauer, § 1 Abs. 1 Satz 1 Nr. 33; OVG Berlin, Urt. v. 16.02.1982, Beckmann/Bauer, § 1 Abs. 1 Satz 1 Nr. 36.

[47] *M. Schneider*, KWG, § 1 Tz. 6; *Brogl*, in: Reischauer/Kleinhans, KWG, § 1 Rn. 29; *Reschke*, in: Beck/Samm/Kokemoor, KWG, § 1 Rn. 56; *Schäfer*, in: Boos/Fischer/Schulte-Mattler, KWG, § 1 Rn. 25; *Schwennicke*, in: Schwennicke/Auerbach, KWG, § 1 Rn. 8; *Schork*, KWG, § 1 Rn. 12; *Szagunn/Haug/Ergenzinger*, KWG, § 1 Rn. 8; *Weber/Seifert*, in: Luz/Neus, KWG, § 1 Rn. 26, 30.

[48] Siehe insofern auch ausdrücklich die Schwellenwerte der Verwaltungspraxis der *BaFin* im Kontext des Kreditgeschäfts nennend: RegE BT-Drucks. 16/11613, S. 41. Eine gewisse Akzeptanz der Schwellenwerte lässt sich auch aus RegE BT-Drucks. 13/7142, S. 62 im Kontext der Einführung der Gewerbsmäßigkeit als neuen Anknüpfungspunkt für die bankaufsichtsrechtliche Erlaubnispflicht herauslesen: „Künftig sind damit auch diejenigen Unternehmen als Kreditinstitute zu qualifizieren, die kurzfristig rückzahlbare Gelder hereinnehmen, um sie dann im Namen des Einlegers bei anderen Kapitalnehmern zu platzieren, und die bisher nur durch die geringe Zahl der Geschäfte, die sie gleichzeitig tätigten, unterhalb der Schwelle des § 1 Abs. 1 Satz 1 geblieben sind".

C. Zielsetzung

Die deutsche Umgehungskonstruktion ist umständlich, teuer und widerspricht der „disruptiven" Grundidee[49] des P2P-Lendings, nämlich der der unmittelbaren Eigenversorgung der Bevölkerung und der Unternehmen mit Krediten. Erst beim echten P2P-Lending kann sich das durch das Internet geschaffene Potential der Plattformökonomie voll entfalten. Zugleich werden vollkommen neuartige rechtliche Fragen aufgeworfen, da die Nutzer mit wenigen Klicks, teilweise sogar vollautomatisch, Vertragspartei hunderter kleinstvolumiger Darlehensverträge werden können. Um das Verständnis für dieses Geschäftsmodell zu steigern und eine Diskussionsgrundlage für eine Reform zu schaffen, die insbesondere bezüglich des P2P-Business-Lendings konkret bevorsteht, wird in dieser Arbeit geprüft, wie sich das echte P2P-Lending in das deutsche Zivil- und Aufsichtsrecht einfügen würde.

Das echte P2P-Lending wurde in der deutschen rechtswissenschaftlichen Literatur bislang stiefmütterlich behandelt und wird zumeist lediglich oberflächlich unter Hinweis auf potentiell bestehende Erlaubnispflichten abgehandelt.[50] Einzig *Renner* hat sich in einem Beitrag tiefgehender mit den aufsichtsrechtlichen Problemen des echten P2P-Lendings auseinandergesetzt.[51] Die Dissertation *Polkes* („Crowdlending oder Disintermediation in der Fremdkapitalvergabe") hat bereits vertrags- und aufsichtsrechtlichen Anforderungen an das P2P-Lending aufgearbeitet. Gegenstand seiner Untersuchung ist jedoch ausschließlich das unechte P2P-Lending und nicht das echte P2P-Lending.

D. Gang der Untersuchung

Im anschließenden zweiten Kapitel erfolgt zunächst eine Bestandsaufnahme zum P2P-Lending, indem die Beweggründe der Nutzer im Hinblick auf die Teilnahme am echten und unechten P2P-Lending aufgezeigt werden, eine Abgrenzung zu anderen Modellen der plattformbasierten Finanzierung vorgenommen wird und die tatsächlichen Abläufe beim echten P2P-Lending detailliert dargestellt werden. Hierauf aufbauend wird die zivilrechtliche Gestaltung des P2P-Lendings analysiert (Kapitel 3). Daran schließt sich ein aufsichtsrechtliches Kapitel an, in dem geprüft wird, wie die Tätigkeiten der am P2P-Lending beteiligten Parteien aufsichtsrechtlich zu

---

[49] Siehe überblicksartig zu disruptiven FinTech-Modellen etwa *Söbbing*, BKR 2016, 360, 360 f. Siehe zum Potential des P2P-Lendings, traditionelle Banken zu ersetzen, auch noch Kapitel 5 B.

[50] Siehe etwa *Kunz*, in: Bräutigam/Rücker, E-Commerce, 12. Teil, E Rn. 94, 104; *Hartmann*, BKR 2017, 321, 324; *Renner*, EuCML 2016, 224, 225; *Schäfer*, in: Boos/Fischer/Schulte-Mattler, KWG, § 1 Rn. 43; *Scholz-Fröhling*, BKR 2017, 133, 136; *Veith*, BKR 2016, 184, 185 ff.; *Weber/Seifert*, in: Luz/Neus, KWG, § 1 Rn. 27.

[51] *Renner*, ZBB 2014, 261, 261 ff.

qualifizieren sind (Kapitel 4). Im Anschluss daran werden im Rahmen der Re-
formperspektiven die Potentiale und die Risiken des P2P-Lendings herausgearbeitet.
Es wird außerdem dargestellt, wie die Risiken de lege lata adressiert werden und der
Entwurf der Europäischen Kommission für eine Crowdfunding-Verordnung kritisch
analysiert (Kapitel 5). Die Arbeit schließt mit einer Zusammenfassung in Thesen
(Kapitel 6).

Kapitel 2

Begriffliche und rechtstatsächliche Bestandsaufnahme zum P2P-Lending

A. Gründe für die Nutzung einer P2P-Lending-Plattform

Die Kreditaufnahme über eine P2P-Lending-Plattform kann für die Darlehensnehmer günstiger als ein Bankkredit sein.[52] Bislang gibt es jedoch, soweit ersichtlich, keine belastbaren, umfassenden empirischen Studien dazu, ob die auf dem britischen P2P-Lending-Markt vermittelten Kredite systematisch oder nur in einzelnen Fällen günstiger als Kredite von Banken sind.[53] Gleiches gilt für den deutschen Markt.[54] Etwas Licht ins Dunkel brachte eine 2016 veröffentlichte Arbeit von *De Roure/ Pelizzon/Tasca*, in der die Zinsstatistiken der Deutschen Bundesbank mit den Statistiken von Auxmoney, der größten deutschen P2P-Lending-Plattform, verglichen wurden.[55] Der Untersuchung zufolge ist der durchschnittliche Zinssatz von über Auxmoney vermittelten Kredite zwar insgesamt höher als der durchschnittliche Zinssatz der von klassischen Kreditinstituten vergebenen Verbraucherkredite.[56] Werden diese Zahlen jedoch um die zugrundeliegenden Risiken bereinigt, zeigt sich, dass die Zinssätze bei gleicher Bonität vergleichbar sind.[57] Ein P2P-Lending-Kredit scheint für die einzelnen Darlehensnehmer insofern weder günstiger noch teurer als ein Bankkredit zu sein. Ob sich diese Ergebnisse verallgemeinern und vor allem auf das echte P2P-Lending übertragen lassen, erscheint aus zwei Gründen eher fraglich.

---

[52] Vgl. insofern http://help.zopa.com/customer/en/portal/articles/2468037-why-should-i-choose-a-zopa-loan- („Our rates are often lower than high-street banks"); https://www.ratesetter.com/aboutus/faq („Borrowers choose RateSetter because they can get a better rate than their bank will offer"), jeweils zuletzt abgerufen am 01.12.2018. In der Literatur finden sich nur vereinzelt dahingehende Aussagen, siehe etwa: *Jamin*, WiSt 2015, 215, 216; *Milne/Parboteeah*, Peer-to-Peer Lending, S. 4.

[53] *De Roure/Pelizzon/Tasca*, Deutsche Bundesbank Discussion Paper 30/2016, S. 1.

[54] Den Mangel bereits zu früheren Zeitpunkten feststellend: *Berger/Skiera*, KuK 2012, 289, 304; *De Roure/Pelizzon/Tasca*, Deutsche Bundesbank Discussion Paper 30/2016, S. 1; *Wendt*, Peer-to-Peer Lending, S. 20 (Stand der Publikation: Juli 2016). Insofern zurückhaltend: *Renner*, ZBB 2014, 261, 265: „Die Zinskonditionen für Kreditnehmer sind mit denjenigen der Banken und Sparkassen zumindest vergleichbar [...]".

[55] Siehe zur vollständigen Datengrundlage *De Roure/Pelizzon/Tasca*, Deutsche Bundesbank Discussion Paper 30/2016, S. 3 ff.

[56] *De Roure/Pelizzon/Tasca*, Deutsche Bundesbank Discussion Paper 30/2016, S. 8.

[57] *De Roure/Pelizzon/Tasca*, Deutsche Bundesbank Discussion Paper 30/2016, S. 10.

Erstens ist beim echten P2P-Lending kein CRR-Kreditinstitut Vertragspartei des Darlehensvertrags, das für diese Dienstleistung eine Vergütung erhält.[58] Daher müssten aufgrund niedriger Transaktionskosten die Zinsen im Vergleich zum unechten P2P-Lending niedriger sein. Zweitens erhöht sich durch das P2P-Lending der Wettbewerb auf dem Kreditmarkt, wodurch sich die Konditionen für Darlehensverträge in der Volkswirtschaft insgesamt verbessern dürften.[59]

Ein weiterer Vorteil des P2P-Lendings besteht darin, dass bestimmte Bevölkerungsgruppen, die von Banken beispielsweise wegen ihrer niedrigen Bonität keinen oder nur erschwert Kredit erhalten, über P2P-Lending-Plattformen höhere Chancen auf ein Darlehen haben.[60] Das P2P-Lending verbessert die Kreditversorgung in der Volkswirtschaft und führt zu einer effizienteren Kapitalallokation. Hinweise auf eine verantwortungslose Kreditvergabe gibt es bislang nicht. Bevor die Plattformnutzer einen Kredit aufnehmen können, prüfen die britischen Plattformen standardmäßig deren Kreditwürdigkeit. Nach dieser Prüfung ließen die Plattformen beim P2P-Consumer-Lending lediglich 44 % der Nutzer auch tatsächlich zur Kreditaufnahme zu.[61] Die durchschnittliche Ausfallrate lag beim P2P-Consumer-Lending 2016 bei 2,48 %.[62]

Für Darlehensnehmer kann die hohe Dienstleistungsqualität der P2P-Lending-Plattformen attraktiv sein.[63] Diese kann sich beispielsweise in einer schnellen Kreditverfügbarkeit äußern.[64] So verspricht Ratesetter, dass zwischen dem Kreditantrag auf der Plattform und der Auszahlung des Kredits höchstens 48 Stunden vergehen.[65] Durch das P2P-Lending kann zudem die Hemmschwelle zur Aufnahme eines Kredits sinken,[66] da kein persönlicher Kontakt mit einem Bankmitarbeiter stattfindet. Ein solcher Kontakt kann beispielsweise aus der Perspektive mancher Verbraucherdarlehensnehmer unangenehm oder gar peinlich sein, weil sie das Gefühl haben, von dem anwesenden Mitarbeiter persönlich bewertet zu werden.[67]

---

[58] Siehe *Lenz*, Peer-to-Peer lending, S. 8, der eine Vergütung von 0,5 % bis 1,5 % nennt.

[59] *Atz/Bholat*, peer-to-peer lending, S. 20; *Kirby/Worner*, Crowd-funding, S. 22; *Macchiavello*, Colum. J. Eur. L., 2015, 521, 538 f.; *Wendt*, Peer-to-Peer Lending, S. 19 f.

[60] *Berger/Skiera*, KuK 2012, 289, 304; *Jamin*, WiSt 2015, 215, 216; *Milne/Parboteeah*, Peer-to-Peer Lending, S. 4; *Renner*, ZBB 2014, 261, 263; *Wendt*, Peer-to-Peer Lending, S. 19. Hierauf scheint es in der Tat Hinweise zu geben, siehe dazu *De Roure/Pelizzon/Tasca*, Deutsche Bundesbank Discussion Paper 30/2016, S. 13 f.

[61] *Cambridge Centre for Alternative Finance*, 5th UK Alternative Finance Industry Report, S. 35.

[62] *Cambridge Centre for Alternative Finance*, 4th UK Alternative Finance Industry Report, S. 49.

[63] *Milne/Parboteeah*, Peer-to-Peer Lending, S. 5; *Wendt*, Peer-to-Peer Lending, S. 19.

[64] *Macchiavello*, Colum. J. Eur. L., 2015, 521, 538.

[65] https://www.ratesetter.com/borrow/personal-loans, zuletzt abgerufen am 01. 12. 2018.

[66] *Wendt*, Peer-to-Peer Lending, S. 19.

[67] *Chaffee/Rapp*, Wash. Lee L. Review, 2012, 485, 496; *Macchiavello*, Colum. J. Eur. L., 2015, 521, 538; *Wendt*, Peer-to-Peer Lending, S. 20.

Die Darlehensgeber erhalten durch das P2P-Lending eine vollkommen neue Anlageklasse.[68] Privatanlegern und gewerblichen Anlegern außerhalb des Finanzsektors war es bislang nicht möglich, in größerem Umfang in fremde Privatpersonen und deren Konsumvorhaben zu investieren, da dieser Bereich traditionellen Banken „vorenthalten" war. Ebenso erhielt die breite Anlegermasse bislang auch nur sehr eingeschränkt Zugang zur darlehensweisen Finanzierung von Unternehmern und Unternehmen. Die effektive jährliche Verzinsung des eingesetzten Kapitals, also nach Abzug von Gebühren und Kosten durch Kreditausfälle, beträgt bei Zopa je nach Risikofreude zwischen 4,5 % und 5,2 %.[69] Die Anleger auf der Plattform Ratesetter erwirtschafteten insgesamt seit 2011 im Durchschnitt eine Rendite von etwas über 4,4 %.[70]

Das P2P-Lending kann Darlehensgebern, deren Fokus darauf liegt, es anderen Privatpersonen und Unternehmern durch die Darlehensgewährung zu ermöglichen, ihre persönlichen oder unternehmerischen Bedürfnisse zu erfüllen, einen emotionalen oder gar sittlichen Mehrwert bieten.[71] Angesichts der Tatsache, dass heute in Großbritannien 99 % der Darlehen auf P2P-Consumer-Lending-Plattformen[72] und 97 % der Darlehen auf P2P-Business-Lending-Plattformen[73] durch Anlageautomatismen vergeben werden und die meisten Darlehensgeber sich nicht mehr mit den einzelnen Kreditprojekten auseinandersetzen, dürfte dieser Faktor für die Anlageentscheidung der meisten Nutzer aber eine eher untergeordnete Rolle spielen. Für Personen, die Banken als Institutionen wahrnehmen, die ihre Marktmacht ausnutzen und die Interessen ihrer Kunden zugunsten des eigenen Profits vernachlässigen,[74] dürfte die Disintermediation durch das P2P-Lending schlussendlich ein weiterer Faktor sein, der für die Nutzung der Plattformen spricht.

---

[68] *Berger/Skiera*, KuK 2012, 289, 301; *Jamin*, WiSt 2015, 215, 216; *Müller-Schmale*, BaFinJournal 06/2014, 10, 12; *Wendt*, Peer-to-Peer Lending, S. 19.

[69] https://www.zopa.com/lending, zuletzt abgerufen am 01.12.2018.

[70] https://www.ratesetter.com/aboutus/statistics, zuletzt abgerufen am 01.12.2018.

[71] *Macchiavello*, Colum. J. Eur. L., 2015, 521, 538.

[72] *Cambridge Centre for Alternative Finance*, 5th UK Alternative Finance Industry Report, S. 35.

[73] *Cambridge Centre for Alternative Finance*, 5th UK Alternative Finance Industry Report, S. 32.

[74] *Milne/Parboteeah*, Peer-to-Peer Lending, S. 5.

B. P2P-Lending als Teilsegment des Crowdfundings

P2P-Lending kann als eine von fünf Varianten des Crowdfundings angesehen werden.[75] Das Crowdinvesting, Crowddonating, Reward-Based-Crowdfunding und Pre-Purchase-Crowdfunding stellen die weiteren vier Teilsegmente dar.[76]

P2P-Lending und Crowdinvesting sind durch finanzielle Gegenleistungen für die Anleger gekennzeichnet. Beim P2P-Lending erfolgt die Finanzierung durch Fremdkapital in Form von Annuitätendarlehen. Die Crowdinvestoren stellen demgegenüber Eigen- oder Mezzanine-Kapital zur Verfügung, womit sich hinter dieser Crowdfundingvariante eine Vielzahl möglicher Gestaltungsformen verbirgt.[77] Das Crowdinvesting dient zumeist der Finanzierung junger Unternehmen (Startups), etablierter KMU und in jüngerer Zeit vermehrt auch gewerblicher Immobilienprojekte[78].

Das Crowddonating ist die einzige gegenleistungslose Crowdfundingvariante und dient dazu, Spenden für bestimmte Projekte zu sammeln, wobei es sich vertragstypologisch um Schenkungen unter Auflage handelt.

Beim Reward-Based-Crowdfunding und Pre-Purchase-Crowdfunding werden zwar keine finanziellen Gegenleistungen, aber sonstige Vorteile gewährt. Beim Reward-Based-Crowdfunding handelt es sich dabei um eine immaterielle Gegenleistung. Wird beispielsweise ein Film finanziert, kann als Gegenleistung die namentliche Nennung des Anlegers im Abspann des Films versprochen werden.[79] Das Pre-Purchase-Crowdfunding dient dazu, Produkte vorzufinanzieren. Der Anleger erhält später das Produkt umsonst oder zu vergünstigten Konditionen, mithin eine nicht-finanzielle, gleichwohl aber materielle Gegenleistung. Diese beiden Finanzierungsformen und das Crowddonating werden oftmals kombiniert. So kann in einem Crowdfunding-Projekt zur Finanzierung der Entwicklung einer Virtual-Reality-Brille vorgesehen sein, dass kleinere finanzielle Beiträge als Spende qua-

---

[75] Siehe sogleich unter Kapitel 2 C. zur Kritik an dieser Kategorisierung und dem Crowdlending als Synonym zum P2P-Lending.

[76] Anhand dieser fünf Unterformen kategorisierend: *Polke*, Crowdlending, S. 26 f. Teilweise wird das Crowdfunding dagegen in vier Kategorien unterteilt, da das Pre-Purchase-Crowdfunding dem Reward Crowdfunding zugeordnet wird oder beide Formen als „gegenleistungsbasiertes Crowdfunding" zusammengefasst werden. So etwa *BaFin*, Crowdfunding und der graue Kapitalmarkt, https://www.bafin.de/DE/Verbraucher/GeldanlageWertpapiere/Investieren/Crowdfunding/crowdfunding_node.html, zuletzt abgerufen am 01.12.2018; *Dorfleitner/Hornuf*, FinTech-Markt in Deutschland, S. 5 ff.; *Söpper*, Crowdfunding, S. 23 ff. *Klöhn/Hornuf*, ZBB 2012, 237, 239 nennen das P2P-Lending dagegen gar nicht erst als eine Variante des Crowdfundings. Siehe wiederum *Nietsch/Eberle*, ZVglRWiss 2017, 205, 206 f., die ausschließlich zwischen Crowdinvesting und P2P-Lending als Arten des Crowdfunding differenzieren, das Crowdinvesting aber weiter fassen.

[77] Siehe zum Crowdinvesting und dessen Regulierung *Heuer*, Crowdinvesting, passim; *Schedensack*, Crowdinvesting, passim.

[78] *Hock*, Die Crowd ist scharf auf Immobilien, FAZ v. 23.03.2017, Nr. 70, S. 25.

[79] *Klöhn/Hornuf*, ZBB 2012, 237, 239.

lifiziert werden, während größere Beiträge mit einem Rabatt auf das Produkt und schließlich sehr große Beiträge mit einem Virtual-Reality-Spieleabend mit den Entwicklern entlohnt werden.

C. Der Begriff des P2P-Lendings

Diese oftmals erfolgende Kategorisierung und auch die Verwendung des Begriffs des Crowdlendings als Synonym für das P2P-Lending[80] wird den tatsächlichen Gegebenheiten beim P2P-Lending nicht mehr gerecht. Heute werden 99 % der über britische Plattformen zustande kommenden P2P-Consumer-Darlehensverträge[81] und 97 % der P2P-Business-Darlehensverträge[82] durch automatisch handelnde Computersysteme geschlossen. Die Anleger geben lediglich bestimmte Kriterien wie Rating, Verzinsung, Laufzeit oder Verwendungszweck vor. Mit Aktivierung des Systems investiert die Plattform die auf dem Anlagekonto der Darlehensgeber verfügbaren Gelder automatisch in entsprechende Darlehensverträge. Außerhalb Großbritanniens werden in Europa 77 % aller Gebote für P2P-Consumer-Kreditprojekte[83] und 49 % aller Gebote für P2P-Business-Kreditprojekte[84] unter Verwendung automatischer Plattformsysteme abgegeben.[85] Die Darlehensgeber setzen sich im Falle der Verwendung der Systeme in keiner Weise mehr mit den Darlehensnehmern und deren Vorhaben auseinander.

Dieser hohe Grad an Anonymisierung und Automatisierung entspricht nicht mehr dem typisierten Bild des Crowdfundings. Kennzeichnend für die vier anderen Crowdfundingvarianten ist, dass die kapitalsuchenden Personen ihre Projekte ausführlich beschreiben, ihre Identität preisgeben und eine unmittelbare Kontaktaufnahme möglich ist. Der Kapitalgeber setzt sich vertieft mit dem Projekt auseinander, wägt ab und trifft eine bewusste Entscheidung über die Finanzierung. Für den Darlehensgeber, der beim P2P-Lending einen Anlageautomatismus verwendet, spielen die persönlichen Verhältnisse der Darlehensnehmer dagegen kaum eine

---

[80] Siehe zur uneinheitlichen Begriffsverwendung sogleich unten S. 13 f.

[81] *Cambridge Centre for Alternative Finance*, 5th UK Alternative Finance Industry Report, S. 35.

[82] *Cambridge Centre for Alternative Finance*, 5th UK Alternative Finance Industry Report, S. 32.

[83] *Cambridge Centre for Alternative Finance*, 4th UK Alternative Finance Industry Report, S. 39.

[84] *Cambridge Centre for Alternative Finance*, 3rd European Alternative Finance Industry Report, S. 39.

[85] Für den deutschen P2P-Lending-Markt fehlt eine entsprechende Statistik. Auxmoney bietet die automatische Geldanlage als „Portfolio Builder" und „Re-Invest"-Funktion an. Nach Angaben Auxmoneys wird der Portfolio Builder von 70 % der Nutzer verwendet (https://www. auxmoney.com/infos/portfoliobuilder und https://www.auxmoney.com/infos/reinvest, jeweils zuletzt abgerufen am 01. 12. 2018).

Rolle. Seine Anlageentscheidung beruht primär auf Faktoren wie Zinssatz und Laufzeit der Darlehensverträge, Rating der Darlehensnehmer sowie Vertrauenswürdigkeit der Plattform. Beim P2P-Lending spielt damit auch die mit dem Crowdfunding oftmals in Zusammenhang gebrachte Schwarmintelligenz der „Crowd" zum Aussortieren sinnvoller und innovativer Projekte[86] keine wesentliche Rolle mehr, jedenfalls wenn wie auf britischen Plattformen zwischen 97 und 99 % der Kreditentscheidungen von Anlageautomatismen getroffen werden.[87] Die einzig wirkliche Sortier- bzw. Filterfunktion übernimmt hier die Plattform, indem sie die Bonität der Kreditnehmer prüft.[88]

Der Begriff des Crowdlendings und die Kategorisierung in das Crowdfunding implizieren insofern durch das „Crowd"-Element etwas, was es heute aufgrund der Anlageautomatismen gerade im Bereich des P2P-Consumer-Lendings kaum mehr gibt. Der Begriff des Peer-to-Peer-Lendings macht dagegen deutlich, dass sich die originären Marktakteure gegenseitig Darlehen unmittelbar gewähren.[89] Im Gegensatz zum Crowdlending trifft der Begriff Peer-to-Peer-Lending keine überschießende Aussage, ist präziser und wird deshalb in dieser Arbeit verwendet.

Welcher Begriff sich in Deutschland durchsetzen wird, wird sich im Laufe der Zeit zeigen. Eingang in Gesetze haben die Begriffe bislang nicht gefunden. Die größte deutsche P2P-Lending-Plattform Auxmoney verzichtet beispielsweise mittlerweile auf eine Kategorisierung als P2P-Lending-Plattform oder als Crowdlending-Plattform.[90] In den Gesetzgebungsmaterialien wird das deutsche Geschäftsmodell schlichtweg als Crowdlending bezeichnet, ohne nach „echt" oder „unecht" zu differenzieren.[91] Ebenso geht die BaFin vor.[92] In verschiedenen Publikationen, die das deutsche Geschäftsmodell beschreiben, wird der Begriff des Crowdlendings verwendet, zugleich wird aber auch auf das Peer-to-Peer-Lending als Synonym

---

[86] Siehe dazu etwa: *Herr/Bantleon*, DStR 2015, 532, 532; *Uffmann*, JZ 2016, 928, 929.

[87] Aufgrund der einheitlichen Informationsgrundlage der Nutzer der „Schwarmintelligenz" beim P2P-Lending ebenfalls nur eine sehr eingeschränkte Bedeutung zukommen lassend: *Hartmann*, BKR 2017, 321, 325. Ausführlich zur Weisheit der Crowd im Kontext des Crowdinvesting *Schedensack*, Crowdinvesting, S. 66 ff. m.w.N.

[88] In Großbritannien wurde es beim P2P-Business-Lending lediglich 12 % der anfragenden Nutzer ermöglicht, ein Kreditprojekt zu veröffentlichen, *Cambridge Centre for Alternative Finance*, 5th UK Alternative Finance Industry Report, S. 32. Beim P2P-Consumer-Lending waren es lediglich 44 % der anfragenden Nutzer, die ein Kreditprojekt veröffentlichen konnten, *Cambridge Centre for Alternative Finance*, 5th UK Alternative Finance Industry Report, S. 35.

[89] Siehe Kapitel 1 A zur Herkunft des Begriffs „Peer-to-Peer".

[90] Siehe etwa auf https://www.auxmoney.com/infos/ueber-uns (zuletzt abgerufen am 01.12. 2018). Es wird vor allem betont, dass private Kreditnehmer mit privaten Anlegern zusammengebracht werden.

[91] RegE BT-Drucks. 18/3994, S. 39; Beschlussempfehlung Finanzausschuss BT-Drucks. 18/4708, S. 58.

[92] *BaFin*, Auslegungsschreiben Crowdlending (Oktober 2015).

hingewiesen[93] oder umgekehrt[94]. Teilweise wird auch ausschließlich der Peer-to-Peer-Lending-Begriff verwendet.[95] Die überwiegende Verwendung des Begriffs des Crowdlendings in Deutschland dürfte damit zusammenhängen, dass für die deutsche Variante des Crowdlendings wiederum der Peer-to-Peer-Begriff nicht richtig passen will, da aufgrund der Umgehungskonstruktion keine unmittelbare vertragliche Beziehung zwischen Darlehensnehmern und Anlegern zustande kommt.[96] In Großbritannien wurde dagegen von Anfang an primär der Peer-to-Peer-Begriff verwendet. Auf europäischer Ebene hat die Kommission am 08. März 2018 einen Entwurf für eine Crowdfunding-Verordnung (CrowdVO-E)[97] veröffentlicht, der auch das echte P2P-Business-Lending erfasst.[98] Begrifflich wird dort in der deutschsprachigen Fassung von kreditbasiertem Crowdfunding[99] und in der englischen von lending-based Crowdfunding[100] gesprochen.

Der Begriff des Peer-to-Peer-Lendings wird zu Konkretisierungszwecken mitunter entsprechend einer betriebswirtschaftlichen Systematisierung modifiziert.[101] In der Betriebswirtschaft werden allgemein anhand der Abkürzungen „C2C", „B2C" und „B2B" Beziehungen zwischen „Customers" und „Businesses" beschrieben.[102] Übertragen auf das P2P-Lending wird dann beispielsweise unter P2B-Lending das Peer-to-Business-Lending verstanden, also die Kreditvergabe an Unternehmer oder Unternehmen. Da der Begriff des „Peer-to-Peer-Lending" an sich die unmittelbare Beziehung deutlich macht und als solcher Verbreitung gefunden hat, wird er in dieser Arbeit nicht entsprechend modifiziert, sondern nach P2P-Consumer-Lending und P2P-Business-Lending differenziert. Spiegelbildlich zu den Verbraucher- und Unternehmerdarlehensnehmern auf der Darlehensnehmerseite gibt es auf Darlehensgeberseite Privatanleger und gewerbliche Anleger. Gewerbliche Anleger können dabei sowohl Unternehmen aus der Finanzbranche als auch Unternehmen aus sonstigen Branchen sein. Soweit sich auf Darlehensgeberseite aus der privaten oder

---

[93] *Hartmann*, BKR 2017, 321, 321; *Riethmüller*, DB 2015, 1451, 1456; *Söpper*, Crowdfunding, S. 29; *Veith*, BKR 2016, 184, 185.

[94] *Wendt*, Peer-to-Peer Lending, S. 6.

[95] *Aschenbeck-Florange/Drefke*, RdF 2015, 284, 287; *Kunz*, in: Bräutigam/Rücker, E-Commerce, 12. Teil, E Rn. 89 ff.; *Schäfer*, in: Boos/Fischer/Schulte-Mattler, KWG, § 1 Rn. 43.

[96] *Renner*, ZBB 2014, 261, 263 f.; *Polke*, Crowdlending, S. 31 f.

[97] Vorschlag für eine Verordnung des Europäischen Parlaments und des Rates über Europäische Crowdfunding-Dienstleister für Unternehmen, KOM/2018/113 endg.

[98] Vertieft zum Anwendungsbereich noch unten in Kapitel 5 E.I.2.

[99] Siehe Erwägungsgründe 1 und 10 des CrowdVO-E.

[100] Siehe Erwägungsgründe 1 und 10 des CrowdVO-E in der englischen Sprachfassung.

[101] *Renner*, ZBB 2014, 261, 263; *Polke*, Crowdlending, S. 31 f.

[102] Siehe zu B2B: Gabler, Wirtschaftslexikon, Stichwort B2B, https://wirtschaftslexikon.gabler.de/definition/business-business-markt-28155/version-251791; zu B2C: Gabler, Wirtschaftslexikon, Stichwort B2C, https://wirtschaftslexikon.gabler.de/definition/business-consumer-markt-30024/version-253618; zu C2C: Gabler, Wirtschaftslexikon, Stichwort C2C, https://wirtschaftslexikon.gabler.de/definition/consumer-consumer-markt-30001/version-253595, jeweils zuletzt abgerufen am 01.12.2018.

gewerblichen Tätigkeit rechtlich Unterschiede ergeben, wird hierauf ausdrücklich hingewiesen.

Die Teilnahme gewerblicher Anleger am P2P-Lending ist eine neuere Entwicklung. Auf vielen Plattformen treten immer mehr professionelle Anleger wie Hedgefonds, Investmentbanken und klassische Kreditinstitute als Darlehensgeber auf.[103] So hatten in Großbritannien entsprechende institutionelle Anleger im Jahr 2017 einen geschätzten Marktanteil von 39 % am vermittelten P2P-Consumer-Darlehensvolumen.[104] Dem P2P-Lending lag dagegen ursprünglich die Idee zugrunde, dass sich die Bevölkerung selbst mit Krediten versorgt. Die Änderung der Marktstruktur ist darauf zurückzuführen, dass zu wenige der „gewöhnlichen Privatpersonen" bzw. Privatanleger als Darlehensgeber auf den Plattformen aktiv sind. Um die Nachfrage der Darlehensnehmer erfüllen zu können, lassen die Plattformen institutionelle Anleger zu.[105] Mittlerweile verbriefen diese gewerblichen Anleger sogar die von ihnen vergebenen Kredite,[106] wodurch auch Anleger, die nicht unmittelbar auf einer Plattform aktiv sein wollen, am Erfolg des P2P-Lendings teilhaben können. Für Deutschland fehlen entsprechende allgemeine Marktdaten zur Teilnahme von Unternehmen als Darlehensgeber. Jedoch hat der niederländische Versicherer Aegon mit Auxmoney vereinbart, ab 2017 über einen Zeitraum von drei Jahren 1,5 Milliarden EUR an Krediten über die Plattform zu finanzieren.[107]

D. Die verschiedenen Varianten des P2P-Lendings

Für einen abschließenden Überblick werden noch die verschiedenen Subvarianten des Peer-to-Peer-Lendings betrachtet. Eingangs wurde bereits der Unterschied

---

[103] *Ford*, Peer-to-peer lenders are blurring into mainstream banks, Financial Times Online v. 04.12.2016, abrufbar unter https://www.ft.com/content/236e43f6-ba1e-11e6-8b45-b8b81 dd5d080, zuletzt abgerufen am 01.12.2018; *Groenfeldt*, Zopa, UK P2P Lender, Partners With Metro Bank, Forbes Online v. 08.03.2017, abrufbar unter https://www.forbes.com/sites/tomgro enfeldt/2016/03/08/zopa-uk-p2p-lender-partners-with-metro-bank, zuletzt abgerufen am 01.12. 2018.

[104] *Cambridge Centre for Alternative Finance*, 5th UK Alternative Finance Industry Report, S. 18.

[105] *Ford*, Peer-to-peer lenders are blurring into mainstream banks, Financial Times Online vom 04.12.2016, abrufbar unter https://www.ft.com/content/236e43f6-ba1e-11e6-8b45-b8b81 dd5d080, zuletzt abgerufen am 01.12.2018; *Milne/Parboteeah*, Peer-to-Peer Lending, S. 20.

[106] *Eavis*, A Step Toward ‚Peer to Peer' Lending Securitization, New York Times Online v. 01.10.2013, abrufbar unter https://dealbook.nytimes.com/2013/10/01/a-step-toward-peer-to-peer-lending-securitization/, zuletzt abgerufen am 01.12.2018; *Ford*, Peer-to-peer lenders are blurring into mainstream banks, Financial Times Online vom 04.12.2016, abrufbar unter https://www.ft.com/content/236e43f6-ba1e-11e6-8b45-b8b81dd5d080, zuletzt abgerufen am 01.12.2018.

[107] https://www.auxmoney.com/presse/aegon-intensiviert-partnerschaft-mit-auxmoney-dem-vorreiter-fuer-finanzielle-teilhabe/, zuletzt abgerufen am 01.12.2018.

zwischen echtem und unechtem P2P-Lending dargestellt.[108] Beim echten P2P-Lending kommt es zwischen Darlehensnehmer und Anleger zu einer unmittelbaren darlehensvertraglichen Beziehung, während diese beim unechten P2P-Lending durch die Abtretungskonstruktion lediglich fingiert wird.

Für die deutschen P2P-Lending-Plattformen wird in einem zweiten Schritt zwischen „zwei-" und „dreistufigem" P2P-Lending unterschieden.[109] Das zweistufige P2P-Lending entspricht der Grundform des unechten P2P-Lendings: Ein Kreditinstitut gewährt dem Darlehensnehmer ein Darlehen und tritt die Rückzahlungs- und Zinsansprüche an die Anleger ab. Tritt das Kreditinstitut die Forderung zuvor an eine Zweckgesellschaft der Plattform ab, welche die Forderung wiederum an die Anleger im Wege einer Teilabtretung überträgt, handelt es sich um „dreistufiges" P2P-Lending.[110] Das zweistufige P2P-Lending wird teilweise auch als unechtes P2P-Lending mit einfachem Forderungsübergang bezeichnet und das dreistufige als unechtes P2P-Lending mit gestrecktem Forderungsübergang.[111]

Eine neuere Erscheinung ist das „indirekte P2P-Lending"[112], das durch die 2014 gegründete Plattform Crosslend angeboten wird. Hier vergibt ebenfalls ein Kreditinstitut das Darlehen. Anschließend tritt es die Forderung an eine Zweckgesellschaft ab. Diese gibt dann den Anlegern Schuldverschreibungen aus, die durch die Forderungen gegen den Darlehensnehmer besichert sind.[113] Diese Variante entspricht eher dem herrschenden US-amerikanischen P2P-Lending-Modell. Auch dort kommen keine unmittelbaren Darlehensverträge zwischen Darlehensnehmern und Anlegern zustande. Die P2P-Lending-Plattform vergibt selbst den Kredit und gibt eine Anleihe aus, die den Konditionen des vom Anleger finanzierten Darlehensvertrags entspricht.[114]

---

[108] Erstmals anhand dieser Begriffe differenzierend: *Renner*, ZBB 2014, 261, 263. Ebenso: *Hartmann*, BKR 2017, 321, 322 (jedoch auch die Kreditaufnahme und -vergabe durch die Plattform ebenfalls als eine Variante des echten P2P-Lendings ansehend); *Kunz*, in: Bräutigam/ Rücker, E-Commerce, 12. Teil, E Rn. 94 ff.; *Polke*, Crowdlending, S. 29; *Schäfer*, in: Boos/ Fischer/Schulte-Mattler, KWG, § 1 Rn. 43

[109] *Riethmüller*, DB 2015, 1451, 1456. Dahingehend differenzierend wohl auch *Will*, GewArch 2015, 430, 433 („In der zweistufigen Grundform [...]").

[110] So beispielsweise früher bei Lendico die Lendico Connect GmbH. Mittlerweile wurde Lendico jedoch von der ING-DiBa übernommen. Als P2P-Plattform ist sie dem Anlegerpublikum nicht mehr zugänglich.

[111] So *Polke*, Crowdlending, S. 30.

[112] Den Begriff verwendend: *Polke*, Crowdlending, S. 30.

[113] Siehe insofern überblicksartig in der Zusammenfassung des Basisprospekts der CrossLend Securities SA als Emittentin unter B.28, abrufbar unter https://documents.crosslend. com/de/investor/prospectus-summary.pdf, zuletzt abgerufen am 01.12.2018. Mittlerweile richtet sich das Angebot jedoch nur noch an professionelle Anleger wie Banken und Fonds, siehe dazu https://www.crosslend.com/investors/, zuletzt abgerufen am 01.12.2018.

[114] Siehe im Detail die Prospekte der beiden größten Plattform LendingClub, abrufbar unter https://www.lendingclub.com/legal/prospectus, zuletzt abgerufen am 01.12.2018 sowie Prosper, abrufbar unter https://www.prosper.com/prospectus, zuletzt abgerufen am 01.12.2018.

E. Der konkrete Ablauf des P2P-Lendings

Im Folgenden werden die Abläufe beim P2P-Lending dargestellt, welche später im Rahmen des vertrags- und aufsichtsrechtlichen Abschnitts dieser Arbeit analysiert werden. Die Darstellung orientiert sich an den aus Sicht des Verfassers wesentlichen Vorgängen auf den beiden größten britischen P2P-Lending-Plattformen Zopa und Ratesetter. Sie sind etablierte Anbieter[115] und dominieren mit einem gemeinsamen Marktanteil von über 91 % den britischen P2P-Consumer-Lending-Markt.[116] Zudem bieten beide auch P2P-Business-Lending an und sind in ihrer Gestaltung relativ ähnlich.[117]

I. Registrierung und Kreditantrag

Die künftigen Darlehensnehmer und -geber können die Plattform erst nutzen, nachdem sie sich auf der Website unter ihrer jeweiligen E-Mail-Adresse registriert haben. Die Darlehen werden über sogenannte Kreditprojekte organisiert und finanziert. Die an einem Darlehen interessierten Nutzer können über die Plattform einen Antrag auf Erstellung eines solchen Projekts stellen.[118] Für diesen Antrag muss der künftige Darlehensnehmer diverse Angaben machen, etwa zum Verwendungszweck des Darlehens, sowie die gewünschte Darlehenshöhe und Laufzeit des Vertrags. Ergänzend dazu muss er Auskunft über seine persönlichen Daten wie Alter, Wohnort, Beruf, Vermögen sowie laufende Einnahmen und Ausgaben geben.[119] Er willigt schlussendlich auch in die Prüfung seiner Bonität und die Erstellung eines Ratings sowie die dazu notwendige Erhebung, Verarbeitung und Nutzung von Daten durch den Plattformbetreiber ein. Im Falle eines Unternehmens müssen geprüfte

---

[115] Wobei mit Zopa auch der erste Anbieter des P2P-Lendings vertreten ist, siehe oben Kapitel 1 A.

[116] Zopa vermittelte 2016 Darlehen mit einem Gesamtvolumen insgesamt 689.270.670 GBP, Ratesetter vermittelte 384.989.562 GBP, zusammen also 1,07 Milliarden GBP. Der Gesamtmarkt betrug 1,169 Milliarden GBP (siehe https://p2pfa.org.uk/wp-content/uploads/2018/01/2018.01.26-Q4-2017-quarterly-data-1.xlsx sowie *Cambridge Centre for Alternative Finance*, 5th UK Alternative Finance Industry Report, S. 35).

[117] Siehe für eine detaillierte und umfangreiche Darstellung der Geschäftsmodelle von Zopa und Ratesetter die Zopa-Plattform-AGB, Zopa-Investor-AGB (beide abrufbar unter https://www.zopa.com/principles, zuletzt abgerufen am 01.12.2018), die Zopa Loan Conditions (abrufbar unter https://secure2.zopa.com/loan_conditions, zuletzt abgerufen am 01.12.2018) sowie die Ratesetter-AGB sowie Ratesetter Key Information (abrufbar unter https://www.ratesetter.com/investor-terms, zuletzt abgerufen am 01.12.2018).

[118] Der Antragsbogen von Ratesetter ist zugänglich unter https://members.ratesetter.com/personalloanapplication/quote, zuletzt abgerufen am 01.12.2018.

[119] https://members.ratesetter.com/personalloanapplication/quote, zuletzt abgerufen am 11.10.2018; http://help.zopa.com/customer/en/portal/articles/2468046-what-happens-when-i-check-my-rates-, zuletzt abgerufen am 01.12.2018.

Jahresabschlüsse oder den Rechnungslegungsstandards entsprechende Abschlüsse vorgelegt werden.[120]

Nach dem Absenden des Antrags prüft der Plattformbetreiber die Bonität des potentiellen Darlehensnehmers.[121] Dazu greift er auf das Kreditscoring von Auskunfteien zurück[122] und ergänzt diese Informationen um die vom Nutzer bereitgestellten Daten, wozu bei Verbraucherdarlehensnehmern beispielsweise das regelmäßige Einkommen gehört und bei Unternehmerdarlehensnehmern die Jahresabschlüsse. Auf Grundlage dieser Daten wird nicht nur die Bonität ermittelt, sondern auch ein risikoadäquater Mindestzinssatz, den der Darlehensnehmer anbieten muss, um über die Plattform ein Darlehen aufnehmen zu können. Die ermittelte Bonität dient darüber hinaus dazu, die potentiellen Darlehensnehmer anhand von Ratingstufen zu kategorisieren.[123] Das Rating wird später mit den Kreditprojekten veröffentlicht und ist damit auch den (künftigen) Vertragspartnern zugänglich. Das Rating bedient sich der Kategorien A bis F und ähnelt kapitalmarktlichen Ratings stark. Die Buchstaben repräsentieren in aufsteigender Buchstabenreihenfolge die Bonität der gerateten Person, wobei A die höchste und F die niedrigste Bonität bedeutet.

Nach Abschluss der Bonitätsprüfung teilt der Plattformbetreiber dem antragstellenden Nutzer mit, ob er auf der Plattform ein Kreditprojekt veröffentlichen kann oder nicht.[124] Der Darlehensnehmer muss, wenn er fortfahren möchte, dann den gewünschten Zinssatz festlegen. Die Mindestverzinsung der Darlehen ist dabei vom Plattformbetreiber vorgegeben. Hierdurch wird ein risikoadäquater Zinssatz sichergestellt. Um sein Angebot für die Darlehensgeber noch attraktiver zu gestalten, kann der Darlehensnehmer den Zinssatz aber noch erhöhen. Bevor er das Kreditprojekt anschließend auf der Plattform freischalten und damit veröffentlichen kann, muss er sich noch persönlich identifizieren. Anschließend kann das Kreditprojekt vom Nutzer auf der Plattform veröffentlicht werden.

Bei den Darlehen handelt es sich um Annuitätendarlehen, sodass die Darlehensnehmer über die gesamte Laufzeit des Darlehensvertrags monatlich gleich-

---

[120] Ratesetter Key Information, Abschnitt „Types of lending and credit risk", abrufbar unter https://www.ratesetter.com/investor-terms; https://www.ratesetter.com/borrow/faqs, jeweils zuletzt abgerufen am 01.12.2018.

[121] http://help.zopa.com/customer/en/portal/articles/2468051-what-s-a-soft-credit-se arch-, zuletzt abgerufen am 01.12.2018.

[122] http://help.zopa.com/customer/en/portal/articles/2468046-what-happens-when-i-check-my-rates-, zuletzt abgerufen am 01.12.2018.

[123] Siehe beispielsweise die Ratingstufen, zusammenhängende Risiken und zu erwartende Erträge bei Zopa unter https://www.zopa.com/lending/risk-markets, zuletzt abgerufen am 01.12.2018.

[124] Beim P2P-Consumer-Lending werden 44 % der Anträge auf Veröffentlichung eines Kreditprojekts zugelassen, beim P2P-Business-Lending sind es 12 %, siehe *Cambridge Centre for Alternative Finance*, 5th UK Alternative Finance Industry Report, S. 32 und 35.

bleibende Raten leisten müssen.[125] Der Zinsanteil der jeweiligen Zahlungen ist zunächst verhältnismäßig hoch und sinkt mit jeder Rate, während der zunächst verhältnismäßig niedrige Tilgungsanteil im Laufe der Zeit steigt.

Das Kreditprojekt ist den Anlegern ab dem Zeitpunkt der Veröffentlichung des Kreditprojekts für einen beschränkten Zeitraum zugänglich, beispielsweise für zwei Wochen. Auf der Homepage werden der Zinssatz, die Laufzeit, das gesamte nachgefragte Finanzierungsvolumen, das Rating und der Verwendungszweck aufgeführt.[126] Die Identität der Darlehensnehmer wird nur eingeschränkt preisgegeben. Jeder Nutzer der Plattform (sowohl Darlehensnehmer als auch Darlehensgeber) erhält eine individuelle Identifikationsnummer, die auch zur Bezeichnung der Vertragsparteien im Darlehensvertrag verwendet wird.[127] Der Plattformbetreiber teilt den jeweiligen Vertragspartnern die konkrete Identität hinter den Identifikationsnummern grundsätzlich nicht mit. Nur dann, wenn es für die Nutzer zur Durchsetzung von Forderungen gegen andere Nutzer notwendig ist, wird die konkrete Identität mitgeteilt.[128] Auf der Plattform herrscht damit solange Anonymität, wie sich die Nutzer vertragstreu verhalten. Da die einzelnen Nutzer durch die Identifikationsnummern weiterhin identifizierbar sind, kann auch von einer Pseudonymisierung der Nutzer gesprochen werden.

II. Investition durch die Anleger

Bevor die Nutzer Darlehen vergeben können, müssen sie über Guthaben auf ihren Anlagekonten verfügen.[129] Die Anlagekonten sind Bankkonten der Nutzer bei einem mit dem Plattformbetreiber kooperierenden Kreditinstitut.[130] Der Plattformbetreiber hat umfangreichen Zugriff auf dieses Konto. Geben die Darlehensgeber über die

---

[125] http://help.zopa.com/customer/en/portal/articles/2474147-do-i-pay-the-same-amount-of-interest-each-month-over-the-course-of-my-loan-, zuletzt abgerufen am 01.12.2018.

[126] Bei Zopa und Ratesetter besteht mittlerweile nur noch die Möglichkeit, autonom agierende Investitionsmechanismen zu verwenden, siehe Ziff. 2 Zopa-Investor-AGB und Ziff. 4.1 Ratesetter-AGB. Diese werden sogleich erläutert. Da ausschließlich autonome Systeme verwendet werden, gibt es keine „Übersicht" über offene Kreditprojekte mehr. Die Darlehensgeber sehen nur Kreditprojekte, in die sie durch die Systeme investiert haben, Ziff. 14 Zopa Cash Loan Conditions (abrufbar unter https://secure2.zopa.com/loan_conditions#loan-conditions-cash-loan, zuletzt abgerufen am 01.12.2018). Der Vollständigkeit halber sollen in dieser Arbeit jedoch auch einfachere Anlagemethoden betrachtet werden, da beispielsweise in Deutschland beim unechten P2P-Lending noch die Möglichkeit der eigenhändigen Auswahl von Kreditprojekten angeboten wird (so etwa von Auxmoney, siehe https://www.auxmoney.com/project/list, zuletzt abgerufen am 01.12.2018).

[127] Siehe Ziff. 2 Zopa-Investor-AGB sowie in den FAQ von Ratesetter https://www.ratesetter.com/borrow/faqs, zuletzt abgerufen am 01.12.2018.

[128] Siehe Ziff. 2 Zopa-Investor-AGB.

[129] Ziff. 3.1 Ratesetter-AGB; Ziff. 1 Zopa-Investor-AGB.

[130] Ziff. 3.2 Ratesetter-AGB.

Plattform ein Gebot für ein Kreditprojekt ab, sperrt der Betreiber einen entsprechenden Betrag auf dem Anlagekonto des Darlehensgebers, sodass dieser nicht mehr darüber verfügen kann. Sobald sich Guthaben auf dem Anlagekonto des Nutzers befindet, kann er in Kreditprojekte investieren. Er ist dabei frei zu entscheiden, ob er das Projekt vollständig finanzieren oder nur einen Teilbeitrag leisten möchte. Gibt der Darlehensgeber ein Gebot zur vollständigen Finanzierung des Kreditprojekts ab, wird es aus dem System herausgenommen und die Darlehensnehmer und Darlehensgeber werden über den Erfolg des Kreditprojekts benachrichtigt. Leistet ein Anleger lediglich einen Teilbeitrag zu einem Kreditprojekt, bleibt es so lange auf der Plattform gelistet, bis eine vollständige Finanzierung durch die Beiträge weiterer Nutzer erfolgt oder aber die Angebotsfrist erfolglos verstreicht.

Statt die Kreditprojekte eigenhändig auszuwählen, können die Anleger auch automatisch oder autonom agierende Computersysteme verwenden.[131] Diese investieren dann für die Anleger auf der Plattform die auf ihren Anlagekonten verfügbaren Gelder in Kreditprojekte. Die Nutzung eines solchen Systems bietet sich insbesondere an, wenn Risiken gestreut werden sollen, da die eigenhändige Auswahl von beispielsweise 100 Darlehensverträgen für viele Nutzer zu zeitaufwändig wäre. Durch die Nutzung dieser Systeme kann außerdem ein „Brachliegen" der monatlich auf den Anlagekonten der Darlehensgeber eingehenden Ratenzahlungen verhindert werden, da diese entsprechend reinvestiert werden können.[132] Die beiden Systeme unterscheiden sich vor allem in ihrer Komplexität. Zur Nutzung des automatischen Systems geben die Darlehensgeber an, welche Ratings, Zinssätze und Laufzeiten sie sich wünschen. Das System gibt dann nach Aktivierung automatisch Gebote auf Kreditprojekte ab, die den jeweils angegebenen Kriterien entsprechen. Das autonome System ist demgegenüber für die Darlehensgeber etwas einfacher gestaltet. Sie müssen hier lediglich eine jährliche Wunschrendite angeben, die sie für ihre auf ihren Anlagekonten eingezahlten Gelder erhalten möchten und welche Höchstlaufzeit ihr Investment grundsätzlich haben soll.[133] Das System investiert dann auf Grundlage eines Algorithmus automatisch in Kreditprojekte verschiedenster Ratingkategorien, Laufzeiten und Zinssätze und erzielt so das vom jeweiligen Anleger erwünschte Anlageergebnis.

---

[131] Bei Zopa und Ratesetter besteht mittlerweile nur noch die Möglichkeit, autonom agierende Investitionsmechanismen zu verwenden, siehe Ziff. 2 Zopa-Investor-AGB und Ziff. 4.1 Ratesetter-AGB.

[132] Siehe insofern zum Reinvestment Ziff. 4.12 ff. Ratesetter-AGB sowie Ziff. 3 Zopa-Investor-AGB.

[133] Derzeit ist es bei Ratesetter und Zopa nur möglich, in bestimmte Märkte zu investieren, die sich nach Laufzeit, Risiko und zu erwartender Rendite unterscheiden, siehe https://www.rate setter.com/invest sowie https://www.zopa.com/lending/rates, jeweils zuletzt abgerufen am 01.12.2018. Die Anleger sind damit derzeit noch auf eine eng begrenzte Auswahl von Möglichkeiten beschränkt. Gleichwohl wird hier eine flexiblere Variante dargestellt und analysiert, da entsprechende technologische Entwicklungen und Mechanismen künftig zu erwarten sind.

III. Verwaltung der Darlehensverträge

Sind die Darlehensverträge zustande gekommen, sind sie auf der Plattform für die Beteiligten in pseudonymisierter Weise einsehbar.[134] Der Plattformbetreiber übernimmt alle notwendigen Maßnahmen zur Verwaltung der Darlehensverträge.[135] Der Plattformbetreiber wickelt die Zahlungen für die Nutzer ab, überwacht die ordnungsgemäße Erfüllung der Rückzahlungs- und Zinsansprüche, mahnt die Darlehensnehmer im Verzugsfall, wickelt notleidende Forderungen über die Treuhand ab[136] und veräußert die Rückzahlungs- und Zinsansprüche gegebenenfalls an ein Inkassobüro.

Die zur Valutierung des Darlehens notwendigen Zahlungen der Darlehensgeber werden über ein Konto des kooperierenden Kreditinstituts abgewickelt, welches durch den Plattformbetreiber verwaltet wird. Das Kreditinstitut zieht den zugesagten Finanzierungsbeitrag von den einzelnen Darlehensgebern per Lastschriftmandat ein und überweist einen entsprechenden Gesamtbetrag auf das vom Darlehensnehmer angegebene Konto, reduziert um eine vom jeweiligen Darlehen abhängige Vermittlungsgebühr für den Plattformbetreiber, die auf deren Konto überwiesen wird.[137]

Die Zahlungen der Darlehensnehmer werden nach dem gleichen System abgewickelt. Das mit dem Plattformbetreiber kooperierende Kreditinstitut zieht die monatlichen Raten der Darlehensnehmer per Lastschriftmandat ein und überweist den jeweiligen Darlehensgebern die entsprechenden Beträge. Von den Raten wird auch die monatliche Vergütung des Plattformbetreibers für die Verwaltung der Darlehensforderungen sowie der Beitrag zur Treuhand für notleidende Forderungen[138] abgezogen und dem Plattformbetreiber sowie der Treuhand überwiesen.[139]

---

[134] Ziff. 14 Zopa Cash Loan Conditions (abrufbar unter https://secure2.zopa.com/loan_con ditions#loan-conditions-cash-loan, zuletzt abgerufen am 01.12.2018) sowie Ziff. 3 Zopa-Investor-AGB.

[135] Siehe etwa den Katalog an Verwaltungsmaßnahmen in Ziff. 2.1 Ratesetter-AGB sowie Ziff. 5 Zopa-Plattform-AGB.

[136] Zur Treuhand sogleich noch unter Kapitel 2 E.IV.

[137] Siehe zur Vermittlungsgebühr http://help.zopa.com/customer/portal/articles/2406371, zuletzt abgerufen am 01.12.2018.

[138] Siehe den folgenden Abschnitt für eine detailliertere Darstellung dieses Sicherungsmechanismus.

[139] Siehe zu den Verwaltungsgebühren Ziff. 2.2 und 4.1 Zopa Cash Loan Conditions (abrufbar unter https://secure2.zopa.com/loan_conditions#loan-conditions-cash-loan, zuletzt abgerufen am 01.12.2018) sowie http://help.zopa.com/customer/en/portal/articles/2796228-are-there-any-fees-associated-with-peer-to-peer-investments-at-zopa-, zuletzt abgerufen am 01.12.2018.

IV. Schutz vor Verlusten durch die Treuhand

Die Treuhand ist eine Tochtergesellschaft des Plattformbetreibers, die dem Schutz der Darlehensgeber vor Verlusten aus den Darlehensverträgen dient.[140] Sie wird durch monatliche Beiträge aller auf der Plattform aktiven Darlehensgeber finanziert. Der Schutz der Treuhand greift, sobald der Darlehensnehmer in Verzug gerät. In diesem Zeitpunkt wird dem Darlehensgeber von der Treuhand automatisch die ausgebliebene Rate erstattet.[141] Dieser tritt der Treuhand im Gegenzug die ausgebliebene Forderung ab.[142] Kommt der Darlehensnehmer mit mehreren Raten in Verzug oder leistet er mehrfach nicht zum Fälligkeitszeitpunkt und nimmt die Treuhand an, dass es weiterhin zu keiner vertragsgemäßen Leistung kommen wird, erwirbt die Treuhand die Rückzahlungs- und Zinsansprüche des Darlehensgebers gegen den Darlehensnehmer aus dem Darlehensvertrag zum Nominalwert.[143] Die Treuhand zieht die Forderung dann selber oder über ein Inkassobüro ein. Der Liquidationserlös verbleibt bei der Treuhand. Ein wesentliches Element der Konstruktion ist, dass die Darlehensgeber trotz der im Vertrag vorgesehenen Beiträge zur Treuhand keinen vertraglichen Anspruch darauf haben, dass sie die Forderung auch tatsächlich erwirbt. Ein Anspruch ist vielmehr explizit ausgeschlossen.[144] Die Erstattung ist damit insbesondere davon abhängig, dass die Treuhand über ausreichende Mittel verfügt. Anstatt die ausstehenden Forderungen vollständig zu erwerben, kann sie die Forderungen auch nur teilweise erwerben. Lehnt die Treuhandgesellschaft das Erstattungsgesuch ab, ist der Plattformbetreiber von den Darlehensgebern damit beauftragt, die Forderung zu veräußern.[145] Stellt der Plattformbetreiber seine Geschäftstätigkeit endgültig ein, kommen gegebenenfalls noch im Treuhandvermögen vorhandene Gelder einer wohltätigen Organisation zugute.

V. Veräußerung auf dem Kreditmarktplatz

Die Plattform bietet auch einen Sekundärmarkt an, auf dem die Darlehensgeber ihre Rückzahlungs- und Zinsansprüche vor Fälligkeit liquidieren können.[146] Der Sekundärmarkt ist dabei in den Primärmarkt integriert, sodass insbesondere bei Verwendung der autonomen Plattformsysteme sowohl in neue Darlehensverträge als

---

[140] Siehe zu diesem Schritt auch Ziff. 8 Ratesetter-AGB. Zopa hat zunächst ein entsprechendes Treuhandmodell angeboten. Derzeit ist es nur noch für Kfz-Finanzierungen verfügbar, siehe Ziff. 2 Zopa Vehicle Loan Conditions (abrufbar unter https://secure2.zopa.com/loan_con ditions#loan-conditions-vehicle-financing, zuletzt abgerufen am 01.12.2018).

[141] Siehe Ziff. 8.4 Ratesetter-AGB.

[142] Siehe Ziff. 8.4 Ratesetter-AGB.

[143] Siehe Ziff. 8.5 Ratesetter-AGB sowie die Erläuterungen in Abschnitt 3 auf https://www. ratesetter.com/invest/investing-with-us, zuletzt abgerufen am 01.12.2018.

[144] Siehe Ziff. 8.3 Ratesetter-AGB.

[145] Siehe Ziff. 2.1.11 sowie Ziff. 2.3 Ratesetter-AGB.

[146] Siehe zu diesem Schritt auch Ziff. 6 Ratesetter-AGB und Ziff. 6 Zopa-Investor-AGB.

auch bestehende Darlehensverträge investiert wird.[147] Haben sich die Marktzinsen zwischenzeitlich (für die Darlehensgeber) positiv entwickelt, kann eine ältere Forderung mit niedrigen Zinsen gegebenenfalls schwer verkäuflich sein. Deshalb kann die Forderung gegen einen Abschlag unter dem Nominalwert verkauft werden, sodass sich Käufer für die Forderung finden lassen.[148] Die Zahlungen werden auch hier über das Konto des kooperierenden Kreditinstituts abgewickelt. Nach der Veräußerung verwaltet der Plattformbetreiber die Darlehensforderungen nach den dargestellten Grundsätzen für die Erwerber.

---

[147] Siehe dazu auch Ziff. 1 Zopa-Investor-AGB sowie Ziff. 4.10 Ratesetter-AGB.
[148] Ziff. 6.3 ff. Ratesetter-AGB sowie Ziff. 6 Zopa-Investor-AGB.

Kapitel 3

Vertragliche Gestaltung des P2P-Lendings

In diesem Kapitel wird die vertragliche Gestaltung des P2P-Lendings dargestellt. Zunächst wird dazu unter dem Begriff des Primärmarkts auf alle Aspekte zur Begründung und Verwaltung der Darlehensforderungen eingegangen. Anschließend wird die Gestaltung des Sekundärmarkts beleuchtet, auf dem die Anleger ihre Rückzahlungs- und Zinsansprüche veräußern können.[149]

A. Vertragliche Beziehungen auf dem Primärmarkt

I. Darlehensnehmer – Darlehensgeber

Die Prüfung der vertraglichen Beziehung zwischen Darlehensnehmern und den Darlehensgebern wirft drei wesentliche Problemkreise auf. Erstens, wie die Verträge auf der Plattform überhaupt zustande kommen. Zweitens, in welchem rechtlichen Verhältnis die Darlehensgeber zueinander stehen. Drittens, ob es sich bei den Verträgen um Verbraucherdarlehensverträge i.S.d. § 491 Abs. 1 Satz 1 BGB handelt.

1. Die Annuitätendarlehen als Darlehensverträge gem. § 488 BGB

Die Darlehensgeber überlassen den Darlehensnehmern gegen Zinsen über einen bestimmten Zeitraum Geld. Es handelt sich um als Annuitätendarlehen ausgestaltete Darlehensverträge gem. § 488 Abs. 1 BGB.[150] Der konkrete Vertragsinhalt setzt sich aus den Angaben des Darlehensnehmers auf der Website seines Kreditprojekts (Zins und Laufzeit), der Annahmeerklärung des Darlehensgebers (Darlehensvolumen) sowie den Plattform-AGB zusammen, welche die Parteien ausdrücklich in ihre Erklärungen und damit in den Vertrag aufnehmen.

---

[149] Die Begriffe des Primär- und Sekundärmarkts dienen eigentlich der Beschreibung von Kapitalmärkten. Unter dem Primärmarkt wird der Markt für die Emission von Wertpapieren verstanden und unter dem Sekundärmarkt wiederum derjenige, an dem bereits emittierte Wertpapiere gehandelt werden können. Vorliegend werden die Begriffe insofern abweichend bzw. eher funktional verstanden und verwendet. Siehe zu den kapitalmarktlichen Begriffen etwa *Cecchetti/Schoenholtz*, Money, Banking and Financial Markets, S. 58; *Mishkin/Eakings*, Financial Markets and Institutions, S. 18 f.; *Spremann/Gantenbein*, Finanzmärkte, S. 38 f.

[150] Siehe oben Kapitel 2 E.I zum Annuitätendarlehen.

2. Zustandekommen der Darlehensverträge

Die Darlehensverträge können auf Grundlage von drei verschiedenen Mechanismen zustande kommen. In der Grundvariante nutzt der Darlehensgeber die Suchmaske und wählt eigenhändig die Kreditprojekte aus, die er finanzieren möchte. Verwendet er den Bietautomatismus, muss er die Laufzeit, effektive Verzinsung der Darlehensverträge sowie das gewünschte Rating vorgeben und kann dann den Automatismus freischalten. Anschließend werden die auf seinem Anlagekonto verfügbaren Gelder automatisch in Darlehensverträge investiert. Daneben besteht die Möglichkeit, ein autonomes Plattformsystem zu nutzen, bei dem der Darlehensgeber lediglich die gewünschte effektive jährliche Verzinsung und den gewünschten Anlagezeitraum angeben muss. Das autonome System wählt dann selbstständig Kreditprojekte aus und kombiniert Darlehensverträge mit unterschiedlichsten Laufzeiten, Zinssätzen und Ratings. Es kann beispielsweise je nach Marktlage niedrigverzinsliche Darlehen mit hochverzinslichen Darlehen kombinieren, sodass der Darlehensgeber insgesamt seine gewünschte effektive Verzinsung erhält. Das System ist auch in der Lage, unerwartet hohe Verluste aus Kreditausfällen zu kompensieren, indem es in höherverzinsliche Darlehensverträge investiert. Der Vorteil relativiert sich jedoch dann, wenn die Plattform eine Treuhand für Kreditausfälle anbietet. Durch das autonome System wird jedenfalls insgesamt das Spektrum des Kapitalangebots deutlich verbreitert, da Kapital für alle Risiko-, Zins- und Laufzeitklassen bereitgestellt wird. Darlehensnehmern, die eher unattraktive Konditionen (hohes Risiko oder niedriger Zins) anbieten, wird so der zügige Zugang zu Krediten weiter vereinfacht. Für die Darlehensgeber hat dies den Vorteil, dass ein schnelles und dauerhaftes Investment sichergestellt ist.

a) Das Freischalten der Kreditprojekte

Das Freischalten der Kreditprojekte durch die Darlehensnehmer ist ein unter der aufschiebenden Bedingung der vollständigen Finanzierung stehendes Angebot, das darin besteht, mit der annehmenden Person einen Darlehensvertrag über die angegebene Gesamthöhe des Darlehens oder mehrere einzelne Darlehensverträge über Teilbeträge des angegebenen Gesamtvolumens abzuschließen, jeweils zu den auf der Seite des Kreditprojekts angezeigten Konditionen.[151]

Im Ausgangspunkt muss das Angebot der Darlehensnehmer hinreichend bestimmt oder bestimmbar sein.[152] Es muss alle regelungsbedürftigen Punkte des Vertrags enthalten, wozu die essentialia negotii gehören, sodass es durch die bloß

---

[151] Die elektronische Übermittlung hat grundsätzlich keinen Einfluss auf die Qualifizierung einer Willenserklärung als solche, siehe etwa BGHZ 149, 129, 133; *Säcker*, in: MüKo-BGB, Einl. Band 1 Rn. 188; *Spindler*, in: Spindler/Schuster, Elektronische Medien, Vor. §§ 116 ff. Rn. 2; *Wolf/Neuner*, BGB AT, § 31 Rn. 10.

[152] Siehe nur *Busche*, in: MüKo-BGB, § 145 Rn. 6 m.w.N.

zustimmende Annahme zum Vertragsschluss kommen kann.[153] Hinsichtlich der essentialia negotii steht im Zeitpunkt der Veröffentlichung des Kreditprojekts auf der Plattform noch nicht fest, mit wem genau die Darlehensnehmer kontrahieren werden. Jedoch wird deutlich, dass sie mit demjenigen den Vertrag schließen möchten, der das Angebot durch die Finanzierungszusagen annimmt, unabhängig davon, welchen Mechanismus die Darlehensgeber zur Investition verwenden. Es handelt sich demnach um eine invitatio ad incertas personas. Wird das Einstellen des Kreditprojekts losgelöst von der sogleich noch bearbeiteten Frage der Pseudonymisierung der Beteiligten auf der Plattform betrachtet, genügt es den Erfordernissen des Bestimmtheitsgebots, da feststeht, dass der Anbietende nur mit der Person kontrahieren will, die das Angebot annimmt.[154]

Es stellt sich aber nun in einem zweiten Schritt die Frage, wie mit der Pseudonymisierung der Darlehensnehmer und Anleger auf der Plattform umzugehen ist. Sie kennen die gegenseitige „konkrete" Identität nicht, die Teilnehmer sind sich zu einem gewissen Grad anonym.[155] Die Identität der Darlehensnehmer und Anleger wird durch den Plattformbetreiber aber dann preisgegeben, wenn die Kenntnis der Identität beispielsweise zur gerichtlichen Durchsetzung eines Anspruchs notwendig ist.[156] Die Pseudonymisierung stellt damit primär ein Problem des Handelns unter falschem Namen dar. Fraglich ist, ob es sich um ein Eigengeschäft der erklärenden Person oder ein Fremdgeschäft für einen Vertretenen, etwa den Plattformbetreiber, handelt, sodass dieser gebunden wird. Wenn es sich bei dem vom Erklärenden verwendeten Namen um ein beliebiges Pseudonym handelt, kann angenommen werden, dass der Name beziehungslos im Raum steht und vom (künftigen) Vertragspartner mit keinem konkreten Namensträger in Verbindung gebracht wird.[157] Dies erzeugt beim Erklärungsempfänger keine falsche Identitätsvorstellung. Für ihn steht vielmehr im Vordergrund, mit der handelnden Person zu kontrahieren, sodass bei unter Pseudonym handelnden Personen grundsätzlich ein Eigengeschäft bejaht wird.[158] Gleiches gilt auch beim P2P-Lending, wo die Verwendung der Identifikationsnummern zwar eine gewisse Anonymität erzeugt, jedoch beim Vertragspartner keine falsche Vorstellung über die Identität hervorruft. Beide Parteien sind sich bewusst, dass sie ihr Gegenüber grundsätzlich nicht über die im Zeitpunkt verfügbaren Informationen hinaus identifizieren können. Für den Darlehensgeber ist der

---

[153] *Wolf*, in: Soergel, BGB, 13. Auflage, § 145 Rn. 4.

[154] Dies entspricht dem allgemeinen Begründungsansatz: *Bork*, BGB AT, Rn. 716; *Bork*, in: Staudinger, BGB, Neubearbeitung 2015, § 145 Rn. 19; *Eckert*, in: BeckOK-BGB, § 145 Rn. 34; *Wolf*, in: Soergel, BGB, 13. Auflage, § 145 Rn. 5.

[155] Siehe oben Kapitel 2 E.I.

[156] Ziff. 2 Zopa-Investor-AGB.

[157] *Leptien*, in: Soergel, BGB, § 164 Rn. 24.

[158] BGH NJW-RR 1988, 814; BGH NJW-RR 2006, 701; *Bork*, BGB AT, Rn. 1407; *Ellenberger*, in: Palandt, BGB, § 164 Rn. 12; *Flume*, Allgemeiner Teil Bd. 2, § 44 IV; *Leptien*, in: Soergel, BGB, § 164 Rn. 24; *Maier-Reimer*, in: Erman, BGB, § 164 Rn. 11; *Schubert*, in: MüKo-BGB, § 164 Rn. 138 f.

Darlehensnehmer vereinfacht gesehen nicht mehr als eine bestimmte Nummer mit einer bestimmten Bonität und der Darlehensgeber für den Darlehensnehmer nicht mehr als eine bestimmte Nummer mit einem bestimmten verfügbaren Kapital. Beide wollen aber in Kenntnis der eingeschränkten Möglichkeit der Identifizierung miteinander den Vertrag schließen. Insofern kommt der Darlehensvertrag unmittelbar zwischen den Kreditsuchenden und den Anlegern zustande.

Zusammenfassend kommt es beim P2P-Lending zu einem für Darlehensverträge eher untypischen und verhältnismäßig hohen Grad an Anonymisierung. Diese ist jedoch nicht mehr als eine einfache Pseudonymisierung, die für die Wirksamkeit der Verträge unschädlich ist und auch zu keiner Änderung der Vertragspartner führt.

b) Eigenhändige Kreditentscheidungen

Die Darlehensgeber nehmen das Angebot der Darlehensnehmer im Falle der eigenhändigen Kreditentscheidung durch das Klicken auf den „Darlehen gewähren"-Button an, wobei sie zuvor auswählen, welche Darlehenshöhe sie dem Darlehensnehmer gewähren. Der Zugang dieser elektronisch übermittelten Willenserklärung erfolgt über das Plattforminterface, in dem der Darlehensnehmer im Falle der erfolgreichen Finanzierung des Kreditprojekts über ebendiesen Erfolg informiert wird.

c) Einsatz automatischer und autonomer Plattformsysteme

Die Darlehensgeber können neben den selbstständigen Entscheidungen auch automatische und autonome Plattformsysteme nutzen. Beide Mechanismen werfen das Problem auf, dass der innere Tatbestand der Willenserklärung des Darlehensgebers nicht erfüllt sein könnte. Den Mechanismen ist nämlich gemeinsam, dass die Darlehensgeber lediglich ein einziges Mal abstrakte Vorgaben zu den künftigen Darlehensverträgen machen und anschließend nicht mehr tätig werden müssen, da das System nach Aktivierung zu späteren Zeitpunkten, also Wochen, Monate oder Jahre später, von selbst die Verträge schließt. Zum Zeitpunkt der Abgabe der fraglichen Erklärungen durch das System könnte es damit am Handlungswillen und Erklärungsbewusstsein des Darlehensgebers mangeln.

Das Computersystem selbst kann keinen eigenen Willen bilden[159] und damit keine eigene Willenserklärung abgeben, die etwa im Rahmen einer Stellvertretung zugerechnet werden könnte. Die automatisierten Erklärungen des Plattformcomputersystems lassen sich aber auf menschliches Verhalten zurückführen.[160] Zunächst

---

[159] *Medicus/Petersen*, BGB AT, § 21 Rn. 256; *Säcker*, in: MüKo-BGB, Einl. Band 1 Rn. 189.

[160] Siehe zur heute herrschenden Meinung, dass im Falle der Verwendung entsprechender automatisierter Computersysteme eine Willenserklärung des Betreibers vorliegt: BGHZ 195, 126, 131; OLG Frankfurt a. M. MMR 2003, 405, 406; *Cornelius*, MMR 2002, 353, 355; *Dienst/Falke*, in: Bräutigam/Rücker, E-Commerce, 14. Teil, B. Rn. 18; *Ellenberger*, in: Palandt, BGB,

wird durch den Programmierer des Computerprogramms das Anlageregelwerk in die Software der Plattform eingearbeitet. Die Plattform stellt dann den einzelnen Darlehensgebern diesen Programmcode und das Computersystem zur Verfügung. Die Darlehensgeber wiederum vervollständigen mit Handlungswillen und Erklärungsbewusstsein die Betriebsbedingungen des Programms, indem sie die gewünschte Verzinsung, Bonität und Laufzeit eingeben. Sie aktivieren das Programm anschließend ebenfalls mit Handlungswillen und Erklärungsbewusstsein. Durch die Vervollständigung und Aktivierung machen die Darlehensgeber das Computersystem zu ihrem Werkzeug. Die von dem System abgegebenen Erklärungen können so schlussendlich auf die Darlehensgeber zurückgeführt werden. Damit liegen alle Voraussetzungen des Tatbestands einer Willenserklärung vor. Die „vom Computersystem" abgegebenen Erklärungen sind Willenserklärung der Darlehensgeber.[161]

Im Falle der autonomen Kreditvergabe ist der Handlungs- und Gestaltungsspielraum des Computersystems im Gegensatz zu dem „einfachen", automatisch agierenden System deutlich weiter. Es kann Darlehensverträge beliebig nach Laufzeit, Zinssatz und Bonität auswählen, solange es das vom Darlehensgeber vorgegebene wirtschaftliche Ziel einhält.

Das autonome System verfügt aber ebenso wie das automatisch agierende System über keinen menschlichen Willen. Der gesamte Vorgang kann gleichermaßen darauf reduziert werden, dass ein vorgefertigter Programmcode von den Nutzern vervollständigt, aktiviert und anschließend vom Server abgearbeitet wird. Der einzige Unterschied zwischen dem automatischen und dem autonomen System ist die Komplexität des zugrundeliegenden Programmcodes und des darin beinhalteten Anlageregelwerks. Es ist für den Anleger schwieriger oder gar unmöglich, im Zeitpunkt der Inbetriebnahme des autonomen Systems vorherzusehen, welche konkreten Ergebnisse erzeugt werden.[162] Nimmt der Nutzer das Computersystem

---

Einf. § 116 Rn. 1; *Hefermehl*, in: Soergel, BGB, Vor. § 116 Rn. 30; *Kitz*, in: Hoeren/Sieber/Holznagel, MultimediaR, Teil 13.1 Rn. 41 f.; *Medicus/Petersen*, BGB AT, § 21 Rn. 256; *Redeker*, IT-Recht, Rn. 858; *Säcker*, in: MüKo-BGB, Einl. Band 1 Rn. 189; *Singer*, in: Staudinger, BGB, Vor. §§ 116 ff. Rn. 57; *Spindler*, in: Spindler/Schuster, Elektronische Medien, Vor. §§ 116 ff. Rn. 6. Entsprechende Willenserklärungen werden oftmals auch unter den Begriff der „Computererklärung" (so etwa *Spindler*, in: Spindler/Schuster, Elektronische Medien, Vor. §§ 116 ff. Rn. 6) oder „automatisierte Willenserklärung" (so etwa *Säcker*, in: MüKo-BGB, Einl. Band 1 Rn. 189) gefasst.

[161] Die kausale Rückführbarkeit auf einen menschlichen Willen ist das zentrale Argument für die in Fn. 160 genannte herrschenden Ansicht. Siehe dazu etwa OLG Frankfurt a. M., MMR 2003, 405, 406; *Cornelius*, MMR 2002, 353, 355; *Kitz*, in: Hoeren/Sieber/Holznagel, MultimediaR, Teil 13.1 Rn. 42; *Säcker*, in: MüKo-BGB, Einl. Band 1 Rn. 189. Einen anderen Begründungsansatz wählt *Wiebe*, Elektronische Willenserklärung, S. 216, der mit dem Risikoprinzip eine Zurechnung der Erklärung an den Betreiber der Anlage bejaht, da das Band zwischen Willen des Betreibers und Erklärung des Systems selbst zu schwach für eine Zurechnung sei (ders, a.a.O., S. 214). Vorliegend käme er jedoch zu keinem anderen Ergebnis.

[162] *Bräutigam/Klindt*, NJW 2015, 1137, 1138 sowie *Dienst/Falke*, in: Bräutigam/Rücker, E-Commerce, 14. Teil, B. Rn. 28 weisen darauf hin, dass deshalb bei autonomen Systemen das Anknüpfen an die letzte menschliche Handlung immer weniger geeignet sei. Ähnliche Be-

gleichwohl mit Handlungswillen und Erklärungsbewusstsein in Betrieb und lässt er sich damit auf die Vielfältigkeit der möglichen rechtsgeschäftlichen Verbindungen ein, können die zu einem späteren Zeitpunkt durch das System erzeugten Erklärungen noch auf ihn zurückgeführt und ihm zugerechnet werden. Rechtlich führt der erweiterte Handlungs- und Gestaltungsspielraum des autonomen Systems damit zu keiner anderen Bewertung, auch hier liegt eine eigene Willenserklärung des Darlehensgebers vor.[163]

Im Ergebnis liegen demnach sowohl im Fall des Vertragsschlusses durch automatisierte Investitionsmechanismen als auch im Fall des Vertragsschlusses durch autonome Mechanismen eigene Willenserklärungen der Darlehensgeber vor.

3. Die rechtliche Stellung der Darlehensgeber untereinander

Die Kreditprojekte werden typischerweise durch eine Vielzahl von Darlehensgebern finanziert, auf den britischen Plattformen im Jahr 2016 beim P2P-Consumer-Lending durchschnittlich von 217 Personen pro Projekt.[164] Teilweise wird angenommen, dass diese zusammen mit dem Plattformbetreiber eine Art Kreditkonsortium bilden würden.[165] Unter einem Kreditkonsortium kann der Zusammenschluss mehrerer Banken zum Zwecke der Gewährung eines Kredits an einen Dritten verstanden werden.[166] Rechtlich handelt es sich hierbei, je nach Gestaltung der vertraglichen Beziehung der Banken zum Darlehensnehmer, entweder um eine Außen- (offenes Kreditkonsortium, alle finanzierenden Konsortialbanken treten in selbstständige vertragliche Beziehungen zum Darlehensnehmer) oder Innen-GbR (verdecktes Kreditkonsortium, nur der Konsortialführer tritt in eine vertragliche Beziehung zum Darlehensnehmer).[167]

---

denken hegten bereits *Susat/Stolzenburg*, MDR 1957, 146, 146 wonach die „übermenschlichen Fähigkeiten" der (Lochkarten-)Automaten geradezu eine Neukonzeption des Begriffs der Willenserklärung provozieren dürften.

[163] Mit entsprechender Begründung allgemein zu autonomen Computersystemen: *Bräutigam/Klindt*, NJW 2015, 1137, 1137 f.; *Cornelius*, MMR 2002, 353, 355; *Dienst/Falke*, in: Bräutigam/Rücker, E-Commerce, 14. Teil, B. Rn. 34; *Hübner*, BGB AT, Rn. 667; *Kitz*, in: Hoeren/Sieber/Holznagel, MultimediaR, Teil 13.1 Rn. 41 f.; *Singer*, in: Staudinger, BGB, Vor. §§ 116 Rn. 57; *Spindler*, in: Spindler/Schuster, Elektronische Medien, Vor. §§ 116 ff. Rn. 9. *Gitter/Roßnagel*, K&R 2003, 64, 66 sowie *Sester/Nitschke*, CR 2004, 548, 550 begründen dies dagegen mit einem Vergleich zu Blanketterklärungen. Siehe *Kitz*, in: Hoeren/Sieber/Holznagel, MultimediaR, Teil 13.1 Rn. 42 m.w.N. zu abweichenden Erklärungsansätzen.

[164] Siehe oben Kapitel 1 A.

[165] Ohne nähere Begründung und weitere Spezifizierung des Begriffs ein Konsortium annehmend: *Nietsch/Eberle*, ZVglRWiss 2017, 205, 209; *Renner*, ZBB 2014, 261, 263. Siehe zu der Frage, ob die Zessionare beim unechten P2P-Lending ein Kreditkonsortium bilden *Polke*, Crowdlending, S. 58 ff.

[166] *Glaß*, in: Schwintowski, Bankrecht, Kap. 16 Rn. 101.

[167] *Freitag*, in: Staudinger, BGB, § 488 Rn. 79; *Schaffelhuber/Sölch*, in: MüHdb-GesR I, § 31 Rn. 10; *Steffek*, in: Langenbucher/Bliesener/Spindler, Bankrechts-Kommentar, Kap. 12 Rn. 31.

Auf den ersten Blick scheint es sich bei der Kreditvergabe über die P2P-Lending-Plattform um eine dem offenen Kreditkonsortium entsprechende Konstruktion zu handeln. Die Darlehensgeber stellen dem Darlehensnehmer aufgrund eigenständiger darlehensvertraglicher Beziehungen einen bestimmten Geldbetrag zur Verfügung, sind aber nicht mit der Verwaltung und Einziehung der Forderung befasst, während der Plattformbetreiber zwar kein Darlehen gewährt, sich aber gegenüber den Darlehensgebern dazu verpflichtet, die gesamte Verwaltung ihrer Darlehen zu übernehmen.

Grundsätzlich verfolgen die Beteiligten das identische Ziel der erfolgreichen Kreditgewährung unter anschließender zentraler Kreditverwaltung. Fraglich ist aber, ob es sich dabei auch um einen für eine GbR nach § 705 BGB erforderlichen gemeinsamen Zweck handelt, d.h. ob die Parteien sich auch rechtsgeschäftlich untereinander dazu verpflichten wollen, als Gemeinschaft dem Darlehensnehmer das Kapital zur Verfügung zu stellen. Eine entsprechende ausdrückliche Einigung liegt nicht vor, jedoch kann diese auch konkludent[168] erfolgen. Für einen Bindungswillen der Beteiligten könnte sprechen, dass die jeweiligen Kreditprojekte nur dann zustande kommen, wenn das Projekt vollständig finanziert ist. Da die einzelnen Darlehensgeber zur Risikostreuung normalerweise nur einen Teilbeitrag leisten, sind sie für den Erfolg des einzelnen Kreditprojekts ganz zentral darauf angewiesen, dass weitere Personen ebenfalls einen Finanzierungsbeitrag leisten. Anderenfalls verstreicht die Frist zur Gesamtfinanzierung des Kreditprojekts erfolglos.

Auf der anderen Seite wäre eine gesellschaftsvertragliche Bindung für die Darlehensgeber mit weitreichenden Konsequenzen verbunden. Beispielsweise würden die Darlehensgeber für Fehlverhalten des Plattformbetreibers bei der Forderungsverwaltung analog § 128 Satz 1 HGB[169] akzessorisch haften. Weiter würde die Gesellschaft im Falle der Insolvenz eines Darlehensgebers grundsätzlich gem. § 728 Abs. 2 Satz 1 BGB enden und liquidiert werden. Ferner besteht beim P2P-Lending ein hohes Maß an Anonymität. Die Mitglieder der Plattform sind sich gegenseitig nicht persönlich bekannt, was für eine GbR untypisch ist und dem Gedanken des besonderen Treueverhältnisses[170] zwischen den Gesellschaftern widerspricht.

Eine fehlende persönliche Verbindung zwischen Gesellschaftern ist der GbR aber auch nicht vollkommen fremd, wie das Beispiel der Publikumsgesellschaften zeigt.[171] Außerdem dürften diverse Probleme, wie die Beendigung der Gesellschaft im Falle der Gesellschafterinsolvenz, aufgrund konkludenter Abbedingungen ent-

---

[168] Siehe nur *Möhrle*, in: MüHdb-GesR I, § 5 Rn. 2 m.w.N.

[169] BGHZ 142, 315, 318 f. (die rechtliche Einordnung der Gesellschafterhaftung noch offenlassend); BGHZ 146, 341, 358 (eine akzessorische Haftung annehmend); BGHZ 157, 361, 364 (erstmals die Haftung ausdrücklich auf § 128 Abs. 1 HGB analog stützend). Siehe auch *Schäfer*, in: MüKo-BGB, § 714 Rn. 35 f. m.w.N.

[170] Vgl. *Schäfer*, in: MüKo-BGB, § 705 Rn. 221 ff. vertieft zu den Treuepflichten in der GbR.

[171] Auch eine GbR kann als Publikumsgesellschaft gestaltet sein, siehe nur *Schäfer*, in: MüKo-BGB, Vor. § 705 Rn. 3a m.w.N.

sprechender dispositiver Vorschriften weniger gravierend sein, als es auf den ersten Blick scheint.

Entscheidend ist deshalb, dass die Darlehensgeber bei der jeweiligen Finanzierung rein zufällig aufeinandertreffen und die einzelnen Kreditprojekte für den einzelnen Darlehensgeber an sich eine untergeordnete Rolle spielen. Die Darlehensgeber treffen im Gegensatz zu einem Kreditkonsortium keine bewusste gemeinsame Entscheidung zur Finanzierung einer bestimmten Person. Sie geben jeweils ein eigenständiges Angebot ab. Aus ihrer Perspektive finden sich entweder weitere Personen, die das Projekt finanzieren oder eben nicht. Finden sich keine weiteren Personen, kann ein neues Projekt finanziert werden. Da durchschnittlich 29 GBP pro Kreditprojekt investiert werden,[172] was derzeit ungefähr 33 EUR entsprechen würde, ist der Misserfolg der Finanzierung von geringer Bedeutung. Es sprechen insofern keine Gründe dafür, warum der zwar grundsätzlich identische Zweck zu einem gemeinsamen Zweck mit Zweckförderungspflicht erhoben werden und so eine personengesellschaftsrechtliche Beziehung zwischen den finanzierenden Personen bestehen sollte.[173] Demnach ist sowohl das Vorliegen einer Außen- als auch einer Innen-GbR abzulehnen, solange dies nicht ausdrücklich in den AGB vorgesehen ist.[174]

Alternativ zur Verbindung als GbR käme noch in Betracht, dass die Darlehensgeber als Gesamtschuldner- und/oder Gesamtgläubiger verbunden sind, was die Valutierung und/oder die Rück- und Zinszahlung betreffen würde. Durch die Möglichkeit der Leistung durch/an einzelne Darlehensgeber würden aber Insolvenzrisiken erzeugt werden, da ein Ausgleich jeweils im Verhältnis zwischen den Darlehensgebern erfolgen würde.[175] Weil keine wirtschaftlichen Gründe für eine solche Verbindung erkennbar sind, dürfte eine entsprechende Verbindung grundsätzlich den Interessen der Darlehensgeber widersprechen. Auch der hohe Grad der Anonymität spricht gegen eine Verbindung als Gesamtschuldner und/oder Gesamtgläubiger. Deshalb ist auch diese Konstruktion jedenfalls solange abzulehnen, wie sich in den Verträgen keine entsprechende ausdrückliche Klausel findet. Die Darlehensgeber sind beim echten P2P-Lending nicht untereinander verbunden und stehen zu den Darlehensnehmern in vollkommen eigenständigen vertraglichen Beziehungen.

---

[172] Siehe oben Kapitel 1 A.

[173] Siehe dazu, dass ein gleichgerichtetes Ziel für sich genommen nicht notwendigerweise ein gemeinsames Ziel darstellt: *Habermeier*, in: Staudinger, BGB, § 705 Rn. 17; *Schäfer*, in: MüKo-BGB, § 705 Rn. 148.

[174] Siehe auch *Polke*, Crowdlending, S. 59, der beim unechten P2P-Lending ein aus den Zessionaren und dem Plattformbetreiber bestehendes Kreditkonsortium ablehnt.

[175] Siehe *Polke*, Crowdlending, S. 60 f., der beim unechten P2P-Lending zwischen den Zessionaren ebenfalls eine Verbindung als Gesamtgläubiger ablehnt.

4. Verbraucherdarlehensverträge beim P2P-Consumer-Lending

Die beim P2P-Consumer-Lending geschlossenen Darlehensverträge könnten vertragstypologisch als Verbraucherdarlehensverträge i.S.d. § 491 Abs. 1 Satz 1 BGB, in Form eines Allgemein-Verbraucherdarlehensvertrags i.S.d. § 491 Abs. 1 Satz 2, Abs. 2 Satz 1 BGB, zu qualifizieren sein.[176]

Das Vorliegen eines Verbraucherdarlehensvertrags hätte weitreichende Konsequenzen. Die Darlehensverträge müssten schriftlich geschlossen werden (§ 492 Abs. 1 Satz 1 BGB). Die Darlehensgeber müssten die Darlehensnehmer vor Vertragsschluss umfangreich informieren (§ 491a Abs. 1 BGB i.V.m. Art. 247 EGBGB), etwa über den effektiven Jahreszins, den Nettodarlehensbetrag, das Recht zur vorzeitigen Rückzahlung sowie die Folgen des Zahlungsverzugs. Der Verbraucher hätte des Weiteren gem. § 495 Abs. 1 BGB ein Widerrufsrecht. Das Kündigungsrecht des Darlehensgebers wäre demgegenüber deutlich eingeschränkt (§ 499 BGB). Eine Verbraucherkreditbeziehung hätte darüber hinaus auch Ausstrahlungswirkung auf das Aufsichtsrecht, da die Kreditgeber gem. Art. 20 Satz 1 der Verbraucherkreditrichtlinie (VerbrKrRL)[177] einer Aufsicht oder Regulierung unterliegen müssen.[178]

a) Privatanleger als Darlehensgeber

Zunächst wird die Konstellation betrachtet, in der Privatanleger beim P2P-Consumer-Lending Darlehen gewähren.

aa) Allgemeine Voraussetzungen eines Verbraucherdarlehensvertrags

Das Vorliegen eines Verbraucherdarlehensvertrags setzt nach § 491 Abs. 2 Satz 1 BGB einen entgeltlichen Darlehensvertrag zwischen einem Unternehmer als Darlehensgeber und einem Verbraucher als Darlehensnehmer voraus. Im vorliegenden Fall sind die Darlehen verzinslich, sodass es sich um entgeltliche Darlehensverträge gem. § 491 Abs. 2 Satz 1 BGB handelt.

Ein Verbraucher ist gem. § 13 BGB eine natürliche Person, die ein Rechtsgeschäft zu Zwecken abschließt, die überwiegend weder ihrer gewerblichen noch ihrer selbständigen beruflichen Tätigkeit zugerechnet werden können. Der Verbraucherbegriff knüpft nicht daran an, welche individuelle Eigenschaften und Fähigkeiten der Darlehensnehmer hat („statusbezogener Verbraucherbegriff"), sondern daran, was dieser mit dem Geschäft bezweckt, oder plastischer, welche Rolle er im Vertrag

---

[176] Im Folgenden wird mit Verbraucherdarlehensvertrag ausschließlich der Allgemein-Verbraucherdarlehensvertrag bezeichnet, Immobiliar-Verbraucherverträge (§ 491 Abs. 3 BGB) werden ausdrücklich als solche bezeichnet.

[177] Richtlinie 2008/48/EG des Europäischen Parlaments und des Rates vom 23. April 2008 über Verbraucherkreditverträge und zur Aufhebung der Richtlinie 87/102/EWG des Rates, ABlEG Nr. L 133 v. 22.05.2008, S. 66.

[178] Siehe dazu noch vertieft im aufsichtsrechtlichen Abschnitt Kapitel 4 A.III.1.c).

einnimmt („rollenbezogener Verbraucherbegriff").[179] Über die P2P-Consumer-Lending-Plattformen nehmen die Darlehensnehmer Kredite für rein private Verwendungszwecke auf,[180] sodass deren Verbrauchereigenschaft gegeben ist.

Ein Unternehmer ist gem. § 14 Abs. 1 BGB eine natürliche oder juristische Person oder eine rechtsfähige Personengesellschaft, die bei Abschluss eines Rechtsgeschäfts in Ausübung ihrer gewerblichen oder selbständigen beruflichen Tätigkeit handelt. „In Ausübung ihrer gewerblichen oder selbständigen beruflichen Tätigkeit" ist als „zu einem Zweck, der überwiegend ihrer gewerblichen oder selbstständigen beruflichen Tätigkeit zuzurechnen ist", zu verstehen, da der Unternehmerbegriff das „kontradiktorische Gegenteil"[181] zum Verbraucherbegriff ist[182]. Zur Vermeidung von Diskrepanzen zwischen den beiden anwendungsbereichsbestimmenden Begriffen muss auch hier der Unternehmer rollenbezogen definiert werden.

Eine gewerbliche Tätigkeit stellt nach Rechtsprechung des BGH jedes selbstständige und planmäßige, auf gewisse Dauer angelegte Anbieten von entgeltlichen Leistungen am Markt dar.[183] Die als Privatanleger tätigen Nutzer sind dauerhaft auf der Plattform aktiv und legen zumeist die monatlich eingehenden Raten in neue Darlehensverträge an. Sie sind dabei nicht weisungsgebunden, sondern entscheiden selbst über die Vergabe ihres Geldes. Es handelt sich um keine reine Gelegenheitstätigkeit. Einen gewissen organisatorischen Mindestaufwand, der für die Planmäßigkeit erforderlich ist,[184] könnte ebenfalls noch bejaht werden, da die ordnungsgemäße Erfüllung der Vielzahl von Darlehensverträgen und Abwicklung der durchschnittlich 217 Darlehensverträge in regelmäßigen Abständen überwacht werden muss. Demnach läge bei einer aus Verbraucherschutzgründen weit gefassten[185] Auslegung des Unternehmerbegriffs unter Heranziehung der allgemeinen positiven Begriffsvoraussetzungen eine gewerbliche Zielsetzung vor. Die Privatanleger wären Unternehmer i.S.d. § 14 Abs. 1 BGB.

---

[179] *Bülow*, in: Bülow/Artz, Verbraucherkreditrecht, Einf. Rn. 42 f.; *Kannowski*, in: Staudinger, BGB, § 13 Rn. 41; *Meller-Hannich*, Verbraucherschutz, S. 140; *Schmolke*, Grenzen der Selbstbindung, S. 727; *Teichmann*, in: FS Kraft, S. 629, 632.

[180] Siehe zu den möglichen Verwendungszwecken oben Kapitel 1 A.

[181] *Habermann*, in: Staudinger, BGB, § 14 Rn. 50.

[182] *Bamberger*, in: BeckOK-BGB, § 14 Rn. 26; *Habermann*, in: Staudinger, BGB, § 14 Rn. 50; *Pfeiffer*, in: Soergel, BGB, § 14 Rn. 10.

[183] BGHZ 167, 40, 44. So auch *Ellenberger*, in: Palandt, BGB, § 14 Rn. 2; *Habermann*, in: Staudinger, BGB, § 14 Rn. 39 und *Micklitz*, in: MüKo-BGB, § 14 Rn. 19 ff. jew. m.w.N.

[184] *Saenger*, in: Erman, BGB, § 14 Rn. 11 sieht dies als Voraussetzung für die Planmäßigkeit an, während *Micklitz*, in: MüKo-BGB, § 14 Rn. 20 dies als Anforderung an die Planmäßigkeit und Dauerhaftigkeit insgesamt betrachtet. Da sich jedenfalls der Mindestaufwand bejahen lässt, kann vorliegend eine Abgrenzung dahinstehen.

[185] Siehe zum weiten Verständnis der gewerblichen und beruflichen Tätigkeit im Interesse eines wirksamen Verbraucherschutzes etwa *Ulmer*, in: Ulmer/Habersack, VerbrKrG, § 1 Rn. 10 (noch zu § 1 VerbrKrG a.F.).

Ganz eindeutig erscheint insbesondere das Vorliegen eines organisatorischen Mindestaufwands als Abgrenzungskriterium aber nicht. Den „herkömmlichen Vorstellungen" eines Gewerbetreibenden entspricht die Tätigkeit eigentlich nicht. Das Kriterium der „Verwaltung eigenen Vermögens" bzw. „privaten Vermögensverwaltung" könnte eine klare Abgrenzung ermöglichen. Auf Seiten der Darlehensnehmer ist anerkannt, dass die Verwendung des Darlehens zur privaten Vermögensverwaltung eine gewerbliche und selbstständige berufliche Zwecksetzung i.S.d. § 13 BGB entfallen lässt.[186] Dieser Grundsatz könnte auch auf Seiten der Darlehensgeber Anwendung finden. Das Kriterium der privaten Vermögensverwaltung erklärt sich erst vor dem Hintergrund der primären Zielsetzung des Verbraucherkreditrechts. Die Zielsetzung des Verbraucherkreditrechts wird deshalb zuerst dargestellt. In einem zweiten Schritt wird geprüft, ob das Kriterium der privaten Vermögensverwaltung auf Seiten der Darlehensgeber anwendbar ist und durch die Darlehensgeber beim P2P-Consumer-Lending erfüllt wird. Der Sinn und Zweck der verbraucherkreditrechtlichen Regelungen ist dann auch für die spätere Prüfung, ob das P2P-Consumer-Lending ein Umgehungsgeschäft gem. § 512 Satz 2 BGB darstellt, von entscheidender Bedeutung.

bb) Verbraucherschutz als verbraucherrechtliches Ziel

Die Regelungen über Allgemein-Verbraucherdarlehensverträge in den §§ 491 ff. BGB beruhen auf der Verbraucherkreditrichtlinie[187]. Den Erwägungsgründen zufolge soll durch sie ein reibungslos funktionierender Binnenmarkt geschaffen werden.[188] Weiter sei es zur Sicherung des Vertrauens der Verbraucher wichtig, dass der Markt ein ausreichendes Verbraucherschutzniveau biete. So soll der freie Verkehr von Kreditangeboten unter den bestmöglichen Bedingungen für Kreditanbieter wie auch für Darlehensnehmer unter gebührender Berücksichtigung der Besonderheiten in den einzelnen Mitgliedstaaten stattfinden können.[189] Die vollständige Harmonisierung sei notwendig, um allen Verbrauchern in der Gemeinschaft ein hohes und vergleichbares Maß an Schutz ihrer Interessen zu gewährleisten und um einen echten Binnenmarkt zu schaffen.[190]

---

[186] BGHZ 149, 80, 86; *Habermann*, in: Staudinger, BGB, § 14 Rn. 42; *Kessal-Wulf*, in: Staudinger, BGB, § 491 Rn. 38; *Micklitz*, in: MüKo-BGB, § 14 Rn. 20; *Münscher*, in: Schimansky/Bunte/Lwowski, BankR-Hdb, § 81 Rn. 16; *Nobbe*, in: PWW, BGB, § 491 Rn. 19; *Saenger*, in: Erman, BGB, § 14 Rn. 13, § 13 Rn. 14; *Seifert*, in: Soergel, BGB, § 491 Rn. 23.

[187] RL 2008/48/EG. Die Regelungen zu den Immobiliar-Verbraucherdarlehensverträgen beruhen auf der Richtlinie 2014/17/EU des Europäischen Parlaments und des Rates vom 4. Februar 2014 über Wohnimmobilienkreditverträge für Verbraucher und zur Änderung der Richtlinien 2008/48/EG und 2013/36/EU und der Verordnung (EU) Nr. 1093/2010, ABlEU Nr. L 60 v. 28.02.2014, S. 34 (WohnimmoKrRL).

[188] Erwägungsgrund 7 der RL 2008/48/EG.

[189] Erwägungsgrund 8 der RL 2008/48/EG.

[190] Erwägungsgrund 9 der RL 2008/48/EG.

Grundsätzlich handelt es sich bei den Verbraucherkreditverträgen um komplexe Verträge, deren vollständige Tragweite sich Verbraucherdarlehensnehmern erst mit einem gewissen Grad an mathematischen und wirtschaftlichen Grundkenntnissen vollständig erschließt.[191] Ohne ein solches Verständnis und die korrespondierende Analyse kann der Verbraucher die Auswirkung der darlehensvertraglichen Verpflichtungen auf seine künftigen Vermögensverhältnisse nicht hinreichend absehen und die verschiedenen verfügbaren Angebote auf dem Markt auch nicht angemessen vergleichen.[192] Hinzu kommt, dass der Verbraucher durch den Darlehensvertrag sofort Kaufkraft zur Verfügung gestellt bekommt, die er zum Konsum verwendet.[193] Problematisch daran ist, dass die Verbraucher den Nutzen des sofortigen Konsums oftmals überschätzen, während sie die finanzielle Bedeutung der künftigen in kleine Raten aufgespaltenen Zahlungsverpflichtungen unterschätzen und hierdurch später stärker als erwartet in ihrer wirtschaftlichen Handlungsfreiheit eingeschränkt sind.[194] Im schlimmsten Fall kommt es zur Überschuldung des Darlehensnehmers.

Vor dem Hintergrund des rollenbezogenen Verbraucherbildes[195] ist es für die Frage, ob es sich bei der betroffenen Person um einen Verbraucher handelt, nicht ausschlaggebend, ob sie über Bildung in Finanzangelegenheiten verfügt. Das tatsächliche Vorhandensein von Kenntnissen über Finanzangelegenheiten schließt den Tatbestand nicht aus. Maßgeblich ist der mit dem Geschäft verfolgte Zweck, der überwiegend weder dem gewerblichen noch selbständig beruflichen Bereich der betreffenden Person zugeordnet sein darf. Dieser Bereich ist der Privatbereich der Person (auch wenn gem. § 13 BGB unselbstständige berufliche Zwecke ebenfalls erfasst sind). „Der Verbraucher" ist ein Oberbegriff für einen diffusen Personenkreis mit diffusen[196] persönlichen Interessen. Das Darlehen kann beispielsweise Grundbedürfnissen (Bezahlung einer Kur), Prestige (Sportwagen) oder sonstigen emotionalen Bedürfnissen (Urlaubsreise mit dem Partner) dienen.

Der Unternehmer muss demgegenüber mit dem Geschäft überwiegend gewerbliche oder selbstständig berufliche Zwecke verfolgen. Dem Begriff „des Unternehmers" liegt, wie dem „des Verbrauchers", ein typisiertes Rollenbild zugrunde, das auf bestimmten Erwartungen an die Eigenschaften und das Verhalten dieser Art motivierter Personen aufbaut[197]. Der Unternehmer wird auf einem Markt tätig und

---

[191] *Schürnbrand*, in: MüKo-BGB, Vor. § 491 Rn. 1. Dahingehend auch *Bülow*, in: Bülow/ Artz, Verbraucherkreditrecht, Einf. Rn. 44. Vgl. *Schmolke*, Grenzen der Selbstbindung, S. 800 ff. mit einer umfangreichen Darstellung empirischer Daten und einer verhaltensökonomischen Analyse des Verhaltens von Verbraucherdarlehensnehmern.

[192] *Schürnbrand*, in: MüKo-BGB, Vor. § 491 Rn. 1.

[193] *Schürnbrand*, in: MüKo-BGB, Vor. § 491 Rn. 1.

[194] *Schürnbrand*, in: MüKo-BGB, Vor. § 491 Rn. 1.

[195] Siehe oben Kapitel 3 A.I.4.a)aa) f.

[196] *Reich*, in: Reich/Micklitz, Europäisches Verbraucherrecht, S. 13; *Meller-Hannich*, Verbraucherschutz, S. 142.

[197] Dahingehend *Bülow*, in: Bülow/Artz, Verbraucherkreditrecht, Einf. Rn. 44 m.w.N.

steht damit in einem Wettbewerbsverhältnis zu anderen Marktteilnehmern.[198] Kennzeichen einer marktwirtschaftlichen Wettbewerbsordnung wie der der EU (Art. 3 Abs. 2 Satz 2 EUV) ist, dass weniger effizient als Wettbewerber wirtschaftende Unternehmen auf Dauer aus dem Markt ausscheiden. Von Marktteilnehmern in der Rolle des Unternehmers wird deshalb erwartet, dass sie ihre Marktposition halten oder ausbauen möchten und sich folglich mit den wirtschaftlichen und juristischen Folgen ihrer Handlungen auseinandersetzen, sich ihre Erfahrung zunutze machen, erfolgsorientiert handeln und die eigenen Interessen durchsetzen[199].

Der Verbraucher befindet sich demgegenüber in keiner entsprechenden Konkurrenzsituation.[200] Die Entscheidungen des Verbrauchers sind schwerpunktmäßig durch private Zwecke und nicht durch unternehmerische Ziele beeinflusst[201]. Es wird unterstellt, dass der Verbraucher deshalb weniger auf die Wahrnehmung der eigenen wirtschaftlichen Interessen bedacht, nicht hinreichend aufmerksam[202] und sorgloser ist, was seinen künftigen Nutzen und seine Verpflichtungen angeht. Dem Verbraucherbegriff liegt im Gegensatz zum Unternehmerbegriff kein Bild einer Person zugrunde, die ihre Entscheidungen rein rational und sachbezogen[203] trifft.

Zwischen den Parteien besteht aufgrund dieser unterschiedlichen bzw. asymmetrischen Zielsetzung bei Abschluss des Vertrags keine materielle Vertragsparität,[204] in der eine selbstbestimmte Entscheidung des Verbrauchers zum Ausdruck kommen könnte. Er ist dem Unternehmer in seiner Rolle strukturell unterlegen[205] und ist auf die formelle Freiheit beschränkt, den Vertrag zu schließen oder nicht. Mangels Selbstbestimmtheit besteht jedoch keine notwendige materielle Vertragsfreiheit. Die hierfür ursächliche gestörte Vertragsparität soll durch das Verbraucherkreditrecht kompensiert werden.[206]

---

[198] *Teichmann*, in: FS Kraft, S. 629, 634. *Teichmann* zieht aus seinen Annahmen jedoch einen anderen Schluss. Vgl. dazu unten in Fn. 206.

[199] *Canaris*, AcP 200 (2000), 273, 360.

[200] *Teichmann*, in: FS Kraft, S. 629, 634.

[201] *Meller-Hannich*, Verbraucherschutz, S. 130; *Teichmann*, in: FS Kraft, S. 629, 634 f.

[202] *Teichmann*, in: FS Kraft, S. 629, 633.

[203] *Meller-Hannich*, Verbraucherschutz, S. 130.

[204] *Bülow*, in: Bülow/Artz, Verbraucherkreditrecht, Einf. Rn. 44; *Meller-Hannich*, Verbraucherschutz, S. 133.

[205] *Schmolke*, Grenzen der Selbstbindung, S. 710. Eine rollenbezogene Begriffsbestimmung bejahend, aber hinsichtlich der strukturellen Unterlegenheit widersprüchlich: *Micklitz*, in: MüKo-BGB, § 13 Rn. 3 (diese verneinend), § 13 Rn. 44 (diese bejahend).

[206] *Bülow*, in: Bülow/Artz, Verbraucherkreditrecht, Einf. Rn. 44; *Micklitz*, in: MüKo-BGB, § 14 Rn. 20; *Schmolke*, Grenzen der Selbstbindung, S. 710; *Seifert*, in: Soergel, BGB, Vor. § 491 Rn. 3. Abweichender Ansicht sind wohl *Teichmann*, in: FS Kraft, S. 629, 635 sowie *Heiderhoff*, Grundstrukturen, S. 288 f., die kein Bedürfnis nach Kompensation einer Imparität sehen, sondern es als Ziel ansehen, dem Verbraucher einen „Freiraum an Sorglosigkeit und Unaufmerksamkeit" zu gewähren oder ein Verhalten zu ermöglich, das flüchtig, aber nicht arglos oder dumm ist. Die Ansicht ist in der Form abzulehnen, da dann konsequenterweise auch die Verbraucher-Verbraucher-Beziehung vom Anwendungsbereich erfasst werden müsste.

cc) Kreditvergabe und private Vermögensverwaltung

Schließt der Darlehensnehmer den Darlehensvertrag zum Zwecke der privaten Vermögensverwaltung ab, ist er grundsätzlich als Verbraucher i.S.d. § 13 BGB zu qualifizieren.[207] Ob die jeweilige Tätigkeit der privaten oder aber der gewerblichen/ beruflichen Vermögensverwaltung zuzuordnen ist, wird anhand einer Gesamtbetrachtung der mit der Verwaltung verbundenen Geschäfte bestimmt.[208] Es besteht dabei keine Höchstbetragsgrenze in dem Sinne, dass ab einem bestimmten Darlehensvolumen eine gewerbliche Vermögensverwaltung unterstellt wird.[209] Erst wenn die Geschäfte aufgrund des zeitlichen und organisatorischen Aufwands einen planmäßigen Geschäftsbetrieb, wie beispielsweise ein Büro oder eine entsprechende besondere Organisation, erfordern, wird der Bereich der privaten Vermögensverwaltung verlassen.[210] Ausschlaggebende Kriterien sind Anzahl, Komplexität und Umfang der mit der Verwaltung verbundenen Geschäfte.[211] Wie weit der Kreis der Verwaltung und Nutzung des eigenen Vermögens durch die Rechtsprechung gezogen wird, zeigt eine Entscheidung des BGH aus dem Jahr 2001, in der dieser die Darlehensaufnahme noch als Teil der privaten Vermögensverwaltung bejahte.[212] Im zugrundeliegenden Sachverhalt wollten fünf als GbR verbundene Personen ein Grundstück erwerben und umbauen, was mit Gesamtkosten in Höhe von 9.500.000 DM, die mit einem Darlehen über 2.400.000 DM teilweise finanziert wurden, verbunden war. Anschließend sollte das Grundstück verwaltet und gegebenenfalls verkauft werden.

Die Herausnahme der privaten Vermögensverwaltung aus dem Unternehmerbegriff erklärt sich durch das Ziel der Kompensation der gestörten Vertragsparität sowie der dieser zugrundeliegenden typisierten Betrachtungsweise „des Verbrauchers". Bei einem geringfügigen zeitlichen und organisatorischen Aufwand entspricht die Tätigkeit der Person nicht dem Bild eines Unternehmers, der die wirtschaftliche und rechtliche Bedeutung des Vertrags hinreichend überblickt, sich ausreichend mit ihm

---

[207] BGHZ 149, 80, 86; *Ellenberger*, in: Palandt, BGB, § 14 Rn. 2; *Habermann*, in: Staudinger, BGB, § 14 Rn. 42; *Kessal-Wulf*, in: Staudinger, BGB, § 491 Rn. 38; *Micklitz*, in: MüKo-BGB, § 14 Rn. 20; *Münscher*, in: Schimansky/Bunte/Lwowski, BankR-Hdb, § 81 Rn. 16; *Nobbe*, in: PWW, BGB, § 491 Rn. 19; *Saenger*, in: Erman, BGB, § 14 Rn. 13, § 13 Rn. 14; *Seifert*, in: Soergel, BGB, § 491 Rn. 23.

[208] BGHZ 149, 80, 86.

[209] BGHZ 149, 80, 86 f.; *Saenger*, in: Erman, BGB, § 14 Rn. 13, § 13 Rn. 14. Anders noch *Rebmann*, in: Erman, BGB, 10. Auflage, § 1 VerbrKrG Rn. 43.

[210] BGHZ 149, 80, 86; *Ellenberger*, in: Palandt, BGB, § 14 Rn. 2; *Habermann*, in: Staudinger, BGB, § 14 Rn. 42; *Kessal-Wulf*, in: Staudinger, BGB, § 491 Rn. 38; *Münscher*, in: Schimansky/Bunte/Lwowski, BankR-Hdb, § 81 Rn. 16; *Nobbe*, in: PWW, BGB, § 491 Rn. 19; *Saenger*, in: Erman, BGB, § 14 Rn. 13, § 13 Rn. 14; *Seifert*, in: Soergel, BGB, § 491 Rn. 23. Weitergehend *Artz*, in: Bülow/Artz, Verbraucherkreditrecht, § 491 Rn. 50, der die Verbrauchereigenschaft bereits dann ablehnt, wenn sich die jeweilige Person am Markt dem Wettbewerb stellt (Darlehensaufnahme zum Erwerb von Mietwohnungen).

[211] BGHZ 149, 80, 87.

[212] BGHZ 149, 80, 80 ff.

auseinandersetzt und seine Interessen durchsetzt. Die jeweilige Person kann deshalb nicht als Unternehmer qualifiziert werden.

Dasselbe muss auch auf Seiten der Darlehensgeber gelten.[213] Handelt es sich bei der Darlehensvergabe um private Vermögensverwaltung, entspricht die Tätigkeit nicht mehr dem typisierten Bild des Unternehmerdarlehensgebers. Ohne die den Unternehmer kennzeichnende Überlegenheit fehlt es an der gestörten Vertragsparität. Demnach muss auch beim fraglichen Darlehensgeber geprüft werden, ob es sich bei der Darlehensgewährung nicht um einen Teil der privaten Vermögensverwaltung handelt. Das ist dann der Fall, wenn die mit der Tätigkeit verbundenen Geschäfte aufgrund ihrer Komplexität, ihres Umfangs oder ihrer Anzahl zeitlich und organisatorisch nicht so aufwändig sind, dass eine planmäßige Geschäftsorganisation erforderlich ist.

Beim P2P-Lending stellt der Darlehensgeber sein eigenes Kapital als Darlehen zur Verfügung. Der Plattformbetreiber führt dabei die gesamte Verwaltung und Organisation des Vertrags von dessen Anbahnung bis zur Beendigung der Beziehung durch. Er bringt die Vertragspartner zusammen, legt den Inhalt der Verträge fest, zieht die Forderungen ein und sorgt im Falle des Verzugs für die Durchsetzung und Liquidation. Über das von der Plattform zur Verfügung gestellte Online-Portal können die Nutzer während der gesamten Laufzeit alle von ihnen geschlossenen Darlehensverträge überblicken. Die Aufbereitung der Daten erfolgt vollständig durch die Plattform. Der Darlehensgeber muss beim P2P-Lending einfach gesagt über nicht mehr als Geld, Computer und Internet sowie den Willen verfügen, fremden Personen Geld zu überlassen. Der größte zeitliche Aufwand liegt darin, zu entscheiden, wie lange, zu welchen Zinsen und mit welchem Risiko das Geld investiert werden soll. Eine weitere inhaltliche Auseinandersetzung bzw. gestalterische Tätigkeit (die aufgrund der Gestaltung der Plattform gar nicht möglich wäre) erfolgt nicht. Der Anleger kann in kürzester Zeit ohne bedeutsamen Aufwand eine große Anzahl an Darlehensverträgen schließen. Wenn der automatische Reinvestitionsmechanismus genutzt wird, hat er nach dessen Aktivierung im Zusammenhang mit den Vertragsschlüssen sogar keinerlei nennenswerten Aufwand mehr. Seine Tätigkeit beschränkt sich darauf, zu überwachen, ob der Plattformbetreiber seinen Verwaltungsaufgaben nachkommt und regelmäßig zu überdenken, ob die dem Auftrag zur automatischen Reinvestition zugrundeliegende Anlagestrategie noch den eigenen wirtschaftlichen Bedürfnissen entspricht. Der zeitliche und organisatorische Aufwand ist geringer als der wöchentliche Einkauf im Supermarkt oder die aktive Verwaltung eines privaten Aktienportfolios. Die Vergabe der Kredite über P2P-Lending-Plattformen durch Privatanleger erfordert keine planmäßige Geschäftsorganisation und ist somit als private Vermögensverwaltung einzuordnen. In bürgerlich-rechtlicher Dimension sind die Darlehensgeber damit Verbraucher i.S.d. § 13

---

[213] Ebenfalls allgemein die private Vermögensverwaltung als Ausschlussmerkmal der Unternehmereigenschaft gem. § 14 Abs. 1 BGB für den *Anbieter* von Leistungen bejahend: *Kannowski*, in: Staudinger, BGB, § 13 Rn. 41; *Pfeiffer*, in: Soergel, BGB, § 13 Rn. 32. A.A. ist wohl *Ring*, in: NK-BGB, § 14 Rn. 27, der dies jedoch nicht näher begründet.

BGB. In kapitalmarktrechtlicher Hinsicht käme eine Einordnung als (Klein-)Anleger in Betracht.[214]

dd) Tätigkeit am Markt im Wettbewerb

Die herrschende Ansicht setzt für das Vorliegen einer gewerblichen Tätigkeit eine Tätigkeit am Markt voraus.[215] Als weitere Voraussetzung wird teilweise gefordert, dass die Person nach außen erkennbar als Unternehmer auftritt[216] oder der Wille des fraglichen Unternehmers gegenüber Dritten hervortreten müsse[217]. Nur dann könne der Verbraucher auf den Schutz der Rechtsordnung vertrauen.[218] Konsequenz dieser Ansicht wäre, dass die Darlehensgeber beim P2P-Lending auch unter diesem Aspekt nicht als Unternehmer gem. § 14 Abs. 1 BGB zu qualifizieren wären, weil auf der Plattform Anonymität herrscht und das Auftreten als Unternehmer nicht erkennbar wäre. Dieses Kriterium könnte insofern als weiteres Argument dazu dienen, die Unternehmereigenschaft der Darlehensgeber zu verneinen.

Diese zweite, über die Anforderungen der herrschenden Ansicht hinausgehende Voraussetzung ist jedoch abzulehnen, da das Verbraucherschutzrecht die gestörte Vertragsparität kompensieren soll.[219] Es dient im Gegensatz zu anderen Regelungen, wie beispielsweise solchen aus dem Handelsrecht, nicht der Publizität und dem Vertrauensschutz.[220] Es kann insofern nicht darauf ankommen, wie eine Person nach außen hin auftritt oder ihren Willen gegenüber Dritten hervortreten lässt. Anderenfalls bestünde die Gefahr, dass die Verbraucherschutzvorschriften relativ einfach umgangen werden könnten.[221] Das Kriterium der Tätigkeit am Markt ist, wenn man ihm überhaupt Bedeutung zukommen lässt,[222] ausschließlich dahingehend zu verstehen, dass Waren oder Dienstleistungen am Markt angeboten oder nachgefragt werden, wobei auch das (beabsichtigte) einmalige Auftreten erfasst ist. Dies wäre grundsätzlich beim P2P-Lending der Fall.

---

[214] Siehe auch *Pfeiffer*, in: Soergel, BGB, § 13 Rn. 32, wonach der private Kapitalanleger grundsätzlich Verbraucher sei.

[215] Siehe die Nachweise in Fn. 183.

[216] *v. Faber*, ZEuP 1998, 854, 869.

[217] *v. Westphalen*, in: v. Westphalen/Emmerich/von Rottenburg, VerbrKrG, § 1 Rn. 9 (noch zu § 1 VerbrKrG a.F.). Dahingehend auch *Ulmer*, in: Ulmer/Habersack, VerbrKrG, § 1 Rn. 10 (noch zu § 1 VerbrKrG a.F.).

[218] *v. Faber*, ZEuP 1998, 854, 869.

[219] *Habermann*, in: Staudinger, BGB, § 14 Rn. 39; *Micklitz*, in: MüKo-BGB, § 14 Rn. 26; *Saenger*, in: Erman, BGB, § 14 Rn. 13 jeweils zur gewerblichen Tätigkeit.

[220] *Habermann*, in: Staudinger, BGB, § 14 Rn. 39; *Micklitz*, in: MüKo-BGB, § 14 Rn. 26; *Saenger*, in: Erman, BGB, § 14 Rn. 13 jeweils zur gewerblichen Tätigkeit.

[221] *Micklitz*, in: MüKo-BGB, § 14 Rn. 26.

[222] Siehe etwa *Saenger*, in: Erman, BGB, § 14 Rn. 13, der das Merkmal für vollständig verzichtbar hält.

ee) Stärkung der Stabilität des Finanzsystems –
neues Ziel des Verbraucherrechts?

Die verbraucherrechtlichen Vorschriften könnten neben dem Verbraucherschutz auch den Zweck haben, die Stabilität des Finanzsystems zu stärken. Die Vorschriften zu den Immobiliar-Darlehensverträgen, die zusammen mit den Allgemein-Darlehensverträgen in den §§ 491 ff. BGB geregelt sind, bezwecken genau dies.[223] Als Konsequenz zur 2007 ausgebrochenen Finanzkrise sollen Kredite in verantwortungsvollerer Weise vergeben und so insbesondere das Entstehen von Subprime-Krediten verhindert werden. Es stellt sich die Frage, ob für die Allgemein-Verbraucherdarlehensverträge ein entsprechendes Ziel gilt,[224] was in einem weiteren Schritt zu einem veränderten Verständnis des Anwendungsbereichs führen könnte.

Dagegen spricht zunächst, dass der ursprüngliche Richtlinienentwurf zur VerbrKrRL die verantwortungsvolle Kreditvergabe zur Stärkung der Stabilität der Kreditmärkte als Ziel erklärte[225] und einschneidenden Maßnahmen vorsah, um dieses zu erreichen. Dazu gehörte insbesondere eine allgemeine Beratungspflicht, die Unternehmer dazu verpflichtet hätte, auf den vom Verbraucher mit dem Kredit verfolgten Zweck einzugehen und ihm den „richtigen" Kredit anzubieten.[226] Diese Maßnahmen haben dann aber keinen Eingang in die endgültige Fassung der Richtlinie gefunden. Das Gesetzgebungsverfahren war durch eine Abschwächung des ursprünglichen Kommissionsentwurfs geprägt.[227] Die Finanzkrise ist erst kurz vor Abschluss des Verfahrens im Sommer 2007 ausgebrochen. Es ist daher nicht ersichtlich, dass diese noch Einfluss auf die 2008 verabschiedete Richtlinie hatte.[228]

Eine gewisse volkswirtschaftliche Zielsetzung kann trotzdem nicht verneint werden, insbesondere weil einzelne Relikte[229] der ursprünglich beabsichtigten „verantwortungsvollen Kreditvergabe", wie die Kreditwürdigkeitsprüfung gem. Art. 8 VerbrKrRL, doch noch Eingang in die endgültige Fassung der Richtlinie gefunden haben. Auch finden sich in der verabschiedeten Fassung weiterhin die Erwägungen[230], dass in allen Phasen der Kreditvergabe ein verantwortungsvolles

---

[223] Erwägungsgründe 3 f. WohnimmoKrRL (RL 2014/17/EU); *Bülow*, in: Bülow/Artz, Verbraucherkreditrecht, Einf. Rn. 13b; *Möller*, in: BeckOK-BGB, § 491 Rn. 3; *Schäfer*, VuR 2014, 207, 207; *Schürnbrand*, ZBB 2014, 168, 170.

[224] Dahingehend wohl *Schürnbrand*, MüKo-BGB, § 505a Rn. 1 („Geschützt wird nicht nur der einzelne Verbraucher, vermieden werden sollen vielmehr zugleich die volkswirtschaftlich negativen Folgen einer massenhaft verantwortungslosen Kreditvergabe").

[225] Begründung Nr. 2.4, Vorschlag für eine Richtlinie des Europäischen Parlaments und des Rates zur Harmonisierung der Rechts- und Verwaltungsvorschriften der Mitgliedstaaten über den Verbraucherkredit, KOM/2002/0443 endg.

[226] Siehe Art. 6 und 9, KOM/2002/0443 endg.

[227] *Schäfer*, VuR 2014, 207, 213.

[228] Siehe auch *Schäfer*, VuR 2014, 207, 213: „Die Endfassung der Verbraucherkredit-RL orientierte sich noch am wirtschaftlichen Umfeld der Zeit vor der Weltfinanzkrise".

[229] Siehe zu diesen *Ady/Paetz*, WM 2009, 1061, 1066 f.

[230] Erwägungsgrund 26 RL 2008/48/EG.

Verfahren gefördert werden soll. Das bedeutet, dass das Verbraucherkreditrecht auch bezweckt, präventiv die aus einer massenhaften verantwortungslosen Kreditvergabe resultierenden möglichen Schädigungen der Volkswirtschaft zu verhindern.[231] Es dient damit auch der Stärkung der Stabilität des Finanzsystems.

Auf dieser Zielsetzung aufbauend können jedoch keine Rückschlüsse auf den durch die Verbraucher-Unternehmer-Beziehung bestimmten Anwendungsbereich der Verbraucherkreditrichtlinie und den §§ 13, 14 Abs. 1 BGB gezogen werden, da die Stärkung der Stabilität des Finanzsystems ein vollkommen zweitrangiges Ziel darstellt. Die Stabilität des Finanzsystems soll ausschließlich innerhalb der nach den oben dargestellten Grundsätzen festgestellten Verbraucher-Unternehmer-Beziehungen gestärkt werden. Anderenfalls wäre aus teleologischen Gründen die den Unternehmerbegriff bestimmende gewerbliche Tätigkeit i.S.d. Art. 3 lit. b VerbrKrRL[232] und damit § 14 Abs. 1 BGB so weit zu fassen, dass beispielsweise die private Vermögensverwaltung nicht mehr aus dem Anwendungsbereich ausgenommen werden könnte. Letztendlich wäre nur noch die Kreditvergabe bei reiner Gelegenheit keine gewerbliche Tätigkeit mehr, da insbesondere bei der Vermögensanlage im Rahmen der privaten Vermögensverwaltung die Gefahr bestünde, dass die Kredite in verantwortungsloser Weise vergeben werden könnten. Es sind tendenziell die Verbraucherdarlehensgeber, die angelockt durch hohe Zinsen Kredite zu zwar hohen, aber nicht risikoadäquaten Zinssätzen vergeben, da sie selbst die Risiken kaum einschätzen können. Gerade sie müssten dann vom Verbraucherdarlehensrecht erfasst werden. Ein aufgrund des Aspekts der Finanzmarktstabilität weit gefasster Anwendungsbereich wäre dem verbraucherkreditrechtlichen System fremd, wird soweit ersichtlich von niemandem vertreten[233] und kann aufgrund der teilweise gravierenden Folgen der Nichteinhaltung verbraucherrechtlicher Vorschriften auch vom Gesetzgeber nicht gewollt gewesen sein.

Schlussendlich spricht für dieses Ergebnis auch, dass die Definition des Verbrauchers und die des Kreditgebers in Art. 3 lit. a und b. VerbrKrRL im Kern noch immer mit den ursprünglichen Definitionen in Art. 1 Abs. 2 lit. a und b der ersten europäischen Verbraucherkreditrichtlinie aus dem Jahr 1987[234] identisch ist, welche die Stärkung der Stabilität des Finanzsystems jedenfalls nicht zum Ziel hatte.[235] Es

---

[231] *Ady/Paetz*, WM 2009, 1061, 1066. So auch *Schürnbrand*, MüKo-BGB, § 505a Rn. 1 zu § 505a BGB.

[232] RL 2008/48/EG.

[233] Siehe oben Kapitel 3 A.I.4.a)aa) zu der von der h.M. anerkannten Definition und Fassung des Anwendungsbereichs des Verbraucherkreditrechts.

[234] Richtlinie des Rates vom 22. Dezember 1986 zur Angleichung der Rechts- und Verwaltungsvorschriften der Mitgliedstaaten über den Verbraucherkredit (87/102/EWG), ABlEG Nr. L 042 v. 12.02.1987, S. 48.

[235] Siehe Art. 1 Abs. 2 lit. a und lit. b Erste Verbraucherkreditrichtlinie (Richtlinie 87/102/EWG des Rates vom 22. Dezember 1986 zur Angleichung der Rechts- und Verwaltungsvorschriften der Mitgliedstaaten über den Verbraucherkredit, ABlEG Nr. L 042 v. 12.02.1987, S. 48) einerseits und Art. 3 lit. a und lit. b VerbrKrRL andererseits.

bestehen keine Anhaltspunkte dafür, dass mit der späteren Erweiterung der Zielsetzung durch die Verbraucherkreditrichtlinie 2008 eine grundsätzliche Änderung des Anwendungsbereichs und damit der §§ 13 und 14 Abs. 1 BGB einhergehen sollte.

Für die Bestimmung des Anwendungsbereichs hat demnach der Zweck, die Stabilität des Finanzsystems zu stärken, unberücksichtigt zu bleiben. Es ist allein auf das Ziel abzustellen, dass die strukturelle Imparität zwischen Verbrauchern und Unternehmern ausgeglichen werden soll. Wie bereits festgestellt, ist eine Imparität nicht gegeben. Es liegt keine Verbraucherkreditbeziehung vor.

ff) P2P-Lending als Umgehungsgeschäft

Die Kreditvergabe im Rahmen des P2P-Lendings könnte ein unzulässiges Umgehungsgeschäft gem. § 512 Satz 2 BGB darstellen. Typischer Anwendungsfall ist die Aufspaltung eines Einzeldarlehens in eine Vielzahl einzelner Darlehensverträge, um die Bagatellgrenze des § 491 Abs. 2 Satz 2 Nr. 1 BGB auszunutzen, womit die verbraucherdarlehensrechtlichen Vorschriften nicht anwendbar wären[236]. Der Ausnahmetatbestand, der an einen Nettodarlehensbetrag von unter 200 EUR anknüpft, dürfte hinsichtlich des quantitativen Elements erfüllt sein, da der durchschnittliche Darlehensgeber rund 33 EUR[237] pro Darlehensnehmer investiert. Ob diesbezüglich ein Umgehungsgeschäft vorliegt, kann offenbleiben, da, wie sich in dem vorigen Abschnitt gezeigt hat, bereits keine Verbraucher-Unternehmer-Beziehung vorliegt.[238] Es kommt allein in Betracht, im P2P-Lending eine Umgehung des § 14 Abs. 1 BGB zu sehen. Die Ausnutzung der Bagatellgrenzen wäre dann eine Folgefrage.

Ein unzulässiges Umgehungsgeschäft liegt vor, wenn auch die Voraussetzungen für eine analoge Anwendung der potentiell umgangenen Vorschrift vorliegen, also eine planwidrige Regelungslücke und eine vergleichbare Interessenlage gegeben sind.[239] Anders ausgedrückt muss die vertragliche Gestaltung bei objektiver Betrachtungsweise dem Sinn und Zweck der Vorschrift nach erfasst sein, sich aber trotz

---

[236] Noch zur Vorgängerregelung § 17 VerbrKrG a.F.: RegE BT-Drucks. 11/5462, S. 30.

[237] Siehe oben Kapitel 1 A.

[238] Siehe oben Kapitel 3 A.I.4.a)cc).

[239] Speziell zum Verbraucherkreditrecht: *Haertlein/Schultheiß*, in: BeckOGK-BGB, § 512 Rn. 18.1; *Kessal-Wulf*, in: Staudinger, BGB, § 511 Rn. 8; *Schürnbrand*, in: MüKo-BGB, § 511 Rn. 8; *Seifert*, in: Soergel, BGB, § 511 Rn. 13. Umfassend zur fehlenden eigenständigen rechtlichen Bedeutung des Begriffs der „Gesetzesumgehung" und Einordnung der Problematik als Frage der Analogie: *Teichmann*, Gesetzesumgehung, S. 67 ff., 105 f. Neben dem Vorliegen der Analogievoraussetzungen kann eine Umgehung auch dann vorliegen, wenn die Voraussetzungen für eine teleologische Reduktion vorliegen, siehe *Schürnbrand*, in: MüKo-BGB, § 511 Rn. 7 dazu.

teleologischer Auslegung nicht mehr unter ihren Wortlaut fassen lassen.[240] Umgehungsabsicht wird insofern nicht vorausgesetzt.[241]

Primäres Ziel des Verbraucherkreditrechts ist es, die gestörte Vertragsparität zwischen Verbrauchern und Unternehmern zu kompensieren.[242] Vorliegend wurde bereits dargelegt, dass die Darlehensgeber im Rahmen ihrer privaten Vermögensverwaltung tätig werden. Die private Vermögensverwaltung wird gerade dann bejaht, wenn der Darlehensgeber sich in keiner überlegenen, eine Imparität begründenden Position befindet, die dem Sinn und Zweck des Verbraucherdarlehensrechts nach ausgeglichen werden soll. In der Kreditvergabe über P2P-Lending-Plattformen kann demnach kein Umgehungsgeschäft gesehen werden, obwohl sie aus Perspektive des Darlehensnehmers in einem hochgradig professionell gestalteten Umfeld erfolgt. Im Ergebnis entspricht das der in der Literatur herrschenden Ansicht, wonach § 512 Satz 2 BGB gar nicht erst auf den persönlichen Anwendungsbereich des Verbraucherkreditrechts anwendbar ist.[243]

Ausnahmsweise wird von der herrschenden Ansicht dann ein Umgehungsgeschäft bejaht, wenn ein Unternehmer einen Verbraucher als Strohmann vorschiebt und damit ein Eigengeschäft verschleiert.[244] Der Plattformbetreiber könnte einen solchen Strohmann darstellen. Diese Konstellation setzt voraus, dass der Unternehmer das wirtschaftliche Risiko des Geschäfts trägt.[245] Als Rechtsfolge wird angenommen, dass dem Unternehmer der Darlehensvertrag „zuzurechnen"[246] sei, oder konkreter, er selbst Vertragspartner[247] werde. An dieser Ansicht bestehen erhebliche Zweifel, da die angenommene Rechtsfolge bei einem Darlehensvertrag, mithin Dauerschuldverhältnis, kaum mit der Privatautonomie des seinen Vertragspartner bewusst auswählenden Verbraucherdarlehensnehmers in Einklang zu bringen wäre. Unabhängig davon liegt jedenfalls kein Strohmanngeschäft vor. Für den Plattformbetreiber ergeben sich aus den Darlehensverträgen keine unmittelbaren wirtschaftlichen Risiken, da er weder die Darlehensverträge selbst finanziert, noch für diese Sicherheiten gewährt und damit ein Kreditausfall bei ihm zu keinem Verlust führt. Er erbringt lediglich Vermittlungs- und Verwaltungsdienstleistungen. Diese

---

[240] *Schürnbrand*, in: MüKo-BGB, § 511 Rn. 8.

[241] So die h.M., siehe nur *Schürnbrand*, in: MüKo-BGB, § 511 Rn. 9 m.w.N.

[242] Siehe oben Kapitel 3 A.I.4.a)bb).

[243] *Haertlein/Schultheiß*, in: BeckOGK-BGB, § 512 Rn. 22; *Kessal-Wulf*, in: Staudinger, BGB, § 511 Rn. 10; *Nobbe*, in: PWW, BGB, § 512 Rn. 6; *Schürnbrand*, in: MüKo-BGB, § 511 Rn. 13.

[244] *Artz*, in: Bülow/Artz, Verbraucherkreditrecht, § 512 Rn. 28; *Haertlein/Schultheiß*, in: BeckOGK-BGB, § 512 Rn. 20; *Kessal-Wulf*, in: Staudinger, BGB, § 511 Rn. 10; *Nobbe*, in: PWW, BGB, § 512 Rn. 5; *Schürnbrand*, in: MüKo-BGB, § 511 Rn. 14.

[245] *Artz*, in: Bülow/Artz, Verbraucherkreditrecht, § 512 Rn. 28; *Haertlein/Schultheiß*, in: BeckOGK-BGB, § 512 Rn. 20; *Schürnbrand*, in: MüKo-BGB, § 511 Rn. 14.

[246] *Artz*, in: Bülow/Artz, Verbraucherkreditrecht, § 512 Rn. 28; *Schürnbrand*, in: MüKo-BGB, § 511 Rn. 14.

[247] *Haertlein/Schultheiß*, in: BeckOGK-BGB, § 512 Rn. 24.

reichen nicht aus, ihn als „materiellen" Vertragspartner zu betrachten, da die Darlehensgeber weiterhin das wirtschaftliche Risiko tragen. Es liegt damit kein Strohmanngeschäft vor.

b) Gewerbliche Anleger als Darlehensgeber

Neben Privatpersonen können im Rahmen des P2P-Consumer-Lendings auch
gewerbliche Anleger Darlehen gewähren. Hierbei ist im Rahmen der Analyse
zwischen institutionellen Anlegern und solchen Anlegern zu differenzieren, deren
Unternehmenszweck nicht primär Bank- oder Finanzgeschäfte sind, sondern die
genau wie Privatanleger die Darlehen als Teil ihrer allgemeinen Vermögensverwaltung vergeben, beispielsweise Industrieunternehmen.

Institutionelle Anleger sind ohne Weiteres als Unternehmer i.S.d. § 14 Abs. 1
BGB zu qualifizieren. Die Anlage von Kapital, die auch die Darlehensvergabe über
P2P-Lending-Plattformen umfasst, gehört zum Kern ihrer gewerblichen Tätigkeit.
Die von ihnen gewährten Darlehen sind beim P2P-Consumer-Lending als Ver-
braucherkredite i.S.d. § 491 Abs. 1 Satz 1 BGB zu qualifizieren.

Für sonstige gewerbliche Teilnehmer erscheint es auf den ersten Blick schwieriger, die Unternehmereigenschaft zu bejahen. Ihre gewerbliche oder berufliche
Tätigkeit ist eben nicht auf die Vergabe von Verbraucherkrediten ausgerichtet. Insofern wird teilweise angenommen, dass nur Personen, die berufs- oder gewerbsmäßig Verbraucherkredite gewähren, Unternehmer i.S.d. § 14 Abs. 1 BGB sein
können, da nur von diesen erwartet werden könne, dass sie die verbraucherkreditrechtlichen Vorschriften kennen und sachgemäß anzuwenden wissen.[248] Gegen diese
Ansicht spricht aber bereits der Wortlaut der §§ 13, 14 Abs. 1 BGB. Er differenziert
nicht danach, in welchem gewerblichen Bereich der betreffende Darlehensgeber
aktiv ist. Vielmehr zeigt die Ausnahme für Arbeitgeberdarlehen in § 491 Abs. 2
Satz 2 Nr. 4 BGB,[249] dass der Gesetzgeber davon ausgegangen ist, dass auch
„branchenfremde" Unternehmen Verbraucherkredite gewähren können.[250] Schlussendlich muss der Verbraucherschutz auch unabhängig von der im Einzelfall bestehenden rechtlichen Kenntnis bzw. Unerfahrenheit des Darlehensgebers gewährleistet
werden.[251] Im rollenbezogenen Leitbild des Verbraucherkreditrechts wird vom
Unternehmer vielmehr erwartet, dass er sich mit den wirtschaftlichen und rechtlichen
Folgen seines Tuns auseinandersetzt.[252] Wenn also ein Unternehmen, das bereits

---

[248] So noch zur Vorgängerregelung § 1 VerbrKrG: OLG Düsseldorf NJW-RR 1996, 759,
759; *Vortmann*, Verbraucherkreditgesetz, § 1 Rn. 13.

[249] Siehe auch den der Vorschrift zugrundeliegenden Art. 2 Abs. 2 lit. g VerbrKrRL (RL
2008/48/EG).

[250] BGH NZG 2009, 273, 274 (noch zur Vorgängervorschrift § 491 Abs. 2 Nr. 2 BGB);
Schürnbrand, in: MüKo-BGB, § 491 Rn. 7; *Kessal-Wulf*, in: Staudinger, BGB, § 491 Rn. 10.

[251] *Schürnbrand*, in: MüKo-BGB, § 491 Rn. 7; *Kessal-Wulf*, in: Staudinger, BGB, § 491
Rn. 10.

[252] Siehe ausführlich dazu oben Kapitel 3 A.I.4.a)bb).

aufgrund seiner Haupttätigkeit ein Unternehmer i.S.d. § 14 Abs. 1 BGB ist, Darlehen an Verbraucher gewährt, ist er auch in dieser Situation Unternehmer und schließt einen Verbraucherdarlehensvertrag. Aufgrund der bereits aus der Haupttätigkeit herrührenden Unternehmereigenschaft besteht kein Raum dafür, die Darlehensvergabe über P2P-Lending-Plattform als Teil der privaten Vermögensverwaltung zu qualifizieren, solange sie nur in Ausübung ihrer gewerblichen Tätigkeit handeln. Dies ist grundsätzlich der Fall.[253]

Im Ergebnis ist demnach festzuhalten, dass beide Gruppen von gewerblichen Anlegern als Unternehmer i.S.d. § 14 Abs. 1 BGB zu qualifizieren sind und diese mit den Verbrauchern in Verbraucherkreditbeziehungen gem. §§ 491 ff. BGB stehen. Dies führt beim echten P2P-Consumer-Lending dazu, dass die rechtliche Bewertung der von Privatanlegern einerseits und der von gewerblichen Anlegern andererseits vergebenen Krediten nicht einheitlich ist.[254]

5. Keine Verbraucherdarlehensverträge beim P2P-Business-Lending

Selbstständige oder Unternehmen, die im Rahmen des P2P-Business-Lendings einen Kredit aufnehmen, sind als Unternehmer i.S.d. § 14 Abs. 1 BGB zu qualifizieren. Lediglich für Existenzgründer i.S.d. § 513 BGB, die über die Plattform ein Darlehen von nicht mehr als 75.000 EUR für die Aufnahme einer gewerblichen oder selbständigen beruflichen Tätigkeit suchen, greifen im Falle der Kreditvergabe durch gewerbliche Anleger entsprechend der Ausführungen zum P2P-Consumer-Lending durch gewerbliche Anleger die Regelungen über Verbraucherdarlehensverträge gem. §§ 491 ff. BGB.

II. Darlehensnehmer – Plattformbetreiber

Der Plattformbetreiber erbringt gegenüber den Darlehensnehmern drei „Dienstleistungen", die potentiell Gegenstand einer oder mehrerer vertraglicher Vereinbarungen sein könnten: Die grundsätzliche Bereitstellung der Plattform, das Rating und das Vermitteln der Darlehensverträge.

---

[253] Siehe beispielsweise *Micklitz*, in: MüKo-BGB, § 14 Rn. 18, wonach eine Tätigkeit grundsätzlich „in Ausübung" der gewerblichen Tätigkeit erfolgt, wenn sie ihrem objektiven Erscheinungsbild nach gewerblichen oder beruflichen Zwecken zuzuordnen ist.

[254] Dazu, dass dieses Ergebnis aufgrund der Zufälligkeit des verbraucherkreditrechtlichen Schutzes aus Darlehensnehmer-Perspektive unbefriedigend ist, noch im Rahmen der Reformüberlegungen in Kapitel 5 E.II.3.

1. Plattformnutzungsvertrag

Durch die Registrierung des Nutzers und die darauffolgende Bestätigungsmail durch den Plattformbetreiber kommt ein Plattformnutzungsvertrag zustande. Für das unechte P2P-Lending wird zwar vertreten, dass die Eröffnung der Registrierungs-möglichkeit ein verbindliches Angebot darstelle, welches durch die Registrierung angenommen werde.[255] Dem ist aber entgegenzuhalten, dass der Plattformbetreiber es sich vorbehalten möchte, zu kontrollieren, wer Zugang zu seinen Dienstleistungen erhält und gegebenenfalls bestimmte Personen von der Nutzung seiner Plattform im Vornherein ausschließen möchte, weil diese beispielsweise zuvor durch einen Betrugsversuch negativ aufgefallen sind oder lediglich einen Fake-Account erstellen wollen. Demnach kommt erst durch die Bestätigung durch den Plattformbetreiber der Plattformnutzungsvertrag zustande.

Der Plattformnutzungsvertrag ist ein schuldrechtlicher Vertrag sui generis, der im Wesentlichen durch die Plattform-AGB bestimmt wird und die grundsätzliche Nutzungsbedingungen sowie den Datenschutz regelt[256]. Es stellt sich zunächst die Frage, wie dieser rechtlich einzuordnen ist, da er die gesamte weitere Geschäftsbeziehung zwischen den Beteiligten regelt. Es kommt einerseits in Betracht, dass es sich um einen Rahmenvertrag handelt, andererseits, dass es sich um einen Teilnahme- und Nutzungsvertrag handelt, aufgrund dessen Leistungen durch einzelne einseitige Anweisungen der Nutzer in Anspruch genommen werden können.[257]

Für einen Rahmenvertrag spricht, dass es den Darlehensnehmern nicht ermöglicht wird, einseitig Kreditprojekte auf der Plattform zu veröffentlichen. Vielmehr müssen die Darlehensnehmer zunächst bei dem Plattformbetreiber einen Antrag hierauf stellen. Der Plattformbetreiber prüft dann die Kreditwürdigkeit und entscheidet, ob er ihn zulässt. Auch müssen die Nutzer, die auf der Plattform als Darlehensgeber auftreten möchten, vor dem Investment bei dem kooperierenden Kreditinstitut ein Anlagekonto einrichten. Die Eröffnung ist nicht ohne Weiteres gewährleistet und insbesondere von der Entscheidung des kooperierenden Kreditinstituts abhängig. Für einen Teilnehmer- und Nutzervertrag, der die Inanspruchnahme durch einseitige Weisung ermöglichen würde, ist der Vertrag viel zu unspezifisch. Der Plattformnutzungsvertrag ist demnach als Rahmenvertrag zu qualifizieren, der sich auf die Einrichtung und Nutzung des Kundenkontos sowie den Datenschutz beschränkt und als inhaltliche Grundlage für die weiteren im Rahmen der Plattformnutzung geschlossenen Verträge dient.

---

[255] *Polke*, Crowdlending, S. 45.

[256] So zu Online-Verkaufsplattformen *Billing*, in: Bräutigam/Rücker, E-Commerce, 4. Teil, B. Rn. 6.

[257] So zur Differenzierung auf internetbasierten Auktionsplattformen *Neubauer/Steinmetz*, in: Hoeren/Sieber/Holznagel, MultimediaR, Teil 14 Rn. 7.

2. Ratingvertrag

Bevor ein Darlehensnehmer über die Plattform sein Angebot auf Abschluss eines Darlehensvertrags im Rahmen eines Kreditprojekts veröffentlichen kann, muss er zunächst die Erstellung eines Kreditprojekts bei dem Plattformbetreiber beantragen. Mit diesem Antrag willigt der Darlehensnehmer ein, dass der Plattformbetreiber die Bonität prüft und ein Rating erstellt, welches er auf der Plattform veröffentlichen darf.[258] Der Betreiber ermittelt auf Grundlage der so berechneten Ausfallwahrscheinlichkeit, ob der Darlehensnehmer überhaupt über die Plattform ein Darlehen aufnehmen darf und, sollte dies der Fall sein, welchen Mindestzinssatz er bieten muss.[259]

Das Rating könnte von dem Plattformbetreiber auf Grundlage eines Auftragsverhältnisses gem. § 662 BGB erbracht werden, welches eine Art Emittenten-Rating zum Gegenstand hat und später, sofern das Kreditprojekt erfolgreich finanziert wurde, rückwirkend in einen Werkvertrag umgewandelt wird.[260] Diese zum unechten P2P-Lending in Deutschland vertretene Ansicht steht unter der Prämisse, dass sich der Plattformbetreiber gegenüber den Darlehensnehmern in jedem Fall rechtsgeschäftlich zur Prüfung der Kreditwürdigkeit verpflichte.[261] Die Verpflichtung ergebe sich daraus, dass in den Plattform-AGB eine Kreditwürdigkeitsprüfung unbedingt in Aussicht gestellt wird[262] und für erfolgreiche Kreditprojekte eine Provision zu leisten ist.[263] Weiter ergebe sich der Verpflichtungswille der Plattformbetreiber daraus, dass ihr wirtschaftlicher Erfolg von möglichst vielen Bonitätsprüfungen abhängt.[264]

Beim echten P2P-Lending ist eine Verpflichtung des Plattformbetreibers typischerweise nicht ausdrücklich vorgesehen.[265] Aber auch bei den größeren Anbietern des unechten P2P-Lendings in Deutschland, auf welche die oben dargelegte Ansicht (es bestehe beim unechten P2P-Lending ein Auftragsverhältnis) verweist, ist die Annahme einer ausdrücklichen Vereinbarung zumindest nicht verallgemeinerungsfähig. In den AGB von Deutschlands größter Plattform Auxmoney wird eine Verpflichtung zur Erstellung eines Ratings explizit abgelehnt.[266]

Wenn in den Plattform-AGB keine ausdrückliche Verpflichtung zur Bewertung der Kreditwürdigkeit vorgesehen ist, dann muss sich dies durch Auslegung eben-

---

[258] Ziff. 2.1.1 Ratesetter-AGB.

[259] https://blog.zopa.com/2016/07/11/zopa-and-credit-scores/, zuletzt abgerufen am 01.12. 2018.

[260] *Polke*, Crowdlending, S. 48 ff.

[261] *Polke*, Crowdlending, S. 47.

[262] *Polke*, Crowdlending, S. 52.

[263] *Polke*, Crowdlending, S. 50.

[264] *Polke*, Crowdlending, S. 52.

[265] Siehe etwa Ziff. 2 Ratesetter-AGB, wo keine Verpflichtung des Plattformbetreibers vorgesehen ist.

[266] § 2 Abs. 3 lit. b Unterabs. 1 Auxmoney-AGB.

dieser (gem. §§ 133, 157 BGB) ergeben. Als Anknüpfungspunkt für eine konkludente Verpflichtung kommt die Einwilligung der Darlehensnehmer in die Erstellung und Veröffentlichung des Ratings in Betracht.

Für die Ermittlung der Interessenlage der beteiligten Vertragsparteien kann zunächst eine vergleichbare Situation betrachtet werden, nämlich die des Abschlusses eines Darlehensvertrags zwischen einer Bank und einem Verbraucher. Vor Abschluss erstellt diese ein „internes Rating", prüft also die Kreditwürdigkeit des potentiellen Darlehensnehmers. Für diese Bonitätsprüfung ist es weitgehend anerkannt, dass sie grundsätzlich keine Leistung gegenüber den Darlehensnehmern darstellt, sondern im vorvertraglichen Stadium erfolgt, da die Bank das Bonitätsrisiko des Darlehensnehmers trägt und dementsprechend auch die Bonität im eigenen Interesse prüft[267].

Der Plattformbetreiber, als bonitätsprüfende Person, wird beim P2P-Lending nun aber nicht Partei des Darlehensvertrags und trägt damit kein Bonitätsrisiko, sodass er nicht wie eine Bank über ein unmittelbares Eigeninteresse an der Zahlungsfähig- und -willigkeit der Darlehensnehmer verfügt. Das Bonitätsrisiko tragen beim P2P-Lending die Darlehensgeber. Die Bonitätsprüfung liegt damit grundsätzlich in ihrer wirtschaftlichen Interessensphäre. Ihnen ist jedoch eine entsprechende Prüfung bereits im Vornherein unmöglich, da die Darlehensnehmer pseudonymisiert sind. Selbst wenn die Möglichkeit zur Prüfung grundsätzlich bestünde, würden die Anleger oftmals nicht über die zur sachgerechten Kreditwürdigkeitsprüfung notwendigen Kenntnisse verfügen. Aber auch wenn die Kenntnisse vorhanden wären, stünden die Kosten außer Verhältnis zum Nutzen, da es sich typischerweise um Kleinstdarlehen handelt.[268] Die Darlehensgeber machen sich deshalb die Informationen des Plattformbetreibers zunutze, welcher die potentiellen Darlehensnehmer bewertet, kategorisiert und schlussendlich den Darlehensgebern die Möglichkeit eröffnet, von dieser Kategorisierung Gebrauch zu machen. Bei äußerer Betrachtung wird der Plattformbetreiber primär im Fremdinteresse tätig – jedoch dem der Darlehensgeber und nicht dem der Darlehensnehmer.[269]

---

[267] BGH WM 2014, 1325, 1331 f.; OLG Stuttgart WM 2003, 343, 344 f.; OLG Bamberg WM 2010, 2072, 2074; OLG Karlsruhe WM 2011, 1366, 1369; OLG Celle WM 2011, 2323, 2325 (siehe zur Berichtigung WM 2012, 191, 191), unter ausdrücklicher Aufgabe von OLG Celle WM 2010, 355, 355 ff.; *Berger*, in: MüKo-BGB, Vor. § 488 Rn. 70; *Göres*, in: Habersack/ Mülbert/Schlitt, Hdb-Kapitalmarktinformation, § 25 Rn. 60; *Rohe/Lischek*, WM 2006, 1933, 1933; *Schantz*, Verantwortlichkeit von Ratingagenturen, S. 49; *Stemper*, Rahmenbedingungen des Ratings, S. 33; *Tiffe*, VuR 2012, 127, 129. A.A. sind etwa *Casper/Möllers*, BKR 2014, 59, 65 f. (m.w.N.), unter anderem mit Hinweis auf die in § 18 Abs. 2 KWG a.F. (ersetzt durch den heutigen § 18a KWG) vorgesehene Kreditwürdigkeitsprüfung, die auch den Interessen der Darlehensnehmer diene.

[268] Siehe oben Kapitel 1 A, wonach die durchschnittlichen Einzelbeiträge beim P2P-Consumer-Lending 29 GBP pro Projekt betragen.

[269] Siehe zur Frage, wie das Rating in der Beziehung zwischen Darlehensgeber und Plattformbetreiber Berücksichtigung findet unten Kapitel 3 A.III.2.

Die Darlehensnehmer haben selbst nur ein eher geringes Interesse an der Bonitätsprüfung. Für sie steht im Vordergrund, einen Kredit zu möglichst günstigen Konditionen zu bekommen. Sie willigen vor allem deshalb in die Bonitätsprüfung ein, um über die Plattform einen Kredit zu erhalten und nicht, um eine Auskunft über ihre eigene Zahlungsfähigkeit zu erlangen. Es ist auch nicht ersichtlich, dass die Darlehensnehmer das Rating außerhalb der Plattform verwenden können oder wollen, sodass auch kein besonderes allgemeines Interesse an dem durch den Plattformbetreiber erstellten Rating bestehen dürfte. Insofern überzeugt das letzte Argument der eingangs dargestellten Ansicht nicht, dass der Plattformbetreiber über einen Verpflichtungswillen verfüge, da sein wirtschaftlicher Erfolg von möglichst vielen Bonitätsprüfungen abhänge. Das Interesse des Darlehensnehmers am Rating ist nicht darauf ausgerichtet, dass er das Plattformangebot nur dann in Anspruch nehmen würde, wenn sie sich rechtsgeschäftlich zur Erstellung des Ratings verpflichtet. Das Rating ist für ihn lediglich eine notwendige Maßnahme, um das Darlehen zu erhalten. Es sind des Weiteren keine Gründe erkenntlich, warum sich die Plattform freiwillig durch eine vertragliche Vereinbarung werkvertraglichen Mängelgewährleistungsrechten aussetzen wollen sollte, wenn sie bereits über die Einwilligung in die Erstellung und Veröffentlichung des Ratings verfügt. Das für ihren wirtschaftlichen Erfolg notwendige Rating kann sie aufgrund der Einwilligung auch ohne eine vertragliche Verpflichtung erstellen.

Zusammenfassend können die Interessen der Beteiligten nicht dahingehend verstanden werden, dass der Plattformbetreiber durch die Einwilligung der Darlehensnehmer in die Erstellung des Ratings konkludent dazu verpflichtet wird, dasselbe auch zu erstellen. Da die P2P-Lending-Plattformbetreiber, unabhängig davon, ob es sich um das echte oder unechte P2P-Lending handelt, in ihren AGB keine ausdrückliche Verpflichtung vorgesehen haben, wird kein „Ratingvertrag" in Form eines Auftrags oder Werkvertrags geschlossen.

Dieselben Gründe – fehlendes gesteigerte Eigeninteresse des Darlehensnehmers, fehlende Verwendbarkeit der Ratings außerhalb der Plattform und Haftungsrisiken für die Plattform – sprechen dann auch dagegen, eine Verpflichtung zur Erstellung des Ratings als Bestandteil des Plattformnutzungsvertrags anzunehmen, solange die AGB nicht ausdrücklich entsprechendes regeln.

3. Mitwirkung der Plattform beim Zustandekommen der Darlehensverträge

Der Plattformbetreiber bringt Darlehensnehmer und Darlehensgeber durch die Bereitstellung der Plattform überhaupt erst zusammen. Der Plattformbetreiber erhält im Falle des erfolgreichen Zustandekommens des Kreditprojekts eine Provision, die 1 % des Darlehensvolumens entspricht.

a) Maklervertrag

Darlehensnehmer und Darlehensgeber könnten auf Grundlage eines zwischen Darlehensnehmer und Plattformbetreiber geschlossenen Maklervertrags gem. § 652 Abs. 1 BGB als Vertragspartner zusammengebracht werden. Der Plattformbetreiber könnte sowohl als Vermittlungs- als auch als Nachweismakler tätig sein.

Eine Vermittlungstätigkeit setzt voraus, dass der Plattformbetreiber Kontakt zu den potentiellen Darlehensgebern aufnimmt und auf diese einwirkt, den Vertrag zu schließen[270]. Keine Vermittlung liegt vor, wenn der Dritte, also hier der Darlehensgeber, im Vornherein bereit ist, die Konditionen des Auftraggebers, also die des Darlehensnehmers, zu akzeptieren und wenn keine unterschiedlichen Interessen zwischen den Vertragspartnern ausgeglichen werden.[271] Beim P2P-Lending legen die Darlehensnehmer fest, zu welchen Konditionen die Darlehensverträge geschlossen werden. Die Darlehensgeber sind an diese fixen Konditionen gebunden, sie können die Verträge entweder schließen oder eben nicht. Der Plattformbetreiber wirkt hinsichtlich der einzelnen Darlehensverträge nicht auf die Abschlussbereitschaft der Darlehensgeber ein, womit eine Vermittlungsmaklertätigkeit ausscheidet.

Es verbleibt die Möglichkeit, dass der Plattformbetreiber als Nachweismakler tätig wird, was den Nachweis der Gelegenheit zum Abschluss eines Vertrags voraussetzt. Der Nachweismakler muss den Auftraggeber durch die Mitteilung der Möglichkeit über den Abschluss des angestrebten Hauptvertrags in die Lage versetzen, mit dem anderen Interessenten in konkrete Vertragsverhandlungen zu treten.[272] Kommt anschließend der Hauptvertrag zwischen Auftraggeber und Interessenten zustande, entsteht der Lohnanspruch, § 652 Abs. 1 BGB.

Die vertragliche Beziehung zwischen Auftraggeber und Nachweismakler lässt sich in zwei Phasen aufteilen. Erstens in die zwischen Abschluss des Maklervertrags und Nachweis der Gelegenheit und zweitens in die zwischen Nachweis und Abschluss des Hauptvertrags. Kennzeichen der ersten Phase und zugleich eines der Leitbilder des Maklervertrags ist, dass der Makler, obwohl eine vertragliche Beziehung zum Auftraggeber vorliegt, frei entscheiden kann, ob er überhaupt für den Auftraggeber tätig wird.[273] Merkmal der zweiten Phase und ebenfalls Leitbild des Maklervertrags ist die Entscheidungsfreiheit des Auftraggebers.[274] Er kann, muss aber nicht mit dem Interessenten den Hauptvertrag schließen.

---

[270] BGH MDR 1968, 405, 405; *Fischer*, in: Erman, BGB, § 652 Rn. 17 m.w.N.

[271] *Arnold*, in: Staudinger, BGB, § 653 Rn. 43; *Fischer*, in: Erman, BGB, § 652 Rn. 17; *Roth*, in: MüKo-BGB, § 652 Rn. 107.

[272] *Engel*, in: Soergel, BGB, § 652 Rn. 19; *Roth*, in: MüKo-BGB, § 652 Rn 96, jew. m.w.N.

[273] BGH NJW 1985, 2477, 2478; BGH NJW-RR 1991, 914, 915; BGH NJW-RR 2003, 699, 700; *Arnold*, in: Staudinger, BGB, Vor. §§ 652 ff. Rn. 1; *Kotzian-Marggraf*, in: BeckOK-BGB, § 652 Rn. 2; *Roth*, in: MüKo-BGB, § 652 Rn. 25; *Wichert*, in: NK-BGB, § 652 Rn. 20.

[274] BGH NJW-RR 2003, 699, 700; *Arnold*, in: Staudinger, BGB, Vor. §§ 652 ff. Rn. 1; *Engel*, in: Soergel, BGB, § 652 Rn. 130; *Fischer*, in: Erman, BGB, § 652 Rn. 30; *Kotzian-*

Beim P2P-Lending verfügen weder Plattformbetreiber noch Darlehensgeber über die jeweilige Entscheidungsfreiheit. Der Plattformbetreiber ist nach der vertraglichen Vereinbarung mit der Erstellung des Kreditprojekts und Abgabe des Angebots dazu verpflichtet, das Projekt auf der Plattform zu listen und die Darlehensnehmer und Anleger entsprechend der Beschreibung in den AGB zusammenzuführen. Der Darlehensnehmer gibt auf der anderen Seite mit der Erteilung des „Maklerauftrags" seine Willenserklärung auf Abschluss der Darlehensverträge ab. Beginnend mit diesem Zeitpunkt ist er an sein Angebot gebunden. Der Darlehensnehmer erhält erst durch die Mitteilung über den Erfolg des Kreditprojekts Kenntnis von den „Interessenten". Diese Mitteilung ist inhaltlich zugleich aber auch die Annahmeerklärung der Darlehensgeber. In dem Moment, in dem der Darlehensnehmer Kenntnis vom Darlehensgeber erlangt, ist auch der jeweilige Vertrag geschlossen. Dem Darlehensnehmer verbleibt nach dem „Nachweis" nicht mehr die Freiheit, über den Vertragsschluss zu entscheiden. Vielmehr entfällt die zweite Phase, also die zwischen Nachweis und Abschluss des Hauptvertrages, vollständig.

Die Gestaltung ist damit insgesamt so weit von dem Leitbild des Maklervertrags entfernt, dass vertragstypologisch keine Qualifizierung als Maklervertrag in Betracht kommt und sich demnach auch nicht die Frage stellt, ob diese Gestaltung eine gem. § 307 Abs. 1, Abs. 2 Nr. 1 BGB unzulässige Abweichung von Grundgedanken des Maklervertrags darstellt.[275] Die Beziehung zwischen Plattformbetreiber und Darlehensnehmer soll von Anfang an viel verbindlicher sein, als es für Maklerverhältnisse üblich ist. Der Plattformbetreiber wird von den Darlehensnehmern nicht in Anspruch genommen, weil er ihnen ganz bestimmte investitionsfreudige Personen aussucht und zur Kenntnis bringt, um anschließend mit diesen über den Abschluss eines Darlehensvertrags zu verhandeln, sondern weil er ihnen mit der technischen Infrastruktur einen Ort bereitstellt, an dem sie anonym und weitgehend vollautomatisiert mit einer großen Zahl beliebiger Anleger Darlehensverträge schließen können. Das Vorliegen eines Maklervertrags – auch in den Varianten des Maklerdienstvertrags sowie Maklerwerkvertrags[276] – scheidet demnach aus.[277]

Marggraf, in: BeckOK-BGB, § 652 Rn. 2; *Roth*, in: MüKo-BGB, § 652 Rn. 25; *Wichert*, in: NK-BGB, § 652 Rn. 20.

[275] Siehe zur Diskussion bei Internet-Auktionshäusern, die aufgrund der Bindung des Auftraggebers an seine auf Abschluss des Hauptvertrags gerichtete Willenserklärung im Vermittlungselement eine gewisse Ähnlichkeit zu Crowdlending-Plattformen aufweisen, etwa *Neubauer/Steinmetz*, in: Hoeren/Sieber/Holznagel, MultimediaR, Teil 14 Rn. 9 sowie *Wiebe*, in: Spindler/Wiebe, Elektronische Marktplätze, Kap. 4 Rn. 9, die annehmen, dass es sich dort um eine Frage der (AGB-rechtlichen) Zulässigkeit der Gestaltung des Maklervertrags und nicht eine der Vertragstypologie handelt. A.A. ist *Kotzian-Marggraf*, in: BeckOK-BGB, § 652 Rn. 3, der in diesem Fall einen Maklervertrag ablehnt. Die Einordnung als Maklervertrag in diesem Fall für „eher zweifelhaft" haltend: *Redeker*, IT-Recht, Rn. 1192.

[276] Siehe zu diesen beiden Sonderformen beispielsweise *Engel*, in: Soergel, BGB, Vor. § 652 Rn. 5.

[277] Siehe *Polke*, Crowdlending, S. 47 zur Qualifizierung der Beziehung beim unechten P2P-Lending als Maklerdienstvertrag. Die Konstellation ist nicht vergleichbar, da dem Darle-

b) Darlehensvermittlungsvertrag

Mangels Vermittlungs- oder Nachweistätigkeit des Plattformbetreibers schließen der Betreiber und der jeweilige Darlehensnehmer auch keinen Darlehensvermittlungsvertrag gem. § 655a Abs. 1 Satz 1 Nr. 1 und Nr. 2 BGB.[278] Bezüglich eines möglicherweise zwischen ihnen geschlossenen Darlehensvermittlungsvertrags gem. § 655a Abs. 1 Satz 1 Nr. 3 BGB ist zu differenzieren. Die Vorschrift setzt voraus, dass ein Unternehmer einem Verbraucher beim Abschluss eines Verbraucherdarlehensvertrags behilflich ist. Die beim P2P-Business-Lending vermittelten Verträge unterliegen nicht der Vorschrift, da keine Verbraucherdarlehensverträge geschlossen werden.[279] Gleiches gilt, wenn Privatanleger beim P2P-Consumer-Lending Darlehen gewähren.[280] In diesen Konstellationen liegt also kein Darlehensvermittlungsvertrag vor.

Ausschließlich in dem Fall, in dem gewerbliche Teilnehmer beim P2P-Consumer-Lending Darlehen vergeben, liegen Verbraucherdarlehensverträge vor.[281] Ob der Plattformbetreiber dem Verbraucherdarlehensnehmer auch bei Abschluss seines Vertrags behilflich ist, erscheint fraglich. Eine allgemeine Definition für den 2016 ins Gesetz aufgenommenen Tatbestand hat sich bislang nicht herausgebildet. Ziel der Aufnahme des „Behilflichseins" in den Katalog der Darlehensvermittlung i.S.d. § 655a Abs. 1 Satz 1 BGB war, über die in den Nummern 1 und 2 geregelte Vermittlungs- und Nachweistätigkeit hinaus auch Vorarbeiten und vorvertragliche administrative Tätigkeiten in den Anwendungsbereich zu ziehen.[282] Es handelt sich dabei um einen Auffangtatbestand.[283] Damit lässt sich die Frage, ob die Tätigkeit des Plattformbetreibers ein Behilflichsein darstellt, aber noch nicht beantworten. Klarheit verschafft eine Betrachtung der Rechtsfolgen der Erfassung als Darlehensvermittlung. So muss der Darlehensvermittler den Verbraucher gem. § 655a Abs. 2 Satz 2 BGB nach Maßgabe des Art. 247 § 13 Absatz 2 und § 13b Absatz 1 EGBGB über die Einzelheiten des Darlehensvermittlungsvertrags informieren. Sinn und Zweck ist es, den Verbraucher durch Transparenz vor unwirtschaftlichen Entscheidungen zu schützen,[284] da die Darlehensvermittlung die Kreditaufnahme üb-

---

hensnehmer nach der Nachweistätigkeit noch freisteht, den Darlehensvertrag mit dem kooperierenden Kreditinstitut zu schließen.

[278] Siehe zur fehlenden Vermittlungs- oder Nachweistätigkeit des Plattformbetreibers i.S.d. § 652 Abs. 1 BGB bereits oben Kapitel 3 A.II.3.a).

[279] Kapitel 3 A.I.5.

[280] Siehe oben Kapitel 3 A.I.4.a).

[281] Kapitel 3 A.I.4.b).

[282] RegE BT-Drucks. 18/5922, S. 107; *Möller*, in: BeckOK-BGB, § 655a Rn. 5; *Sprau*, in: Palandt, BGB, § 655a Rn. 2; *Schürnbrand*, in: MüKo-BGB, § 655a Rn. 9.

[283] *Schürnbrand*, in: MüKo-BGB, § 655a Rn. 9.

[284] *Herresthal*, in: Staudinger, BGB, § 655a Rn. 3; *Schürnbrand*, in: MüKo-BGB, § 655a Rn. 19; *Zimmermann*, in: BeckOGK-BGB, § 655a Rn. 10.

licherweise um bis zu 7 % verteuert.[285] Des Weiteren sollen dem Darlehensnehmer durch die Informationspflichten Interessenkonflikte des Vermittlers offengelegt werden.[286] Mit dem in § 655b Abs. 1 Satz 1 BGB vorgesehenen Schriftformerfordernis wird bezweckt, den Verbraucher vor der Darlehensvermittlung verbundenen Verteuerung des Kredits zu warnen.[287] Schlussendlich ist der Darlehensvermittler gem. § 655a Abs. 2 Satz 2 BGB gesamtschuldnerisch[288] oder jedenfalls gesamtschuldähnlich[289] mit dem Unternehmerdarlehensgeber verpflichtet, die verbraucherdarlehensrechtlichen Informationspflichten zu erfüllen. Zusammenfassend ist der Zweck der darlehensvermittlungsvertraglichen Erfassung sowohl der Schutz des Verbrauchers vor den wirtschaftlichen Risiken der Darlehensvermittlung als auch die weitere Stärkung des verbraucherdarlehensrechtlichen Verbraucherschutzes.

Vor diesem Hintergrund lässt sich die Mitwirkung des Plattformbetreibers beim Abschluss der Verbraucherdarlehensverträge durch die Nutzer unter das „Behilflichsein" i.S.d. § 655a Abs. 1 Satz 1 Nr. 3 BGB fassen. Der Plattformbetreiber stellt mit der Plattform einen Marktplatz zur Verfügung, auf dem die für die Teilnehmer elementaren Informationen von ihm umfangreich aufgearbeitet werden, indem er zunächst Daten sammelt, etwa über Identität und Bonität der Teilnehmer, diese auswertet und sie den Nutzern dann zur Verfügung stellt. Ohne diese Informationen wären die Nutzer nicht bereit, die Darlehensverträge über die Plattform zu schließen. Die Darlehensnehmer sind einmalige oder jedenfalls rein gelegentliche Nutzer, während der Plattformbetreiber dauerhaft den Markt bereitstellt und eine Vielzahl von Vertragsschlüssen ermöglicht. Der Plattformbetreiber ist den Darlehensnehmern beim Abschluss der Verbraucherdarlehensverträge behilflich. Im Fall des Bereitstellens eines Anlagealgorithmus ist bereits dieses Bereitstellen vor dem Hintergrund der verbraucherschützenden Zielsetzung als „Behilflichsein" i.S.d. § 655a Abs. 1 Satz 1 Nr. 3 BGB zu qualifizieren. Im Ergebnis schließen damit der Plattformbetreiber als Unternehmer und der Darlehensnehmer als Verbraucher beim P2P-Consumer-Lending einen Darlehensvermittlungsvertrag, wenn das zugrundeliegende Darlehen von einem gewerblichen Teilnehmer stammt.

c) Dienstvertrag mit Geschäftsbesorgungscharakter

In allen anderen Konstellationen, wie im Fall der Gewährung der Darlehen durch Privatpersonen beim P2P-Consumer-Lending, erfolgt die Vermittlungsleistung des

---

[285] *Sprau*, in: Palandt, BGB, § 655b Rn. 1; *Zimmermann*, in: BeckOGK-BGB, § 655a Rn. 10.

[286] *Schürnbrand*, in: MüKo-BGB, § 655a Rn. 19 m.w.N.

[287] *Sprau*, in: BGB, § 655b Rn. 1; *Schürnbrand*, in: MüKo-BGB, § 655b Rn. 1; *Zimmermann*, in: BeckOGK-BGB, § 655a Rn. 10.

[288] *Schürnbrand*, in: MüKo-BGB, § 655a Rn. 35.

[289] *Sprau*, in: BGB, § 655a Rn. 8. Siehe ausführlicher dazu *Zahn*, Verantwortliche Kreditvergabe, S. 278, der sich für eine analoge Anwendung der gesamtschuldnerischen Vorschriften ausspricht.

Plattformbetreibers gegenüber den Darlehensnehmern aufgrund eines Auftragsverhältnisses gem. § 662 BGB, welches im Fall des Erfolgs des Kreditprojekts
rückwirkend in einen Dienstvertrag mit Geschäftsbesorgungscharakter i.S.d. §§ 675
Abs. 1, 611 BGB umgewandelt wird. Die Leistungspflicht des Plattformbetreibers
besteht jeweils darin, das Plattformsystem, über das die Kreditprojekte finanziert
werden können, für die Laufzeit des Kreditprojekts in der in den AGB beschriebenen
Weise bereitzuhalten.

Durch die rückwirkende Umwandlung wird gewährleistet, dass die Darlehensnehmer die Plattform nur vergüten müssen, wenn das Kreditprojekt erfolgreich ist.
Rechtlich liegt die Einigung zur Umwandlung bereits bei Erteilung des Auftrags vor
und steht unter der aufschiebenden Bedingung (§ 158 Abs. 1 BGB) der erfolgreichen
Finanzierung des Kreditprojekts. Läge von Anfang an ein Dienstvertrag mit Geschäftsbesorgungscharakter vor, müssten die Interessenten auch dann für das Einstellen des Kreditprojekts eine Vergütung leisten, wenn es nicht erfolgreich ist.
Alternativ käme in Betracht, dass Interessenten und Plattformbetreiber von Anfang
an einen Dienstvertrag mit Geschäftsbesorgungscharakter schließen und die Ver-
gütungsvereinbarung unter die aufschiebende Bedingung des Erfolgs des Kreditprojekts stellen. Bei Nichterfolg läge dann ein unentgeltlicher Dienstvertrag mit
Geschäftsbesorgungscharakter vor. Dazu müsste anerkannt werden, dass es solche
unentgeltlichen Dienstverträge gibt. Der Wortlaut des § 612 Abs. 1 BGB deutet
hierauf hin.[290] Wie aber ein unentgeltlicher Dienstvertrag von einem Auftrag überhaupt abgegrenzt werden könnte, ist nicht ersichtlich.[291] Gegen die Annahme eines
unentgeltlichen Dienstvertrags mit Geschäftsbesorgungscharakter spricht außerdem,
dass die §§ 611 ff. BGB ein synallagmatisches Verhältnis voraussetzen und hierauf
zugeschnitten sind.[292] Das zeigen etwa § 611 Abs. 1 BGB („Durch den Dienstvertrag
wird [...] der andere Teil zur Gewährung der vereinbarten Vergütung verpflichtet")
und die Kündigungsregelungen in § 621 BGB (wo die Kündigungsfristen allesamt an
eine Vergütung anknüpfen). Ein unentgeltlicher Dienstvertrag ist demnach aufgrund
der Abgrenzungsprobleme und Struktur der §§ 611 ff. BGB abzulehnen. Der Plattformbetreiber und der Interessent stehen insofern in einem Auftragsverhältnis, das
im Falle der erfolgreichen Finanzierung in einen Dienstvertrag mit Geschäftsbesorgungscharakter umgewandelt wird.

---

[290] *Edenfeld*, in: Erman, BGB, § 611 Rn. 18.

[291] *Edenfeld*, in: Erman, BGB, § 611 Rn. 18. *Riesenhuber*, in: BeckOGK-BGB, § 662
Rn. 23 nimmt dagegen an, dass es unentgeltliche Dienst- und Werkverträge gebe, begründet
dies aber nicht näher. Ebenso ohne nähere Auseinandersetzung das OLG Frankfurt a. M. NJW-
RR 2015, 306, 306.

[292] *Schäfer*, in: MüKo-BGB, § 662 BGB Rn. 18.

III. Darlehensgeber – Plattformbetreiber

In der Beziehung zwischen den Darlehensgebern und dem Plattformbetreiber kann zwischen drei wesentlichen Vorgängen differenziert werden. Zunächst die grundsätzliche Plattformbeziehung mit den Darlehensgebern, anschließend die Mitwirkung des Plattformbetreibers beim Abschluss der Darlehensverträge und schlussendlich die Verwaltung der Darlehensverträge für die Darlehensgeber.

1. Plattformnutzungsvertrag

Der Plattformbetreiber schließt mit den Darlehensgebern mit der Registrierung einen Plattformnutzungsvertrag, der inhaltlich den mit den Darlehensnehmern geschlossenen Plattformnutzungsverträgen entspricht. Er ist ebenso als Rahmenvertrag zu qualifizieren.[293]

2. Mitwirkung der Plattform beim Zustandekommen der Darlehensverträge

Die Anleger können auf der Plattform eigenhändig oder unter Verwendung der bereits beschriebenen beiden Anlageautomatismen Darlehensverträge abschließen. Der Plattformbetreiber bietet den Darlehensgebern diese Dienstleistung unentgeltlich an. Vertragstypologisch ist die rechtsgeschäftliche Beziehung auch in diesem Kontext als ein Auftragsverhältnis zu qualifizieren.

Das von dem Plattformbetreiber erstellte Rating erlangt im Rahmen dieses Auftragsverhältnisses besondere Bedeutung. Es wurde bereits festgestellt, dass die Erstellung des Ratings nicht Gegenstand eines des Plattformbetreibers mit dem Darlehensnehmer geschlossenen Vertrags ist.[294] Gegenüber den Darlehensgebern besteht hierzu ebenfalls keine Verpflichtung. Das Rating findet jedoch über die vertraglichen Nebenpflichten Eingang in das Auftragsverhältnis. Durch das Anbieten seiner Plattform ermöglicht es der Betreiber den Anlegern, in Projekte fremder Personen zu investieren. Ohne die von dem Plattformbetreiber erstellten Ratings wären die Anleger dazu nicht bereit, da ihnen die Darlehensnehmer fremd sind und sie die Risiken nicht einschätzen könnten. Die Ratings, welche die Ausfallwahrscheinlichkeit der Darlehensnehmer spiegeln, sind insofern für die Darlehensgeber von elementarer Bedeutung. Sie vertrauen darauf, dass sie in ordnungsgemäßer Weise erstellt wurden. Der Plattformbetreiber ist verpflichtet, ausschließlich ordnungsgemäß erstellte Ratings zur Verfügung zu stellen. Dabei ist jedoch zu berücksichtigen, dass es sich ähnlich wie bei „externen Ratings" auf dem Kapitalmarkt um eine Prognose über die Zahlungsfähig- und -willigkeit des Schuldners handelt.

---

[293] Siehe oben Kapitel 3 A.II.1.

[294] Siehe oben Kapitel 3 A.II.2. dazu.

Sie sind insofern als Meinungsäußerungen[295] des Plattformbetreibers zu qualifizieren. Das bedeutet, dass die Ratings anders als Tatsachenbehauptungen nicht objektiv richtig oder falsch sein können. Vielmehr besteht ausschließlich eine Vertretbarkeitsgrenze, die erst bei der Verletzung der Gebote der Neutralität, Objektivität und Sachkunde[296] überschritten ist.

3. Die Forderungsverwaltung

Der Plattformbetreiber wird von den Darlehensgebern damit beauftragt und ermächtigt, für sie jegliche Verwaltungshandlungen im Kontext der Durchführung der Darlehensverträge vorzunehmen. Er erhält hierfür eine monatliche Gebühr in Höhe eines prozentualen Anteils der monatlichen Rate des jeweils verwalteten Darlehensvertrags. Die Verwaltungshandlungen umfassen die Überwachung der ordnungsgemäßen Erfüllung der Rückzahlungs- und Zinsansprüche, die Mahnung der Darlehensnehmer, die Abwicklung mit der Treuhand sowie schlussendlich auch die gegebenenfalls erfolgende Veräußerung der Rückzahlungs- und Zinsansprüche an das Inkassobüro. Vertragstypologisch ist diese Beziehung als ein Dienstvertrag mit Geschäftsbesorgungscharakter gem. §§ 675 Abs. 1, 611 BGB zu qualifizieren, dessen konkreter Inhalt weitgehend oder vollständig durch den zwischen dem Nutzer und dem Plattformbetreiber geschlossenen Plattformnutzungsvertrag geregelt ist.[297]

IV. Darlehensgeber – Kontoführendes Institut

1. Anlagekonto

Bevor die Anleger in einzelne Kreditprojekte investieren können, müssen sie bei einem kooperierenden CRR-Kreditinstitut ein Anlagekonto eröffnen. Die Darlehensgeber können auf dieses Konto Gelder einzahlen und über das Konto Zahlungsdienstleistungen in Anspruch nehmen. Das Anlagekonto ist notwendige Be-

---

[295] Siehe zum externen Rating: *Göres*, in: Habersack/Mülbert/Schlitt, Hdb-Kapitalmarktinformation, § 32 Rn. 52; *Habersack*, ZHR 169 (2005), 185, 200; *Krämer*, in: Achleitner/Everling, Hdb-Ratingpraxis, S. 699, 702; *Rohe/Lischek*, WM 2006, 1933, 1934; *Schantz*, Verantwortlichkeit von Ratingagenturen, S. 191 ff.; *v. Schweinitz*, WM 2008, 953, 957; *Stemper*, Rahmenbedingungen des Ratings, S. 167 f.; *Vetter*, WM 2004, 1701, 1701 f., 1704. Siehe zur Einordnung auch KG WM 2006, 1432, 1433 f., wobei Gegenstand der Entscheidung einzelne Äußerungen im Rahmen einer „Detailanalyse" zugrunde lagen und keine allgemeinen Ratingstufen.

[296] Die in BGHZ 65, 325, 334 aufgestellten Grundsätze zur zivilrechtlichen Haftung für Warentests können für das Rating beim P2P-Lending insofern entsprechend herangezogen werden. Siehe zur Übertragung der Grundsätze auf die Haftung von Rating-Agenturen auch: KG WM 2006, 1432, 1433 f.; *Blaurock*, ZGR 2007, 603, 631 f.; *Göres*, in: Habersack/Mülbert/Schlitt, Hdb-Kapitalmarktinformation, § 32 Rn. 52; *Schantz*, Verantwortlichkeit von Ratingagenturen, S. 290 ff.

[297] Siehe zur Einordnung als Rahmenvertrag oben Kapitel 3 A.II.1.

dingung, um als Anleger auf der Plattform aktiv werden zu können, da nur mit
Guthaben auf dem Konto Gebote auf Kreditprojekte abgeben können. Der Plattformbetreiber wird (im Rahmen der Forderungsverwaltung) von den Darlehensgebern dazu ermächtigt, auf das Konto in dem Umfang zuzugreifen, wie es zur
Durchführung des P2P-Lendings notwendig ist. Das bedeutet, dass der Betreiber
Einsicht in den Kontostand nehmen kann und dazu ermächtigt ist, Sperrungen auf
dem Konto vorzunehmen sowie Zahlungen zu veranlassen. Das Anlagekonto ist ein
Girokonto. Rechtsgeschäftlich wird ein Girovertrag geschlossen, der als ein Son-
derfall eines Zahlungsdiensterahmenvertrags gem. § 675f Abs. 2 BGB zu qualifizieren ist, womit die §§ 675f ff. BGB Anwendung finden. Wo diese Vorschriften
keine Regelung treffen, finden ergänzend die §§ 355 ff. HGB sowie das Ge-
schäftsbesorgungsrecht Anwendung.[298]

2. Sperrkonto

Das Kreditinstitut führt für den Darlehensgeber neben dem Anlagekonto auch ein
Sperrkonto, bei dem es sich um ein unselbstständiges Unterkonto zum Anlagekonto
handelt. Durch das Sperrkonto soll gewährleistet werden, dass der Darlehensgeber
tatsächlich über die zur Valutierung der Darlehen notwendigen Mittel verfügt und
diese im Zeitpunkt des Erfolgs des Kreditprojekts sofort zum Darlehensnehmer
transferiert werden können. Sobald ein Darlehensgeber auf der Plattform eine „Fi-
nanzierungszusage" für ein Kreditprojekt abgibt, wird deshalb von seinem Anlagekonto ein seiner Zusage entsprechender Betrag auf das Sperrkonto umgebucht,
über das der Darlehensgeber nicht verfügen kann. Ist das Kreditprojekt erfolgreich,
wird der entsprechende Betrag per Lastschrift von dem Konto des Anlegers abge-
bucht. Läuft die Frist des zu finanzierenden Kreditprojekts erfolglos ab, wird die
Sperrung per Rückbuchung wieder aufgehoben.

Ein „Sperrkonto" ist kein feststehender juristischer Begriff, lässt sich aber dadurch charakterisieren, dass der Kontoinhaber aufgrund einer rechtsgeschäftlichen
Abrede oder eines Gesetzes in seiner Verfügungsmacht über sein Kontoguthaben
beschränkt ist.[299] Diese Einschränkung wird beim P2P-Lending dadurch erzeugt,
dass das kontoführende Institut mit dem Anleger, vertreten durch den Plattformbetreiber, vereinbart, Verfügungen über das gesperrte Guthaben nicht auszuführen,
soweit sie nicht in der Sperrvereinbarung vorgesehen sind.[300] Die Sperrvereinbarung
ist ein echter Vertrag zugunsten Dritter, namentlich dem Darlehensnehmer als
Sperrbegünstigten. Verletzt das Kreditinstitut seine Pflichten aus der Sperrverein-

---

[298] *Casper*, in: MüKo-BGB, § 675f Rn. 36; *Schmieder*, in: Schimansky/Bunte/Lwowski,
BankR-Hdb, § 47 Rn. 1 f., 37.

[299] *Hadding/Häuser*, in: MüKo-HGB, BankvertragsR Rz. A 117; *Hucke*, in: Derleder/
Knops/Bamberger, Bank- und Kapitalmarktrecht, § 43 Rn. 28; *Peterek*, in: Kümpel/Wittig,
Bank- und Kapitalmarktrecht, Rn. 6.810.

[300] Siehe *Peterek*, in: Kümpel/Wittig, Bank- und Kapitalmarktrecht, Rn. 6.816 f. allgemein
zu den Gestaltungsmöglichkeiten.

barung, verfügt der Darlehensnehmer gegenüber dem Kreditinstitut über einen Anspruch auf Schadensersatz aus § 280 Abs. 1 BGB[301]. Dingliche Wirkung hat die Sperrvereinbarung dagegen nicht, dem stünde § 137 Satz 1 BGB entgegen.[302]

V. Plattformbetreiber – Kooperierendes Kreditinstitut

Zwischen dem Plattformbetreiber und dem kooperierenden Kreditinstitut besteht eine Kooperationsvereinbarung. Gegenstand der entgeltlichen Vereinbarung ist die Verpflichtung des Kreditinstituts gegenüber dem Plattformbetreiber, die Anträge der Nutzer auf Erstellung des Anlagekontos zu prüfen und nicht ohne sachlichen Grund abzulehnen. Weiterer Gegenstand der Vereinbarung ist eine technische Schnittstelle, die es dem Plattformbetreiber nach dem Nachweis seiner Berechtigung ermöglicht, auf die Konten der Anleger zuzugreifen. So kann er gegenüber den Nutzern einen reibungslosen Ablauf gewährleisten. Darüber hinaus wird dem Plattformbetreiber die Befugnis erteilt, auf ein dem kooperierenden Kreditinstitut gehörendes Konto zuzugreifen, um zwischen den Plattformnutzern die Zahlungen im Namen des Kreditinstituts abzuwickeln. Rechtsgeschäftlich ist die Kooperationsvereinbarung als ein Vertrag sui generis zu qualifizieren.

Die Kooperation mit dem Kreditinstitut kann auf zwei Problemkreise zurückgeführt werden. Würde der Plattformbetreiber selbst den Anlegern ein Konto anbieten, würde er gewerbsmäßig andere unbedingt rückzahlbare Gelder des Publikums annehmen und damit eine bankaufsichtsrechtliche Erlaubnis gem. § 32 Abs. 1 Satz 1 KWG i.V.m. § 1 Abs. 1 Satz 2 Nr. 1 KWG benötigen.

Die Durchführung der Zahlungen über ein Konto des kooperierenden Kreditinstituts ist darauf zurückzuführen, dass die Beteiligten beim P2P-Lending gegenüber einander anonym bleiben sollen, sodass beispielsweise die Darlehensgeber im Falle des Verzugs des Darlehensnehmers zunächst nicht in der Lage sind, mit diesem in direkten Kontakt zu treten. Die Anonymität wäre bei direkten Zahlungsbeziehungen zwischen den Nutzern aufgrund des Gebots der Kontenwahrheit nicht gewährleistet. § 154 Abs. 1 AO regelt dieses Gebot, welches auch Buchungen umfasst und es Zahlern verbietet, über ihr Konto Buchungen mit falschem oder erdichtetem Namen

---

[301] *Hadding/Häuser*, in: MüKo-HGB, BankvertragsR Rz. A 123 (mit Darstellung der Folgen im Fall von Zwangsvollstreckung und Insolvenz in Rz. A 125 f.).

[302] Umfassend dazu: *Kollhosser*, ZIP 1984, 389, 390 ff. Eine dingliche Wirkung von Sperrvereinbarungen ebenfalls ablehnend: *Hadding/Häuser*, in: MüKo-HGB, BankvertragsR Rz. A 124; *Hucke*, in: Derleder/Knops/Bamberger, Bank- und Kapitalmarktrecht, § 43 Rn. 35; *Peterek*, in: Kümpel/Wittig, Bank- und Kapitalmarktrecht, Rn. 6.812. Dahingehend wohl auch der BGH NJW-RR 1986, 848, 849, der eine dingliche Wirkung bei einem Kontovermerk „gesperrt zugunsten der D" gar nicht erst in Betracht zog. A.A. *Canaris*, NJW 1973, 825, 829; *ders*, in: Staub, HGB, 4. Auflage, Bankvertragsrecht Rn. 260, 240, demzufolge die Beschränkung analog § 399 BGB dingliche Wirkung entfalten könne.

vorzunehmen. Ein erdichteter Name liegt vor, wenn der Name frei erfunden ist.[303] Das schließt auch das Verwenden von Identifikationsnummern für Buchungen aus. Eine anonyme direkte Buchungsbeziehung zwischen Darlehensnehmern und Darlehensgebern ist nicht gestaltbar. Bei der beschriebenen Zwischenschaltung des kooperierenden Kreditinstituts ist die Anonymität dagegen gewahrt, da die Beteiligten in den jeweiligen Beziehungen (Darlehensnehmer zum kooperierenden Kreditinstitut sowie dieses zu den Darlehensgebern) unter ihrem echten Namen auftreten können und eine ordnungsgemäße Abwicklung dann über im Verwendungszweck enthaltene Identifikationsnummern erfolgt. Der Grund dafür, dass die Zahlungen nicht über ein Konto des Plattformbetreibers abgewickelt werden, ist, dass der Plattformbetreiber in diesem Fall das Finanztransfergeschäft nach § 1 Abs. 1 Satz 2 Nr. 6 Var. 1 ZAG betreiben würde, dabei gewerbsmäßig handeln würde und damit gem. § 10 Abs. 1 Satz 1 ZAG einer zahlungsdiensteaufsichtsrechtlichen Erlaubnis bedürfte.[304] Das kooperierende Kreditinstitut verfügt dagegen über die zur Erbringung der Finanzdienstleistung notwendige Erlaubnis.

VI. Plattformnutzer – Treuhandgesellschaft

Kommt der Darlehensnehmer in Verzug („Kreditereignis"), leistet die Treuhand grundsätzlich an Stelle des Darlehensnehmers die ausgebliebenen Raten und erstattet gegebenenfalls, etwa bei regelmäßigen Verzögerungen, die Rückzahlungs- und Zinsansprüche zum Nominalwert.[305] Die Treuhand wird von einer Treuhandgesellschaft, einer Tochtergesellschaft des Plattformbetreibers, verwaltet und finanziert sich durch risikoabhängige monatliche Beiträge aller auf der Plattform aktiven Darlehensgeber.

1. Versicherungsvertrag

Die rechtsgeschäftliche Beziehung zwischen Darlehensgebern und der Treuhandgesellschaft könnte als Versicherungsvertrag i.S.d. § 1 Satz 1 VVG qualifiziert werden. Ein solcher liegt vor, wenn sich der Versicherer dazu verpflichtet, ein bestimmtes Risiko des Versicherungsnehmers oder eines Dritten durch eine Leistung abzusichern, die er bei Eintritt des vereinbarten Versicherungsfalles zu erbringen hat.

Der Zahlungsverzug der Darlehensnehmer ist für die Darlehensgeber ein Risiko, das grundsätzlich durch den Erwerb der notleidenden Forderungen zum Nominal-

---

[303] *Brandis*, in: Tipke/Kruse, AO, § 154 Rn. 5; *Cöster*, in: Koenig, AO, § 154 Rn. 13; *Joeres*, in: Schimansky/Bunte/Lwowski, BankR-Hdb, § 31 Rn. 9.

[304] In dieser Variante ebenso zu diesem Ergebnis kommen würden *Kunz*, in: Bräutigam/Rücker, E-Commerce, 12. Teil, E. Rn. 108 sowie *Veith*, BKR 2016, 184, 193. Im Ergebnis ebenso, aber zu pauschal: *Scholz-Fröhling*, BKR 2017, 133, 135 („grds. immer" bestehende Erlaubnispflicht für „Crowd-Geschäfte" nach ZAG).

[305] Siehe oben Kapitel 2 E.IV ausführlich zur Funktionsweise der Treuhand.

wert abgesichert werden kann. Jedoch müsste, damit ein Versicherungsvertrag vorliegt, der Darlehensgeber gem. § 1 Satz 1 VVG einen Rechtsanspruch auf die Versicherungsleistung haben („zu erbringen hat").[306] Die beitragsleistenden Darlehensgeber werden aufgrund der geleisteten Beiträge zwar oftmals die Erwartung haben, dass die Treuhandgesellschaft die Forderung im Schadensfall erwerben wird. Es handelt sich hierbei aber um nicht mehr als eine bloße Hoffnung, die sich gerade nicht in einer Leistungspflicht manifestiert, da die Treuhand frei entscheiden kann, ob sie die Forderungen erwirbt. Sie könnte insofern jegliche Beitragsleistungen bis zum Zeitpunkt ihrer Auflösung in ihrem Vermögen behalten. Mangels Rechtsanspruchs der Darlehensgeber liegt kein Versicherungsvertrag vor.

2. Unselbstständige Stiftung

Die Treuhandkonstruktion könnte eine unselbstständige Stiftung darstellen. Bei einer solchen handelt es sich um „ein durch Rechtsgeschäft begründetes Rechtsverhältnis zwischen Stifter und Rechtsträger, innerhalb dessen der Träger verpflichtet ist, die ihm von dem Stifter übertragenen Vermögenswerte dauerhaft zur Verfolgung eines vom Stifter bestimmten Zwecks zu verwenden und als ein von seinem übrigen Vermögen getrenntes Sondervermögen zu verwalten"[307]. Hierunter ließe sich die Treuhand-Konstruktion subsumieren: Die Treuhandgesellschaft ist der Stiftungsträger, während die Darlehensgeber die Stifter sind, die dem Stiftungsträger die Gelder zum Zwecke des Erwerbs notleidender Forderungen zuwenden.

Die unselbstständige Stiftung ist weder in direkter noch analoger Anwendung von § 80 BGB erfasst[308], da der historische Gesetzgeber bewusst auf eine Regelung verzichtet hat[309]. Die unselbstständige Stiftung hat keine eigene Rechtspersönlichkeit.[310] Ihre Rechtsnatur richtet sich nach der rechtsgeschäftlichen Qualifizierung der Beziehung zwischen Stifter und Stiftungsträger.

---

[306] *Armbrüster*, in: Prölss/Martin, VVG, § 1 Rn. 24; *Brömmelmeyer*, in: Rüffer/Halbach/ Schimikowski, VVG, § 1 Rn. 20; *Looschelders*, in: Looschelders/Pohlmann, VVG, Einleitung A. Rn. 6; *Looschelders*, in: MüKo-VVG, § 1 Rn. 50; *Lorenz*, in: Beckmann/Matusche-Beckmann, VersR-Hdb, § 1 Rn. 116. Siehe auch BVerwGE 75, 155, 160; BVerwG VersR 1987, 453, 454 zum entsprechenden versicherungsaufsichtsrechtlichen Versicherungsbegriff.

[307] *Herzog*, Unselbstständige Stiftung, S. 26.

[308] RGZ 88, 335, 339; RGZ 105, 305, 306; *Hüttemann/Rawert*, in: Staudinger, Vor. § 80 Rn. 248; *Schlüter/Stolte*, Stiftungsrecht, Kap. 4 Rn. 8. Ebenso, aber eine Analogie zu § 87 BGB als zulässig betrachtend: *Ellenberger*, in: Palandt, BGB, Vor. § 80 Rn. 10 sowie *Werner*, in: Erman, BGB, 14. Auflage, Vor. § 80 Rn. 12a.

[309] So *Schlüter/Stolte*, Stiftungsrecht, Kap. 4 Rn. 8.

[310] *Ellenberger*, in: Palandt, BGB, Vor. § 80 Rn. 10; *Hof*, in: Seifart/Richter, StiftungsR-Hdb, § 36 Rn. 1; *Hüttemann/Rawert*, in: Staudinger, Vor. § 80 Rn. 231; *Wiese*, in: Erman, BGB, Vor. § 80 Rn. 10. Weitergehend dagegen *Koos*, Fiduziarische Person und Widmung, S. 168 ff. (insb. S. 281), der die Rechtsfähigkeit der fiduziarischen Stiftung bejaht.

Leisten die Stifter einer unselbstständigen Stiftung Gelder, deren Rückzahlung ausgeschlossen ist, sei die rechtsgeschäftliche Beziehung nach einer in der Literatur vertretenen Ansicht immer als eine Schenkung unter Auflage zu qualifizieren.[311] Die herrschende Meinung ordnet die Beziehung nicht pauschal ein, sondern nimmt eine Einzelfallbetrachtung vor, sodass es sich bei der Beziehung beispielsweise auch um ein fiduziarisches Rechtsgeschäft[312] in Form eines Auftrags oder Geschäftsbesorgungsvertrags handeln kann. Dem ist zu folgen. Eine pauschale Einordnung in einen bestimmten Vertragstyp verbietet sich, da die unselbstständige Stiftung kein feststehender Rechtsbegriff, sondern eine individuelle rechtsgeschäftliche Vereinbarung ist, deren Natur vom entsprechenden Willen der Beteiligten abhängt.[313] Die Einordnung als unselbstständige Stiftung führt demnach für sich genommen noch nicht zu einer endgültigen Beantwortung der Frage, welche Rechtsnatur die treuhänderische Beziehung hat.

3. Die unselbstständige Stiftung als Gesellschaft bürgerlichen Rechts

Die Treuhand könnte als eine unselbstständige Stiftung in Form einer Gesellschaft bürgerlichen Rechts zu qualifizieren sein.[314] Sowohl die Darlehensgeber als Stifter als auch die Treuhandgesellschaft als Stiftungsträger wären Gesellschafter der GbR. Gesellschaftszweck wäre dann der nach freiem Willen erfolgende entgeltliche Erwerb notleidender Forderungen der Stifter. Gegen die Annahme einer GbR spricht, wie bereits hinsichtlich des Verhältnisses der Darlehensgeber im Hinblick auf die Darlehensverträge, dass sie sich grundsätzlich gegenseitig nicht persönlich bekannt sind, was dem besonderem Treueverhältnis zwischen den Gesellschaftern widerspricht.[315] Auch bestünden erhebliche praktische Probleme bei der Umsetzung der Treuhand als GbR, da beispielsweise die Treuhand unbefristet sein soll und damit gem. § 723 Abs. 3 BGB das Kündigungsrecht nicht vertraglich eingeschränkt werden kann. Schließlich spricht ganz wesentlich gegen die GbR, dass für die Anleger als Gesellschafter ein erhebliches Haftungsrisiko bestünde, da sie analog § 128 HGB für die Verbindlichkeiten der Gesellschaft persönlich und unbeschränkt haften

---

[311] *Herzog*, Unselbstständige Stiftung, S. 37 ff.; *Hüttemann/Rawert*, in: Staudinger, Vor. § 80 Rn. 248; *Reuter*, in: MüKo-BGB, 6. Auflage, Vor. 80 Rn. 103.

[312] BGH NJW 2009, 1738, 1738 f.; BGH WM 2015, 487, 488; *Backert*, in: BeckOK-BGB, Vor. § 80 Rn. 24; *Ellenberger*, in: Palandt, BGB, Vor. § 80 Rn. 10; *Hof*, in: Seifart/Richter, StiftungsR-Hdb., § 36 Rn. 35 ff.; *Schlüter/Stolte*, Stiftungsrecht, Kap. 4 Rn. 7 ff.; *Schiffer/Pruns*, in: NK-BGB, Vor. § 80 Rn. 38; *Weitemeyer*, in: MüKo-BGB, Vor. § 80 Rn. 271; *Wiese*, in: Erman, BGB, Vor. § 80 Rn. 10 f.; *Wochner*, ZEV 1999, 125, 126 ff.

[313] BGH NJW 2009, 1738, 1739; *Hof*, in: Seifart/Richter, StiftungsR-Hdb., § 36 Rn. 35; *Schiffer/Pruns*, in: NK-BGB, Vor. § 80 Rn. 38; *Schlüter/Stolte*, Stiftungsrecht, Kap. 4 Rn. 7; *Weitemeyer*, in: MüKo-BGB, § 80 Rn. 271.

[314] Für eine entsprechende Einordnung spricht sich *Geibel* aus, siehe ausführlich dazu *ders.*, Treuhandrecht als Gesellschaftsrecht S. 422 ff.

[315] Siehe zum besonderen Treueverhältnis bereits Kapitel 3 A.I.3 (dort bzgl. der Darlehensnehmer untereinander).

würden.[316] Es widerspräche den Interessen der Beteiligten, die Treuhandkonstruktion als eine GbR zu qualifizieren, weshalb eine solche Einordnung abzulehnen ist.

4. Die unselbstständige Stiftung als Schenkung unter Auflage

Es könnte sich bei der Treuhandkonstruktion bzw. unselbstständigen Stiftung um eine Schenkung i.S.d. § 516 Abs. 1 BGB handeln. Eine Schenkung setzt gem. § 516 Abs. 1 BGB eine Zuwendung voraus, durch die jemand aus seinem Vermögen einen anderen bereichert und dass beide Teile darüber einig sind, dass die Zuwendung unentgeltlich erfolgt.

a) Bereicherung

Eine Bereicherung setzt eine beständige, objektiv im Wege einer wirtschaftlichen Betrachtung festzustellende Mehrung des Vermögens des Zuwendungsempfängers voraus.[317] Das Vorliegen einer solchen Bereicherung erscheint fraglich, da die Gelder letztlich gar nicht der Treuhandgesellschaft selbst zugutekommen, sondern entweder den Darlehensgebern oder der wohltätigen Organisation.

In ähnlich gelagerten Fällen, „Spenden" an juristische Personen, die satzungsmäßig einen ideellen oder gemeinnützigen Zweck verfolgen, ist umstritten, ob diese durch Spenden überhaupt bereichert werden und damit Schenkungen vorliegen. Nach einer Ansicht kommt es bei solchen Zuwendungen immer zu einer Bereicherung i.S.d. § 516 BGB,[318] da in diesem Fall auch der „immaterielle Vorteil der Förderung des Satzungszwecks als Bereicherung des Zuwendungsempfängers"[319] genüge. Nach der vorzugswürdigen, da differenzierteren, anderen Literaturansicht[320] und Rechtsprechung[321] ist eine Einzelfallbetrachtung notwendig. Keine Bereicherung liegt vor, wenn der Empfänger nur als eine Sammelstelle für die Zuwendungen dient und er die Mittel schlussendlich satzungsmäßig bestimmten Dritten im vollen

---

[316] *Weitemeyer*, in: MüKo-BGB, § 80 Rn. 270. Siehe zur analogen Anwendung und potentiellen Haftung auch bereits oben Kapitel 3 A.I.3 sowie Fn. 169.

[317] RGZ 62, 386, 390; *Chiusi*, in: Staudinger, BGB, § 516 Rn. 26; *Eckert*, in: Soergel, BGB, § 516 Rn. 10; *Hähnchen*, in: Erman, BGB, § 516 Rn. 4; *Koch*, in: MüKo-BGB, § 516 Rn. 11.

[318] *Eckert*, in: Soergel, BGB, § 516 Rn. 10; *Koch*, in: MüKo-BGB, § 516 Rn. 12.

[319] So *Koch*, in: MüKo-BGB, § 516 Rn. 12. Die Begründungen divergieren jedoch im Einzelnen. Siehe abweichend etwa *Eckert*, in: Soergel, BGB, § 516 Rn. 10, 4, wonach eine juristische Person alle Mittel immer ausschließlich für sich selbst, nämlich zur Erreichung ihres Zwecks, verwende.

[320] *Chiusi*, in: Staudinger, BGB, § 516 Rn. 31; *Herrmann*, in: Erman, BGB, 14. Auflage, § 516 Rn. 6; *Mühl/Teichmann*, in: Soergel, BGB, 12. Auflage, § 516 Rn. 8; *Weidenkaff*, in: Palandt, BGB, § 516 Rn. 6.

[321] BGHZ 157, 178, 182; OLG Dresden NJW 2002, 3181, 3182. Das Urteil des BGH wird oftmals fälschlicherweise von den Vertretern der herrschenden Ansicht angeführt, siehe *Chiusi*, in: Staudinger, BGB, § 516 Rn. 31 dazu.

Umfang zur Verfügung stellen muss,[322] mithin der Empfänger die Mittel lediglich durchleitet[323]. Liegt eine solche Durchleitung vor, ist das Verhältnis des Spenders zur juristischen Person als ein Auftragsverhältnis zu qualifizieren.[324] Keine Durchleitung liegt dagegen vor, wenn der Empfänger Teile zurückbehalten oder den überlassenen Betrag für sich verwenden darf.[325] In diesem Fall ist eine Bereicherung zu bejahen.

Es könnte wie eingangs allein darauf abgestellt werden, dass die Treuhandgesellschaft die Gelder letztendlich entweder den Darlehensgebern oder der wohltätigen Einrichtung zugutekommen lassen muss und insofern eine reine Durchleitung stattfindet. Die Treuhandgesellschaft leitet die zugewendeten Mittel jedoch nicht einfach weiter, sondern kauft damit notleidende Forderungen der Darlehensgeber. Damit verwendet sie die Mittel für sich selbst. Der Erwerb mag unwirtschaftlich sein, da er zum Nominalwert erfolgt. Dies ist aber letztlich ihr eigenes Risiko und lässt die zunächst bestehende Bereicherung nicht entfallen. Wenn die Gelder also überlassen werden und dem Empfänger die Möglichkeit eingeräumt wird, Forderungen zu kaufen, kann nicht mehr von einem reinen Durchleiten gesprochen werden. Die Treuhandgesellschaft wird durch die Zahlungen bereichert.

b) Unentgeltlichkeit

Die Zuwendung müsste auch unentgeltlich erfolgen. Dies ist der Fall, wenn sie nicht rechtlich von einer Gegenleistung des Erwerbers abhängig ist, die den Erwerb ausgleicht.[326] Synallagmatische Leistungspflichten schließen die Unentgeltlichkeit aus.[327] Eine solche Leistungspflicht liegt vor, wenn die eine Leistung um der Gegenleistung willen erfolgt („do ut des").[328] Nicht notwendig ist, dass der Leistende Empfänger der Gegenleistung ist. Sie kann auch an Dritte erbracht werden.[329]

Die Treuhandgesellschaft kann nach freiem Ermessen entscheiden, ob sie die notleidenden Forderungen erwirbt. Es besteht diesbezüglich keine Verpflichtung, womit auf den ersten Blick die Unentgeltlichkeit zu bejahen wäre. In Betracht kommt lediglich, die „verbesserte Rechtsposition" der Darlehensgeber als Leistungsge-

---

[322] *Chiusi*, in: Staudinger, BGB, § 516 Rn. 31.

[323] *Herrmann*, in: Erman, BGB, 14. Auflage, § 516 Rn. 6; *Mühl/Teichmann*, in: Soergel, BGB, 12. Auflage, § 516 Rn. 8.

[324] BGHZ 157, 178, 182; *Chiusi*, in: Staudinger, BGB, § 516 Rn. 31.

[325] *Chiusi*, in: Staudinger, BGB, § 516 Rn. 31.

[326] RGZ 163, 348, 356; BGHZ 116, 167, 170; BGH NJW 1992, 2566, 2567; *Eckert*, in: Soergel, BGB, § 516 Rn. 27; *Gehrlein*, in: MüKo-BGB, § 516 Rn. 24; *Weidenkaff*, in: Palandt, BGB, § 516 Rn. 8.

[327] BGH NJW 1982, 436, 436; *Chiusi*, in: Staudinger, BGB, § 516 Rn. 44; *Eckert*, in: Soergel, BGB, § 516 Rn. 27; *Gehrlein*, in: MüKo-BGB, § 516 Rn. 27; *Herrmann*, in: Erman, BGB, § 516 Rn. 8; *Weidenkaff*, in: Palandt, BGB, § 516 Rn. 8.

[328] *Emmerich*, in: MüKo-BGB, Vor. § 320 Rn. 3; *Grüneberg*, in: Palandt, BGB, Einf. § 320 Rn. 5; *Schwarze*, in: Staudinger, BGB, Vor. § 320 Rn. 5.

[329] *Emmerich*, in: MüKo-BGB, Vor. § 320 Rn. 4.

genstand anzunehmen, da die Treuhand der Vereinbarung nach nur von Darlehensgebern Forderungen erwerben kann, die für Darlehensverträge auch entsprechende Beiträge geleistet haben. Diese Verbesserung ist für die Darlehensgeber von überragender wirtschaftlicher Bedeutung, jedenfalls solange es der Praxis der Treuhandgesellschaft entspricht, jegliche Forderungen zu erwerben. Die verbesserte Rechtsposition ist aber auch hier nicht mehr als eine Hoffnung, die keinen Leistungsgegenstand für ein synallagmatisches Verhältnis darstellt. Die Zuwendung erfolgt unentgeltlich. Die einzig real existierende Verpflichtung der Treuhandgesellschaft besteht darin, es zu unterlassen, die Beiträge zweckwidrig zu verwenden. Da sich diese Verpflichtung auf die Beiträge als Leistungsgegenstand selbst beschränkt, sind die Zahlungen der Darlehensgeber an die Treuhand als eine Schenkung unter Auflage gem. § 525 BGB zu qualifizieren.

Im Ergebnis müssten die Schenkungsversprechen der Darlehensgeber gem. § 518 Abs. 1 BGB notariell beurkundet werden, was aus praktischen Gründen nicht machbar wäre. Deshalb ist § 518 Abs. 2 BGB in tatsächlicher Hinsicht besonders relevant, wonach durch die Bewirkung der versprochenen Leistung der Mangel der Form geheilt werden kann.

c) Ergebnis

Die Zahlungen der Darlehensgeber an die Treuhand sind als eine Schenkung unter Auflage zu qualifizieren.

B. Vertragliche Beziehungen auf dem Sekundärmarkt

Über den Sekundärmarkt der Plattform können die Darlehensgeber ihre darlehensvertraglichen Rückzahlungs- und Zinsansprüche veräußern. Der Sekundärmarkt kann auch durch die Erwerber verwendet werden, sollten sie ebenfalls zu einem späteren Zeitpunkt ihre Position liquidieren wollen.

Gestalterisch können die Forderungen entweder vollständig oder teilweise veräußert werden.[330] Die Teilabtretung wird für diejenigen Darlehensgeber oftmals vorzugswürdig sein, die nur einen bestimmten Teilbetrag ihres insgesamt auf der Plattform angelegten Kapitals liquidieren wollen. Durch die Teilabtretung kann das Forderungsportfolio gleichmäßig reduziert werden, ohne dass sich dessen Risikostruktur ändert.

---

[330] Siehe zur grundsätzlichen Zulässigkeit der Teilabtretung von Geldforderungen *Roth/ Kieninger*, in: MüKo-BGB, § 398 Rn. 64 m.w.N zur ganz h.M.

I. Veräußerer – Erwerber

1. Rechtsnatur des Forderungskaufvertrags

Die Darlehensgeber veräußern den Erwerbern ihre Rückzahlungs- und Zinsansprüche gegen Zahlung eines Geldbetrags, sodass es sich um Forderungskaufverträge gem. §§ 453 Abs. 1, 433 BGB handeln könnte.

Beim unechten P2P-Lending wird auf Ebene des Primärmarkts teilweise vertreten, dass, auch wenn die Verträge ausdrücklich als Forderungskaufverträge bezeichnet sind,[331] die „Forderungskaufverträge" zwischen kreditgebendem Kreditinstitut und Anlegern eigentlich Kommissionsverträge seien (§§ 406 Abs. 1, 383 ff. HGB).[332] Begründet wird die These damit, dass erstens das kooperierende Kreditinstitut im Interesse des Anlegers aktiv werde, da sie diese durch die Umgehungskonstruktion von den aufsichtsrechtlichen Pflichten „freistelle", und zweitens das Kreditinstitut für fremde Rechnung handle, da sie ihre Forderungen gegen den Darlehensnehmer aus dem Darlehensvertrag vorausabtrete.[333]

Unabhängig davon, ob dieser These zugestimmt wird, kann sie jedenfalls nicht auf das echte P2P-Lending übertragen werden. Die Darlehensgeber schließen die Darlehensverträge zunächst im eigenen Interesse für sich selbst und nicht auf Rechnung der Erwerber ab. Die spätere Veräußerung durch die Forderungsinhaber erfolgt aufgrund eines von dem ursprünglichen Darlehensvertragsschluss vollkommen losgelösten, selbstständigen Entschlusses. Es handelt sich demnach um kein Kommissionsgeschäft, sondern, da eine Forderung gegen Geld veräußert wird, um einen Forderungskaufvertrag.

2. Keine Abtretungshindernisse

Die Erfüllung dieses Vertrags müsste im Wege der Abtretung erfolgen. Eigentlich sind die Rückzahlungs- und Zinsansprüche des Darlehensgebers als Forderungen nach § 398 Satz 1 BGB grundsätzlich übertragbar, sodass die Erfüllung ohne Weiteres möglich erscheint.[334]

---

[331] Siehe etwa bei Auxmoney: „Vertrag über den Verkauf und die Abtretung einer zukünftigen Verbraucherdarlehensforderung einschließlich Verwertungsvollmacht", https://www.auxmoney.com/contact/dokumente/lender/AnlageC.pdf, zuletzt abgerufen am 01.12.2018.

[332] So *Polke*, Crowdlending, S. 63 ff. Die wohl h.M. zieht dagegen einen Kommissionsvertrag erst gar nicht in Betracht, siehe *Nietsch/Eberle*, ZVglRWiss 2017, 205, 211; *Renner*, ZBB 2014, 261, 264; *Veith*, BKR 2016, 184, 188; *Will*, GewArch 2015, 430, 433.

[333] *Polke*, Crowdlending, S. 65 f.

[334] BGHZ 171, 180, 183 ff.; BGH NJW 2011, 3024, 3024 f.; *Berger*, in: MüKo-BGB, § 488 Rn. 146; *Freitag*, in: Staudinger, BGB, § 488 Rn. 259; *Seifert*, in: Soergel, BGB, § 488 Rn. 174; *Weidenkaff*, in: Palandt, BGB, § 488 Rn. 18.

Bislang ist jedoch noch offen, ob es sich bei den Darlehensgebern um Kreditinstitute gem. § 1 Abs. 1 Satz 1 KWG handelt.[335] Teilweise wurde die Zulässigkeit der Abtretung von Darlehensforderungen durch Banken aufgrund des Bankgeheimnisses und Datenschutzrechts angezweifelt bzw. abgelehnt.[336] Die heute herrschende Meinung bejaht die Zulässigkeit richtigerweise, da der Gesetzgeber im Risikobegrenzungsgesetz[337] die Zulässigkeit der Abtretung von Darlehensforderungen anerkannt hat.[338] Damit kann an dieser Stelle offenbleiben, ob die Darlehensgeber tatsächlich als bankaufsichtsrechtliche Kreditinstitute zu qualifizieren sind. Die Abtretung wäre auch durch ein Kreditinstitut zulässig.

Es kommt jedoch in Betracht, dass die Teilabtretung für den Darlehensnehmer den Einwand der unzulässigen Rechtsausübung gem. § 242 BGB begründet, weil sie bei ihm zu unzumutbaren Erschwernissen führt.[339] Unter normalen Umständen dürfte die Aufspaltung einer Einzelforderung in beispielsweise 50 Teilforderungen ohne Weiteres unzulässig sein. Beim echten P2P-Lending ist diese Aufspaltung auf dem Sekundärmarkt bereits bei Vertragsschluss in den Plattform-AGB vorgesehen, sodass der Darlehensnehmer bei Begründung der Forderungen von der Möglichkeit Kenntnis hat. Des Weiteren erzeugt die Teilabtretung für ihn effektiv keinen Mehraufwand, da der Plattformbetreiber auch für die Erwerber die Forderungsverwaltung übernimmt. Die Abwicklung des Darlehens wird faktisch nicht erschwert. Die Teilabtretung stellt keine unzulässige Rechtsausübung gem. § 242 BGB dar. Es besteht kein Abtretungshindernis.

3. Umfang der übergehenden Rechte

Grundsätzlich werden sowohl der Rückzahlungsanspruch als auch der Zinsanspruch auf den Erwerber übertragen. Unselbstständige forderungsbezogene Nebenrechte, wie beispielsweise die Fälligkeitskündigung, gehen analog § 401 BGB automatisch mit der Abtretung der Forderung auf den Erwerber über.[340] Dagegen

---

[335] Siehe unten Kapitel 4 B.I noch ausführlich zur aufsichtsrechtlichen Qualifikation der Darlehensgeber.

[336] Siehe BGHZ 171, 180, 183 ff. (die Zulässigkeit der Abtretung bejahend) mit umfangreichen Nachweisen dazu.

[337] Gesetz zur Begrenzung der mit Finanzinvestitionen zusammenhängenden Risiken vom 19.08.2008 (BGBl. I 1666).

[338] RegE BT-Drucks. 16/7438, S. 9; *Berger*, in: MüKo-BGB, § 488 Rn. 146; *Funken*, Übertragung von Darlehensforderungen, S. 230 (umfangreich dazu ab S. 81 ff.); *Freitag*, in: Staudinger, BGB, § 488 Rn. 259; *Langenbucher*, NJW 2008, 3169, 3170; *Rossbach*, in: Kümpel/Wittig, Bank- und Kapitalmarktrecht, Rn. 11.223; *Seifert*, in: Soergel, BGB, § 488 Rn. 176. A.A. noch heute: *Stoll*, DZWIR 2010, 139, 141.

[339] BGHZ 23, 53, 56; *Busche*, in: Staudinger, BGB, § 398 Rn. 46; *Lieder*, in: BeckOGK-BGB, § 398 Rn. 139; *Grüneberg*, in: Palandt, BGB, § 242 Rn. 61. Umfangreich zur Unzumutbarkeit der Forderungsabtretung: *Baumgärtel*, AcP 156 (1957), 265, 265 ff.

[340] BGH NJW 1973, 1793, 1794; BGHZ 95, 250, 253; *Busche*, in: Staudinger, BGB, § 401 Rn. 35; *Schürnbrand*, AcP 204 (2004), 177, 189.

gehen unselbstständige vertragsbezogene Nebenrechte, wie das außerordentliche Kündigungsrecht, nicht entsprechend § 401 BGB[341] auf den Erwerber über, da sie keine Nebenrechte sind, die der Verstärkung der Forderung dienen[342]. Nach herrschender Auffassung können sie jedoch gem. §§ 413, 398 BGB an den Zessionar der korrespondierenden Forderung abgetreten[343] werden. Sie werden insofern in den Forderungskaufvertrag mit aufgenommen und gehen damit auf den Erwerber über.

4. Zustandekommen der Forderungskaufverträge

Die Forderungskaufverträge werden in entsprechender Weise zu den Darlehensverträgen geschlossen.[344] Statt eines Kreditprojekts wird jedoch ein Verkaufsobjekt erstellt, auf das die Anleger bieten können.

5. Die Stellung der Zessionare untereinander sowie zum Zedenten

Es stellt sich die Frage, in welchem Verhältnis die Beteiligten zueinander stehen. Die Zessionare stehen im Falle der Teilabtretung im Verhältnis der Teilgläubigerschaft. Eine konkludent geschlossene Gesamtgläubigerschaft ist aufgrund des fehlenden Willens, das Insolvenzrisiko im Falle der Leistung an einen anderen Gesamtgläubiger zu übernehmen, abzulehnen.[345] Eine Mitgläubigerschaft liegt nicht vor, da die abgetretenen Forderungen teilbar sind.

Nach einer Ansicht stehen die Zessionare abgetretener darlehensvertraglicher Rückzahlungsansprüche zu den Zedenten in einer gesamtschuldnerischen Beziehung zur Verpflichtung, die Darlehensvaluta für die vereinbarte Dauer beim Darlehensnehmer zu belassen.[346] Die Gesamtschuldnerschaft entstehe durch einen konkludenten Schuldbeitritt der Zessionare zur genannten Belassungspflicht des Zedenten gegenüber dem Darlehensnehmer.[347]

---

[341] *Busche*, in: Staudinger, BGB, § 401 Rn. 35; *Schreiber*, in: Soergel, BGB, § 401 Rn. 2.

[342] *Schürnbrand*, AcP 204 (2004), 177, 203.

[343] *Busche*, in: Staudinger, BGB, § 413 Rn. 13; *Grüneberg*, in: Palandt, BGB, § 413 Rn. 1; *Schürnbrand*, AcP 204 (2004), 177, 204. Zum kaufvertraglichen Rücktrittsrecht: BGH NJW 1973, 1793, 1794; BGH NJW 1985, 2640, 2641 f. Zum leasingvertraglichen Kündigungsrecht: OLG Naumburg NJW-RR 2001, 423, 423.

[344] Es sei insofern auf oben Kapitel 3 A.I.2 verwiesen.

[345] Siehe hierzu auch *Böttcher*, in: Erman, BGB, § 428 Rn. 11; *Looschelders*, in: Staudinger, BGB, § 428 Rn. 48, die im Falle einer Teilabtretung grundsätzlich das Entstehen einer Gesamtgläubigerschaft ablehnen.

[346] *Mülbert*, in: Staudinger, BGB, § 490 Rn. 229; *Polke*, Crowdlending, S. 61.

[347] *Mülbert*, in: Staudinger, BGB, § 490 Rn. 229; *Polke*, Crowdlending, S. 61. Siehe *Polke*, Crowdlending, S. 61, der für das unechte P2P-Lending dann in einem zweiten Schritt eine Teilschuldnerschaft der Erwerber untereinander annimmt.

Hintergrund dieser Ansicht dürfte die Annahme *Mülberts* sein, dass der darlehensvertragsrechtliche Rückzahlungsanspruch erst im Zeitpunkt der Fälligkeit entstehe.[348] Im Falle einer ungerechtfertigten vorzeitigen Inanspruchnahme oder Kündigung des Darlehens läge dann gegebenenfalls kein für einen Schadensersatzanspruch aus §§ 280 Abs. 1, 241 Abs. 2 BGB notwendiges Schuldverhältnis zwischen Zessionar und Darlehensnehmer vor. Diese Ansicht zum konkludenten Schuldbeitritt ist bereits deshalb abzulehnen, weil nicht nachvollzogen werden kann, warum die Darlehensgeber konkludent ihren Schuldbeitritt erklären und damit ihre eigene Haftung begründen wollen sollten.[349] Dies widerspräche ihren Interessen. Die Darlehensnehmer wären, wenn man der Grundannahme *Mülberts* folgt und von einem späteren Entstehen des Rückzahlungsanspruchs ausgehen sollte, vielmehr hinreichend durch § 311 Abs. 2 Nr. 3 BGB geschützt.[350] Folgt man dagegen der herrschenden Meinung und geht von einem Entstehen des Rückzahlungsanspruchs im Zeitpunkt der Valutierung des Darlehens aus,[351] bestünde bei ungerechtfertigter Inanspruchnahme oder Kündigung gegen den Darlehensgeber ein Anspruch aus §§ 280 Abs. 1, 241 Abs. 2 BGB. Hier bestünde jedenfalls keine Notwendigkeit, einen Schuldbeitritt anzunehmen. Unabhängig von dieser vorgelagerten Frage ist ein konkludenter Schuldbeitritt und damit Gesamtschuldverhältnis der Zessionare zum Zedenten aufgrund des fehlenden entsprechenden Willens der Erwerber abzulehnen.

II. Sonstige Beziehungen

Im Kontext der übrigen Vorgänge, etwa der Mitwirkungshandlungen des Plattformbetreibers beim Zustandekommen der Kaufverträge und der nunmehr für die Erwerber erfolgenden Verwaltung der Darlehensforderungen gelten die zu dem Primärmarkt dargestellten Grundsätze entsprechend, wobei der Veräußerer die Position des Darlehensnehmers und der Erwerber die Position des Darlehensgebers einnimmt. Der Veräußerer erstellt dabei kein neues Kreditprojekt, sondern ein Verkaufsobjekt.

---

[348] *Mülbert*, WM 2002, 465, 469; *ders*, in: Staudinger, BGB, § 488 Rn. 291.

[349] Ähnlich *Weber*, in: BeckOGK-BGB, § 490 Rn. 190, der einen konkludenten Schuldbeitritt nur beim Vorliegen besonderer Umstände bejaht.

[350] Einen konkludenten Schuldbeitritt ebenfalls ablehnend aber in den genannten Fällen eine Haftung des Zedenten bejahend *Weber*, in: BeckOGK-BGB, § 490 Rn. 190 (Rechtsgedanke des § 404 BGB gebiete es, den Zessionar als Erfüllungsgehilfen des Zedenten anzusehen).

[351] *Berger*, in: MüKo-BGB, § 488 Rn. 221, 43; *Larenz*, Schuldrecht II/1, § 51 III; *Oetker/Maultzsch*, Vertragliche Schuldverhältnisse, § 3 Rn. 21; *Rohe*, in: BeckOK-BGB, § 488 Rn. 34; *Seifert*, in: Soergel, BGB, § 488 Rn. 108.

Kapitel 4

Aufsichtsrechtliche Anforderungen
an das P2P-Lending

In diesem Kapitel wird geprüft, wie die Tätigkeiten der am P2P-Lending beteiligten Personen aufsichtsrechtlich zu qualifizieren sind. Dazu werden zunächst in
einem abstrakten Grundlagenabschnitt die Funktionsweise, spezifischen Risiken und
die Begründung der Regulierung von Banken dargestellt und damit das Fundament
für das Verständnis der im darauffolgenden Abschnitt geprüften (bank-)aufsichts-
rechtlichen Tatbestände gelegt.

A. Bankaufsichtsrechtliche Grundlagen

I. Banken als Finanzintermediäre und die von ihnen
erbrachten Transformationsfunktionen

„Klassische Kreditinstitute" betreiben sowohl das Einlagen- als auch das Kreditgeschäft. Sie nehmen durch das Einlagengeschäft Kapital auf, reichen es durch das
Kreditgeschäft an Darlehensnehmer weiter und tragen so zum Ausgleich des
volkswirtschaftlichen Kapitalangebots und der Kapitalnachfrage bei.[352] Das Kapital
fließt dabei über einen Umweg: Statt dass die originären Kapitalanbieter und Kapitalnachfrager unmittelbare Finanzierungsbeziehungen eingehen, treten Banken
zwischen beide Marktseiten.[353] Da sich die Banken als intermediäre Kapitalnehmer
und intermediäre Kapitalgeber zwischen die beiden Marktseiten schalten,[354] werden
sie auch als Finanzintermediäre bezeichnet[355].

---

[352] *Büschgen*, Bankbetriebslehre, S. 34; *Krämer*, Bankenaufsicht, S. 73 f.

[353] *Bitz*, WiSt 1989, 430, 430. Finanzintermediäre ebenfalls anhand des Selbsteintritts
systematisierend: *Bank*, Finanzierungsbeziehungen, S. 35 f. Einen einheitlichen Begriff oder
einheitliche Systematisierung des Begriffs „des Finanzintermediärs" gibt es aufgrund der
vielfältigen Erscheinungsformen nicht. *Bank* schlägt a.a.O., S. 36 m.w.N. daneben auch eine
funktionale Kategorisierung vor. Siehe für ein rein funktionales Begriffsverständnis etwa
Pilbeam, Financial Markets, S. 30.

[354] *Bitz*, WiSt 1989, 430, 431 f.; *Krämer*, Bankenaufsicht, S. 73.

[355] Genauer Finanzintermediäre im engeren Sinne, siehe *Bitz*, WiSt 1989, 430, 430; *Bitz/
Stark*, Finanzdienstleistungen, S. 7; *Hartmann-Wendels/Pfingsten/Weber*, Bankbetriebslehre,
S. 3.

Durch ihre Zwischenschaltung lösen die Finanzintermediäre verschiedene Probleme der Kapitalgeber und -nehmer, die einer unmittelbaren Transaktion regelmäßig entgegenstehen. So wollen Kapitalgeber oftmals das Geld kurzfristig abrufen können, während Kapitalnehmer an einer langfristigen Verfügbarkeit interessiert sind, etwa wenn ein Hausbau finanziert wird.[356] Kreditinstitute lösen das Problem durch Fristentransformation, also indem sie beiden Marktseiten die jeweils gewünschten Fristen versprechen. Sie betreiben daneben auch Losgrößentransformation, indem sie beispielsweise eine Vielzahl kleinerer Kapitalbeträge aufnehmen und diese gebündelt als größere Kredite an Darlehensnehmer weiterreichen.[357] Kreditinstitute betreiben schlussendlich auch Risikotransformation, da sie besser als die originären Kapitalgeber Risiken auswählen, diversifizieren und gegebenenfalls auch tragen können.[358]

Hierdurch werden jedoch Risiken erzeugt, namentlich Erfolgs- und Liquiditätsrisiken.[359] Vergebene Kredite können ausfallen (Erfolgsrisiko) oder unerwartet viele Einlagen in einem kurzen Zeitraum abgerufen werden (Liquiditätsrisiko). Auch können sich die Risiken gegenseitig beeinflussen, etwa wenn ein Kreditausfall die Liquidität reduziert.[360]

II. Arten, Auslöser und Folgen von Bank Runs

Die Transformationsfunktionen und dadurch erzeugten Erfolgs- und Liquiditätsrisiken stehen in unmittelbarem Zusammenhang mit Bank Runs, welche wesentlicher Anlass für die Regulierung traditioneller Kreditinstitute sind. Unter Bank Runs können Kettenreaktionen verstanden werden, bei denen es zu einem massenhaften Abzug von Einlagen bei einzelnen (begrenzter Run) oder einer Vielzahl von Banken in einem Banksystem kommt (allgemeiner Run).

---

[356] Siehe zur Fristentransformation *Büschgen*, Bankbetriebslehre, S. 39; *Krämer*, Bankenaufsicht, S. 84 f. Siehe zum zugrundeliegenden Fristenproblem *Bitz*, WiSt 1989, 430, 433; *Hartmann-Wendels/Pfingsten/Weber*, Bankbetriebslehre, S. 5; *Krämer*, Bankenaufsicht, S. 77.

[357] Siehe zur Losgrößentransformation *Büschgen*, Bankbetriebslehre, S. 39; *Hartmann-Wendels/Pfingsten/Weber*, Bankbetriebslehre, S. 12; *Krämer*, Bankenaufsicht, S. 83. Siehe zum zugrundeliegenden Losgrößenproblem *Bitz*, WiSt 1989, 430, 433; *Hartmann-Wendels/Pfingsten/Weber*, Bankbetriebslehre, S. 5; *Krämer*, Bankenaufsicht, S. 77.

[358] Siehe zur Risikotransformation *Bitz*, WiSt 1989, 430, 434; *Büschgen*, Bankbetriebslehre, S. 40; *Hartmann-Wendels/Pfingsten/Weber*, Bankbetriebslehre, S. 7; *Krämer*, Bankenaufsicht, S. 91 f. Siehe zur zugrundeliegenden Risikoproblematik *Bitz*, WiSt 1989, 430, 433; *Pilbeam*, Financial Markets, S. 31.

[359] Siehe ausführlicher zu den Erfolgsrisiken etwa *Büschgen*, Bankbetriebslehre, S. 920 sowie *Krämer*, Bankenaufsicht, S. 224 ff. Siehe ausführlich zu den Liquiditätsrisiken *Krämer*, Bankenaufsicht, S. 217 ff.

[360] Siehe dazu etwa *Büschgen*, Bankbetriebslehre, S. 901.

Beim begrenzten Run verlieren zunächst einzelne Einleger aufgrund von Informationen oder Gerüchten,[361] etwa über Großverluste,[362] das Vertrauen in die vertragsgemäße Rückzahlung ihrer Einlagen durch das Kreditinstitut und ziehen diese deshalb kurzfristig und in großem Umfang ab. Ursache des Verhaltens der Einleger ist ihre extreme Risikoaversion.[363] Sie gehen eigentlich davon aus, dass ihre Einlagen weitgehend risikolose Positionen seien[364] und wollen nicht die Risiken des Instituts mittragen[365]. Sie sind außerdem nicht in der Lage, die aktuelle Bonität ihrer Bank selbstständig einzuschätzen.[366] Der umfassende Einlagenabzug kann bei der Bank aufgrund der Fristentransformation zu einem Liquiditätsengpass führen. Das Kreditinstitut benötigt dann kurzfristig Kapital, dessen Aufnahme aber wegen der negativen Informationslage mit erhöhten Kosten verbunden ist. Liquidität kann auch durch die Veräußerung langfristiger Aktiva erzeugt werden, ist jedoch regelmäßig nur gegen Abschläge möglich und damit verlustbringend.[367] Der Liquiditätsengpass schlägt auf den Erfolg der Bank durch und führt zu einem noch stärkeren Vertrauensverlust bei den Einlegern, die nun noch dringender ihre Einlagen abrufen wollen. Im schlechtesten Fall kommt es zu einer sich immer weiter selbst verstärkenden Kettenreaktion, die im Kollaps der Bank mündet.[368]

Probleme oder der Zusammenbruch eines einzelnen Kreditinstituts können das Vertrauen der Einleger anderer Kreditinstitute in ihr jeweiliges Kreditinstitut schwächen und dort ebenfalls begrenzte Runs auslösen.[369] Kommt es zu einer sich immer weiter selbst verstärkenden Kettenreaktion im Bankensektor, ist dies ein allgemeiner Run.[370] Dieses Potential ist eine der prägenden Besonderheiten des Banksystems.[371] Den allermeisten anderen Wirtschaftszweigen fehlt eine entsprechende Anfälligkeit für umgreifende Vertrauenskrisen.

Die Ursache allgemeiner Runs hängt wesentlich mit der fehlenden Fähigkeit der Einleger zusammen, die Bonität ihres Kreditinstituts hinreichend einschätzen zu können.[372] Für sie ist die Geschäftstätigkeit und Risikostruktur „der Kreditinstitute"

---

[361] *Bieg*, Bankbilanzen, S. 29.

[362] *Kohtamäki*, Reform der Bankenaufsicht, S. 18; *Krümmel*, KuK 1968, 247, 266.

[363] *Fest*, Regulierung von Banken, S. 81; *Krämer*, Bankenaufsicht, S. 58; *Krümmel*, KuK 1975, 524, 528.

[364] *Bieg*, Bankbilanzen, S. 29.

[365] *Bieg*, Bankbilanzen, S. 29; *Bieg*, WPg 1986, 299, 301.

[366] *Bieg*, Bankbilanzen, S. 29; *Krämer*, Bankenaufsicht, S. 60.

[367] *Böcking/Gros/Torabian*, in: MüKo-HGB, Vor. §§ 340f, 340g Rn. 7.

[368] *Böcking/Gros/Torabian*, in: MüKo-HGB, Vor. §§ 340f, 340g Rn. 7.

[369] *Kohtamäki*, Reform der Bankenaufsicht, S. 18. Zwingend ist dies nicht, siehe etwa *Paul*, in: Hopt/Wohlmannstetter, Corporate Governance, S. 96 m.w.N.

[370] *Bieg*, Bankbilanzen, S. 31; *Stützel*, Bankpolitik, Rn. 50.

[371] *Krämer*, Bankenaufsicht, S. 62 f. *Möschel*, Wirtschaftsrecht, S. 249 f. sieht dagegen die geringe „Nettohaftungsreserve", also „Eigenkapitalquote", als die prägende, Banken von sonstigen Wirtschaftszweigen abgrenzende Besonderheit an.

[372] *Bieg*, Bankbilanzen, S. 32; *Kohtamäki*, Reform der Bankenaufsicht, S. 18.

relativ homogen[373] und der Einlagenabzug naheliegende Selbstschutzmaßnahme. Ein allgemeiner Run kann aufgrund dieser Wahrnehmung sogar solvente, nicht in Geschäftsbeziehung mit tatsächlich instabilen Kreditinstituten stehende und auch nicht über eine vergleichbare Geschäftstätigkeit und Risikostruktur verfügende Kreditinstitute in eine Krise stürzen.[374]

Im Falle eines allgemeinen Runs können Kreditinstitute nur noch wenige oder gar keine Kredite mehr vergeben und müssen Kredite fällig stellen,[375] was zu einer Verknappung des Geldangebots in der Volkswirtschaft führt. Aufgrund der Verknappung des Geldangebots müssen in der Wirtschaft wiederum Investitionen zurückgestellt oder laufende Investitionen zurückgeführt werden.[376] Ein allgemeiner Run kann demnach nicht nur zu Verlusten bei den Einlegern führen, sondern eine Rezession verursachen.[377]

III. Bankaufsichtsrechtliche Zielsetzung

In diesem Abschnitt wird die Zielsetzung der Regulierung der verschiedenen Bankgeschäfte dargestellt. Die Regulierung der für das P2P-Lending relevanten bankaufsichtsrechtlichen Tatbestände ist dabei in weiten Teilen auf europarechtliche Vorgaben zurückzuführen. Deshalb wird in einem ersten Schritt die Zielsetzung der europäischen Vorgaben dargestellt und in einem zweiten die der nationalen Regelungen. Dabei wird jeweils zunächst das gleichzeitige Betreiben des Kredit- und Einlagengeschäfts, anschließend das isolierte Betreiben des Einlagengeschäfts und schlussendlich das isolierte Betreiben des Kreditgeschäfts beleuchtet.

1. Die Zielsetzung des europäischen Bankaufsichtsrechts

a) Gleichzeitiges Betreiben des Einlagen- und Kreditgeschäfts

Unternehmen, deren Tätigkeit darin besteht, Einlagen oder andere rückzahlbare Gelder des Publikums entgegenzunehmen und Kredite für eigene Rechnung zu gewähren, werden sowohl vom KWG als auch der Kapitaladäquanzverordnung[378] („Capital Requirements Regulation", kurz: „CRR") erfasst. In § 1 Abs. 3d Satz 1

---

[373] *Bieg,* Bankbilanzen, S. 32; *Paul,* in: Hopt/Wohlmannstetter, Corporate Governance, S. 96.

[374] *Bieg,* Bankbilanzen, S. 32; *Kohtamäki,* Reform der Bankenaufsicht, S. 18; *Krämer,* Bankenaufsicht, S. 61 f.; *Ruhl,* Einlagengeschäft, S. 64.

[375] *Fest,* Regulierung von Banken, S. 61.

[376] *Fest,* Regulierung von Banken, S. 61; *Niethammer,* Ziele der Bankenaufsicht, S. 182.

[377] *Bieg,* Bankbilanzen, S. 33; *Welcker,* Neuordnung der Bankenaufsicht, S. 21.

[378] Verordnung (EU) Nr. 575/2013 des Europäischen Parlaments und des Rates vom 26. Juni 2013 über Aufsichtsanforderungen an Kreditinstitute und Wertpapierfirmen und zur Änderung der Verordnung (EU) Nr. 646/2012, ABlEU Nr. L 176 v. 27.06.2013, S. 1.

KWG i.V.m. Art. 4 Abs. 1 Nr. 1 CRR werden diese Unternehmen als „CRR-Kreditinstitute" legaldefiniert. Diese Definition für „klassische Banken" wird in dieser Arbeit übernommen.

KWG und CRR stellen umfassende, unmittelbar geltende regulatorische Anforderungen an CRR-Kreditinstitute. Die Regelungen des KWG, welche CRR-Kreditinstitute betreffen, sind dabei in großen Teilen keine rein national veranlassten Regelungen mehr, sondern eine Umsetzung der Kapitaladäquanzrichtlinie[379] („Capital Requirements Directive", kurz: „CRD IV"). So macht beispielsweise Art. 8 Abs. 1 Satz 1 CRD IV den Mitgliedstaaten die Vorgabe, dass das Betreiben eines CRR-Kreditinstituts einer Erlaubnispflicht unterliegen muss. § 32 Abs. 1 Satz 1 KWG i.V.m. § 1 Abs. 1 Satz 2 Nr. 1 und Nr. 2 KWG ist die entsprechende Umsetzung.

CRR und CRD IV bilden das gemeinsame Fundament des europäischen Bankenaufsichtsrechts. Sie können als ein zusammenhängender, verwobener Rechtsrahmen für den Zugang zur Tätigkeit als CRR-Kreditinstitut sowie deren Aufsichtsrahmen und Aufsichtsvorschriften angesehen werden.[380] Als gemeinsamer Rechtsrahmen werden sie deshalb auch als „CRD IV-Paket" bezeichnet.[381]

Zunächst soll der bislang nicht vertieft erörterte Sinn und Zweck der Regulierung von CRR-Kreditinstituten durch CRD IV ermittelt werden. Auf den ersten Blick erscheint diese Frage für das P2P-Lending von eher geringerer Bedeutung zu sein, da die Nutzer einer P2P-Lending-Plattform normalerweise entweder ein Darlehen aufnehmen (Einlagengeschäft) oder ihr Geld anlegen wollen (Kreditgeschäft). Es ist jedoch nicht ausgeschlossen, dass Nutzer mit einer guten Bonität die Marge zwischen Kredit- und Einlagengeschäft nutzen wollen, um Gewinne zu erwirtschaften und deshalb beide Geschäfte tätigen, was sie potentiell zu CRR-Kreditinstituten macht. Die Zielsetzung der Regulierung dieser Kreditinstitute ist vor allem aber für das Verständnis der regulatorischen Erfassung der privatwirtschaftlichen Akteure von Bedeutung, die ausschließlich das Einlagengeschäft betreiben. Für diese sind in Art. 9 CRD IV sehr rudimentäre aufsichtsrechtliche Vorgaben enthalten, die sich erst vor dem Hintergrund der Zielsetzung der Regulierung der CRR-Kreditinstitute erschließen.

Deshalb wird im Folgenden untersucht, mit welchem Ziel CRR-Kreditinstitute vom CRD IV-Paket erfasst werden. Die Ziele der Wahrung der Stabilität des Finanzsystems und/oder des Schutzes der Einleger bilden dabei den Schwerpunkt.

---

[379] Richtlinie 2013/36/EU des Europäischen Parlaments und des Rates vom 26. Juni 2013 über den Zugang zur Tätigkeit von Kreditinstituten und die Beaufsichtigung von Kreditinstituten und Wertpapierfirmen, zur Änderung der Richtlinie 2002/87/EG und zur Aufhebung der Richtlinien 2006/48/EG und 2006/49/EG, ABlEU Nr. L 176 v. 27.06.2013, S. 338.

[380] Erwägungsgrund 5 CRR.

[381] Erwägungsgrund 5 CRR; *Dürselen*, in: Boos/Fischer/Schulte-Mattler, KWG, Art. 1 CRR Rn. 1; *Europäische Kommission*, IP/11/915, S. 2; *Haug*, in: Schimansky/Bunte/Lwowski, BankR-Hdb, § 133a Rn. 69.

aa) Wahrung der Stabilität des Finanzsystems

(1) Historisches Umfeld

Das CRD IV-Paket setzt „Basel III" um.[382] Hierbei handelt es sich um rechtlich unverbindliche Empfehlungen des Baseler Ausschusses für Bankenaufsicht, die im Dezember 2010 veröffentlicht wurden. Den Empfehlungen zufolge soll durch die vorgeschlagenen Reformen die Widerstandsfähigkeit des Bankensektors durch strengere globale Regeln für Eigenkapital und Liquidität gestärkt werden.[383] Ziel der Reformen sei es, die Resistenz des Bankensektors gegenüber Schocks aus Stress-situationen im Finanzsektor und in der Wirtschaft unabhängig von ihrem Ursprung zu verbessern und so die Gefahr zu verringern, dass sich Probleme im Finanzsektor auf die Realwirtschaft auswirken. Die Reformempfehlungen ziehen Konsequenzen aus der im Sommer 2007 ausgebrochenen globalen Finanzkrise.[384] In der schlimmsten Phase der Krise habe der Markt das Vertrauen in die Solvenz und Li-quidität vieler Bankinstitute verloren.[385] Die Schwächen des Bankensektors haben rasch auf das übrige Finanzsystem und auf die Realwirtschaft übergegriffen, was zu einer massiven Verknappung der Liquidität und des Kreditangebots geführt habe. Letztlich habe die öffentliche Hand mit Liquiditäts- und Kapitalzufuhren sowie Garantien in noch nie dagewesenem Ausmaß eingreifen müssen. Ein starkes und widerstandsfähiges Bankensystem bilde deshalb die Grundlage für ein nachhaltiges Wirtschaftswachstum, da Banken im Zentrum des Kreditvermittlungsprozesses stünden.[386]

Aus dem historischen Kontext ergibt sich eine gewisse gesamtwirtschaftliche Zielsetzung, nämlich die Wahrung der Stabilität des Finanzsystems. Die CRR-Kreditinstitute in ihrer Gesamtheit als volkswirtschaftliche „Sammel- und Vertei-lungsstelle"[387] von Geldkapital werden aufgrund ihrer Vertrauensanfälligkeit regu-

---

[382] *Europäische Kommission*, A comprehensive EU response to the financial crisis: a strong financial framework for Europe and a banking union for the eurozone (MEMO/13/679), S. 3 (Nr. 1.2.1); *Bornemann*, in: Beck/Samm/Kokemoor, KWG, Einf. CRR Rn. 4 ff.

[383] *BCBS*, Basel III: Ein globaler Regulierungsrahmen für widerstandsfähigere Banken und Bankensysteme, Tz. 1, abrufbar unter https://www.bis.org/publ/bcbs189_de.pdf, zuletzt abge-rufen am 01.12.2018; *BCBS*, Basel III: Internationale Rahmenvereinbarung über Messung, Standards und Überwachung in Bezug auf das Liquiditätsrisiko, Tz. 1, abrufbar unter https://www.bis.org/publ/bcbs188_de.pdf, zuletzt abgerufen am 01.12.2018.

[384] *BCBS*, Basel III: Ein globaler Regulierungsrahmen für widerstandsfähigere Banken und Bankensysteme, Tz. 2, abrufbar unter https://www.bis.org/publ/bcbs189_de.pdf, zuletzt abge-rufen am 01.12.2018.

[385] *BCBS*, Basel III: Ein globaler Regulierungsrahmen für widerstandsfähigere Banken und Bankensysteme, Tz. 4, abrufbar unter https://www.bis.org/publ/bcbs189_de.pdf, zuletzt abge-rufen am 01.12.2018.

[386] *BCBS*, Basel III: Ein globaler Regulierungsrahmen für widerstandsfähigere Banken und Bankensysteme, Tz. 3, abrufbar unter https://www.bis.org/publ/bcbs189_de.pdf, zuletzt abge-rufen am 01.12.2018.

[387] *Schulte-Mattler*, in: Boos/Fischer/Schulte-Mattler, KWG, Einf. CRR Rn. 1.

liert, um die Stabilität des Finanzsystems zu wahren, was schlussendlich dazu dient, die Realwirtschaft vor Schäden zu bewahren.[388]

(2) Erwägungsgründe

Diese gesamtwirtschaftliche Zielsetzung spiegelt sich in den Erwägungen des CRD IV-Pakets wider. In CRD IV finden sich zwar wie bereits schon in ihren Vorgängerrichtlinien keine leitlinienartigen allgemeingültigen Zielsetzungen, sondern lediglich im Kontext spezieller aufsichtsrechtlicher Vorgaben Hinweise auf das Ziel der Wahrung der Stabilität der Einzelinstitute sowie des Finanzsystems.[389] Jedoch geht aus der CRR die entsprechende Gesamtzielsetzung deutlich hervor. So soll durch das CRD IV-Paket die Finanzstabilität der Wirtschaftsteilnehmer an den Bank- und Finanzdienstleistungsmärkten gestärkt und ein hoher Grad an Einleger- und Anlegerschutz gewährleistet werden.[390] Des Weiteren soll das Vertrauen in die Stabilität der Institute in der EU insbesondere in Stressphasen gestärkt werden.[391] Ferner soll das einheitliche Regelwerk zusammen mit der einheitlichen Aufsicht dazu dienen, die Finanzstabilität sicherzustellen.[392] Schlussendlich soll durch den Rechtsrahmen für die Kreditinstitute in erster Linie das Funktionieren der für die Realwirtschaft lebensnotwendigen Dienstleistungen sichergestellt und das Risiko unvorsichtigen Verhaltens begrenzt werden.[393]

(3) Struktur des CRD IV-Pakets

Neben dem historischen Umfeld und den Erwägungen spricht auch die Struktur des CRD IV-Pakets für das Ziel der Wahrung der Stabilität des Finanzsystems. Auf

---

[388] Die Begründung ist in ihren Grundzügen letztlich mit den Erwägungen zur Schaffung des KWG 1961 identisch, in dem jedoch auf die Bankenkrise 1931 Bezug genommen wird. Siehe dazu unten Kapitel 4 A.III.2.a) m.w.N. zur entsprechenden Zielsetzung im KWG.

[389] So kann nach Erwägungsgrund 26 CRD IV abweichend vom Herkunftslandprinzip die Aufsichtsbehörde des Aufnahmemitgliedstaats Aufsichtsmaßnahmen gegenüber Zweigstellen in ihrem Hoheitsgebiet ergreifen, sofern dies für die Stabilität des Finanzsystems wichtig ist. Nach Erwägungsgrund 29 CRD IV empfiehlt es sich, dass zwischen den (für die Aufsicht) zuständigen Behörden und den Behörden und Einrichtungen, die aufgrund ihrer Funktion das Finanzsystem stärken, ein Informationsaustausch gestattet wird. Nach Erwägungsgrund 30 CRD IV können bestimmte rechtswidrige Handlungen die Stabilität und Integrität des Finanzsystems beeinträchtigen, weshalb festzulegen ist, wann der Informationsaustausch von Informationen zulässig ist. Nach Erwägungsgrund 47 CRD IV dient die „Beaufsichtigung von Instituten auf konsolidierter Basis dazu, die Interessen von Einlegern und Anlegern zu schützen und die Stabilität des Finanzsystems sicherzustellen. Nach Erwägungsgrund 50 CRD IV (in der deutschen Sprachfassung fälschlicherweise als Erwägungsgrund 40 angegeben) sollen die zuständigen Behörden bei ihren Entscheidungen die Auswirkungen auf die Stabilität des Finanzsystems in allen betroffenen Mitgliedstaaten berücksichtigen und damit die Finanzmarktstabilität der gesamten EU dienen.

[390] Erwägungsgrund 7, VO(EU) 575/2013 (CRR).

[391] Erwägungsgrund 12, VO(EU) 575/2013 (CRR).

[392] Erwägungsgrund 14, VO(EU) 575/2013 (CRR).

[393] Erwägungsgrund 122, VO(EU) 575/2013 (CRR).

Ebene der einzelnen CRR-Kreditinstitute sind Eigenmittel-, Liquiditäts- und Großkreditvorschriften vorgesehen. Diese knüpfen an die oben dargestellten Erfolgs- und Liquiditätsrisiken an, die aus den Transformationsfunktionen resultieren und fügen sich so in das in den Erwägungen zutage tretende Ziel der Wahrung der Stabilität des Finanzsystems ein. Die gesamtwirtschaftliche Zielsetzung zeigt sich beispielsweise in Vorschriften wie Art. 459 Satz 1 CRR, wonach der Kommission die Befugnis übertragen wird, delegierte Rechtsakte zu erlassen, um strengere aufsichtliche Anforderungen für Risikopositionen festzulegen, sofern dies notwendig ist, um auf aus Marktentwicklungen resultierenden Veränderungen der Intensität der Risiken auf Ebene der Mikro- und der Makroaufsicht in der Union oder außerhalb der Union zu reagieren, wenn davon alle Mitgliedstaaten betroffen sind und die Instrumente des CRD IV-Pakets nicht genügen, um auf diese Risiken zu reagieren. Des Weiteren kann jeder Mitgliedstaat gem. Art. 133 CRD IV einen Systemrisikopuffer aus hartem Kernkapital für die Finanzbranche oder einen oder mehrere ihrer Teilbereiche einführen, um nicht von der CRR erfasste langfristige nichtzyklische Systemrisiken oder Makroaufsichtsrisiken im Sinne eines Risikos einer Störung des Finanzsystems mit möglichen ernsthaften nachteiligen Auswirkungen auf das Finanzsystem und die Realwirtschaft in einem spezifischen Mitgliedstaat zu vermeiden und zu mindern.

(4) Zusammenfassung

Wie aus dem historischen Kontext, den Erwägungsgründen und der Struktur des CRD IV-Pakets hervorgeht, dient die Regulierung der CRR-Kreditinstitute dazu, die Stabilität des Finanzsystems zu wahren, da Instabilitäten die Realwirtschaft schädigen können. Im Vordergrund steht dabei das Ziel die spezifischen Kettenreaktionen zu verhindern, die durch den Entzug des Vertrauens der Gläubiger der Kreditinstitute erzeugt werden können. Hierdurch soll gewährleistet werden, dass die CRR-Kreditinstitute ihre Funktion, Geldkapital zu sammeln und dem kapitalsuchenden Publikum zur Verfügung zu stellen, erfüllen können, sodass es in der Volkswirtschaft zu einer effizienten Allokation des Geldkapitals kommt.

bb) Einlegerschutz

(1) Herleitung der Zielsetzung

Adressat der Regelungen des CRD IV-Pakets sind die einzelnen CRR-Kreditinstitute. Durch die Vorschriften wird deren Solvenz und Liquidität gestärkt. Damit werden zugleich auch die Einlagen der Einleger geschützt. Dieser Schutz wird nicht nur bewirkt, sondern auch bezweckt.

Hierfür sprechen zunächst die Erwägungen, die sich im CRD IV-Paket finden.[394] Besonders deutlich wird dies in Erwägungsgrund 7 CRR, wonach durch die Regelungen Aufsichtsanforderungen festgelegt werden, durch die nicht nur die Finanzstabilität der Wirtschaftsteilnehmer an den Finanzdienstleistungsmärkten sichergestellt, sondern auch ein hoher Grad an Einleger- und Anlegerschutz gewährleistet werden soll.[395]

Das Einlegerschutzziel wird in systematischer Hinsicht durch Art. 9 CRD IV bestätigt. Dieser sieht in seinem ersten Absatz vor, dass die Mitgliedstaaten es Personen oder Unternehmen, die keine CRR-Kreditinstitute sind, verbieten müssen, Einlagen oder anderen rückzahlbaren Gelder des Publikums gewerbsmäßig entgegenzunehmen. Nach Art. 9 Abs. 2 CRD IV können die Mitgliedstaaten hiervon für die Privatwirtschaft aber eine Ausnahme machen, wenn sie Regelungen und Kontrollen vorsehen, die den Einleger- und Anlegerschutz bezwecken. Wenn also die Zulässigkeit des ausschließlichen Betreibens des Einlagengeschäfts an den Schutz der Einleger und Anleger geknüpft ist, dann muss auch das Betreiben eines CRR-Kreditinstituts diesem Zweck dienen, da diese ebenfalls das Einlagengeschäft betreiben.

(2) Keine über den Funktionsschutz hinausgehende Bedeutung

Aus den Richtlinienerwägungen und dem Rückschluss aus Art. 9 Abs. 2 CRD IV geht hervor, dass auch der Schutz der Einleger der CRR-Kreditinstitute bezweckt wird. Es stellt sich nun in einem zweiten Schritt die Frage, ob es sich dabei um einen

---

[394] Siehe insofern auch schon EuGH BKR 2005, 29, 32 zu den Vorgängerrichtlinien der CRD IV, wonach aus den Begründungserwägungen hervorgehe, dass die Vorschriften der Richtlinie den Einlegerschutz bezwecken.

[395] Siehe im Übrigen etwa noch: Erwägungsgrund 47 CRD IV: „Die Beaufsichtigung von Instituten auf konsolidierter Basis zielt darauf ab, die Interessen von Einlegern und Anlegern zu schützen und die Stabilität des Finanzsystems sicherzustellen. [...]"; Erwägungsgrund 33 CRD IV: „Um die Beaufsichtigung von Instituten zu stärken und Kunden von Instituten besser zu schützen, sollten Abschlussprüfer die zuständigen Behörden unverzüglich unterrichten müssen, wenn sie bei der Wahrnehmung ihrer Aufgaben Kenntnis von bestimmten Sachverhalten erhalten, die die finanzielle Lage eines Instituts oder dessen Geschäftsorganisation oder Rechnungswesen schwer beeinträchtigen könnten. [...]"; Erwägungsgrund 76 CRR: „Um Marktdisziplin und Finanzstabilität zu stärken, müssen detailliertere Offenlegungspflichten hinsichtlich Form und Art der aufsichtsrechtlichen Eigenmittel sowie der aufsichtlichen Anpassungen eingeführt werden, die gewährleisten, dass An- und Einleger in ausreichendem Maße über die Solvenz der Kreditinstitute und Wertpapierfirmen informiert sind."; Erwägungsgrund 123 CRR: „Ebenso sollten Mitgliedstaaten zum Schutze der Einleger und zur Wahrung der Finanzstabilität strukturelle Maßnahmen ergreifen dürfen, um von in dem betreffenden Mitgliedstaat zugelassenen Kreditinstituten zu verlangen, ihre Risikopositionen gegenüber verschiedenen Rechtsträgern je nach deren Tätigkeiten, aber unabhängig vom Ort, an dem diese ausgeübt werden, zu verringern. [...]"; Erwägungsgrund 33 CRR: „Um Sparern vergleichbare Sicherheiten zu bieten und gerechte Bedingungen für den Wettbewerb zwischen vergleichbaren Gruppen von Instituten zu gewährleisten, die Geld oder Wertpapiere ihrer Kunden halten, müssen an Institute gleichwertige finanzielle Anforderungen gestellt werden.".

selbstständigen Zweck oder aber um ein untergeordnetes, akzessorisches Ziel zum Schutz der Funktionsfähigkeit der CRR-Kreditinstitute handelt.

Den Erwägungsgründen zufolge sollen nicht nur die Einleger geschützt werden. Es finden sich an verschiedenen Punkten auch Erwägungen, wonach Sparer[396] und Kunden[397] der Institute geschützt werden sollen. Diese Personengruppen könnten als besonders schutzbedürftig betrachtet werden, wenn angenommen wird, dass es sich bei diesen typischerweise um Verbraucher handelt, die den Banken aufgrund der gestörten Vertragsparität[398] unterlegen sind und deshalb keine hinreichenden Selbstschutzmaßnahmen zur Sicherung ihrer Einlagen ergreifen können. Auch kann bei größeren Bevölkerungsgruppen das Kontoguthaben einen Großteil des Vermögens ausmachen, weshalb sie die Insolvenz eines Kreditinstituts besonders schwer trifft. Um solche Einleger bestmöglich zu schützen, könnte angenommen werden, dass der Schutz selbstständig ist und über den Funktionsschutz hinausgeht, sodass die aufsichtsrechtlichen Vorgaben möglichst extensiv auszulegen wären.

Andererseits kommen solche Aspekte weder in den historischen Materialien noch in den Erwägungen des CRD IV-Pakets zum Ausdruck. Auch in den Regelungen selbst finden sich keine entsprechenden Hinweise. Vor dem Hintergrund der Zielsetzung des CRD IV-Pakets, die Funktionsfähigkeit des Finanzsystems zu wahren, erklärt sich jedoch der Schutz der Gläubiger der Kreditinstitute. Um deren Vertrauen zu schützen, welches unabdingbare Betriebsvoraussetzung für ein CRR-Kreditinstitut ist,[399] muss die Regulierung notwendigerweise (mittelbar) über die regulatorischen Anforderungen an die CRR-Kreditinstitute auch den Schutz der anvertrauten Vermögenswerte der Gläubiger gewährleisten. Das Funktionsfähigkeitsziel setzt den Gläubigerschutz voraus, wozu eben die Einleger, Sparer und Kunden des Kreditinstituts gehören. Demgegenüber fehlt es an Hinweisen auf einen selbstständigen Einlegerschutzzweck. Eine entsprechende These ist insofern abzulehnen. Der Einlegerschutzzweck ist rein „akzessorisch" zum Funktionsschutzzweck und hat keine selbstständige, über die gesamtwirtschaftliche Dimension hinausgehende Bedeutung.

(3) Bankenregulierung trotz Einlagensicherung

Die Einlagensicherungsrichtlinie[400] (EinlSiRL) sieht vor, dass die Mitgliedstaaten die Errichtung eines Einlagensicherungssystems sicherstellen müssen (Art. 4 Abs. 1 EinlSiRL). Für den Fall, dass Einlagen nicht verfügbare Einlagen sind, muss die

---

[396] Erwägungsgrund 33 CRR.

[397] Erwägungsgrund 33 CRD IV.

[398] Siehe oben zum Verbraucherdarlehensrecht Kapitel 3 A.I.4.a)bb).

[399] Siehe oben Kapitel 4 A.II. Insofern auch anschaulich *Adolff/Eschwey*, ZHR 177 (2013), 902, 904: „Typischerweise endet bei Banken mit dem Entzug des Marktvertrauens die operative Überlebensfähigkeit".

[400] Richtlinie 2014/49/EU des Europäischen Parlaments und des Rates vom 16. April 2014 über Einlagensicherungssysteme, ABlEU Nr. L 173 v. 12.06.2014, S. 149.

Deckungssumme des Sicherungssystems für die Gesamtheit der Einlagen desselben Einlegers 100.000 EUR betragen (Art. 6 Abs. 1 EinlSiRL). Die Erstattung muss binnen 7 Tage nach Feststellung des Entschädigungsfalls erfolgen (Art. 8 Abs. 1 EinlSiRL). Durch die eingerichteten Einlagensicherungssysteme werden die Einlagen rund 95 % aller Einleger in der EU vollständig geschützt.[401] Mit der Einlagensicherung ist ein Abzug der geschützten Einlagen durch die Kleineinleger auch in Vertrauenskrisen eigentlich nicht mehr notwendig.[402] Wenn es das Ziel des Bankenaufsichtsrechts ist, Systemstabilität durch den Schutz des Vertrauens der Einleger zu gewährleisten, kann die Frage aufgeworfen werden, ob die Regulierung in einem Bankensystem mit Einlagensicherung überhaupt erforderlich und damit die Eingriffe in die Gewerbefreiheit gerechtfertigt sind.

Eine entsprechende These ist aus zwei Gründen abzulehnen. Erstens könnte es zu Trittbrettfahrerproblemen kommen.[403] Einzelne Kreditinstitute könnten Einleger mit hohen Zinsen anlocken und beliebig hohe Risiken eingehen, ohne dass dies die Einleger abschrecken würde, da die Risiken auf die anderen Teilnehmer des Einlagensicherungssystems abgewälzt werden könnten.[404] Die risikofreudigeren Kreditinstitute hätten hierdurch einen Wettbewerbsvorteil. Es wäre sogar anzunehmen, dass sich eine Vielzahl von Kreditinstituten aufgrund des Wettbewerbsvorteils entsprechend verhalten, sodass auf Dauer die Leistungsfähigkeit des Einlagensicherungssystems gefährdet wäre.

Zweitens geht nicht nur von Kleineinlegern die Gefahr einer durch einen allgemeinen Vertrauensverlust ausgelösten Kettenreaktion aus. In der 2007 ausgebrochenen Finanzkrise kam es nach der Insolvenz von Lehman Brothers im September 2008 zum Zusammenbruch des Interbankenmarkts.[405] Die Banken liehen sich aufgrund des Vertrauensverlusts keine Gelder mehr, was dazu führte, dass auch eigentlich gesunde Banken nicht mehr in der Lage waren, sich adäquat zu refinanzieren und so unverschuldet in die Krise gezogen wurden.[406] Kreditinstitute als Gläubiger wurden damals wie heute nicht durch das Einlagensicherungssystem geschützt. Mithin macht das Einlagensicherungssystem in seiner heutigen Form die Bankenregulierung nicht überflüssig, da auch der Vertrauensverlust anderer Gläubigergruppen als die der Einleger eine systemgefährdende Kettenreaktion auslösen kann.

---

[401] *Sethe*, in: Assmann/Schütze, Hdb-Kapitalanlagerecht, § 26 Rn. 39.

[402] Siehe zu dem Risiko der Vertrauenskrisen und Bank Runs oben Kapitel 4 A.II.

[403] Ausführlich zu den Anreizproblemen: *Steden*, Bankenregulierung, S. 144 ff.

[404] *Sethe*, in: Assmann/Schütze, Hdb-Kapitalanlagerecht, § 26 Rn. 10 m.w.N. Siehe auch *Ricke/Rudolph*, BKR 2002, 899, 902, die insofern von einer Subventionierung von Kreditinstituten mit hoher Ausfallwahrscheinlichkeit durch Kreditinstitute mit geringer Ausfallwahrscheinlichkeit sprechen.

[405] Siehe umfangreich zu den Ursachen und Verlauf der im Sommer 2007 ausgebrochenen Finanzkrise: *Sachverständigenrat*, Jahresgutachten 2007/2008, Rn. 154 ff. Siehe ausführlich auch *Gorton/Metrick*, Securitized Banking, S. 1 ff. mit der These, dass es in der Finanzkrise zu einem „run on repo" kam, was mit dem klassischen Run vergleichbar sei (S. 2).

[406] *Winterfeld/Rümker*, in: Schimansky/Bunte/Lwowski, BankR-Hdb, § 124a Rn. 8.

b) Isoliertes Betreiben des Einlagengeschäfts

Wie bereits dargestellt, sind die Mitgliedstaaten gem. Art. 9 Abs. 1 CRD IV verpflichtet, es Unternehmen, die keine CRR-Kreditinstitute sind, zu verbieten, gewerbsmäßig Einlagen entgegenzunehmen. Eine Ausnahme besteht gem. Art. 9 Abs. 2 CRD IV dann, wenn die Tätigkeit Regelungen und Kontrollen unterworfen wird, die den Schutz der Einleger und Anleger bezwecken. Hierdurch kann der Privatwirtschaft der Zugang zum isolierten Betreiben des Einlagengeschäfts ermöglicht werden. Die Erlaubnispflicht gem. § 32 Abs. 1 Satz 1 KWG i.V.m. § 1 Abs. 1 Satz 2 Nr. 1 KWG ist Teil der Umsetzung dieser Ausnahmevorschrift. Es stellt sich damit die Frage, ob der Einleger- und Anlegerschutz im Gleichlauf mit der Regulierung der CRR-Kreditinstitute ebenso in das Zielsystem zum Funktionsschutz eingeordnet ist oder ob es sich im Gegensatz dazu um ein selbstständiges Ziel handelt.

aa) Grundsätzlich offene Zielsetzung

Der isolierte Betrieb des Einlagengeschäfts unterscheidet sich grundlegend vom Betrieb eines CRR-Kreditinstituts. Im Gegensatz zu CRR-Kreditinstituten erfüllen solche Unternehmen keine entsprechenden Transformationsfunktionen, da die Einlagen nicht als Kredit an Kapitalnehmer weitergereicht werden.[407] Betreibt ein Institut keine Finanzintermediation, bestehen auch keine transformationsspezifischen Risiken und es kann nicht zu den sich selbst verstärkenden Kettenreaktionen in Form eines Bank Runs kommen. Demnach lässt sich mit dem oben zugrundeliegenden Verständnis des Funktionsschutzes als Schutz vor umgreifenden Vertrauensverlusten innerhalb des Banksystems die Regulierung des isolierten Betreibens des Einlagengeschäfts nicht erklären. Daraus könnte der Schluss gezogen werden, dass der in Art. 9 Abs. 2 CRD IV vorgesehene Einleger- und Anlegerschutz in der Tat selbstständig ist und einen besonderen Charakter aufweist.

Dagegen spricht wiederum erstens, dass (ebenso wie bezüglich der CRR-Kreditinstitute) in den Erwägungen des CRD IV-Pakets keinerlei Hinweise für eine solch weitreichende Annahme zu finden sind. Vielmehr wird der Schutz der Einleger und Anleger ganz überwiegend nicht selbstständig, sondern nur im Kontext oder neben dem Schutz von Kredit- und Finanzinstituten sowie der Finanzstabilität genannt.[408] Zweitens ist das Verbot des isoliert betriebenen Einlagengeschäfts im selben Kapitel wie die Zulassungsvoraussetzungen für CRR-Kreditinstitute geregelt, indem das Verbot direkt auf die Zulassungspflicht für CRR-Kreditinstitute in Art. 8 Abs. 1 Satz 1 CRD IV folgt. Es liegt nahe, dass der Gesetzgeber trotz der funktionalen Unterschiede zwischen den Unternehmensarten keine vollkommen unterschiedli-

---

[407] Siehe zu den Transformationsfunktionen der CRR-Kreditinstitute bzw. „klassischer Banken" oben Kapitel 4 A.I.

[408] Siehe dazu die im Rahmen der Herleitung der Zielsetzung aufgeführten Erwägungsgründe in Kapitel 4 A.III.1.a)bb)(1).

chen Regelungsansätze vorsehen wollte. Gleichwohl erschließt sich dadurch noch nicht, was der Inhalt des „Einleger- und Anlegerschutzes" sein soll.

bb) Finanzmarktrechtliche Dimension des Einlegerschutzes

Zunächst soll ein Blick in ein benachbartes Regelungsgebiet erfolgen. Für das Kapitalmarktrecht[409] ist anerkannt, dass es primär dem Schutz der Funktionsfähigkeit der Kapitalmärkte dient.[410] Die zu schützende Funktionsfähigkeit kann in drei Aspekte aufgeteilt werden, namentlich die allokative, operationale sowie institutionelle Funktionsfähigkeit. Die allokative Funktionsfähigkeit bedeutet die Steuerungsfähigkeit des Kapitalmarkts.[411] Das Kapital soll dorthin fließen, wo es am dringendsten benötig wird und den meisten Erfolg verspricht. Die operationale Funktionsfähigkeit ist gegeben, wenn die Transaktionskosten auf den Märkten möglichst gering sind.[412] Unter der institutionellen Funktionsfähigkeit ist schlussendlich die Erhaltung und Festigung des Vertrauens der Marktteilnehmer in die Fairness, Stabilität und Integrität des Kapitalmarkts zu verstehen.[413]

Der Inhalt der kapitalmarktrechtlichen Zielsetzung lässt sich auf den isolierten Betrieb des Einlagengeschäfts übertragen. Das Einlagengeschäft ist technisch ohne größeren Aufwand durchführbar, da es insbesondere die Aufnahme einfacher Darlehen von einer Vielzahl von Personen erfasst.[414] Es bestünde die Möglichkeit, dass, wenn keinerlei aufsichtsrechtliche Vorgaben existieren würden, Unternehmen den Katalog ihrer klassischen Fremdfinanzierungsquellen um das Einlagengeschäft erweitern würden. Mit einer größeren Verbreitung würde es auch zu immer größeren Vermögensverlusten bei den Einlegern kommen, da Insolvenzen im unternehmerischen Bereich nicht ungewöhnlich sind.[415] Gleichermaßen könnten Privatpersonen

---

[409] Siehe zur Entwicklung des Kapitalmarktbegriffs im deutschen Recht etwa *Seiler/Geier*, in: Schimansky/Bunte/Lwowski, BankR-Hdb, Vor. § 104 Rn. 2 f.

[410] *Assmann*, in: Assmann/Schütze, Hdb-Kapitalanlagerecht, 2. Auflage, § 1 Rn. 22; *Oulds*, in: Kümpel/Wittig, Bank- und Kapitalmarktrecht, Rn. 14.141; *Seiler/Geier*, in: Schimansky/Bunte/Lwowski, BankR-Hdb, Vor. § 104 Rn. 72 ff.

[411] *Assmann*, in: Assmann/Schütze, Hdb-Kapitalanlagerecht, 2. Auflage, § 1 Rn. 24; *Buck-Heeb*, Kapitalmarktrecht, Rn. 7; *Lenenbach*, Kapitalmarktrecht, Rn. 1.72; *Seiler/Geier*, in: Schimansky/Bunte/Lwowski, BankR-Hdb, Vor. § 104 Rn. 74.

[412] *Buck-Heeb*, Kapitalmarktrecht, Rn. 9; *Lenenbach*, Kapitalmarktrecht, Rn. 1.75; *Seiler/Geier*, in: Schimansky/Bunte/Lwowski, BankR-Hdb, Vor. § 104 Rn. 75.

[413] *Assmann*, in: Assmann/Schütze, Hdb-Kapitalanlagerecht, 2. Auflage, § 1 Rn. 26; *Lenenbach*, Kapitalmarktrecht, Rn. 1.76. Siehe aber *Buck-Heeb*, Kapitalmarktrecht, Rn. 10 sowie *Seiler/Geier*, in: Schimansky/Bunte/Lwowski, BankR-Hdb, Vor. § 104 Rn. 76, die das Vertrauen in die Fairness, Stabilität und Integrität der Märkte ausschließlich als eine Voraussetzung der allokativen Funktionsfähigkeit zuordnen.

[414] Siehe unten Kapitel 4 B.II.1.a) noch vertieft zum Einlagengeschäft.

[415] Im Jahr 2016 gab es beispielsweise 62 Insolvenzen pro 10.000 Unternehmen in Deutschland (https://de.statista.com/statistik/daten/studie/6413/umfrage/insolvenzquoten-in-den-hauptbranchen/, zuletzt abgerufen am 01.12.2018).

auf das Einlagengeschäft zurückgreifen, wie das P2P-Lending in Großbritannien zeigt. Auch hier müssten Einleger durch Insolvenzen Verluste hinnehmen. Diese Verluste können das Vertrauen der Einleger in die Fairness, Stabilität und Integrität des Finanzmarkts als solchen schädigen. Verstärkt wird dieser Effekt noch dadurch, dass in der EU weitgehend auf eine Selbstregulierung „gewerblicher Kapitalnachfrager" an den Finanzmärkten verzichtet wird. Kommt es in einem Teilsegment der Finanzmärkte zu Missständen, kann dies das Vertrauen der Einleger- und Anleger in den gesamten Finanzmarkt beeinträchtigen. Das wiederrum kann dazu führen, dass der Volkswirtschaft insgesamt weniger Kapital als möglich zur Verfügung gestellt wird und es so zu Wohlfahrtseinbußen kommt.[416] Der Finanzmarkt würde seine Aufgabe, Bedingungen zu schaffen, in denen das Kapital dorthin fließen kann, wo es am dringendsten benötigt wird, nicht mehr erfüllen.

Der in Art. 9 Abs. 2 CRD IV vorgesehene Schutz der Einleger und Anleger ließe sich demnach durch den Schutz der Wahrung der Funktionsfähigkeit des Finanzsystems erklären. Es ist jedoch noch offen, ob das CRD IV-Paket überhaupt einen derart gelagerten Schutz bezweckt. Bislang steht lediglich fest, dass das im CRD IV-Paket vorgesehene Gesamtziel der Wahrung der Stabilität des Finanzsystems dazu dient, das Vertrauen der Gläubiger der CRR-Kreditinstitute zu schützen, um Kettenreaktionen im (sich aus CRR-Kreditinstituten zusammensetzenden) Banksystem zu verhindern.[417] Unter dieses Ziel konnte das isoliert betriebene Einlagengeschäft nicht gefasst werden. Das CRD IV-Paket reguliert jedoch nicht nur CRR-Kreditinstitute und beiläufig den isolierten Betrieb des Einlagengeschäfts, sondern auch Wertpapierfirmen (etwa in Art. 28 ff. CRD IV mit Vorschriften über das Anfangskapital). Für diese passt das bislang durch die CRR-Kreditinstitute geprägte Verständnis der Zielsetzung ebenfalls nicht. Die Wertpapierfirmen sind vielmehr auf dem Kapitalmarkt tätig. Die Regulierung dieser Firmen durch das CRD IV-Paket dient insofern den drei oben dargestellten Aspekten der Funktionsfähigkeit des Kapitalmarkts. Das zeigt, dass das CRD IV-Paket ganz unterschiedliche Teile der Finanzmärkte erfasst. Der Betrieb des Einlagengeschäfts kann nun nicht dem Kapitalmarktrecht zugeordnet werden, da Einlagen nicht fungibel und damit nicht an den Kapitalmärkten handelbar sind.[418] Sie sind aber Teil des Finanzmarkts als Oberbegriff für den Geld-, Kredit- und Kapitalmarkt (das Einlagengeschäft wird man je nach Fristigkeit des Vertrags dem Geld- oder Kreditmarkt zuordnen können).

Die Zielsetzung des CRD IV-Pakets darf deshalb nicht auf das durch CRR-Kreditinstitute geprägte Verständnis der Stabilität des Finanzsystems reduziert werden. Unter dem durch das CRD IV-Paket verfolgten Zweck der Wahrung der Stabilität ist vielmehr allgemein die Erhaltung und Festigung des Vertrauens der

---

[416] Vertrauen des Anlegerpublikums in die Fairness, Stabilität und Integrität der Märkte als Voraussetzung für die Zurverfügungstellung von Kapital ansehend: *Lenenbach*, Kapitalmarktrecht, Rn. 1.73; *Oulds*, in: Kümpel/Wittig, Bank- und Kapitalmarktrecht, Rn. 14.141.

[417] Siehe oben Kapitel 4 A.III.1.a)aa).

[418] Siehe zur wertpapierrechtlichen Handelbarkeit der Forderungen noch unten Kapitel 4 B.IV.1.a)aa)(1)(c).

Marktteilnehmer in die Fairness, Stabilität und Integrität der Finanzmärkte zu verstehen. In dieses Ziel ordnet sich die durch die Vertrauenskrisen geprägte Zielsetzung der CRR-Kreditinstitute als Spezialfall ein, da auch hier letztlich das Vertrauen der Marktteilnehmer (Einleger und anderer Gläubiger wie etwa derjenigen auf dem Interbankenmarkt) geschützt werden soll. Hinsichtlich der Wertpapierfirmen steht der Vertrauensschutz auf den Kapitalmärkten als Teil des Finanzmarkts im Vordergrund und schlussendlich bezüglich des isolierten Betriebs des Einlagengeschäfts das Vertrauen der Einleger in die Fairness, Stabilität und Integrität der Geld- und Kreditmärkte als Teilsegment der Finanzmärkte.

c) Isoliertes Betreiben des Kreditgeschäfts

Der isolierte Betrieb des Kreditgeschäfts wird nicht durch das CRD IV-Paket erfasst. Daraus kann jedoch nicht der Schluss gezogen werden, dass er von jeder Regulierung freigestellt ist oder freigestellt sein muss, da das CRD IV-Paket keine vollständige Deregulierung der nicht von ihr erfassten Bankgeschäfte anstrebt.[419] Den isolierten Betreibern des Kreditgeschäfts werden im Gegensatz zu CRR-Kreditinstituten und isolierten Betreibern des Einlagengeschäfts keine Gelder anvertraut. Im Gegenteil, sie vertrauen Dritten Gelder an. Es stehen vollkommen andersartige Risiken im Vordergrund.

Mit der Verbraucherkreditrichtlinie ergeben sich aus dem europäischen Verbraucherprivatrecht aufsichtsrechtliche Vorgaben an die Betreiber des Kreditgeschäfts, was aufgrund der privatrechtlichen Herkunft zunächst überraschend erscheint. Die in den Richtlinien vorgesehenen Verpflichtungen für die Mitgliedstaaten sind jedoch klar gefasst. So müssen diese gem. Art. 20 Satz 1 VerbrKrRL sicherstellen, dass Darlehensgeber[420] von einer Einrichtung oder Behörde beaufsichtigt werden, die unabhängig von Finanzeinrichtungen ist, oder einer Regulierung unterliegen. Damit sind in Deutschland alle Unternehmer erfasst, die Allgemein-Verbraucherdarlehen i.S.d. § 491 Abs. 2 Satz 1 BGB vergeben. Der gewisse bankaufsichtsrechtliche Charakter wird auch durch Art. 20 Satz 2 VerbrKrRL deutlich, wonach die Vorschrift das CRD IV-Paket nicht berührt.[421] Daneben enthält Art. 35 WohnimmoKrRL eine bankaufsichtsrechtliche Vorgabe für Immobiliar-Verbrau-

---

[419] So BVerwGE 133, 358, 360 zur Frage, ob die zweite Bankrechtskoordinierungsrichtlinie (Zweite Richtlinie 89/646/EWG des Rates vom 15. Dezember 1989 zur Koordinierung der Rechts- und Verwaltungsvorschriften über die Aufnahme und Ausübung der Tätigkeit der Kreditinstitute und zur Änderung der Richtlinie 77/780/EWG, ABlEG Nr. L 386 v. 30. 12. 1989, S. 1) eine Einschränkung des Anwendungsbereichs des § 32 Abs. 1 Satz 1 KWG für das isoliert betriebene Kreditgeschäft verlange.

[420] Vgl. Art. 3 lit. b VerbrKrRL.

[421] Art. 20 Satz 2 VerbrKrRL verweist noch auf die Vorgängerrichtlinie zu CRD IV, die RL 2006/48/EG. Siehe insofern Erwägungsgrund 97 CRD IV, wonach Verweise auf RL 2006/48/EG als Verweise auf das CRD IV-Paket zu lesen sind.

cherdarlehensverträge. Demnach müssen alle Nichtkreditinstitute[422] einem angemessenen Zulassungsverfahren unterzogen werden, wozu die Eintragung in ein Register und Beaufsichtigung durch eine zuständige Behörde gehört.

Die Richtlinien sollen die gestörte Vertragsparität zwischen Verbrauchern und Unternehmern in Verbraucherdarlehensbeziehungen kompensieren.[423] Ebenfalls bezweckt wird die Stärkung der Stabilität des Finanzsystems.[424] Die Verbraucherkreditrichtlinien passen sich im Hinblick auf die zweite Zielsetzung in das System des europäischen Bankaufsichtsrechts ein, das die Stabilität des Finanzsystems wahren soll.

2. Die Zielsetzung des nationalen Bankenaufsichtsrechts

Im folgenden Abschnitt wird die Zielsetzung des nationalen Bankenaufsichtsrechts betrachtet. Da die für die Arbeit relevanten bankaufsichtsrechtlichen Erlaubnispflichten auf die oben genannten europäischen Regelungen zurückzuführen sind und damit deren Ziele aufgenommen wurden, wird primär auf Besonderheiten des nationalen Rechts eingegangen.

a) Gleichzeitiges Betreiben des Kredit- und Einlagengeschäfts

aa) Wahrung der Stabilität des Finanzsystems

Die aufsichtsrechtliche Erfassung der CRR-Kreditinstitute durch § 32 Abs. 1 KWG i.V.m. § 1 Abs. 1 Satz 2 Nr. 1 und Nr. 2 KWG geht auf Art. 8 Abs. 1 Satz 1 CRD IV zurück. Die Regelung und auch alle weiteren Vorschriften des KWG zur Umsetzung von CRD IV dienen damit der Wahrung der Stabilität des Finanzsystems.

Für das KWG dürfte es seit jeher anerkannt sein, dass es dem entsprechenden Schutzzweck dient, wobei teilweise statt auf das Finanzsystem noch auf den „Kreditapparat" abgestellt wird.[425] Zumeist wird dabei auf die Gesetzgebungsma-

---

[422] Vgl. Art. 4 Nr. 10, 2, 9 WohnimmoKrRL, wonach Nichtkreditinstitute alle Kreditgeber i.S.d. Richtlinie sind, die kein CRR-Kreditinstitut sind.

[423] Siehe zum Verbraucherschutz Kapitel 3 A.I.4.a)bb).

[424] Siehe zum Schutz der Stabilität des Finanzsystems Kapitel 3 A.I.4.a)ee).

[425] *Auerbach*, Bankenaufsicht, Teil B Rn. 6; *Fischer/Boegl*, in: Schimansky/Bunte/Lwowski, BankR-Hdb, § 125 Rn. 23; *Fischer*, in: Boos/Fischer/Schulte-Mattler, KWG, Einf. KWG Rn. 166 f.; *Köhler*, in: Schwintowski, Bankrecht, Kap. 5 Rn. 25 ff.; *Niethammer*, Ziele der Bankenaufsicht, S. 86 ff.; *Reschke*, in: Beck/Samm/Kokemoor, KWG, § 1 Rn. 26 f.; *Rümker/Winterfeld*, in: Schimansky/Bunte/Lwowski, BankR-Hdb, § 124 Rn. 9; *Schwark*, Anlegerschutz, S. 263 ff.; *Weber/Seifert*, in: Luz/Neus, KWG, § 1 Rn. 19. Siehe etwa *Seifert*, Bankwesen, S. 186 ff., der der „run-Hypothese" kritisch gegenübersteht, aber eine zulässige politische Antwort sieht (a.a.O., S. 197).

terialen[426] zum KWG 1961[427] verwiesen, auf dem das KWG in der heutigen Fassung noch aufbaut. Aus dieser geht hervor, dass der Gesetzgeber annimmt, dass alle wesentlichen Zweige der Volkswirtschaft auf das Kreditgewerbe als Darlehensgeber und Geldsammelstelle angewiesen seien.[428] Aufgrund der Eigenart der Kreditinstitute könnten sich jedoch Unruhen bei einem Kreditinstitut leicht auch auf die Einleger anderer Kreditinstitute auswirken, sodass es in wirtschaftlich labilen Zeiten zum gefürchteten allgemeinen Run auf die Bankschalter kommen könne, was letztlich die Volkswirtschaft in Mitleidenschaft ziehe.[429] Diese sei aber auf einen reibungslos funktionierenden Kreditapparat angewiesen.[430] Durch das KWG sollen deshalb im Kreditgewerbe Verhältnisse sichergestellt werden, die das Vertrauen der Öffentlichkeit verdienen.[431]

Die gesamtwirtschaftliche Zielsetzung der Regulierung von Unternehmen, die sowohl das Einlagen- als auch das Kreditgeschäft betreiben (heute CRR-Kreditinstitute), kann insofern als seit jeher identisch betrachtet werden. Es soll durch Vertrauensschutz die Stabilität des Finanzsystems gewahrt werden.

bb) Einlegerschutz

Die europarechtliche Erfassung der CRR-Kreditinstitute dient nicht nur der Wahrung der Stabilität des Finanzsystems, sondern zugleich auch dem Einlegerschutz.[432] Der europarechtliche Einlegerschutz hat dabei aber keine eigenständige Funktion. Er dient alleine dazu, die Stabilität des Finanzsystems zu stärken. Nur durch das Vertrauen der Einleger kann auch die Stabilität gewährleistet werden.[433] Es stellt sich aber die Frage, ob der deutsche Gesetzgeber über diese Vorgabe hinausgeht und dem Einlegerschutz eine eigenständige Bedeutung zukommen lässt. Dies könnte später zu einer anderen Bewertung der bankaufsichtsrechtlichen Erlaubnispflicht in § 32 Abs. 1 Satz 1 KWG führen.

---

[426] RegE BT-Drucks. 3/1114, S. 20; Bericht des Wirtschaftsausschusses, zu BT-Drucks. 3/2563, S. 2.

[427] Gesetz über das Kreditwesen vom 10.07.1961 (BGBl. I 881).

[428] Bericht des Wirtschaftsausschusses, zu BT-Drucks. 3/2563, S. 2. Entsprechend auch RegE BT-Drucks. 3/1114, S. 20.

[429] Bericht des Wirtschaftsausschusses, zu BT-Drucks. 3/2563, S. 2. Entsprechend auch RegE BT-Drucks. 3/1114, S. 20 f.

[430] RegE BT-Drucks. 3/1114, S. 20.

[431] RegE BT-Drucks. 3/1114, S. 20.

[432] Siehe zum Funktionsschutz Kapitel 4 A.III.1.a)aa) und zum Einlegerschutz oben Kapitel 4 A.III.1.a)bb).

[433] Siehe zum Verhältnis des Einlegerschutzes zum Funktionsschutz oben Kapitel 4 A.III.1.a)bb)(2).

(1) Kein selbstständiger Einlegerschutz

Die ganz herrschende Meinung geht davon aus, dass durch das KWG die Einleger der Kreditinstitute geschützt werden sollen.[434] Gleichermaßen entspricht es derselben herrschenden Meinung, dass es sich um kein selbstständiges Ziel handelt. Der Einlegerschutz ist ein Teil des Ziels der Wahrung der Stabilität des Finanzsystems. Dazu wird der Einlegerschutz im Verhältnis zum Funktionsschutz zumeist als ein reiner Reflex[435], Folgewirkung[436], unselbstständiger Nebenzweck[437], ein anderer Aspekt desselben Gegenstands[438] oder die andere Seite derselben Medaille[439] bezeichnet. Es soll „lediglich" die Gesamtheit der Einleger geschützt werden, was dem oben dargestellten Verständnis des Schutzes des Vertrauens der Einleger als Marktteilnehmer entspricht. Dieses Ergebnis wird überwiegend mit den Gesetzgebungsmaterialen zum KWG 1961 begründet. Dort fanden sich keine tragfähigen Hinweise auf einen Einlegerschutz, der in seiner Bedeutung über den Funktionsschutz hinausgeht und deshalb als selbstständig bezeichnet werden könnte. Wenn Verluste der Einleger genannt wurden, dann im Kontext der Darstellung der Kettenreaktionen im Kreditgewerbe. Das Ziel, die Stabilität des Finanzsystems zu gewährleisten ist das prägende Element der Materialien.[440] Darüber hinaus sollen Gläubiger durch das KWG lediglich „nach Möglichkeit"[441] geschützt werden, was als Hinweis darauf gewertet werden kann, dass der Einlegerschutz eine eher untergeordnete, unselbstständige Rolle spielt.[442]

Zwischenzeitlich nahm der BGH im Wetterstein- sowie dem Herstatt-Urteil an, dass mit dem KWG auch ein selbstständiger, individueller Schutz der Einleger bezweckt werde und begründete dies mit einem Verweis auf verschiedene Vorschriften des KWG sowie der Entwicklung des KWG seit 1961.[443] Mit dieser Rechtsprechung ging einher, dass die Vorgängerbehörde der BaFin, das Bundesaufsichtsamt für das Kreditwesen (BAK), potentiell Amtshaftungsansprüchen ausgesetzt war, da das BAK nach der Rechtsansicht des BGH auch dem Schutz der Individualinteressen verpflichtet war. Als Reaktion auf diese Rechtsprechung[444] hat der Gesetzgeber § 6

---

[434] *Büsselmann*, Bankenaufsicht, S. 30 f.; *Weber/Seifert*, in: Luz/Neus, KWG, § 1 Rn. 19. Siehe im Übrigen auch die Nachweise in Fn. 435 ff.

[435] RegE BT-Drucks. 17/10040, S. 13 (im Kontext der Aufsichtstätigkeit der BaFin); *Auerbach*, Bankenaufsicht, Teil B Rn. 10; *Niethammer*, Ziele der Bankenaufsicht, S. 144; *Ruhl*, Einlagengeschäft, S. 87.

[436] *Schwark*, Anlegerschutz, S. 266.

[437] *Lünterbusch*, Einlagen- und Kreditgeschäft, S. 17 f.; *Ruhl*, Einlagengeschäft, S. 79.

[438] *Möschel*, in: FS Stimpel, S. 1065, 1074; *Möschel*, Wirtschaftsrecht, S. 249.

[439] *Köhler*, in: Schwintowski, Bankrecht, Kap. 5 Rn. 27.

[440] Siehe insofern RegE BT-Drucks. 3/1114, S. 20 f. sowie Bericht des Wirtschaftsausschusses, zu BT-Drucks. 3/2563, S. 2.

[441] RegE BT-Drucks. 3/1114, S. 20.

[442] *Ruhl*, Einlagengeschäft, S. 79.

[443] BGHZ 74, 144, 148 ff. (Wetterstein); BGHZ 75, 120, 122 f. (Herstatt).

[444] Ausdrücklich RegE BT-Drucks. 10/1441, S. 20.

Abs. 2 KWG a.F.[445] (heute § 4 Abs. 4 FinDAG) geschaffen, wonach die Aufsichts-behörde ihre Aufgaben ausschließlich im öffentlichen Interesse wahrnimmt. Auch hier wird in den Materialien deutlich, dass durch die Bankenregulierung primär die Funktionsfähigkeit des Finanzsystems geschützt werden soll und der Einlegerschutz zur Erreichung des Ziels lediglich als Zweck mitverfolgt wird, aber keine über den Funktionsschutz hinausgehende Bedeutung hat.[446]

Dem Einlegerschutz kommt demnach auf nationaler Ebene keine über die ge-samtwirtschaftliche Zielsetzung hinausgehende Bedeutung zu. Die regulatorische Erfassung der CRR-Kreditinstitute durch das KWG hat denselben Zweck wie das CRD IV-Paket.

(2) Erlaubnispflicht und selbstständiger Einlegerschutz

Teile der Literatur vertreten jedoch die Ansicht, dass die Erlaubnispflicht für den Betrieb des Einlagengeschäfts gem. § 32 Abs. 1 Satz 1 KWG i.V.m. § 1 Abs. 1 Satz 2 Nr. 1 KWG abweichend von der Gesamtzielsetzung des KWG einem selbstständigen Einlegerschutzziel diene, der über den Funktionsschutz hinausgehe.[447] Das ergebe sich aus den generellen Formulierungen in der Regierungsbegründung zum KWG 1961 sowie die darin geäußerte Absicht, durch die Erlaubnispflicht ungeeignete Unternehmen aus dem Bankgewerbe fernzuhalten.[448] Des Weiteren diene das Verbot der Annahme neuer Einlagen gem. § 46 Abs. 1 Satz 1 KWG dem selbstständigen Schutz der Einleger.[449] Dann müsse dies erst recht für die stärkere Maßnahme der Rücknahme der Erlaubnis gem. § 35 Abs. 2 Nr. 4 KWG gelten. Durch eine Rück-nahme der Erlaubnis werde zugleich auch das in § 32 Abs. 1 KWG enthaltene Verbot des Betreibens des Einlagengeschäfts ohne Erlaubnis wieder in Kraft gesetzt. Der daraus zu ziehende Schluss sei, dass das in § 32 Abs. 1 KWG enthaltene Verbot, Einlagen ohne Erlaubnis entgegenzunehmen, gerade den Einleger schützen solle. Zuletzt trete hinsichtlich des Einlagengeschäfts der gesamtwirtschaftliche Zweck der Erlaubnispflicht in den Hintergrund, da der Zusammenbruch eines nicht geneh-migten Instituts kaum einem Vertrauensverlust im Kreditgewerbe hervorrufen könne, dagegen in jedem Fall die Interessen der Einleger unmittelbar berühre.[450]

Die Argumente sind kaum tragfähig. Auf europarechtlicher Ebene wurde fest-gestellt, dass die Zielsetzung der regulatorischen Erfassung der Betreiber von CRR-Kreditinstituten und der isolierten Betreiber des Einlagengeschäfts der Wahrung der Stabilität des Finanzsystems dient. Dieses Ziel hat im Kontext der beiden Tätigkeiten besondere Ausformungen erhalten. Bei CRR-Kreditinstituten handelte es sich dabei

---

[445] Drittes Gesetz zur Änderung des Gesetzes über das Kreditwesen vom 20. 12. 1984 (BGBl. I 1693).

[446] Ausdrücklich RegE BT-Drucks. 10/1441, S. 20.

[447] *Lünterbusch*, Einlagen- und Kreditgeschäft, S. 36 f.; *Ruhl*, Einlagengeschäft, S. 86.

[448] *Lünterbusch*, Einlagen- und Kreditgeschäft, S. 36; *Ruhl*, Einlagengeschäft, S. 86.

[449] *Lünterbusch*, Einlagen- und Kreditgeschäft, S. 36; *Ruhl*, Einlagengeschäft, S. 86.

[450] *Lünterbusch*, Einlagen- und Kreditgeschäft, S. 37; *Ruhl*, Einlagengeschäft, S. 86.

um die Gefahr der spezifischen, sich selbst verstärkenden Kettenreaktionen im Bankensystem, die durch einen Vertrauensverlust der Gläubiger entstehen und verstärkt werden können. CRR-Kreditinstitute können demnach sowohl Auslöser als auch Betroffene einer Vertrauenskrise im Banksystem sein. Die Zielsetzung der regulatorischen Erfassung der CRR-Kreditinstitute ist aber nicht allein auf diese spezielle Ausformung der „Run-Dynamiken" reduziert. CRR-Kreditinstitute werden genauso wie isolierte Betreiber des Einlagengeschäfts erfasst, um allgemein das Vertrauen der Marktteilnehmer in die Fairness, Stabilität sowie Integrität der Finanzmärkte zu erhalten und zu festigen, damit die Einleger ihre Gelder dem Banksystem ohne größere Bedenken anvertrauen können und es so zu einer möglichst effizienten Allokation des Kapitals kommt. Der Grund dafür ist ein Erst-recht-Schluss. Wenn die Regulierung des isolierten Betreibens des Einlagengeschäfts dem allgemeinen Vertrauensschutz in das Finanzsystem dient, um eine effiziente Kapitalallokation zu gewährleisten, dann dient erst recht die Regulierung des Betreibens eines CRR-Kreditinstituts diesem Ziel, da das Betreiben eines CRR-Kreditinstituts das Betreiben des Einlagengeschäfts mit einschließt. Die Regulierung der CRR-Kreditinstitute ist demnach nicht allein auf das Ziel beschränkt, Kettenreaktionen zu verhindern.

Wenn also in § 46 Abs. 1 Satz 1 KWG an die Gefährdung der Interessen der Gläubiger eines CRR-Kreditinstituts (und auch die eines isolierten Betreibers des Kreditgeschäfts) angeknüpft wird, dann lässt sich das durch die gesamtwirtschaftliche Zielsetzung erklären. Wo Gläubigern Verluste drohen, da besteht auch die Gefahr, dass das allgemeine Vertrauen in das Finanzsystem beeinträchtigt wird. Dementsprechend muss der Aufsicht die Befugnis eingeräumt werden, in solchen Situationen einschreiten zu können. Demgegenüber fehlt es, wie bereits an anderen Stellen festgestellt wurde, auch im Kontext des § 46 Abs. 1 KWG an Hinweisen und damit einer Begründung dafür, dass ein über den Funktionsschutz hinausgehender Einlegerschutz bezweckt wird.[451] Der Erst-recht-Schluss von der Vorschrift auf die Erlaubnispflicht in § 32 Abs. 1 KWG vermag insofern nicht zu überzeugen und ist abzulehnen.

Warum, wie von den Vertretern der Gegenauffassung ebenfalls angeführt, die gesamtwirtschaftliche Zielsetzung des KWG hinsichtlich der Erlaubnispflicht in den Hintergrund trete, erschließt sich hierauf aufbauend ebenfalls nicht. Durch die Erlaubnispflicht wird gewährleistet, dass die Kreditinstitute diejenigen qualitativen Mindeststandards erfüllen, die zum Schutz des Vertrauens der Einleger notwendig sind. Auch hier wird durch die Regulierung gewährleistet, dass den Einlegern ein Schutzniveau geboten wird, das hoch genug ist, dass sie ihre Gelder dem Banksystem anvertrauen können, sodass es schlussendlich zu einer effizienten Kapitalallokation kommt. Die Erlaubnispflicht erklärt sich über das Funktionsschutzziel, während es an Hinweisen für einen selbstständigen Einlegerschutz mangelt.

---

[451] So auch *Schwark*, Anlegerschutz, S. 265.

Im Ergebnis dient die Erlaubnispflicht für den gleichzeitigen Betrieb des Einlagen- und des Kreditgeschäfts bzw. den eines CRR-Kreditinstituts allein dem Ziel der Wahrung der Stabilität des Finanzsystems. Der damit einhergehende Gläubigerschutz ist unselbstständiger Nebenzweck.

b) Isoliertes Betreiben des Einlagengeschäfts

aa) Wahrung der Stabilität der Finanzmärkte

Im folgenden Abschnitt wird die Zielsetzung der regulatorischen Erfassung des isolierten Betriebs des Einlagengeschäfts gem. § 1 Abs. 1 Satz 2 Nr. 1 KWG dargestellt.

(1) BMW-Entscheidung

In Betracht kommt, dass die regulatorische Erfassung auf nationaler Ebene einem Funktionsschutzziel dient, das inhaltlich entsprechend dem für CRR-Kreditinstitute geltenden Ziel der Finanzstabilität zu verstehen ist. Die Konsequenz wäre, dass das Einlagengeschäft nur dann erlaubnispflichtig wäre, wenn zugleich auch das Kreditgeschäft betrieben wird. Genau in diese Richtung stieß das BVerwG 1984, als es in der „BMW-Entscheidung" angenommen hat, dass das isolierte Betreiben des Einlagengeschäfts erlaubnisfrei sein müsse, wenn es nicht der Finanzierung eines unternehmerischen Aktivgeschäfts dient.[452] Zum für die Entscheidung relevanten Zeitpunkt erfasste der Tatbestand des Einlagengeschäfts gem. § 1 Abs. 1 Satz 2 Nr. 1 KWG a.F. lediglich „die Annahme fremder Gelder als Einlagen ohne Rücksicht darauf, ob Zinsen vergütet werden". Hierfür wurden vom BVerwG zwei für die vorliegende Frage der Zielsetzung wesentliche Argumente vorgebracht.

Erstens definiere das KWG den Begriff der „Einlage" nicht und setze ihn als anderweitig gegeben voraus. Demnach sei die Einlage „aufgrund einer Wertung aller Umstände des einzelnen Falles unter Berücksichtigung der bankwirtschaftlichen Verkehrsauffassung" zu bestimmen.[453] Das Einlagengeschäft diene bankwirtschaftlich immer der laufenden Finanzierung des Aktivgeschäfts eines Unternehmens. Erst durch die positive Differenz zwischen Passivgeschäft einerseits und Aktivgeschäft andererseits würden Gewinne erwirtschaftet werden.[454] Deshalb setze der Einlagenbegriff voraus, dass der Betreiber des Einlagengeschäfts die Einlagen mit der Absicht entgegennehme, durch eine positive Differenz zwischen Aktiv- und Passivgeschäft Gewinne zu erwirtschaften.[455]

Das zweite wesentliche Argument der Entscheidung ist, dass sich der durch das KWG bezweckte Einlegerschutz auf gesetzlicher Ebene nicht in der Begrenzung des

---

[452] BVerwGE 69, 120, 126.

[453] BVerwGE 69, 120, 124.

[454] BVerwGE 69, 120, 126.

[455] BVerwGE 69, 120, 126.

Einlagengeschäfts äußere, sondern in der Begrenzung des Aktivgeschäfts, also insbesondere des Kreditgeschäfts. Dies zeigten die Vorschriften zum Eigenkapital, zur Liquidität sowie zu den Groß- und Millionenkrediten.[456] Wenn das Einlagengeschäft überhaupt nicht der Finanzierung eines Aktivgeschäfts diene, liege die Entgegennahme der Gelder außerhalb des Schutzbereichs des Gesetzes, da dieses Rückzahlungsgläubiger nicht in einem allgemeinen Sinne schützen wolle.[457] Das KWG biete demnach den Einlegern nur einen Schutz im Hinblick darauf, dass ihre Einlagen zur Finanzierung eines Aktivgeschäfts verwendet werden.[458]

Eine verbreitete Ansicht nimmt hierauf aufbauend und über die BWM-Entscheidung hinausgehend an, dass die Entgegennahme von Geldern als Einlagen, also die heutige Tatbestandsvariante des § 1 Abs. 1 Satz 2 Nr. 1 Var. 1 KWG, nur dann erlaubnispflichtig sei, wenn zugleich ein *bankmäßiges* Aktivgeschäft betrieben werde.[459] Das aufsichtsrechtliche Instrumentarium ergebe keinen Sinn, wenn ein Unternehmen ausschließlich in der Produktion und im Handel tätig sei.[460] Die zentralen Risiken solcher Unternehmen lägen an vollkommen anderen Stellen, wie unverkäuflichen Waren, Verstößen gegen das Umweltrecht oder Verlusten aus Warenkrediten. Diese Risiken würden vom KWG nicht erfasst werden. Es sei dann nicht nachvollziehbar, warum beispielsweise die Geschäftsleiter eines solchen Unternehmens praktische Kenntnisse von Bankgeschäften mitbringen sollten.

Diese Ansicht geht demnach, wie eingangs in der Frage aufgeworfen wurde, noch davon aus, dass der Schutzzweck der Regulierung des isoliert betriebenen Einlagengeschäfts auf den Schutzzweck der Regulierung der heutigen CRR-Kreditinstitute reduziert ist.

(2) Kritik an der BMW-Entscheidung

Gegen die Entscheidung des BVerwG und die Erweiterung wurden verschiedene Einwände vorgebracht.[461] Die Struktur des § 1 Abs. 1 Satz 2 KWG, der die Bankgeschäfte definiert und an den gem. § 1 Abs. 1 Satz 1 KWG die Kreditinstitutseigenschaft anknüpft, sehe keinerlei sprachliche Verknüpfung zwischen den einzelnen Bankgeschäften vor.[462] Des Weiteren war nach § 2 Abs. 1 Nr. 2 KWG 1961 die

---

[456] BVerwGE 69, 120, 130.

[457] BVerwGE 69, 120, 130.

[458] BVerwGE 69, 120, 129 f.

[459] *U. Schneider*, DB 1991, 1865, 1869. So wohl auch *Ruhl*, Einlagengeschäft, S. 141, der annimmt, dass eine unternehmerische Betätigung im Finanzmarktbereich erforderlich sei. Siehe auch *Schwennicke*, in: Schwennicke/Auerbach, KWG, § 1 Rn. 17 m.w.N. zur heute noch herrschenden Auffassung in der Rechtsprechung, dass § 1 Abs. 1 Satz 2 Nr. 1 Var. 1 KWG ein bankmäßiges Aktivgeschäft voraussetze.

[460] *U. Schneider*, DB 1991, 1865, 1868 f.

[461] Siehe umfassend *Hammen*, WM 1998, 741, 741 ff. sowie *Ruhl*, Einlagengeschäft, S. 158 ff.

[462] *Hammen*, WM 1998, 741, 741; *Ruhl*, Einlagengeschäft, S. 158.

Deutsche Bundespost von der Erlaubnispflicht ausgenommen. Diese betrieb früher ausschließlich das Einlagen- und nicht das Kreditgeschäft.[463] Der Gesetzgeber ging also damals selbst davon aus, dass das isoliert betriebene Einlagengeschäft nicht mit dem Kreditgeschäft verknüpft sein muss.[464]

(3) 6. KWG-Novelle und CRD IV

Der Gesetzgeber reagierte 1997 mit der sechsten KWG-Novelle[465] auf die Rechtsprechung und führte die weitere Tatbestandsvariante der „anderen rückzahlbaren Gelder" ein. Damit solle es für die Frage der Erlaubnispflicht nicht mehr auf die subjektive Zwecksetzung des Betreibers ankommen.[466] Die Erweiterung stehe im Einklang mit der ersten[467] und zweiten[468] Bankrechtskoordinierungsrichtlinie. Es ist dementsprechend heute herrschende Meinung[469], dass für § 1 Abs. 1 Satz 2 Nr. 1 Var. 2 KWG die subjektive Zwecksetzung des Betreibers irrelevant ist. Die Gelder müssen demnach nicht entgegengenommen werden, um das Aktivgeschäft zu finanzieren.[470] Damit ist das isolierte Betreiben des Einlagengeschäfts bankaufsichtsrechtlich erfasst.

Dieser Ansicht war aufgrund des klar geäußerten gesetzgeberischen Willens zuzustimmen. In der damaligen Regierungsbegründung finden sich jedoch keine weiteren Hinweise auf den Zweck der Erweiterung des Tatbestands, außer dass nun der isolierte Betrieb des Einlagengeschäfts erfasst sein soll. Der maßgebliche Grund für die Ergänzung dürfte der infolge des Urteils des BVerwG entstandene graue Kapitalmarkt gewesen sein, der sich immer weiter ausgebreitet hat. Auf diesem wurden zahlreiche Anleger geschädigt.[471] Der historische Kontext spricht dafür, dass ein gleichgeartetes Verständnis wie im Rahmen der heutigen europarechtlichen Zielsetzung der Regulierung des isoliert betriebenen Einlagengeschäfts bestand.

---

[463] Wobei sie neben dem Einlagengeschäft das Girogeschäft betrieb, siehe *Hammen*, WM 1998, 741, 743 m.w.N.

[464] *Hammen*, WM 1998, 741, 743; *Ruhl*, Einlagengeschäft, S. 161 f.

[465] Gesetz zur Umsetzung von EG-Richtlinien zur Harmonisierung bank- und wertpapieraufsichtsrechtlicher Vorschriften vom 22.10.1997 (BGBl. I 2518).

[466] RegE BT-Drucks. 13/7142, S. 62.

[467] Erste Richtlinie 77/780/EWG des Rates vom 12. Dezember 1977 zur Koordinierung der Rechts- und Verwaltungsvorschriften über die Aufnahme und Ausübung der Tätigkeit der Kreditinstitute, ABlEG Nr. L 322 v. 17.12.1977, S. 30.

[468] Zweite Richtlinie 89/646/EWG des Rates vom 15. Dezember 1989 zur Koordinierung der Rechts- und Verwaltungsvorschriften über die Aufnahme und Ausübung der Tätigkeit der Kreditinstitute und zur Änderung der Richtlinie 77/780/EWG, ABlEG Nr. L 386 v. 30.12.1989, S. 1.

[469] BGH WM 2011, 20, 21; *Brogl*, in: Reischauer/Kleinhans, KWG, § 1 Rn. 50; *Reschke*, in: Beck/Samm/Kokemoor, KWG, § 1 Rn. 103; *Ruhl*, Einlagengeschäft, S. 178; *Schäfer*, in: Boos/Fischer/Schulte-Mattler, KWG, § 1 KWG Rn. 42; *Schwennicke*, in: Schwennicke/Auerbach, KWG, § 1 Rn. 24; *Weber/Seifert*, in: Luz/Neus, KWG, § 1 Rn. 24.

[470] Siehe Fn. 469.

[471] *Reschke*, in: Beck/Samm/Kokemoor, KWG, § 1 Rn. 102.

Heute stellt die regulatorische Erfassung des isoliert betriebenen Einlagengeschäfts in § 1 Abs. 1 Satz 2 Nr. 1 KWG i.V.m. § 32 Abs. 1 Satz 1 KWG die Umsetzung von Art. 9 Abs. 2 CRD IV dar, da durch die grundsätzliche Zulässigkeit des isolierten Betriebs von dem Verbot des Art. 9 Abs. 1 CRD IV abgewichen wird.[472] Der Schutzzweck der Regulierung des isoliert betriebenen Einlagengeschäfts gem. § 1 Abs. 1 Satz 2 Nr. 1 KWG weist damit eine finanzmarktrechtliche Dimension auf und dient insbesondere dem in Art. 9 Abs. 2 CRD IV zum Ausdruck gebrachten Ziel des Schutzes des Vertrauens der Einleger in die Fairness, Stabilität und Integrität des Finanzsystems.[473]

bb) Kein selbstständiger Einlegerschutz

Anhaltspunkte dafür, dass der deutsche Gesetzgeber mit der Erfassung des isolierten Betriebs des Einlagengeschäfts über Art. 9 Abs. 2 CRD IV hinausgehende Zwecke verfolgt, bestehen nicht.[474]

c) Isoliertes Betreiben des Kreditgeschäfts

Das ausschließliche Betreiben des Kreditgeschäfts wird nicht durch das CRD IV-Paket erfasst.[475] Wie sich aus der Gesetzesbegründung[476] sowie dem Katalogtatbestand in § 1 Abs. 1 Satz 2 KWG ergibt, soll die isolierte Vergabe von Krediten trotzdem erlaubnispflichtig sein.[477] Dabei ist es nach herrschender Ansicht grund-

---

[472] Historisch befand sich der deutsche Gesetzgeber bei der Verabschiedung der 6. KWG-Novelle im Umsetzungsverzug. Bereits die zweite Bankrechtskoordinierungsrichtlinie (RL 89/646/EWG) von 1989 sah ein dem heutigen Art. 9 CRD IV im Wesentlichen entsprechendes Verbot mit Abweichungsmöglichkeit vor, das in Art. 3 an die *gewerbsmäßige* Entgegennahme von Einlagen sowie die *gewerbsmäßige Entgegennahme anderer rückzahlbarer Gelder* anknüpfte. Ein solches Verbot war aber nicht vorgesehen.

[473] Dahingehend können auch *Polke*, Crowdlending, S. 102 sowie *Weber/Seifert*, in: Luz/Neus, KWG, § 1 Rn. 24 verstanden werden.

[474] Siehe insofern bereits oben Kapitel 4 A.III.1.a)bb)(2) zu möglichen eigenständigen Einlegerschutzzielen.

[475] Vgl. auch BVerwG WM 2009, 1553, 1555 mit einer ausführlicheren Auseinandersetzung, ob die Vorgängerrichtlinie zu CRD IV, die Bankenrichtlinie (Richtlinie 2006/48/EG des Europäischen Parlaments und des Rates vom 14. Juni 2006 über die Aufnahme und Ausübung der Tätigkeit der Kreditinstitute, ABlEG Nr. L 177 v. 30.06.2006, S. 1), Bankgeschäfte abschließend regelte und somit für den nationalen Gesetzgeber kein Raum für die Regulierung des isolierten Betreibens des Kreditgeschäfts lässt. Das BVerwG verneint dies richtigerweise.

[476] RegE BT-Drucks. 3/1114, S. 27.

[477] BVerwG WM 2009, 1553, 1555. Im Ergebnis ebenso: *Reschke*, in: Beck/Samm/Kokemoor, KWG, § 1 Rn. 198; *Schäfer*, in: Boos/Fischer/Schulte-Mattler, KWG, § 1 KWG Rn. 59.

sätzlich irrelevant, ob die Kredite aus eigenen oder mit fremden Mitteln finanziert werden.[478]

aa) Schutz des Verbraucherdarlehensnehmers

Die aufsichtsrechtliche Erfassung der Verbraucherkreditgeber ist europarechtlich durch Art. 20 VerbrKrRL und Art. 35 WohnimmoKrRL zwingend vorgesehen.[479] Heute ist das KWG der einzige regulatorische Normenkomplex, der über das Kreditgeschäft auch Kreditgeber i.S.d. der Verbraucherkreditrichtlinien erfasst, sodass die aufsichtsrechtlichen Anforderungen als Ausfluss der beiden verbraucherkreditrechtlichen Aufsichtserfordernisse zu betrachten sind.

Problematisch ist jedoch, dass der Anwendungsbereich des KWG bezüglich des Kreditgeschäfts enger gefasst ist als die Verbraucherkreditrichtlinie und demnach nicht alle Kreditgeber i.S.d. Verbraucherkreditrichtlinie vollständig dem Aufsichts- oder Regulierungserfordernis aus Art. 20 VerbrKrRL unterworfen sind. § 32 Abs. 1 Satz 1 KWG i.V.m. § 1 Abs. 1 Satz 2 Nr. 2 KWG erfasst nämlich die gewerbsmäßige Kreditvergabe, während der Kreditgeberbegriff gem. Art. 3 lit. b VerbrKrRL lediglich eine Kreditvergabe in Ausübung der gewerblichen Tätigkeit voraussetzt und es damit für die Anwendbarkeit genügen lässt, wenn ein Gewerbetreibender allein bei Gelegenheit einen Kredit an Verbraucher gibt[480]. Diese Diskrepanz wurde, wie sich bei der Umsetzung der WohnimmoKrRL gezeigt hat, vom Gesetzgeber auch im Kontext der Kreditwürdigkeitsprüfung erkannt. Ursprünglich war diese allein in § 18 Abs. 2 KWG a.F. (heute § 18a KWG) vorgesehen. Dadurch wurden ausschließlich Kreditinstitute zur Kreditwürdigkeitsprüfung verpflichtet, nicht aber alle Unternehmer i.S.d. § 14 Abs. 1 BGB. Um diese Lücke zu schließen, wurde mit dem Wohnimmobilienkreditrichtlinie-Umsetzungsgesetz[481] nun in den §§ 505a ff. BGB eine für alle Unternehmer verbindliche Kreditwürdigkeitsprüfung aufgenommen.[482]

Dass der Gesetzgeber zur vollständigen Beseitigung des Umsetzungsdefizits nicht den Anwendungsbereich des KWG erweitert hat, lässt sich nur dadurch er-

---

[478] *Reschke*, in: Beck/Samm/Kokemoor, KWG, § 1 Rn. 198; *Schäfer*, in: Boos/Fischer/Schulte-Mattler, KWG, § 1 KWG Rn. 59; *Schwennicke*, in: Schwennicke/Auerbach, KWG, § 1 Rn. 35; *Weber/Seifert*, in: Luz/Neus, KWG, § 1 Rn. 27.

[479] Siehe auch das LVG Hamburg, Urt. v. 27.10.1959, Beckmann/Bauer, § 1 Abs. 1 S. 2 Nr. 2, Nr. 1, S. 5 sowie VG Berlin NJW-RR 1997, 808, 809, die als Rechtfertigung der regulatorischen Erfassung annehmen, dass die Gefahr bestehe, dass die Darlehensnehmer überzogene oder unwirtschaftliche Zinsen zahlen und hierdurch in ihrer Existenz gefährdet werden, jedoch nicht darlegen, woraus sich das ergibt. Von einer verbraucherschützenden Zielsetzung wohl auch ausgehend *Ruhl*, Einlagengeschäft, S. 163.

[480] BGH WM 2009, 262, 263; *Artz*, in: Bülow/Artz, Verbraucherkreditrecht, § 491 Rn. 18; *Kessal-Wulf*, in: Staudinger, BGB, § 491 Rn. 10; *Schürnbrand*, in: MüKo-BGB, § 491 Rn. 7.

[481] Gesetz zur Umsetzung der Wohnimmobilienkreditrichtlinie und zur Änderung handelsrechtlicher Vorschriften vom 11.03.2016 (BGBl. I 396).

[482] RegE BT-Drucks. 18/5922, S. 97.

klären, dass als Konsequenz jeder Verbraucherkredite gewährende Unternehmer dem Regelungsregime des KWG unterworfen wäre, was aufgrund der Weite des Anwendungsbereichs des Verbraucherdarlehensrechts vollkommen unverhältnismäßige Folgen für große Teile der Betroffen hätte. Für die Zielsetzung dieser Arbeit kann diese Diskrepanz dahingestellt bleiben. Angemerkt sei lediglich noch, dass § 4 Abs. 1a Satz 2 FinDAG nicht als eine Umsetzung des Art. 20 VerbrKrRL betrachtet werden kann, da es sich hierbei, wie bei § 4 Abs. 1a Satz 1 FinDAG, um eine reine Zielbestimmung handelt. Es wird lediglich klarstellt, dass die BaFin innerhalb ihrer fachgesetzlich zugewiesenen Aufgaben auch dann eingreifen kann, wenn sie Verstöße gegen verbraucherschützende Vorschriften feststellt.[483] Eine Ausdehnung der Aufsichtstätigkeit über die Fachaufsichtsgesetze hinaus hat die Vorschrift aber nicht zur Folge. Die BaFin soll insbesondere nicht Verstöße gegen Verbraucherrecht verfolgen, die nicht im Zusammenhang mit Bankgeschäften stehen.[484]

bb) Kein autonomer Verbraucherschutz im KWG

Wie dargestellt handelt es sich bei der Erlaubnispflicht gem. § 32 Abs. 1 Satz 1 KWG i.V.m. § 1 Abs. 1 Satz 2 Nr. 2 KWG um die Umsetzung der VerbrKrRL.[485] Im zivilrechtlichen Teil dieser Arbeit wurde festgestellt, dass beim echten P2P-Consumer-Lending zwischen den Privatanlegern und den Darlehensnehmern keine verbraucherkreditrechtliche Beziehung vorliegt,[486] sodass die regulatorische Erfassung dieser Beziehung europarechtlich weder aus Gründen des Verbraucherschutzes noch zur Stärkung der Stabilität des Finanzsystems geboten ist.

Der Gesetzgeber könnte auf regulatorischer Ebene unter dem Aspekt des Verbraucherschutzes aber eine überschießende Regelung[487] getroffen haben, womit das Bankaufsichtsrecht hinsichtlich des isolierten Betriebs des Kreditgeschäfts grundsätzlich auch privatrechtliche „Verbraucher-Verbraucher"-Beziehungen adressieren würde.[488]

Eine solche Annahme wäre aber dem deutschen System des Verbraucherdarlehensnehmerschutzes fremd. Die §§ 491 ff. BGB bilden dessen materiellen Kern und knüpfen ausschließlich an die Verbraucher-Unternehmer-Beziehung an. Würde angenommen werden, dass aus Verbraucherschutzgründen die Verbraucher-Verbraucher-Beziehung von § 1 Abs. 1 Satz 2 Nr. 2 KWG erfasst sein müsste, dann

---

[483] Siehe zur Eigenschaft als Zielbestimmung RegE BT-Drucks. 18/3994, S. 36.

[484] RegE BT-Drucks. 18/3994, S. 36.

[485] Siehe oben Kapitel 4 A.III.2.c)aa).

[486] Siehe oben Kapitel 3 A.I.4.a).

[487] Siehe zur Zulässigkeit Erwägungsgrund 10 VerbrKrRL sowie Art. 22 Abs. 1 VerbrKrRL.

[488] Dahingehend LVG Hamburg, Urt. v. 27.10.1959, Beckmann/Bauer, § 1 Abs. 1 S. 2 Nr. 2, Nr. 1, S. 5 und *Polke*, Crowdlending, S. 104, der unter dem Aspekt der ordnungspolitischen Zielsetzung annimmt, dass der wirtschaftlich schwache Darlehensnehmer vor benachteiligenden und unvertretbaren Kreditkonditionen geschützt werden solle.

müssten konsequenterweise auch die §§ 491 ff. BGB auf diese Beziehungen Anwendung finden. Ohne eine solche Erfassung würden die aufsichtsrechtlichen
Vorschriften unter dem Aspekt des weiter gefassten Verbraucherschutzes wenig Sinn
ergeben, da beispielsweise ein sachkundiger Geschäftsleiter nicht automatisch den
Verbraucherdarlehensnehmer über die finanziellen Folgen des Darlehensvertrags
aufklären wird oder ihm ein Widerrufsrecht einräumt. Die Annahme würde zu keiner
nennenswerten materiellen Verbesserung der Position der Verbraucherdarlehensnehmer führen.

Dem KWG liegt demnach kein eigener Verbraucherschutzgedanke zugrunde, der
im Rahmen der Bewertung der regulatorischen Erfassung zu berücksichtigen wäre.

cc) Wahrung der Stabilität des Finanzsystems

Durch die bankaufsichtsrechtliche Regulierung des Kreditgeschäfts wird die
Richtlinienvorgabe zur Regulierung oder Beaufsichtigung des Kreditgeschäfts gem.
Art. 20 VerbrKrRL umgesetzt. Die Regulierung bezweckt insofern dort, wo auch der
Anwendungsbereich der §§ 491 ff. BGB eröffnet ist, den Schutz der Verbraucher.
Wie auf europarechtlicher Ebene gilt aber auch für das KWG, dass nur dort die
verbraucherkreditrichtlinienrechtliche Stärkung der Stabilität des Finanzsystems
bezweckt wird, wo aus Verbraucherschutzgründen der Anwendungsbereich der
§§ 491 ff. BGB eröffnet ist.[489]

dd) Keine währungspolitische Zielsetzung

In Literatur[490] und Rechtsprechung[491] werden immer wieder währungspolitische
Aspekte als Zielsetzung des KWG genannt, vor allem im Kontext derjenigen Betreiber, die ausschließlich das Kreditgeschäft betreiben. So begründete das VG Berlin
1997 kurz und knapp die Erlaubnispflicht damit, dass das unbeaufsichtete „Kreditgeschäft bei abstrakter Betrachtungsweise Risiken für die Ordnung auf den Fi-
nanz- und Kapitalmärkten (Stichworte: Geldmenge, Geldschöpfung)"[492] berge. In
der Entscheidung wird aber nicht weiter dargelegt, woraus sich ergibt, dass mit dem
KWG ein währungspolitisches Ziel verfolgt wird und welche währungspolitischen
Instrumente das KWG zur Verfolgung des Ziels zur Verfügung stellt.

Volkswirtschaftlicher Hintergrund der möglicherweise bestehenden währungspolitischen Zielsetzung ist, dass durch jede Kreditvergabe die Geldmenge in der

---

[489] Siehe oben Kapitel 3 A.I.4.a)ee).

[490] *Fischer*, in: Boos/Fischer/Schulte-Mattler, KWG, Einf. KWG Rn. 169; *Polke*, Crowdlending, S. 103. Dahingehend auch *Ruhl*, Einlagengeschäft, S. 163, der auf die Entscheidung
des VG Berlin, Urt. v. 19.08.1996 – 25 A 41/94 (juris) verweist.

[491] OLG Stuttgart NJW 1958, 1360, 1361 zur Vorgängerregelung des § 1 Abs. 1 Satz 2 Nr. 2
KWG; VG Berlin NJW-RR 1997, 808, 809.

[492] VG Berlin NJW-RR 1997, 808, 809.

Volkswirtschaft erhöht wird, da Buchgeld geschaffen wird[493]. Unter bestimmten Bedingungen kann die Erhöhung der Geldmenge eine inflatorische Wirkung entfalten.[494] Es ist demnach eine der elementaren Aufgaben der Währungspolitik, die Geldmenge zu steuern.[495] Dazu stehen dieser Instrumente wie beispielsweise die Bestimmung der Mindestreservesätze zur Verfügung, durch die auf die Kreditschöpfungskapazität der CRR-Kreditinstitute und damit auf die Geldmenge eingewirkt werden kann.

Bei der Problematik um die währungspolitische Zielsetzung muss zwischen drei Aspekten differenziert werden. Erstens könnten mit dem KWG selbst unmittelbar währungspolitische Ziele verfolgt werden. Zweitens könnte mit ihm mittelbar der Zweck verfolgt werden, der Währungspolitik einen „Kreditapparat" als eine Art Transmissionsriemen vorzuhalten, über welchen dann währungspolitische Ziele effektiv umgesetzt werden können. Drittens könnte bereits die Beobachtung der sekundären Geldschöpfung (also der Schaffung von Buchgeld durch die Vergabe von Krediten) Rechtfertigung für die Aufsicht in diesem Bereich sein.

(1) Unmittelbare währungspolitische Zielsetzung

Für die erste These, dass mit dem KWG selbst unmittelbar währungspolitische Ziele verfolgt werden, könnte das Verbot gem. § 3 Abs. 1 Nr. 3 KWG angeführt werden. Demnach ist der Betrieb des Kreditgeschäftes verboten, wenn es durch Vereinbarung oder geschäftliche Gepflogenheit ausgeschlossen oder erheblich erschwert wird, über den Kreditbetrag oder die Einlagen durch Barabhebung zu verfügen. Solche Kreditinstitute müssen aufgrund des Ausschlusses der Barabhebung keine liquiden Mittel vorhalten und verfügen hierdurch über die Fähigkeit, die Geldmenge deutlich stärker zu erhöhen, als „klassische" Kreditinstitute („höhere Kreditkapazität").[496] Durch das Verbot soll eine unkontrollierte Ausdehnung der Geldmenge im Banksystem verhindert werden, da es gegenüber währungspolitischen Maßnahmen wie Mindestreservevorschriften weitgehend immun wäre.[497] Das Verbot des § 3 Abs. 1 Nr. 3 KWG dient also dazu, die Kontrolle über die Geldschöpfung zu erhalten.[498]

---

[493] Siehe dazu etwa *Mankiw/Taylor,* Volkswirtschaftslehre, S. 808.

[494] *Fest,* Regulierung von Banken, S. 42. Ausführlich dazu *Mankiw/Taylor,* Volkswirtschaftslehre, S. 834 ff.

[495] Siehe im europarechtlichen Kontext etwa *Kempen,* in: Streinz, EUV/AEUV, Art. 119 AEUV Rn. 30.

[496] RegE BT-Drucks. 3/1114, S. 29; *Schäfer,* in: Boos/Fischer/Schulte-Mattler, KWG, § 3 KWG Rn. 20.

[497] RegE BT-Drucks. 3/1114, S. 29; *Reschke,* in: Beck/Samm/Kokemoor, KWG, § 3 Rn. 49.

[498] *Reschke,* in: Beck/Samm/Kokemoor, KWG, § 3 Rn. 49; *Schwennicke,* in: Schwennicke/Auerbach, KWG, § 3 Rn. 15.

§ 3 Abs. 1 Nr. 3 KWG stellt jedoch eine für das KWG atypische Ausnahmevorschrift dar. Es können keine Rückschlüsse auf die Gesamtregelung gezogen werden.[499] Das KWG stellt nämlich abseits dieser Norm keine Instrumente zur Verfügung, die währungspolitisch eingesetzt werden können. Zwar können sich die Maßnahmen aus dem aufsichtsrechtlichen und dem währungspolitischen Bereich jeweils auf den anderen Bereich auswirken, indem etwa eine Verschärfung der Eigenkapitalvorgaben die Geldmenge reduziert und auf der anderen Seite die Erhöhung der Mindestreserve grundsätzlich positive Wirkung auf die Stabilität der Kreditinstitute hat. Jedoch sind diese Instrumente in vollkommen unterschiedlichen Normkomplexen geregelt, einerseits im KWG und der CRR und andererseits in der Satzung des ESZB und der EZB. Es würde also die – mit Ausnahme des § 3 Abs. 1 Nr. 3 KWG – klare Trennung zwischen beiden Bereichen aufgehoben werden. Das KWG wäre in systematischer Hinsicht der verfehlte Ort für die unmittelbare Verfolgung währungspolitischer Zwecke.[500] Auch stünde die Bankenaufsicht teilweise vor unlösbaren Zielkonflikten, wenn sie im Interesse der Stabilität der Kreditinstitute die Eigenkapitalvorschriften verschärfen müsste und damit zugleich auch die Geldmenge verringern würde, während währungspolitisch eigentlich eine Geldmengenerhöhung erwünscht wäre.[501]

Zuletzt verfügt die EU gem. Art. 3 Abs. 1 lit. c AEUV in den Ländern, deren Währung der EUR ist, also auch Deutschland, über die ausschließliche Kompetenz in Währungsfragen. Nach Art. 2 Abs. 1 AEUV können die Mitgliedstaaten nur aufgrund einer Rückermächtigung oder zur Durchführung von Rechtsvorschriften gesetzgeberisch tätig werden. Beide „Ausnahmen" sind bezüglich des isoliert betriebenen Kreditgeschäfts nicht erfüllt. Die währungspolitischen Instrumente sind vielmehr in Art. 18 ff. der Satzung des ESZB und der EZB abschließend geregelt. Es besteht damit auch für die Euro-Mitgliedstaaten in der EU und damit den deutschen Gesetzgeber kein Raum zur Schaffung neuer währungspolitischer Instrumente. Demnach ist es bereits europarechtlich ausgeschlossen, dass mit dem KWG währungspolitische Zwecke verfolgt werden.[502]

(2) Vorhaltung eines Transmissionsriemens

Der zweite fragliche Aspekt ist, ob das KWG insofern eine währungspolitische Zielsetzung hat, als es der Währungspolitik fortwährend einen Kreditapparat (im Sinne einer Gesamtheit der CRR-Kreditinstitute) als „Medium und Partner"[503] zur

---

[499] *Lünterbusch*, Einlagen- und Kreditgeschäfte, S. 15; *Schwark*, Anlegerschutz, S. 299.

[500] *Krümmel*, Bankenaufsichtsziele, S. 13.

[501] Siehe zu den gegenseitigen Auswirkungen von währungspolitischen und bankaufsichtsrechtlichen Maßnahmen *Möschel*, Wirtschaftsrecht, S. 248.

[502] Unmittelbare währungspolitische Ziele grds. auch ausschließend: *Krümmel*, Bankenaufsichtsziele, S. 13; *Möschel*, Wirtschaftsrecht, S. 248.

[503] So im Bericht der Bundesregierung über die Ausnahmebereiche des Gesetzes gegen Wettbewerbsbeschränkungen, BT-Drucks. 7/3206, S. 17. Dahingehend auch *Fischer*, in: Boos/

Verfügung stellen soll. Dem KWG käme die Funktion zu, der Währungspolitik funktionsfähige Wirtschaftssubjekte „vorzuhalten", über die sie ihre Ziele effektiv realisieren könnte. Dies könnte zu einem extensiven Verständnis der Erlaubnispflicht führen.

Für diese These kann zwar angeführt werden, dass die Existenz des Banksystems notwendige Voraussetzung für die derzeit verfügbaren Steuerungsmittel der Währungspolitik ist.[504] Hierdurch werden aber lediglich deren Grenzen aufgezeigt.[505] Währungspolitische Maßnahmen dürfen nicht die Stabilität des Finanzsystems gefährden. Beispielsweise würde es keinen Sinn ergeben, wenn die EZB zur Verhinderung der Überhitzung der Volkswirtschaft, massenhaft Insolvenzen im Banksystem herbeiführen würde[506], was durch hinreichend hohe Mindestreservesätze ohne Weiteres möglich wäre. Umgekehrt jedoch zu sagen, dass das KWG dazu diene, der Währungspolitik Banken vorzuhalten, wäre mangels dafürsprechender Anhaltspunkte deutlich zu weit hergeholt[507] und mit der marktwirtschaftlichen Grundkonzeption der EU und Deutschlands nicht vereinbar. Vielmehr obliegt es dem EZB-Rat, auf neue Gegebenheiten zu reagieren, indem aufgrund des dafür vorgesehenen Art. 20 Satzung des ESZB und der EZB neue währungspolitische Instrumente geschaffen werden.

Diese Aussagen treffen nicht nur auf die Regulierung der CRR-Kreditinstitute zu, sondern auch auf die Betreiber des isolierten Kreditgeschäfts. Würde man nämlich unterstellen, dass es allgemeine Zielsetzung des KWG wäre, der Geldpolitik einen „Transmissionsriemen" bereitzuhalten, müssten die Betreiber des Kreditgeschäfts Adressaten währungspolitischer Maßnahmen sein können. Jedoch richten sich die Mindestreservevorschriften ausschließlich an CRR-Kreditinstitute[508], Art. 19.1 Satzung des ESZB und der EZB. Die Offenmarkt- und Kreditgeschäfte nach Art. 18.1 Satzung des ESZB und der EZB als weiteres zentrales Instrument begründen für die Finanzmarktteilnehmer und damit die reinen Darlehensgeber keine unmittelbaren Pflichten, sodass dieser Aspekt außer Betracht zu bleiben hat. Aus Art. 20 Satz 2 Satzung des ESZB und der EZB geht hervor, dass neben der Mindestreserve auch weitere, unmittelbar belastende währungspolitische Instrumente

---

Fischer/Schulte-Mattler, KWG, Einleitung KWG Rn. 169; *Krümmel*, Bankenaufsichtsziele, S. 13.

[504] *Krümmel*, Bankenaufsichtsziele, S. 13; *Möschel*, Wirtschaftsrecht, S. 248; *Müller*, Bankenaufsicht, S. 26 f.; *Niethammer*, Ziele der Bankenaufsicht, S. 209.

[505] *Möschel*, Wirtschaftsrecht, S. 248; *Möschel*, in: FS Stimpel, S. 1065, 1068.

[506] *Möschel*, Wirtschaftsrecht, S. 248.

[507] *Möschel*, Wirtschaftsrecht, S. 248.

[508] Die EZB-Satzung definiert den Kreditinstitutsbegriff nicht selbst. Jedoch sind nach Art. 2 Abs. 1 EZB-Mindestreserveverordnung (VO[EG] 1745/2003) nur Kreditinstitute und deren Zweigstellen im Sinne der ehemalige EG-Kreditinstituterichtlinie (RL 2000/12/EG) von der Mindestreservepflicht erfasst. Aufgrund der Art. 163 CRD IV und Art. 158 Bankenrichtlinie wird insofern auf den aktuellen Art. 3 Abs. 1 CRD IV i.V.m. Art. 4 Abs. 1 Nr. 1 CRR verwiesen.

geschaffen werden können. Von dieser Befugnis ist bislang aber noch kein Gebrauch gemacht worden.[509] Effektive währungspolitische Maßnahmen für die isolierten Betreiber des Kreditgeschäfts müssten etwa an das Gesamtkreditvolumen oder die Zinssätze anknüpfen. Ob auf Basis der Ermächtigungsgrundlage solche tiefgreifenden und marktwirtschaftlich durchaus zweifelhaften Regelungen überhaupt zulässig wären, ist zumindest umstritten.[510] Jedenfalls wäre es auch hier zu weit hergeholt, anzunehmen, dass es Ziel des KWG wäre, der EZB für einen völlig unbestimmten Zeitpunkt für ein inhaltlich völlig unbekanntes Instrument ein System an isolierten Betreibern des Kreditgeschäfts vorzuhalten, über das sie währungspolitische Ziele erreichen kann.

Zuletzt ist auch dieser These entgegenzuhalten, dass die EU über die ausschließliche Kompetenz im währungspolitischen Bereich verfügt. Die EU ist frei zu entscheiden, welche Gruppen sie wie aus währungspolitischen Gründen in Anspruch nimmt und welche nicht. Die nationalen Gesetzgeber können sich nicht hierüber hinwegsetzen.

(3) Reines Beobachtungsziel

Als drittes währungspolitisches Ziel kommt in Betracht, dass durch das KWG die sekundäre Geldschöpfung, und damit auch die isolierten Betreiber des Kreditgeschäfts, in den Beobachtungskreis der Währungspolitik gestellt werden sollen.[511] Jedoch steht auch dieser Annahme die ausschließliche währungspolitische Kompetenz der EU entgegen. Darüber hinaus wäre nicht nachvollziehbar, warum die Beobachtung durch die Währungspolitik voraussetzt, dass die Betreiber den umfangreichen bankaufsichtsrechtlichen Vorschriften unterworfen werden sollten.[512] Für die Möglichkeit einer effektiven Beobachtung wäre eine sanktionsbewehrte Anzeigepflicht für Betreiber des Kreditgeschäfts genügend, wie sie etwa im allgemeinen Gewerberecht in § 14 Abs. 1 Satz 1 GewO vorgesehen ist, die mit einer monatlichen Meldepflicht verbunden wird. Mangels Erforderlichkeit der Regulierung des isolierten Betreibens des Kreditgeschäfts wären die Vorschriften unverhältnismäßig und damit verfassungswidrig.

(4) Ergebnis

Es hat sich gezeigt, dass mit dem KWG – unabhängig von der Art des Bankgeschäfts – keine währungspolitischen Ziele verfolgt werden und aufgrund der europarechtlichen Kompetenzverteilung auch gar nicht verfolgt werden dürften. Die

---

[509] *Keller*, in: Siekmann, EWU-Kommentar, Art. 20 EZB-Satzung Rn. 5.

[510] Bejahend: *Gaitanides*, Europäische Zentralbank, S. 131; *Keller*, in: Siekmann, EWU-Kommentar, Art. 20 EZB-Satzung Rn. 14. Ablehnend: *Stadler*, Handlungsspielraum des Europäischen Systems der Zentralbanken, S. 207.

[511] *Fest*, Regulierung von Banken, S. 78.

[512] Siehe zu den bankaufsichtsrechtlichen Anforderungen an die Erteilung der Zulassung ausschnittsweise oben Kapitel 1 B.

regulatorische Erfassung der isolierten Betreiber des Kreditgeschäfts kann demnach nicht währungspolitisch begründet werden.

ee) Kein Schutz der Einleger dritter Kreditinstitute

Des Weiteren kommt in Betracht, dass durch die regulatorische Erfassung der isolierten Betreiber des Kreditgeschäfts die Einleger dritter Kreditinstitute geschützt werden sollen.[513] Nach § 14 Abs. 1 KWG haben Kreditinstitute der Evidenzzentrale im vierteljährlichen Rhythmus die Kreditnehmer anzuzeigen, deren Kreditvolumen eine Millionen EUR oder mehr beträgt. Diese informiert anschließend die anderen meldepflichtigen Institute. Ziel der Vorschrift ist es, einerseits der Bankenaufsicht einen Einblick in die Kreditstruktur im Kreditwesen zu gewähren, andererseits die anderen Kreditinstitute über die weitere Verschuldung „ihrer" Schuldner zu informieren.[514] *Hammen* nimmt an, dass sich deshalb aus § 14 Abs. 1 KWG ergebe, dass auch die isolierten Betreiber des Kreditgeschäfts vom Anwendungsbereich des § 1 Abs. 1 Satz 2 Nr. 2 KWG erfasst seien, da die Meldepflicht auch dem Schutz der Einleger dritter Kreditinstitute diene.[515]

Es stellt sich aber die Frage, ob hierdurch tatsächlich eine regulatorische Erfassung der isolierten Betreiber des Kreditgeschäfts gerechtfertigt werden kann. Nach § 14 Abs. 1 KWG ist das Kreditvolumen zu melden. Wären lediglich Darlehen gem. § 488 BGB erfasst, wäre der Anwendungsbereich relativ klein. Jedoch definiert § 19 Abs. 1 Satz 1 KWG Kredite i.S.d. § 14 Abs. 1 KWG abweichend vom allgemeinen Sprachgebrauch insbesondere als „Bankaktiva". § 19 Abs. 1 Satz 2 KWG definiert die Bankaktiva wiederum in Form eines Katalogtatbestandes. Zu den Bankaktiva und damit Krediten i.S.v. § 14 Abs. 1 KWG gehören demnach unter anderem Forderungen an Kunden (§ 19 Abs. 1 Satz 2 Nr. 4 KWG). Das bedeutet, dass der in § 14 Abs. 1 KWG verwendete Kreditbegriff weitgehend jede geschäftliche Gläubiger-Schuldner Beziehung erfasst, sofern die jeweilige Forderung nur hoch genug ist. Der Tatbestand ist demnach sehr weit gefasst.

Es gibt insofern eine Vielzahl von Wirtschaftssubjekten, die in einer Kreditbeziehung i.S.v. § 14 Abs. 1 KWG stehen und regulatorisch nur deshalb nicht erfasst werden, weil sie nach herrschender Meinung nicht die Voraussetzung für die Gewerbsmäßigkeit oder das Erfordernis eines kaufmännisch eingerichteten Geschäftsbetriebs i.S.d. § 32 Abs. 1 Satz 1 KWG erfüllen. So ist es beispielsweise alles andere als unüblich, dass ein Großanlagenbauer gegenüber anderen Unternehmen Warenkreditforderungen von über einer Millionen EUR und damit Bankaktiva i.S.d. § 19 Abs. 1 Satz 2 Nr. 4 KWG hält. In einem nächsten Schritt ließe sich die Gewährung eines Warenkredites vom Wortlaut her auch noch unter die „Gewährung

---

[513] So *Hammen*, WM 1998, 741, 745 f.

[514] RegE BT-Drucks. 10/1441, S. 42; *Groß*, in: Boos/Fischer/Schulte-Mattler, KWG, § 14 KWG Rn. 1; *Schwennicke*, in: Schwennicke/Auerbach, KWG, § 14 Rn. 1 f.

[515] *Hammen*, WM 1998, 741, 745 f.

eines Gelddarlehens" gem. § 1 Abs. 1 Satz 2 Nr. 2 KWG subsumieren. Nach *Hammens* Ansicht wäre es aus teleologischen Gründen sogar geboten, Warenkredite unter den Tatbestand des Kreditgeschäfts zu fassen, da die Informationen über die Warenkreditnehmer dem Informationsbedürfnis Dritter an der Verschuldung „ihres" Kreditnehmers dienen können. Das würde bedeuten, dass jedes Unternehmen in Deutschland mit größeren Kundenforderungen nach § 32 Abs. 1 KWG erlaubnispflichtig wäre oder jedenfalls im Laufe der Zeit erlaubnispflichtig würde. Soweit ersichtlich wird dies jedoch nicht vertreten.[516] Schlussendlich ist die Ansicht auch abzulehnen, da anderenfalls große Teile der Wirtschaft in Deutschland Kreditinstitute i.S.d. KWG wären. Damit würden massive regulatorische Kosten verursacht werden, was der Gesetzgeber nicht beabsichtigt haben dürfte. § 14 Abs. 1 KWG kann somit nicht als Argument für die regulatorische Erfassung isolierter Betreiber des Kreditgeschäfts herangezogen werden. Es handelt sich zwar um ein Instrument der Regulierung, das aber keine Rückschlüsse auf das Erfordernis der regulatorischen Erfassung bestimmter Wirtschaftssubjekte zulässt.

ff) Wahrung der allgemeinen Ordnung im Kreditwesen

Es kommt in Betracht, dass neben dem Verbraucherschutz auch die Gesamtheit der Darlehensnehmer von Kreditinstituten geschützt werden soll, was unter dem allgemeinen Begriff der „Wahrung der Ordnung des Kreditwesens" diskutiert wird.[517] Relevanter Aspekt könnte hier etwa die Gefahr sein, dass wucherische Kredite[518] vergeben und Forderungen auf kriminelle Weise[519] durchgesetzt werden. Auch könnte ein allgemeines Bedürfnis für den Schutz der Darlehensnehmer vor unzuverlässigen[520] und ungeeigneten Darlehensgebern bejaht werden.[521]

Materiellrechtlich sind die Darlehensnehmer bereits durch § 138 Abs. 1 und 2 BGB vor wucherischen oder sittenwidrigen Darlehen geschützt. Sie kommen dabei sogar in die günstige Situation, dass sie den Darlehensbetrag für die Dauer der ursprünglich vereinbarten Zeit zinslos behalten dürfen.[522] Möchte ein Betroffener seinen Schutz jedoch anschließend durchsetzen, wird er sich regelmäßig auf einen Rechtsstreit einlassen müssen, was Zeit und Geld kostet, weshalb er gegebenenfalls vollständig von der Geltendmachung seiner eigentlich bestehenden Rechte absieht.

---

[516] Siehe nur *Reschke*, in: Beck/Samm/Kokemoor, KWG, § 1 Rn. 194a; *Schäfer*, in: Boos/Fischer/Schulte-Mattler, KWG, § 1 KWG Rn. 57; *Schwennicke*, in: Schwennicke/Auerbach, KWG, § 1 Rn. 36, die es ablehnen, dass der Warenkredit von § 1 Abs. 1 Satz 2 Nr. 2 KWG erfasst sei.

[517] So etwa *Polke*, Crowdlending, S. 104 (ordnungspolitischer Zweck).

[518] BGH WM 2013, 874, 877; *Reschke*, in: Beck/Samm/Kokemoor, KWG, § 1 Rn. 197.

[519] *Reschke*, in: Beck/Samm/Kokemoor, KWG, § 1 Rn. 197.

[520] *Hammen*, WM 1998, 741, 745.

[521] VGH Kassel NJW-RR 2008, 1011, 1014. Dahingehend auch *Polke*, Crowdlending, S. 105 f.

[522] *Armbrüster*, in: MüKo-BGB, § 138 Rn. 166 m.w.N.

Darüber hinaus kann das Gericht nur im Einzelfall Rechtsschutz gewähren und auch bei wiederholten Verstößen keine Gewerbeuntersagung aussprechen. Setzen die Darlehensgeber ihre Forderungen auf kriminelle Weise durch, kommt der Schutz für den Betroffenen vollends zu spät. Es bestünde demnach die Gefahr, dass es ohne eine wirksame Aufsicht zu umgreifenden Missständen kommen würde, die die Darlehensnehmer vor der Inanspruchnahme des Kreditmarktes abschrecken könnte. Damit würde verhindert, dass es in der Volkswirtschaft zu einer möglichst effizienten Allokation des Kapitals kommt.

Hinzu kommt die allgemeine Gefahr schädlichen Verhaltens durch unseriöse bzw. unzuverlässige Darlehensgeber. Diese könnten beispielsweise Kredite in rechtswidriger Weise kündigen. Die Darlehensnehmer könnten dennoch, etwa aufgrund fehlender Kenntnisse oder mangelnden Durchsetzungswillens, den Forderungen der Darlehensgeber Folge leisten.[523] Auch besteht die Gefahr krimineller Durchsetzungspraktiken.

Darüber hinaus gehen weitere Gefahren von fachlich ungeeigneten Darlehensgebern aus. Beispielsweise könnten diese zwar in rechtmäßiger, aber wirtschaftlich sinnloser bzw. wertvernichtender Weise Darlehen kündigen, etwa wenn die Zahlungsfähigkeit des Darlehensnehmers aufgrund von temporär ungünstigen Marktbedingungen lediglich zeitweilig eingeschränkt ist.[524] Würde in diesem Fall ein Zahlungsaufschub gewährt werden, könnte gegebenenfalls der Kredit gerettet werden.[525] Durch eine Kündigung ist dies ausgeschlossen. Die Zahlungsunfähigkeit des Darlehensnehmers wird zementiert, ohne dass dies notwendig gewesen wäre.

Insofern besteht der Zweck der Aufsicht über das isoliert betriebene Kreditgeschäft hinaus auch in der Wahrung der allgemeinen Ordnung im Kreditwesen.

gg) Zwischenergebnis

Durch die Erlaubnispflicht für das isoliert betriebene Kreditgeschäft soll die allgemeine Ordnung im Kreditwesen gewahrt werden. Darüber hinaus dient sie auch dem Schutz der Verbraucherdarlehensnehmer. Dagegen dient sie nicht dazu, außerhalb des Anwendungsbereichs der VerbrKrRL Verbraucher zu schützen. Schlussendlich hat die regulatorische Erfassung keine währungspolitische Zielsetzung und dient auch nicht dem Schutz der Einleger dritter Kreditinstitute.

---

[523] *Polke*, Crowdlending, S. 105.

[524] *Polke*, Crowdlending, S. 105 f. Dahingehend kann auch die Regierungsbegründung zum KWG 1961 verstanden werden, wonach der unerwartete Entzug von Krediten (und andere Faktoren) zu schwerwiegenden volkswirtschaftlichen Schäden führe (RegE BT-Drucks. 3/1114, S. 19).

[525] *Polke*, Crowdlending, S. 106.

B. Aufsichtsrechtliche Anforderungen

Im vorigen Abschnitt wurden die Ziele herausgearbeitet, die mit der regulatorischen Erfassung der verschiedenen Bankgeschäfte verfolgt werden. Hierauf aufbauend wird im Folgenden geprüft, wie die am P2P-Lending beteiligten Personen aufsichtsrechtlich zu qualifizieren sind.

I. Die Darlehensgeber

Zunächst wird die aufsichtsrechtliche Qualifizierung der Darlehensvergabe durch Privatanleger beleuchtet, anschließend diejenige durch gewerbliche Anleger. Dabei wird jeweils zunächst die Darlehensvergabe im Rahmen des P2P-Consumer-Lendings betrachtet und anschließend diejenige im Rahmen des P2P-Business-Lending.

1. Die Darlehensvergabe durch Privatanleger als erlaubnispflichtiges Kreditgeschäft

a) Die Darlehensvergabe im Rahmen des P2P-Consumer-Lendings

Die Darlehensgeber könnten durch die Darlehensvergabe über die P2P-Consumer-Lending-Plattformen in erlaubnispflichtiger Weise das Kreditgeschäft gem. § 32 Abs. 1 Satz 1 KWG i.V.m. § 1 Abs. 1 Satz 2 Nr. 2 Var. 1 KWG betreiben. Dies ist der Fall, wenn sie gewerbsmäßig oder in einem Umfang, der einen in kaufmännischer Weise eingerichteten Geschäftsbetrieb erfordert, Gelddarlehen gewähren.[526]

aa) Kreditgeschäft gem. § 1 Abs. 1 Satz 2 Nr. 2 KWG

Die Darlehensgeber schließen mit den Darlehensnehmern über die P2P-Lending-Plattform Darlehensverträge gem. § 488 BGB, womit sie nach allgemeiner Ansicht Gelddarlehen i.S.d. § 1 Abs. 1 Satz 2 Nr. 2 Var. 1 KWG gewähren und damit das Kreditgeschäft betreiben.[527]

---

[526] Eine Erlaubnispflicht ohne nähere Begründung bejahend: *Scholz-Fröhling*, BKR 2017, 133, 136.

[527] Siehe zum echten P2P-Lending: *Renner*, ZBB 2014, 261, 266. Im Übrigen zum Abschluss von Darlehensverträgen gem. § 488 BGB als Kreditgeschäft: *BaFin*, Merkblatt Kreditgeschäft (Mai 2016), Ziff. 1 lit. a; *Schwennicke*, in: Schwennicke/Auerbach, KWG, § 1 Rn. 33.

bb) Gewerbsmäßigkeit gem. § 32 Abs. 1 KWG

Das Kreditgeschäft wird gewerbsmäßig betrieben, „wenn der Betrieb auf eine gewisse Dauer angelegt ist und der Betreiber mit der Absicht der Gewinnerzielung handelt".[528] Das Merkmal des „Betriebs" ist als das erstmalige Tätigwerden zu verstehen und wird von den Darlehensgebern mit dem Abschluss des ersten Darlehensvertrags erfüllt. Der Betrieb ist auf eine gewisse Dauer angelegt, wenn das Kreditgeschäft planmäßig und nachhaltig durchgeführt wird.[529] Es darf sich nicht um eine vorübergehende oder gelegentliche bzw. zufällige Betätigungen handeln.[530] Ausschlaggebend ist, dass der Betreiber mit Wiederholungsabsicht handelt.[531] Der typische P2P-Lending-Nutzer beschränkt seine Nutzung nicht auf die einmalige Kreditvergabe. Vielmehr verwenden 99 % der Nutzer[532] die Anlageautomatismen, durch die sie monatlich Darlehensverträge abschließen. Für diese Nutzer stellt das P2P-Lending ein Element ihrer Vermögensverwaltung dar, die sich über einen längeren Zeitraum erstreckt, womit sie auf Dauer tätig werden. Da sie dabei verzinsliche Darlehen gewähren, verfügen sie auch über Gewinnerzielungsabsicht.[533]

Somit lägen nach dem herrschenden Begriffsverständnis die Voraussetzungen für ein gewerbsmäßiges Tätigwerden i.S.d. § 32 Abs. 1 Satz 1 KWG vor, sodass eine Erlaubnispflicht bestünde.[534]

---

[528] RegE BT-Drucks. 13/7142, S. 62. Die in der Definition enthaltenen Voraussetzungen sind als solche allgemein anerkannt, siehe BVerwGE 122, 29, 48; BVerwGE 133, 358, 361 f.; BVerwG BKR 2011, 208, 209; *Albert*, in: Reischauer/Kleinhans, KWG, § 32 Rn. 3; *Fischer/Boegl*, in: Schimansky/Bunte/Lwowski, BankR-Hdb, § 127 Rn. 3; *v. Goldbeck*, in: Luz/Neus, KWG, § 32 Rn. 11; *Reschke*, in: Beck/Samm/Kokemoor, KWG, § 1 Rn. 47; *Schäfer*, in: Boos/Fischer/Schulte-Mattler, KWG, § 1 Rn. 22; *Schwennicke*, in: Schwennicke/Auerbach, KWG, § 1 Rn. 6.

[529] *Reschke*, in: Beck/Samm/Kokemoor, KWG, § 1 Rn 47.

[530] *v. Goldbeck*, in: Luz/Neus, KWG, § 32 Rn. 11; *Reschke*, in: Beck/Samm/Kokemoor, KWG, § 1 Rn. 47; *Schäfer*, in: Boos/Fischer/Schulte-Mattler, KWG, § 1 Rn. 22; *Schwennicke*, in: Schwennicke/Auerbach, KWG, § 1 Rn. 6.

[531] *Fischer/Boegl*, in: Schimansky/Bunte/Lwowski, BankR-Hdb, § 127 Rn. 3; *Reschke*, in: Beck/Samm/Kokemoor, KWG, § 1 Rn. 47.

[532] *Cambridge Centre for Alternative Finance*, 5th UK Alternative Finance Industry Report, S. 35.

[533] Verschiedene Stimmen wollen neben der Gewinnerzielungsabsicht auch die Entgeltlichkeit für das Tatbestandsmerkmal der „Gewerbsmäßigkeit" genügen lassen, so etwa *Brogl*, in: Reischauer/Kleinhans, KWG, § 1 Rn. 22 f. Dahingehend auch: *Schäfer*, in: Boos/Fischer/Schulte-Mattler, KWG, § 1 KWG Rn. 22 („erwägenswert"). Offenlassend *Fischer/Boegl*, in: Schimansky/Bunte/Lwowski, BankR-Hdb, § 127 Rn. 4. Wohl ablehnend *Reschke*, in: Beck/Samm/Kokemoor, KWG, § 1 Rn. 47.

[534] So auch *Renner*, ZBB 2014, 261, 266. Eine Erlaubnispflicht nach den allgemeinen Begriffsmerkmalen wohl bejahend *Hartmann*, BKR 2017, 321, 324, ohne jedoch auf mögliche Einschränkungen des Anwendungsbereichs aufgrund der Besonderheit des Geschäftsmodells einzugehen.

(1) Mögliche Einschränkungen des regulatorischen Anwendungsbereichs

Der Anwendungsbereich der Erlaubnispflicht könnte beim P2P-Lending jedoch eingeschränkt sein. Hierbei stehen drei Fragen im Vordergrund. Erstens, ob es sich bei der Darlehensvergabe nicht um die Verwaltung und Nutzung des eigenen Vermögens der Darlehensgeber handelt, zweitens, ob die über die Plattform vergebenen Darlehen als Bagatelldarlehen zu qualifizieren sind und drittens, ob ausschließlich juristische Personen vom Anwendungsbereich des § 32 Abs. 1 Satz 1 Var. 1 KWG erfasst sind.

(a) Verwaltung und Nutzung des eigenen Vermögens

Im allgemeinen Gewerberecht wird die „Verwaltung des eigenen Vermögens" als ein negatives, den Gewerbebegriff in § 1 Abs. 1 GewO ausschließendes Merkmal angesehen.[535] Dieses könnte auch für den Begriff der „Gewerbsmäßigkeit" i.S.d. § 32 Abs. 1 KWG Anwendung finden.[536]

Eine Übertragung ist jedoch nicht ohne Weiteres möglich, obwohl das Bankenaufsichtsrecht letztendlich besonderes Gewerberecht[537] ist. Dies hängt damit zusammen, dass in Deutschland kein einheitlicher Gewerbebegriff[538] existiert.[539] Dadurch wird es den staatlichen Stellen ermöglicht, „flexibel auf einschlägige gesellschaftliche, wirtschaftliche und kulturelle Veränderungen zu reagieren"[540]. Der Gewerbebegriff wird insofern jeweils selbstständig und am jeweiligen Gesetzes-

---

[535] BVerwG NJW 1977, 772, 772; BVerwGE 78, 6, 8; BVerwG NVwZ 1993, 775, 775; BVerwG NJW 2008, 1974, 1974; *Ennuschat*, in: Tettinger/Wank/Ennuschat, GewO, § 1 Rn. 49; *Pielow*, in: BeckOK-GewO, § 1 Rn. 184. *Kahl*, in: Landmann/Rohmer, GewO, 28. EL Mai 1992, Einl. GewO Rn. 61, 55 verneint dagegen die Gewinnerzielungsabsicht.

[536] Sich ebenfalls beim P2P-Lending dafür aussprechend, „gelegenheitsgeprägte Kleingeschäfte" als Verwaltung eigenen Vermögens zu betrachten und nicht als Gewerbe zu betrachten: *Hartmann*, BKR 2017, 321, 326. In eine ähnliche Richtung wie hier geht *Schwennicke*, in: Schwennicke/Auerbach, KWG, § 1 Rn. 40, der im Falle der Verwaltung und Nutzung des eigenen Vermögens eine „gewerbliche Gewinnerzielungsabsicht" verneint (siehe insofern auch *ders*, WM 2010 542, 547 ff., dort aber wohl noch die Erforderlichkeit des bankaufsichtsrechtlichen Eingriffs als Anknüpfungspunkt wählend). Für die Herausnahme der „privaten Vermögensanlage" aus dem *Tatbestand* des Kreditgeschäfts: *Renner*, ZBB 2014, 261, 266 f. unter Verweis auf *Schwennicke*, WM 2010, 542, 547 f. Die Anwendung des Merkmals der Verwaltung und Nutzung des eigenen Vermögens ausdrücklich ablehnend: VGH Kassel NJW-RR 2008, 1011, 1014; *Polke*, Crowdlending, S. 135. Implizit ablehnend: *Schäfer*, in: Boos/Fischer/Schulte-Mattler, KWG, § 1 KWG Rn. 59. Zu deren Kritik sogleich unter Kapitel 4 B.I.1.a)bb)(1)(a)(cc).

[537] Zur Qualifizierung als Gewerberecht: *Köhler*, in: Schwintowski, Bankrecht, Kap. 5 Rn. 26; *Schäfer*, in: Boos/Fischer/Schulte-Mattler, KWG, § 6 KWG Rn. 2.

[538] Siehe etwa § 1 Abs. 1 GewO, § 32 Abs. 1 KWG, § 1 Abs. 1 HGB, § 15 Abs. 2 S. 1 EStG oder § 263 Abs. 3 S. 2 Nr. 1 StGB.

[539] Siehe RegE BT-Drucks. 13/8444, S. 24 in dem bewusst auf eine einheitliche Definition verzichtet wurde.

[540] *Pielow*, in: BeckOK-GewO, § 1 Rn. 134.

zweck orientiert ermittelt.[541] Deshalb kann ein ungeschriebenes Merkmal aus dem allgemeinen Gewerberecht nicht ohne Weiteres auf den bankaufsichtsrechtlichen Gewerbe- bzw. Gewerbsmäßigkeitsbegriff übertragen werden.

(aa) Gewerberechtliche Begründung des negativen Tatbestandsmerkmals

Die Existenz des gewerberechtlichen negativen Merkmals der Verwaltung und Nutzung des eigenen Vermögens rechtfertigt sich dadurch, dass Tätigkeiten, die den Schutzzweck der Gewerbeordnung nicht oder nur geringfügig berühren, nicht dem Gewerberecht unterworfen werden sollen.[542] Ob jemand im Rahmen der Verwaltung und Nutzung seines Vermögens tätig wird, bestimmt sich nach dem Gesamtbild der Tätigkeit. Damit ist eine Gesamtbetrachtung der Umstände des Einzelfalls gemeint.[543] Sie muss im Wesentlichen den allgemeinen Vorstellungen eines Gewerbes entsprechen.[544] Je stärker sich die Tätigkeit im Privatbereich abspielt, desto geringer ist die Regulierungsbedürftigkeit. Je mehr sie nach außen gerichtet ist, desto größer ist sie.[545] Damit einhergehend ist auch das von der Tätigkeit ausgehende Gefahrenpotential für die gewerberechtlichen Schutzgüter einzubeziehen.[546] Ausschlaggebende Faktoren sind der Einsatz von Arbeitskraft und sonstigem Kapital, die Dauer und der Umfang der Tätigkeit, der organisatorische Aufwand, das Auftreten im Rechtsverkehr sowie die Anzahl und Intensität der Geschäftskontakte.[547]

Das Merkmal der Verwaltung und Nutzung des eigenen Vermögens ergibt sich letztlich aus einer verfassungskonformen Auslegung des Gewerbebegriffs. Aufgrund der Vielgestaltigkeit[548] der möglichen wirtschaftlichen Betätigung der Bevölkerung ist es nicht möglich, „das Gewerbe" i.S.d. § 1 Abs. 1 GewO in einer Weise zu definieren, die umfassend, aber nicht überschießend ist. Um trotzdem einen gefahrenabwehrrechtlich erforderlichen[549] lückenlosen Schutz gewährleisten zu können, wird der Gewerbebegriff deshalb möglichst weit gefasst. Als Gewerbe wird deshalb, wenn lediglich die positiven Begriffsmerkmale verwendet werden, jede „nicht sozial unwertige (generell nicht verbotene), auf Gewinnerzielung gerichtete und auf Dauer

---

[541] Siehe nur *Ennuschat*, in: Tettinger/Wank/Ennuschat, GewO, § 1 Rn. 5 m.w.N.

[542] BVerwG NVwZ 1993, 775, 776; *Ennuschat*, in: Tettinger/Wank/Ennuschat, GewO, § 1 Rn. 3, 70; *Friauf*, in: Friauf, GewO, § 1 Rn. 195, 201; *Pielow*, in: BeckOK-GewO, § 1 Rn. 136.

[543] BVerwG NVwZ 1993, 775, 776.

[544] BVerwG NVwZ 1993, 775, 776.

[545] BVerwG NVwZ 1993, 775, 776; VGH Mannheim NVwZ-RR 1996, 22, 22.

[546] BVerwG NVwZ 1993, 775, 776.

[547] Jeweils mit unterschiedlicher Betonung verschiedener Aspekte: BVerwG NVwZ 1993, 775, 776; VGH Mannheim NVwZ-RR 1996, 22, 23; *Ennuschat*, in: Tettinger/Wank/Ennuschat, GewO, § 1 Rn. 71; *Pielow*, in: BeckOK-GewO, § 1 Rn. 184.

[548] So das BVerwG NJW 1977, 772, 772 mit Verweis auf die Gesetzesbegründung zur GewO 1869.

[549] Siehe zum Gewerberecht als Gefahrenabwehrrecht etwa *Pielow*, in: BeckOK-GewO, § 1 Rn. 3.

angelegte selbständige Tätigkeit"[550] verstanden. Die gewerberechtliche Erfassung als Folge der Einordnung einer Tätigkeit als „Gewerbe" stellt dabei einen (zumeist Art. 12 Abs. 1 GG betreffenden) grundrechtlichen Eingriff dar und muss deshalb gerechtfertigt sein. Im Rahmen der Angemessenheit des Eingriffs ist dabei in einer Gesamtabwägung zu prüfen, ob „zwischen der Schwere des Eingriffs und dem Gewicht und der Dringlichkeit der ihn rechtfertigenden Gründe die Grenze der Zumutbarkeit gewahrt" ist und die Maßnahme den einzelnen „nicht übermäßig belastet".[551] Bei für die gewerberechtliche Zielsetzung eher trivialen Tätigkeiten wie solchen der Verwaltung und Nutzung des eigenen Vermögens wäre die Angemessenheit zu verneinen. Damit läge bei einer Erfassung durch den weiten Gewerbebegriff eine Verletzung der jeweiligen grundrechtlich geschützten Position vor. Durch die Anerkennung des negativen Merkmals der Verwaltung und Nutzung des eigenen Vermögens als Ausfluss der verfassungskonformen Auslegung wird schlicht ein Ausgleich zwischen der Effektivität der Gefahrenabwehr im Gewerberecht und dem grundrechtlichen Schutz des potentiell Betroffenen geschaffen.

(bb) Übertragung auf das Bankaufsichtsrecht

Der Begriff der Gewerbsmäßigkeit in § 32 Abs. 1 Satz 1 Var. 1 KWG enthält einen ganz ähnlichen aufsichtsrechtlichen Mechanismus. Die Gewerbsmäßigkeit ist als eine auf eine gewisse Dauer angelegte und mit Gewinnerzielungsabsicht verfolgte Tätigkeit[552] so weit gefasst, dass sich auch vollkommen triviale Tätigkeiten unter den Tatbestand subsumieren ließen. Die bankaufsichtsrechtliche Erlaubnispflicht stellt ebenfalls einen grundrechtlichen Eingriff dar, der rechtfertigungsbedürftig ist. Er muss auch im Bankaufsichtsrecht aufgrund des Angemessenheitserfordernisses in einem zumutbaren Verhältnis zur Schwere des Eingriffs stehen und darf den Einzelnen nicht übermäßig belasten. Wie in § 1 Abs. 1 GewO ist es deshalb bereits verfassungsrechtlich geboten, die Erwägungen zur Angemessenheit bei der Feststellung der Gewerbsmäßigkeit zu berücksichtigen, um der grundsätzlich sehr weit gefassten Definition eine verfassungskonforme Gestalt zu geben. Insofern ist bei der Prüfung, ob eine Tätigkeit gewerbsmäßig i.S.d. § 32 Abs. 1 Satz 1 Var. 1 KWG erfolgt, ebenfalls immer das negative Merkmal der Verwaltung und Nutzung des eigenen Vermögens zu prüfen.[553]

---

[550] BVerwGE 78, 6, 7; BVerwG NVwZ 1993, 775, 775; BVerwG NJW 2008, 1974. Siehe zu den grundlegenden positiven Merkmalen auch *Pielow*, in: BeckOK-GewO, § 1 Rn. 142 ff.; *Eisenmenger*, in: Landmann/Rohmer, GewO, § 1 Rn. 6; *Ennuschat*, in: Tettinger/Wank/Ennuschat, GewO.

[551] So BVerfGE 83, 1, 19 m.w.N.

[552] RegE BT-Drucks. 13/7142, S. 62; BVerwGE 122, 29, 48; BVerwGE 133, 358, 361 f.; BVerwG BKR 2011, 208, 209; *Albert*, in: Reischauer/Kleinhans, KWG, § 32 Rn. 3; *Fischer/Boegl*, in: Schimansky/Bunte/Lwowski, BankR-Hdb, § 127 Rn. 3; *v. Goldbeck*, in: Luz/Neus, KWG, § 32 Rn. 11; *Reschke*, in: Beck/Samm/Kokemoor, KWG, § 1 Rn. 47; *Schäfer*, in: Boos/Fischer/Schulte-Mattler, KWG, § 1 Rn. 22; *Schwennicke*, in: Schwennicke/Auerbach, KWG, § 1 Rn. 6.

[553] Siehe zur Meinungsübersicht bereits Fn. 536.

(cc) Kritik an der Anwendung der Grundsätze im Bankaufsichtsrecht

Dieser Ansicht könnte vorgeworfen werden, dass sie die Unterschiede zwischen § 32 Abs. 1 Satz 1 Var. 1 KWG (Gewerbsmäßigkeit) und § 32 Abs. 1 Satz 1 Var. 2 KWG (Erfordernis eines kaufmännischen Geschäftsbetriebs) einebnen würde, da der im Rahmen der Gewerbsmäßigkeit zu prüfende Bereich der Verwaltung und Nutzung des eigenen Vermögens zumeist erst dann verlassen werden würde, wenn die gewerbsmäßige Tätigkeit der betreffenden Person zugleich auch einen in kaufmännischer Weise eingerichteten Geschäftsbetrieb erfordern würde.[554] Diese Einebnung wiederum könnte der Intention des Gesetzgebers widersprechen, der durch die zeitlich nachgelagerte Einführung der ersten Tatbestandsvariante den Anwendungsbereich der Erlaubnispflicht ausdehnen wollte.[555] Die Anwendbarkeit der Grundsätze zur Verwaltung und Nutzung des eigenen Vermögens könnte deshalb abzulehnen sein.[556]

Die Annahme, dass es zur Einebnung der Unterschiede kommt, ist teilweise zutreffend. Der pauschale Schluss, dass deshalb kein Raum für die private Vermögensverwaltung bestehe, ist dagegen abzulehnen. Die gesetzgeberischen Erwägungen bezogen sich nur auf solche Personen, die kumulativ das Kredit- und das Einlagengeschäft betreiben, also potentiell als CRR-Kreditinstitute zu qualifizieren sind.[557] Dort sah der Gesetzgeber in Fällen, in denen der Betrieb allein aufgrund der geringen Anzahl an Geschäftsvorfällen keinen Umfang einnahm, der einen kaufmännischen Geschäftsbetrieb erforderte, eine regulatorische Lücke. Genau diese Lücke wird weiterhin durch die Gewerbsmäßigkeitsvariante geschlossen, da mit der Regulierung der CRR-Kreditinstitute vollkommen andere, deutlich gewichtigere Ziele verfolgt werden, als die der Regulierung des isolierten Betriebs des Kreditgeschäfts. Durch die Regulierung der CRR-Kreditinstitute soll die Stabilität des Finanzsystems gewährleistet werden, da insbesondere Bank-Runs schwerwiegende volkswirtschaftliche Schädigungen, etwa in Form einer Rezession, verursachen können.[558] Demgegenüber hat die Regulierung des isoliert betriebenen Kreditgeschäfts allein den Verbraucherschutz und die Wahrung der allgemeinen Ordnung im Kreditwesen zum Gegenstand.[559] Im Hinblick auf CRR-Kreditinstitute besteht insofern aufgrund der Gewichtigkeit des Schutzzwecks quasi kein Raum für das negative Merkmal der Verwaltung und Nutzung des eigenen Vermögens. Somit kommt es, wie vom Gesetzgeber intendiert, beim kumulativen Betrieb des Einlagen- und des

---

[554] Mit der Begründung der VGH Kassel NJW-RR 2008, 1011, 1014. Siehe unten Kapitel 4 B.II.1.c) zur inhaltlichen Bestimmung des Erfordernisses eines in kaufmännischer Weise eingerichteten Geschäftsbetriebs.

[555] RegE BT-Drucks. 13/7142, S. 62.

[556] So der VGH Kassel NJW-RR 2008, 1011, 1014.

[557] Siehe RegE BT-Drucks. 13/7142, S. 62.

[558] Siehe zu den grundsätzlichen Risiken Kapitel 4 A.II sowie zur entsprechenden Zielsetzung Kapitel 4 A.III.1.a)aa) sowie Kapitel 4 A.III.2.a)aa).

[559] Siehe zum Schutzzweck der Regulierung des isoliert betriebenen Kreditgeschäfts Kapitel 4 A.III.1.c) sowie Kapitel 4 A.III.2.c).

Kreditgeschäfts in den allermeisten Fällen weiterhin zu einem anderen Ergebnis. Dem gesetzgeberischen Willen wird durch die vorliegend vertretene Auffassung nicht widersprochen.

Zuletzt spricht für die hier vertretene Auffassung, dass das Merkmal der Verwaltung und Nutzung des eigenen Vermögens aus einer verfassungskonformen Auslegung resultiert. Der Gesetzgeber kann deshalb nicht darüber disponieren.[560]

Im Ergebnis ist damit festzuhalten, dass die Darlehensgeber nicht i.S.d. § 32 Abs. 1 Satz 1 KWG gewerbsmäßig tätig sind, wenn die Darlehensvergabe als Verwaltung und Nutzung des eigenen Vermögens zu qualifizieren ist.[561]

(b) Bagatellschwelle

Nach teilweise vertretener Auffassung sollen die eingangs dieser Arbeit bereits dargestellten Bagatellschwellen, welche die BaFin im Rahmen ihrer Verwaltungspraxis für das Erfordernis eines in kaufmännischer Weise eingerichteten Geschäftsbetriebs aufgestellt hat,[562] auf die Variante der Gewerbsmäßigkeit übertragen werden.[563] Dies wird mit dem Schutzzweck der Erlaubnispflicht begründet. Die BaFin ist dieser Ansicht bislang nicht gefolgt.[564]

Im Rahmen dieser Arbeit soll die Frage der Übertragung offenbleiben, da die Verwaltungspraxis lediglich die Verwaltung bindet,[565] aber keine endgültige Auskunft darüber gibt, ob die bankaufsichtsrechtliche Erfassung tatsächlich rechtmäßig ist oder nicht. So kann es einerseits Sachverhalte unterhalb der Bagatellschwelle geben, die regulatorisch erfasst sein müssten und andererseits solche geben, die über diesen Schwellen liegen und wiederum nicht den Privatbereich des Betreibers verlassen.

---

[560] A.A. *Polke*, Crowdlending, S. 136, der dem Gesetzgeber einen weiten Ermessensspielraum einräumt, ohne auf die verfassungsrechtliche Dimension der privaten Vermögensverwaltung einzugehen.

[561] Ob diese vorliegt, wird sogleich geprüft in Kapitel 4 B.I.1.a)bb)(2).

[562] Siehe oben Kapitel 1 B.

[563] *Schwennicke*, WM 2010, 542, 548 ff. sowie *ders*, in: Schwennicke/Auerbach, KWG, § 1 Rn. 6, der dies einmal unter dem Aspekt der Bagatelltätigkeiten und einmal unter dem Aspekt der Erforderlichkeit des grundrechtlichen Eingriffs diskutiert. Er legt dabei dem Schutzzweck des § 1 Abs. 1 Satz 2 Nr. 2 KWG (isolierter Betrieb des Kreditgeschäfts) den Schutzzweck der Regulierung von CRR-Kreditinstituten zugrunde. Sich ebenfalls für eine Übertragung der Bagatellschwellen aussprechend: *Hartmann*, BKR 2017, 321, 326.

[564] Siehe implizit *BaFin*, Merkblatt Kreditgeschäft (Mai 2016), Ziff. 2, in welchem die Bagatellgrenzen allein im Kontext des Erfordernisses eines kaufmännischen Geschäftsbetriebs genannt werden.

[565] Siehe ausführlich m.w.N. *Sachs*, in: Stelkens/Bonk/Sachs, VwVfG, § 40 Rn. 103 ff. dazu.

(c) Keine Beschränkung auf juristische Personen

Nach einer in der Literatur vertretenen Ansicht soll es im Rahmen der Erlaubnispflicht gem. § 32 Abs. 1 Satz 1 Var. 1 KWG nicht genügen, dass das Bankgeschäft gewerbsmäßig betrieben wird.[566] Vielmehr müsse der Betreiber darüber hinaus eine juristische Person sein. Die Ansicht argumentiert mit der Gesetzesbegründung zur 6. KWG-Novelle, durch welche die Erlaubnispflicht für das gewerbsmäßige Tätigwerden eingeführt wurde.[567] Danach solle der Gewerbsmäßigkeitsbegriff der Vorgabe der Wertpapierdienstleistungsrichtlinie[568] (Wpdl-RL) entsprechen. Diese sei schon damals nur auf juristische Personen anwendbar gewesen. Für die Nachfolgerichtlinie MiFID I[569] gelte dasselbe.[570] Demnach genüge es nicht, dass gewerbsmäßiges Handeln vorliege.[571] Dieser Ansicht nach unterlägen die Darlehensgeber beim P2P-Lending keiner Erlaubnispflicht, weil sie auf der Plattform als natürliche Personen tätig sind.

Es trifft zu, dass die Erlaubnispflicht in § 32 Abs. 1 Satz 1 KWG der Regierungsbegründung zufolge entsprechend der Vorgaben der Wpdl-RL an das gewerbsmäßige Betreiben der Bankgeschäfte anknüpfen sollte.[572] Die damalige Wpdl-RL selbst setzte aber gar nicht voraus, dass eine juristische Person tätig wird. Sie war nur missverständlich formuliert. Nach Art. 3 Abs. 1 Wpdl-RL[573] durfte eine Wertpapierfirma ihre Tätigkeit erst nach ihrer Zulassung aufnehmen. Die Definition der Wertpapierfirma in Art. 1 Nr. 2 Unterabs. 1 Wpdl-RL[574] setzte dann tatsächlich eine juristische Person[575] voraus, die Wertpapierdienstleistungen erbringt. Wenn aber bei rein wortlautgetreuer Anwendung tatsächlich angenommen worden wäre, dass die Erlaubnispflicht lediglich juristische Personen erfassen würde, dann wäre die Zulassungspflicht zur Disposition derjenigen Personen gestanden, deren Erlaubnispflicht in Frage stand. Sie hätten schlichtweg als natürliche Person tätig werden können. Dies hätte dem Erwägungsgrund 2 der Wpdl-RL widersprochen, wonach Wertpapierdienstleistungen aus Gründen des Anlegerschutzes und der Stabilität des

---

[566] *Renner*, ZBB 2014, 261, 266.

[567] *Renner*, ZBB 2014, 261, 266.

[568] Richtlinie 93/22/EWG des Rates vom 10. Mai 1993 über Wertpapierdienstleistungen, ABlEG Nr. L 141 v. 11.06.1993, S. 27.

[569] Richtlinie 2004/39/EG des Europäischen Parlaments und des Rates vom 21. April 2004 über Märkte für Finanzinstrumente, zur Änderung der Richtlinien 85/611/EWG und 93/6/EWG des Rates und der Richtlinie 2000/12/EG des Europäischen Parlaments und des Rates und zur Aufhebung der Richtlinie 93/22/EWG des Rates, ABlEG Nr. L 145 v. 30.04.2004, S. 1.

[570] Die Nachfolgeregelung von Art. 4 Abs. 1 Nr. 1 Unterabs. 1 MiFID I ist heute Art. 4 Abs. 1 Nr. 1 Unterabs. 1 MiFID II.

[571] *Renner*, ZBB 2014, 261, 266.

[572] Siehe RegE BT-Drucks. 13/7142, S. 62.

[573] RL 93/22/EWG.

[574] RL 93/22/EWG.

[575] Vgl. aber die den Mitgliedstaaten gebotene Möglichkeit, hiervon für natürliche Personen eine Ausnahme zu machen in Art. 1 Nr. 2 Unterabs. 2 Wpdl-RL.

Finanzsystems erst nach einer staatlichen Zulassung erbracht werden sollten. Das Merkmal „juristische Person" konnte insofern keine Tatbestandsvoraussetzung für die Wertpapierdienstleistung gewesen sein, sondern lediglich Voraussetzung für eine Zulassung als Wertpapierfirma. Die Richtlinie betraf mithin alle Personen, unabhängig davon, in welcher Rechtsform sie Wertpapierdienstleistungen erbrachten. Diese Annahme wird durch den heutigen Art. 5 Abs. 1 Satz 1 MiFID II[576] bestätigt, wonach das Erbringen von Wertpapierdienstleistungen Voraussetzung für die in der Richtlinie vorgesehene Erlaubnispflicht ist und nicht die Tätigkeit einer Wertpapierfirma.

Im Ergebnis setzt § 32 Abs. 1 Satz 1 Var. 1 KWG für die Erlaubnispflicht keine Tätigkeit einer juristischen Person voraus.

(2) Das P2P-Lending als Verwaltung und Nutzung des eigenen Vermögens

Zusammenfassend kommt für die Frage, ob der Anwendungsbereich der Erlaubnispflicht beim P2P-Lending eingeschränkt ist, einzig das negative Merkmal der Verwaltung und Nutzung des eigenen Vermögens in Betracht. Ob die Tätigkeit der Verwaltung und Nutzung des eigenen Vermögens zuzuordnen ist, bestimmt sich entsprechend den Kriterien des allgemeinen Gewerberechts. Es ist zu prüfen, ob die Tätigkeit nach ihrem Gesamtbild den allgemeinen Vorstellungen eines Gewerbes im Wesentlichen entspricht oder nicht.[577] Das bedeutet, dass eine Gesamtbetrachtung der Umstände des Einzelfalls erforderlich ist.[578] Zu berücksichtigende Faktoren sind insbesondere der Einsatz von Arbeitskraft und sonstigem Kapital, die Dauer und der Umfang der Tätigkeit, der organisatorische Aufwand, das Auftreten im Rechtsverkehr sowie die Anzahl und Intensität der Geschäftskontakte.[579] Da das negative Merkmal der Verwaltung und Nutzung des eigenen Vermögens Ausfluss der Angemessenheit ist, muss auch geprüft werden, wie stark die Tätigkeit den mit der regulatorischen Erfassung verfolgten Zweck berührt. Je stärker die Tätigkeit im Privatbereich bleibt, desto geringer ist die Regulierungsbedürftigkeit, je stärker sie nach außen gerichtet ist und den Regelungszweck berührt, desto größer ist sie.[580] Schlussendlich ist auch die Eingriffsintensität der aufsichtsrechtlichen Pflichten in die Gesamtabwägung einzubeziehen.

---

[576] Richtlinie 2014/65/EU des Europäischen Parlaments und des Rates vom 15. Mai 2014 über Märkte für Finanzinstrumente sowie zur Änderung der Richtlinien 2002/92/EG und 2011/61/EU, ABlEU Nr. L 173 v. 12.06.2014, S. 349.

[577] Zum allgemeinen Gewerberecht: BVerwG NVwZ 1993, 775, 776.

[578] Zum allgemeinen Gewerberecht: BVerwG NVwZ 1993, 775, 776.

[579] Zum allgemeinen Gewerberecht: BVerwG NVwZ 1993, 775, 776; VGH Mannheim NVwZ-RR 1996, 22, 23; *Ennuschat*, in: Tettinger/Wank/Ennuschat, GewO, § 1 Rn. 71; *Pielow*, in: BeckOK-GewO, § 1 Rn. 184, jeweils mit unterschiedlicher Betonung einzelner Aspekte.

[580] Zum allgemeinen Gewerberecht: BVerwG NVwZ 1993, 775, 776; VGH Mannheim NVwZ-RR 1996, 22, 23.

Im Grundlagenabschnitt wurde herausgearbeitet, dass mit der bankaufsichts-rechtlichen Erfassung des Kreditgeschäfts zwei Ziele verfolgt werden. Erstens soll der Verbraucherschutz gestärkt werden.[581] Zweitens soll die allgemeine Ordnung im Kreditwesen geschützt werden.[582] Im Falle des P2P-Consumer-Lendings ist der durch die Erlaubnispflicht gewährte Verbraucherschutz[583] jedoch nicht zu berück-sichtigen, da eben keine verbraucherkreditrechtliche Beziehung zwischen den Darlehensgebern und den Darlehensnehmern vorliegt[584] und mit der Regulierung des isoliert betriebenen Kreditgeschäfts auch kein selbstständiger, vom allgemeinen Verbraucherschutz losgelöster Verbraucherschutz gewährleistet werden soll[585]. Ebenso unberücksichtigt bleiben währungspolitische Aspekte, da durch die regu-latorische Erfassung des isoliert betriebenen Kreditgeschäfts entgegen einer ver-breiteten Auffassung in Rechtsprechung und Literatur kein entsprechendes Ziel verfolgt wird und wegen der europäischen Kompetenzordnung durch den deutschen Gesetzgeber auch gar nicht verfolgt werden dürfte.[586] Insofern ist allein das Ziel der Wahrung der Ordnung im Kreditwesen in die Gesamtbetrachtung einzubeziehen. Die allgemeine Ordnung im Kreditwesen kann beispielsweise durch wucherische Kre-dite, kriminelle Durchsetzungspraktiken sowie unzuverlässige und ungeeignete Darlehensgeber beeinträchtigt werden.[587] Das Schutzgut verfügt über ein verhält-nismäßig geringes Gewicht, da das Zivil- und Strafrecht für die wesentlichen Aspekte bereits einen grundlegenden Schutz bieten. Vom isolierten Betrieb des Kreditge-schäfts geht im Gegensatz zu beispielsweise CRR-Kreditinstituten nicht die Gefahr aus, dass es zu sich selbst verstärkenden Kettenreaktionen kommt. Auch werden den Betreibern des Kreditgeschäfts keine Vermögenswerte anvertraut. Vielmehr sind sie es, die ihre eigenen Mittel Dritten anvertrauen. Es besteht für die Kunden keine Gefahr unmittelbarer Vermögensverluste.

Demgegenüber wäre der erlaubnispflichtige isolierte Betrieb des Kreditgeschäfts für die Privatanleger mit umfangreichen Konsequenzen verbunden. Zum Erhalt der bankaufsichtsrechtlichen Erlaubnis müssten sie als Betreiber unter anderem über mindestens zwei nicht nur ehrenamtlich tätige Geschäftsleiter verfügen (§ 33 Abs. 1 Satz 1 Nr. 5 KWG), die zuverlässig sind (§ 33 Abs. 1 Satz 1 Nr. 2 KWG) und über die für die jeweilige Tätigkeit erforderliche fachliche Eignung verfügen (§ 33 Abs. 1 Satz 1 Nr. 4 KWG). Das würde wiederum ausreichende theoretische und praktische Kenntnisse in den betreffenden Geschäften sowie Leitungserfahrung voraussetzen

---

[581] Siehe oben Kapitel 4 A.III.2.c)aa).

[582] Siehe oben Kapitel 4 A.III.2.c)ff).

[583] Siehe dazu, dass die Erlaubnispflicht Teil des Verbraucherschutzes ist Kapi-tel 4 A.III.2.c)aa).

[584] Siehe zur fehlenden verbraucherkreditrechtlichen Beziehung zwischen Privatanlegern und Verbraucherdarlehensnehmern beim P2P-Consumer-Lending oben Kapitel 3 A.I.4.a).

[585] Siehe zum nicht bezweckten autonomen Verbraucherschutz Kapitel 4 A.III.2.c)bb).

[586] Siehe zur nicht bezweckten währungspolitischen Zielsetzung Kapitel 4 A.III.2.c)dd).

[587] Siehe zur Wahrung der allgemeinen Ordnung des Kreditwesens oben Kapi-tel 4 A.III.2.c)ff).

(§ 25c Abs. 1 Satz 2 KWG). Auch müssten die Privatanleger über ein angemessenes Risikomanagementsystem verfügen, das insbesondere Risikostrategien, Notfallkonzepte und interne Kontrollverfahren umfasst (§ 25a Abs. 1 Satz 1 und 3 KWG). Für den durchschnittlichen Privatanleger ist es unmöglich, diese Anforderungen zu erfüllen. Sie im Rahmen des P2P-Lendings bankaufsichtsrechtlich zu erfassen würde einen grundrechtlichen Eingriff von erheblichem Gewicht darstellen.

Für die Anleger ist der mit dem P2P-Lending verbundene Arbeitsaufwand überschaubar, da der Plattformbetreiber alle im Zusammenhang mit der Darlehensgewährung anfallenden Aufgaben übernimmt. Er prüft die Bonität der Darlehensnehmer, gestaltet die Darlehensverträge aus, stellt die Valutierung der Darlehen sicher, überwacht deren Erfüllung durch die Darlehensnehmer und sorgt im Verzugsfall für die Liquidation des Anspruchs. Die Tätigkeit der Darlehensgeber ist darauf reduziert, die Kreditprojekte auf der Plattform auszuwählen. Verwenden sie die Anlageautomatismen der Plattform, reduziert sich ihr Aufwand auf die einmalige Konfiguration und Freischaltung des Automatismus. Anschließend investiert das System ihre auf dem Anlagekonto verfügbaren Gelder automatisch. Eine laufende Befassung mit der Darlehensvergabe ist damit nicht notwendig. Dabei wird auch keine fremde Arbeitskraft in Form von Personal eingesetzt. Der Zeit- und Arbeitsaufwand ist minimal, sodass viel für eine Betätigung im Privatbereich spricht.

Für das P2P-Lending ist es jedoch typisch, dass die einzelnen Darlehensgeber mehr als 200 Personen Darlehen gewähren, um die Risiken durch Risikostreuung zu reduzieren. Die Anzahl der Vertragsbeziehungen ist hoch, womit der Kreis der durch Fehlverhalten potentiell betroffenen Personen durchaus beachtlich sein kann. In gewissem Umfang kann eine Außenwirkung bejaht werden. Jedoch überlagert die P2P-Lending-Plattform die zwischen Darlehensgebern und -nehmern bestehenden geschäftlichen Beziehungen vollständig. Sie übernimmt, wie dargestellt, jegliche typischen Aufgaben, die im Laufe einer darlehensvertraglichen Beziehung anfallen können. Darlehensnehmer und Darlehensgeber sind grundsätzlich nicht einmal in der Lage, in Kontakt zu treten, da ihnen gegenseitig die konkrete Identität nicht bekannt ist. Die Darlehensgeber haben auch keinen Einfluss auf Laufzeit und Zinssätze der individuellen Verträge, da sie nur in Kreditprojekte investieren können, deren Konditionen bereits zuvor vollständig durch den Plattformbetreiber und den Darlehensnehmer bestimmt wurden. Die Darlehensgeber selbst können damit keine wucherischen oder überzogenen Zinsen bestimmen. Schließlich geht von den Darlehensgebern auch keine Gefahr der unseriösen Eintreibung der Darlehensforderungen aus, da auf der Plattform Anonymität herrscht und allein der Betreiber der P2P-Lending-Plattform nach außen wirksam wird.[588]

Zusammenfassend würde bei der Bejahung einer Erlaubnispflicht für Darlehensgeber im Rahmen des P2P-Lendings ein vergleichsweise schwaches Schutzgut mit massiven aufsichtsrechtlichen Mitteln geschützt werden, während von den

---

[588] Dieser wird insofern auch als Gewerbetreibender aufsichtsrechtlich erfasst, siehe dazu noch unten Kapitel 4 B.IV.

Darlehensgebern keine nennenswerte Gefahr für das Schutzgut ausgeht. Die Kreditvergabe durch Privatanleger über P2P-Consumer-Lending-Plattformen ist damit als die Verwaltung und Nutzung des eigenen Vermögens zu bewerten und damit kein gewerbsmäßig betriebenes Kreditgeschäft.[589] Privatanleger sind insofern nicht nach § 32 Abs. 1 Satz 1 Var. 1 KWG erlaubnispflichtig.

cc) Erfordernis eines kaufmännischen Geschäftsbetriebs gem. § 32 Abs. 1 KWG

Die Darlehensvergabe über P2P-Lending-Plattformen könnte jedoch einen Umfang annehmen, der einen in kaufmännischer Weise eingerichteten Geschäftsbetrieb erfordert. Dann bestünde gem. § 32 Abs. 1 Satz 1 Var. 2 KWG eine Erlaubnispflicht. Die BaFin bejaht in ihrer Verwaltungspraxis das Erfordernis dann, wenn mehr als 100 Einzeldarlehen oder bei einem Gesamtdarlehensvolumen von 500.000 EUR mehr als 20 Einzeldarlehen vergeben werden.[590] Demnach unterlägen die Darlehensgeber beim P2P-Lending regelmäßig der bankaufsichtsrechtlichen Erlaubnispflicht.

Im vorherigen Abschnitt wurde im Rahmen der Prüfung der ersten Tatbestandsvariante des § 32 Abs. 1 Satz 1 KWG herausgearbeitet, dass es sich bei der Darlehensvergabe um die Verwaltung und Nutzung des eigenen Vermögens handelt. Das negative Merkmal ist Ausfluss des grundrechtlichen Erfordernisses der Angemessenheit des Grundrechtseingriffs der bankaufsichtsrechtlichen Erlaubnispflicht. Es ist mithin bereits verfassungsrechtlich geboten, dass die Tätigkeit bankaufsichtsrechtlich nicht erfasst wird, da die zweite Tatbestandsvariante derselben Zielsetzung wie die erste dient und derselbe Sachverhalt betrachtet wird. Es soll die allgemeine Ordnung im Kreditwesen gewahrt werden.[591] Die zweite Variante enthält lediglich einen anderen sprachlichen Anknüpfungsprunkt für die Erlaubnispflicht. Raum für eine verfassungskonforme Auslegung bietet diese durch das „Erfordernis" eines in kaufmännischer Weise eingerichteten Geschäftsbetriebs. Damit kommt es durch das Merkmal der Verwaltung und Nutzung des eigenen Vermögens tatsächlich zu einer vollkommenen Einebnung der Unterschiede zwischen den beiden Tatbestandsvarianten in § 32 Abs. 1 Satz 1 KWG. Zu dieser kommt es jedoch nur dann, wenn der „Tatbestand" der privaten Vermögensverwaltung erfüllt ist. Liegen die Voraussetzungen nicht vor, kann es weiterhin zu unterschiedlichen Ergebnissen

---

[589] Siehe auch *Schwennicke*, WM 2010, 542, 550, der bei einer privaten Kreditvergabe zu dem Ergebnis kommt, dass der bankaufsichtsrechtliche Eingriff im Hinblick das Ziel der Erlaubnispflicht bereits nicht erforderlich sei. A.A. zur hier vertretenen Auffassung wäre wohl *Polke*, Crowdlending, S. 135, der im Kontext des Erwerbs von Darlehensforderungen im Rahmen der Abtretung beim unechten P2P-Lending eine private Vermögensverwaltung ablehnt, weil sich das P2P-Lending im Internet und damit in der Öffentlichkeit abspiele, somit der Privatbereich verlassen werde. Eine weitere Auseinandersetzung nimmt er nicht vor.

[590] *BaFin*, Merkblatt Kreditgeschäft (Mai 2016), Ziff. 2.

[591] Siehe umfassend zur Zielsetzung der Erlaubnispflicht oben Kapitel 4 A.III.2.c).

kommen. Da es sich um die Verwaltung und Nutzung des eigenen Vermögens handelt, betreiben die Privatanleger kein gem. § 32 Abs. 1 Satz 1 Var. 2 KWG erlaubnispflichtiges Kreditgeschäft.[592]

b) Die Darlehensvergabe im Rahmen des P2P-Business-Lendings

Im Rahmen des P2P-Business-Lendings könnten die Privatanleger in erlaubnispflichtiger Weise das Kreditgeschäft gem. § 32 Abs. 1 Satz 1 i.V.m. § 1 Abs. 1 Satz 2 Nr. 2 KWG betreiben. Die zentrale Frage ist, wie bereits im Rahmen des P2P-Consumer-Lendings, ob es sich für die Privatanleger noch um die Verwaltung und Nutzung eigenen Vermögens handelt. Die Privatanleger stehen zu den Unternehmen in keiner Verbraucherkreditbeziehung. Zugrundeliegendes Schutzgut der Erlaubnispflicht ist insofern wie beim P2P-Consumer-Lending allein die Wahrung der allgemeinen Ordnung im Kreditwesen.[593] Auch hier ist die Lage so, dass das vergleichsweise schwache Ziel der allgemeinen Ordnung mit einschneidenden Mitteln geschützt würde. Hinzu kommt, dass in der Konstellation beim P2P-Business-Lending ein Verbraucher als Darlehensgeber einem Unternehmer als Darlehensnehmer gegenübersteht. Bei Unternehmerdarlehensnehmern kann angenommen werden, dass sie sich als Teilnehmer am Wirtschaftsverkehr im Wettbewerb zu anderen Unternehmen befinden, über eine bestimmte Marktposition verfügen, die sie zumindest halten wollen und sich dementsprechend auch rational verhalten. Das bedeutet, dass von ihnen erwartet werden kann, dass sie sich mit den wirtschaftlichen und juristischen Folgen ihrer Handlungen auseinandersetzen, sich ihre Erfahrung zunutze machen, erfolgsorientiert handeln und ihre Interessen durchsetzen.[594] Ihre Schutzbedürftigkeit im Rahmen des mit der Erlaubnispflicht verfolgten Ziels des Schutzes der allgemeinen Ordnung im Kreditwesen ist darauf aufbauend als gering zu bewerten. Unternehmerdarlehensnehmer können ganz grundsätzlich bestehende Risiken selbst erkennen und notwendige Maßnahmen treffen. Wenn nach hier vertretener Auffassung beim P2P-Consumer-Lending die Darlehensvergabe von Privat an Privat erlaubnisfrei ist, muss jedenfalls auch die Darlehensvergabe von Privat an Unternehmer erlaubnisfrei sein. Die Privatanleger unterliegen demnach keiner Erlaubnispflicht nach § 32 Abs. 1 Satz 1 KWG.

---

[592] Siehe ausführlich zur Verwaltung und Nutzung des eigenen Vermögens oben Kapitel 4 B.I.1.a)bb)(2).

[593] Siehe zum Schutz der Wahrung der Ordnung im Kreditwesen oben Kapitel 4 A.III.2.c) ff).

[594] Diese Betrachtung der Unternehmer weist insofern eine Überschneidung mit der Betrachtung der Unternehmer im Verbraucherkreditrecht an, siehe allgemein dazu oben Kapitel 3 A.I.4.a)bb).

2. Die Darlehensvergabe durch gewerbliche Anleger
als erlaubnispflichtiges Kreditgeschäft

Gewerbliche Anleger könnten dagegen einer Erlaubnispflicht gem. § 32 Abs. 1 Satz 1 i.V.m. § 1 Abs. 1 Satz 2 Nr. 2 KWG unterliegen, da sie, wenn man das allgemeine grundsätzliche Begriffsverständnis zugrunde legt, im Ausgangspunkt ebenso wie Privatanleger Gelddarlehen i.S.d. § 1 Abs. 1 Satz 2 Nr. 2 KWG in gewerbsmäßiger Weise gewähren.[595]

a) Die Darlehensvergabe im Rahmen des P2P-Consumer-Lendings

Im Rahmen der Betrachtung der Privatanleger wurde herausgearbeitet, dass diese aufgrund der Verwaltung und Nutzung des eigenen Vermögens vom Anwendungsbereich der Erlaubnispflicht ausgenommen sind, da ein vergleichsweise schwaches Schutzgut, die Wahrung der allgemeinen Ordnung im Kreditwesen, mit erheblichen aufsichtsrechtlichen Mitteln geschützt wird und von den Privatanlegern keine nennenswerte Gefahr für das Ziel ausgeht.[596]

Dieses Ergebnis lässt sich nicht einfach auf gewerbliche Anleger beim P2P-Consumer-Lending übertragen, da die Zielsetzung ihrer regulatorischen Erfassung eine andere ist. Aufgrund der Verbraucherkreditbeziehung zu den Darlehensnehmern wird mit der Erlaubnispflicht in dieser Konstellation des P2P-Consumer-Lendings nicht nur die Wahrung der allgemeinen Ordnung im Kreditwesen bezweckt, sondern auch der Verbraucherschutz.[597] Der Verbraucherschutz ist dabei ein deutlich gewichtigeres Ziel als der Schutz der allgemeinen Ordnung im Kreditwesen. Es soll das strukturelle Ungleichgewicht zwischen Verbrauchern und Unternehmern kompensiert werden.[598]

Für die gewerblichen Anleger, deren primärer Unternehmenszweck die Kreditvergabe ist, scheidet insofern im Gegensatz zu Privatanlegern die Verwaltung und Nutzung des eigenen Vermögens im Vornherein aus. Sie sind der Prototyp der Darlehensgeber, die von § 1 Abs. 1 Satz 2 Nr. 2 KWG erfasst werden sollen. Quantitativ schließen sie regelmäßig auch mehr Verträge als Privatanleger ab und wirken damit ein Stück weit stärker auf den Rechtsverkehr ein. Sie sind dauerhaft am Markt tätig, verfügen über größere Mengen Kapital, Büroorganisation, Mitarbeiter sowie eine langfristige Strategie. Der durch die Erlaubnispflicht begründete Eingriff steht nicht außer Verhältnis zur Zielsetzung. Gewerbliche Anleger als Unternehmen, deren Zweck primär die Kreditvergabe ist, sind beim P2P-Consumer-Lending vom Anwendungsbereich des § 32 Abs. 1 Satz 1 KWG erfasst.

---

[595] Siehe insofern bereits das zu den Privatanlegern in Kapitel 4 B.I.1.a)aa) f. dargestellte.

[596] Siehe zur Verwaltung und Nutzung des eigenen Vermögens oben Kapitel 4 B.I.1.a) bb)(1)(a).

[597] Siehe zur verbraucherkreditrechtlichen Beziehung oben Kapitel 3 A.I.4.b).

[598] Siehe oben Kapitel 3 A.I.4.a)bb).

Branchenfremde Unternehmen, die als Darlehensgeber auf einer P2P-Consumer-Lending-Plattform Gelder anlegen, sind konsequenterweise ebenfalls von der Erlaubnispflicht erfasst, da auch sie in einer verbraucherkreditrechtlichen Beziehung zu den Darlehensnehmern stehen. Die Zielsetzung ist dieselbe, im Verbraucherschutz wird nicht zwischen branchenzugehörigen und branchenfremden Unternehmen differenziert.[599]

b) Die Darlehensvergabe im Rahmen des P2P-Business-Lendings

Die Vergabe von Darlehen durch gewerbliche Anleger beim P2P-Business-Lending ist wieder anders zu bewerten. In diesem Fall besteht keine verbraucherkreditrechtliche Beziehung, vielmehr stehen sich Unternehmen gegenüber. Das einzig für die Erlaubnispflicht relevante Ziel ist dann wieder allein die Wahrung der allgemeinen Ordnung im Kreditwesen.[600] Die Darlehensnehmer sollen vor wucherischen Krediten, kriminellen Durchsetzungspraktiken sowie unzuverlässigen und ungeeigneten Darlehensgebern geschützt werden. Da die Rechtsordnung für diese Aspekte bereits vielfältige andere Instrumente zur Gefahren- oder Folgenabwehr bereit hält, wurde dem Schutzgut im Rahmen der Betrachtung der Darlehensvergabe durch die Privatanleger beim P2P-Consumer-Lending ein relativ geringes Gewicht zugemessen.[601] Bei Unternehmerdarlehensnehmern ist darüber hinaus noch zu berücksichtigen, dass die Beteiligten sich als Teilnehmer im Wirtschaftsverkehr im Wettbewerb zu anderen Unternehmen befinden, über eine bestimmte Marktposition verfügen, die sie zumindest halten wollen und sich dementsprechend rational verhalten. Es ist zu erwarten, dass sie sich mit den wirtschaftlichen und juristischen Folgen ihrer Handlungen auseinandersetzen, sich ihre Erfahrung zunutze machen, erfolgsorientiert handeln und ihre eigenen Interessen durchsetzen.[602] Es kann von ihnen also erwartet werden, dass sie in der Lage sind, die dem Schutzgut der allgemeinen Ordnung im Kreditwesen zugrundeliegenden Risiken zu erkennen und abzuwehren. In der Unternehmer-Unternehmer-Beziehung ist es demnach noch unwahrscheinlicher als in der Privatanleger-Verbraucher-Beziehung, dass es zu irgend gearteten Missständen kommt. Das mit der Erlaubnispflicht verfolgte Schutzgut ist also gerade in der Situation der Darlehensvergabe durch gewerbliche Anleger beim P2P-Business-Lending von nochmal geringerem Gewicht als im Fall der Darlehensvergabe durch Privatanleger beim P2P-Consumer-Lending. Demnach würde hier wie dort die durch die Erlaubnispflicht erzeugte Beeinträchtigung nicht durch ihren Nutzen kompensiert werden und stünde in keinem angemessenen Verhältnis zum Nutzen.[603] Auch für die gewerblichen Anleger stellt die Darlehensver-

---

[599] Siehe dazu oben Kapitel 3 A.I.4.b).

[600] Siehe zur Wahrung der allgemeinen Ordnung Kapitel 4 A.III.2.c)ff).

[601] Siehe oben Kapitel 4 B.I.1.a)bb)(2).

[602] Siehe zum rollenbezogenen Unternehmerbild im Verbraucherkreditrecht oben Kapitel 3 A.I.4.a)bb).

[603] Siehe oben Kapitel 4 B.I.1.a)bb)(2).

gabe beim P2P-Business-Lending die Verwaltung und Nutzung des eigenen Vermögens dar und ist damit nicht erlaubnispflichtig.

3. Zusammenfassung zur Erlaubnispflichtigkeit der Darlehensvergabe

Zusammenfassend unterliegen Privatanleger sowohl beim P2P-Consumer-Lending als auch beim P2P-Business-Lending keiner Erlaubnispflicht. Gleiches gilt für gewerbliche Anleger beim P2P-Business-Lending. Ausschließlich gewerbliche Anleger betreiben beim P2P-Consumer-Lending das Kreditgeschäft in erlaubnispflichtiger Weise.

II. Die Darlehensnehmer

Die Darlehensnehmer nehmen pro Kreditprojekt beim P2P-Consumer-Lending durchschnittlich 217 und beim P2P-Business-Lending durchschnittlich 640 Darlehen auf und könnten damit Einlagengeschäfte in gem. § 32 Abs. 1 Satz 1 KWG i.V.m. § 1 Abs. 1 Satz 2 Nr. 1 KWG erlaubnispflichtiger Weise betreiben.[604] Zunächst wird die Darlehensaufnahme durch Privatpersonen beleuchtet und anschließend diejenige durch Unternehmen.

1. Die Darlehensaufnahme beim P2P-Consumer-Lending als erlaubnispflichtiges Einlagengeschäft

a) Einlagengeschäft gem. § 1 Abs. 1 Satz 2 Nr. 1 KWG

aa) Allgemeine Voraussetzungen

Das Einlagengeschäft ist definiert als die Annahme fremder Gelder als Einlagen (Var. 1) oder anderer unbedingt rückzahlbarer Gelder des Publikums (Var. 2), sofern der Rückzahlungsanspruch nicht in Inhaber- oder Orderschuldverschreibungen verbrieft wird, ohne Rücksicht darauf, ob Zinsen vergütet werden (§ 1 Abs. 1 Satz 2 Nr. 1 KWG). Die Darlehensnehmer nehmen beim P2P-Lending von einer Vielzahl fremder Personen einfache Annuitätendarlehen auf, womit die Voraussetzungen der zweiten Tatbestandsvariante bei einfacher Subsumtion unter den Wortlaut vorlägen.

Stammen die Gelder von einem Kreditinstitut, wird die zweite Tatbestandsvariante von der herrschenden Ansicht jedoch eingeschränkt.[605] Kreditinstitute, die

---

[604] Auf diese mögliche Einordnung hinweisend: *BaFin*, Merkblatt Kreditvermittlungsplattform (Mai 2007), Ziff. 1; *Mitschke*, BaFinJournal 05/2007, 3, 4; *Müller-Schmale*, BaFinJournal 06/2014, 10, 12; *Weber/Seifert*, in: Luz/Neus, KWG, § 1 Rn. 22.

[605] *Reschke*, in: Beck/Samm/Kokemoor, KWG, § 1 Rn. 133; *Schäfer*, in: Boos/Fischer/Schulte-Mattler, KWG, § 1 KWG Rn. 46; *Schwennicke*, in: Schwennicke/Auerbach, KWG, § 1 Rn. 28; *Weber/Seifert*, in: Luz/Neus, KWG, § 1 Rn. 24.

Darlehen gewähren, werden im Rahmen des Schutzzwecks des Einlagengeschäfts als nicht schutzwürdig erachtet. Deshalb wird bei der Prüfung der Erlaubnispflicht des Darlehensnehmers gem. § 1 Abs. 1 Satz 2 Nr. 1 KWG verneint, dass es sich um Gelder des „Publikums" handle.[606] Wenn Kreditinstitute in der zweiten Tatbestandsvariante als nicht schutzwürdig angesehen werden, müssten die Kreditinstitute aufgrund der einheitlichen Zielsetzung der Regulierung des Einlagengeschäfts auch in der ersten Tatbestandsvariante des § 1 Abs. 1 Satz 2 Nr. 1 KWG als nicht schutzwürdig erachtet werden. Problematisch an dieser Ansicht ist, dass die Regulierung des isoliert betriebenen Einlagengeschäfts eine finanzmarktrechtliche Dimension hat.[607] Es soll das Vertrauen der Marktteilnehmer in die Integrität, Stabilität und Fairness des Finanzmarkts geschützt werden. Dass auch Banken anfällig für Vertrauenskrisen sind, hat aber die 2007 ausgebrochene Finanzkrise gezeigt.[608] Dort kam der Interbankenmarkt nach der Insolvenz von Lehman Brothers im September 2008 vollständig zum Erliegen. Dies führte dazu, dass sich plötzlich auch gesunde Banken nicht mehr adäquat refinanzieren konnten und so in die Krise gestürzt wurden. Es kann insofern nur eingeschränkt mit der fehlenden Schutzwürdigkeit der Kreditinstitute argumentiert werden. Sie sind als Teilnehmer an den Finanzmärkten gleichermaßen anfällig für den Verlust des Vertrauens in die Integrität und Stabilität der Finanzmärkte und können Teil volkswirtschaftlich schädigender Kettenreaktionen sein. Demnach darf die Kreditinstitutseigenschaft des Darlehensgebers keine Auswirkung auf die Qualifikation des Darlehensnehmers als Kreditinstitut haben.

Diese Frage hat alleine für die Kreditaufnahme durch Verbraucher von gewerblichen Teilnehmern bei P2P-Consumer-Lending Bedeutung. Die gewerblichen Darlehensgeber sind aufgrund des in erlaubnispflichtiger Weise betriebenen Kreditgeschäfts gem. § 1 Abs. 1 Satz 1 KWG Kreditinstitute i.S.d. KWG.[609] Die Verbraucherdarlehensnehmer wären dann im Vornherein nicht vom Anwendungsbereich des Einlagengeschäfts erfasst, da die Gelder von einem Kreditinstitut stammen. Bejaht man dagegen richtigerweise die Schutzwürdigkeit der Kreditinstitute, ist die Erlaubnispflicht nicht im Vornherein ausgeschlossen. Bei der Aufnahme von Darlehen über P2P-Consumer-Lending-Plattformen handelt es sich grundsätzlich um ein Bankgeschäft in Form des Einlagengeschäfts gem. § 1 Abs. 1 Satz 2 Nr. 1 Var. 2 KWG.

---

[606] *Reschke*, in: Beck/Samm/Kokemoor, KWG, § 1 Rn. 133. Vor dem Hintergrund des in Kapitel 4 A.III.1.b)bb) dargestellten Schutzes des Vertrauens der Marktteilnehmer in die Integrität, Stabilität und Fairness des Finanzmarkts scheint dies aber eher fraglich, kann für die Fragestellung der Arbeit aber, wie sich sogleich gleich zeigen wird, offenbleiben.

[607] Siehe oben Kapitel 4 A.III.1.b)bb).

[608] Siehe oben Kapitel 4 A.III.1.a)bb)(3) m.w.N.

[609] Privatanleger vergeben die Darlehen beim P2P-Consumer-Lending dagegen nicht in erlaubnispflichtiger Weise, siehe oben Kapitel 4 B.II.1.

bb) Einlagengeschäft trotz Risikokenntnis

Im Rahmen des unechten P2P-Lendings wird von einer Ansicht im Rahmen einer „vereinfachten Betrachtung" eine direkte Darlehensbeziehung zwischen Darlehensnehmern und den Anlegern zugrunde gelegt und die Qualifikation als Einlagengeschäft mit folgendem entscheidenden Argument verneint.[610] Typisch für das Einlagengeschäft sei, dass das die Einlagen annehmende Kreditinstitut die Risiken streue und diese Wirkung vom Einleger auch angestrebt sei.[611] Beim P2P-Lending erfolge die Risikostreuung aber durch die Investoren (Einleger) selbst und nicht durch die Darlehensnehmer, weshalb eine Qualifikation als Einlage ausscheiden müsse.[612] Letztlich sei auch nur dieses Ergebnis mit dem Sinn und Zweck des § 1 Abs. 1 Satz 2 Nr. 1 KWG vereinbar, da dieser den Einlegern zwar die Möglichkeit geben soll, Gelder sicher bei einem Dritten belassen zu können, ihnen aber keineswegs die Möglichkeit rauben soll, auf ihre Sicherheit zu verzichten und riskante Geschäfte vorzunehmen.[613] Die Investoren würden sich beim unechten P2P-Lending wissentlich außerhalb des Bereichs sicherer Bankeinlagen bewegen und seien insofern nicht schutzwürdig.

Diese Ansicht hätte für das echte P2P-Lending zur Konsequenz, dass die Darlehensnehmer kein Einlagengeschäft betreiben würden, da sie als Verbraucher keine Risiken für den Darlehensgeber streuen und keine Einlagensicherheit gewährleistet wird. Gegen diese Argumentation spricht zunächst, dass das isolierte Betreiben des Einlagengeschäfts erlaubnispflichtig ist.[614] Da die Erlaubnispflichtigkeit des Einlagengeschäfts (jedenfalls i.S.v. § 1 Abs. 1 Satz 2 Nr. 1 Var. 2 KWG) seit der 6. KWG-Novelle kein bankmäßiges Aktivgeschäft voraussetzt, ist die Risikostreuung gerade nicht mehr eine für den Einlagenbegriff notwendige Voraussetzung.[615] Nur für die erste Tatbestandsvariante, die „Entgegennahme von Einlagen" setzte und setzt die bankwirtschaftliche Betrachtung den Betrieb eines Aktivgeschäfts voraus.[616]

Gegen die Ansicht spricht des Weiteren, dass die Erlaubnispflicht des isoliert betriebenen Einlagengeschäfts auf Art. 9 Abs. 1, Abs. 2 CRD IV zurückzuführen ist, der den Einleger- und Anlegerschutz zwingend vorsieht. Der Schutzzweck hat eine finanzmarktrechtliche Dimension und soll das Vertrauen der Marktteilnehmer in die

---

[610] *Polke*, Crowdlending, S. 153 ff.

[611] *Polke*, Crowdlending, S. 155 mit Verweis auf den vor der BMW-Entscheidung und vor der 6. KWG-Novelle erschienen Aufsatz von *Horn*, ZGR 1976, 435, 441.

[612] *Polke*, Crowdlending, S. 155.

[613] *Polke*, Crowdlending, S. 156 ebenfalls mit Verweis auf *Horn*, ZGR 1976, 435, 441.

[614] Siehe ausführlich dazu Kapitel 4 A.III.2.b)aa).

[615] Überraschend ist, dass *Polke* diesbezüglich auf *Horn*, ZGR 1976, 435, 441 verweist. Der Beitrag ist vor der BMW-Entscheidung und vor allem vor der 6. KWG-Novelle erschienen. Siehe zum fehlenden Erfordernis eines Aktivgeschäfts in § 1 Abs. 1 Satz 2 Nr. 1 Var. 2 KWG oben Kapitel 4 A.III.2.b)aa).

[616] Siehe oben Kapitel 4 A.III.2.b)aa)(1).

Integrität, Stabilität und Fairness des Finanzmarkts schützen.[617] Dies gilt auch dann, wenn die Marktteilnehmer bewusst Risiken eingehen. So etwa bei Hochzinsanleihen von Unternehmen mit niedriger Bonität. Hier werden Anleger ebenfalls geschützt, obwohl sie bewusst erhebliche Risiken eingehen. Ziel des finanzmarktrechtlichen Schutzsystems ist es, die Vorgänge an den Finanzmärkten bestimmten Mindestregeln zu unterwerfen, auf deren Einhaltung die Einleger und Anleger vertrauen können und so einen Rahmen zu schaffen, innerhalb dessen diese bereit sind, bewusst Risiken einzugehen. So wird eine effiziente Kapitalallokation ermöglicht. Dem würde es widersprechen, wenn der Schutz mit einem einfachen Hinweis auf bestehende Risiken umgangen werden könnte. Die Qualifizierung als Einlagengeschäft scheitert damit nicht daran, dass die Darlehensgeber ihre Gelder bewusst Darlehensnehmern überlassen, welche die Risiken nicht streuen.

Somit betreiben die Darlehensnehmer beim echten P2P-Lending das Einlagengeschäft gem. § 1 Abs. 1 Satz 2 Nr. 1 Var. 2 KWG.

b) Gewerbsmäßigkeit gem. § 32 Abs. 1 KWG

Die für die Gewerbsmäßigkeit des Einlagengeschäfts notwendige Gewinnerzielungsabsicht kann darin gesehen werden, dass die Darlehensnehmer über die Plattform ein Darlehen aufnehmen, weil es günstiger als bei einem klassischen Kreditinstitut ist und sie damit von der Marge profitieren.[618] Beim P2P-Consumer-Lending sind die Darlehensnehmer jedoch Verbraucher und nehmen entweder einmalig oder in vollkommen unregelmäßigen Abständen Darlehen auf. Ihre Tätigkeit weist damit Gelegenheitscharakter auf. Es liegt keine für die Gewerbsmäßigkeit notwendige auf Dauer angelegte Tätigkeit vor.

c) Erfordernis eines kaufmännischen Geschäftsbetriebs gem. § 32 Abs. 1 KWG

Die Darlehensnehmer könnten jedoch in einem Umfang tätig sein, der gem. § 32 Abs. 1 Satz 1 Var. 2 KWG einen in kaufmännischer Weise eingerichteten Geschäftsbetrieb erfordert. Unter kaufmännischer Einrichtung werden alle Einrichtungen verstanden, „die das Kaufmannsgewerbe zur Erzielung von Ordnung und Übersicht im Interesse des Schutzes aller bei dem Betrieb beteiligten Personen (Unternehmer, Hilfskräfte, Kunden, Gläubiger) herausgebildet hat […]"[619]. Ob der Umfang einen in einer solchen Weise eingerichteten Geschäftsbetrieb erfordert, ist nach „kaufmännisch-betriebswirtschaftlichen Gesichtspunkten"[620] zu bestimmen. Kriterien zur Bestimmung sind insbesondere die Anzahl der Geschäftspartner,

---

[617] Siehe oben Kapitel 4 A.III.1.b)bb).

[618] Siehe zu diesem Aspekt der Gewinnerzielungsabsicht etwa *v. Goldbeck*, in: Luz/Neus, KWG, § 32 Rn. 11.

[619] BVerwG GewArch 1981, 70, 70.

[620] BVerwG GewArch 1981, 70, 70.

Umsatz, Gewinn, Korrespondenz, Mitarbeiter sowie Anzahl und Beschaffenheit der genutzten Räume.[621] Ein bedeutender Anhaltspunkt für das Erfordernis liegt vor, wenn Geschäftsvorfälle in einem Umfang anfallen, die sich auch nicht mehr improvisiert übersichtlich festhalten lassen.[622]

Nach der Verwaltungspraxis der BaFin besteht das Erfordernis ab fünf Einzelanlagen mit einem Gesamtvolumen von mehr als 12.500 EUR oder, unabhängig vom Gesamtvolumen, bei mehr als 25 Einzeleinlagen.[623] Beim P2P-Consumer-Lending nehmen die Darlehensnehmer durchschnittlich von über 217 Personen Darlehen auf,[624] sodass eine Erlaubnispflicht bestünde.

Unter Heranziehung der allgemeinen Kriterien ist das Erfordernis dagegen zumindest zweifelhaft. Beim echten P2P-Lending in Großbritannien hat sich schließlich gezeigt, dass es aufgrund der technischen Neuerungen ohne nennenswerten zeitlichen und organisatorischen Aufwand möglich ist, unzählige Darlehen aufzunehmen und abzuwickeln. Das Erfordernis eines kaufmännischen Geschäftsbetriebs könnte mit Sicherheit nur dann angenommen werden, wenn allein auf die Tatsache abgestellt wird, dass rund 217 Darlehen aufgenommen werden und nicht darauf, wie die Aufnahme erfolgt. Ob dementsprechend eine abstrakte, allein auf die Anzahl abstellende, oder konkrete, auch die Umstände der Kreditaufnahme mit einbeziehende, Betrachtung notwendig ist, kann, wie sich sogleich zeigen wird, offenbleiben.

d) Verwaltung und Nutzung des eigenen Vermögens

Im Rahmen der Prüfung der Erlaubnispflicht des Kreditgeschäfts lag der Schwerpunkt der Betrachtung auf dem negativen Merkmal der Nutzung und Verwaltung des eigenen Vermögens. Aufgrund seiner verfassungsrechtlichen Herkunft[625] findet es zwar auch beim Einlagengeschäft Anwendung. Denn der grundrechtliche Eingriff darf nicht außer Verhältnis zum verfolgten Zweck stehen. Bei der Regulierung des Einlagengeschäfts ist die Zielsetzung jedoch eine andere, da das Vertrauen der Einleger und Anleger in die Fairness, Stabilität und Integrität des Finanzmarkts geschützt werden soll.[626] Dieses Ziel wiegt deutlich schwerer, als das im Rahmen des Kreditgeschäfts zu berücksichtigende Ziel der Wahrung der allgemeinen Ordnung im Kreditwesen. Eine eindeutige Aussage, ob sich die Aufnahme der Gelder beim P2P-Consumer-Lending noch im Bereich der Nutzung und Verwaltung des eigenen Vermögens abspielt, lässt sich aufgrund des Gewichts und der

---

[621] BGH WM 1960, 935; *Reschke*, in: Beck/Samm/Kokemoor, KWG, § 1 Rn. 52; *Schäfer*, in: Boos/Fischer/Schulte-Mattler, KWG, § 1 KWG Rn. 24.

[622] BVerwG GewArch 1981, 70, 71.

[623] *BaFin*, Merkblatt Einlagengeschäft (März 2014), Ziff. V.

[624] Siehe oben Kapitel 1 A.

[625] Siehe zur Herleitung oben Kapitel 4 B.I.1.a)bb)(1)(a).

[626] Siehe Kapitel 4 A.III.1.b) sowie Kapitel 4 A.III.2.b).

Komplexität dieses Ziels kaum treffen. Das Problem liegt darin, dass es zwar vom Aspekt des Vertrauensschutzes her durchaus wünschenswert sein kann, dass die Aufsicht möglichst frühzeitig greift, was auch der Anlass für die niedrigen Schwellenwerte der BaFin sein dürfte. Greift die aufsichtsrechtliche Erfassung jedoch zu früh und schließt so breite Bevölkerungsschichten von einer bestimmten Betätigung am Finanzmarkt aus, weil die Anforderungen für die Teilnahme faktisch nicht erfüllbar sind, dann kann es gar nicht erst zu der erwünschten wohlfahrtssteigernden effizienten Kapitalallokation kommen. Genau diese soll aber eigentlich durch die Erlaubnispflicht ermöglicht werden.[627] Eine eindeutige Aussage, ob und vor allem ab wann es sich beim Einlagengeschäft nicht mehr um die Nutzung und Verwaltung des eigenen Vermögens handelt, lässt sich kaum treffen.

e) Finanzmarktrechtliche Mindestschwelle

aa) Ausnahmetatbestände in prospektrechtlichen Vorschriften

Klarheit für die Frage der regulatorischen Erfassung der Darlehensnehmer verschafft die Betrachtung anderer kapitalmarktrechtlicher Vorschriften. So unterliegen Vermögensanlagen i.S.d. § 1 Abs. 2 VermAnlG gem. § 6 VermAnlG einer Prospektpflicht. Gem. § 2 Abs. 1 Nr. 3 lit. b VermAnlG sind Vermögensanlagen von dieser Pflicht befreit, wenn der Verkaufspreis der im Zeitraum von zwölf Monaten angebotenen Anteile einer Vermögensanlage insgesamt 100.000 EUR nicht übersteigt. Als Vermögensanlage gelten gem. § 1 Abs. 2 Nr. 4 VermAnlG auch Nachrangdarlehen.

Ob vom Publikum entgegengenommene Darlehen als Nachrangdarlehen dem VermAnlG unterliegen oder als Einlage vom KWG erfasst sind, entscheidet sich einzig und allein danach, ob die Verträge eine qualifizierte Nachrangklausel enthalten. Diese Klauseln sind vertragliche Regelungen, die eine Rückzahlung der Gelder bereits dann ausschließen, wenn die Erfüllung einen Grund für die Eröffnung eines Insolvenzverfahrens herbeiführen würde.[628] Enthalten die Darlehensverträge eine entsprechende Rangrücktrittsklausel, werden sie als Nachrangdarlehen i.S.d. § 1 Abs. 2 VermAnlG qualifiziert.[629] Fehlt sie, unterliegt die Annahme der Gelder als Einlagengeschäft dem KWG.[630]

---

[627] Siehe oben Kapitel 4 A.III.1.b).

[628] Siehe zum Erfordernis des qualifizierten Rangrücktritts *v. Ammon*, in: Siering/Izzo-Wagner, VermAnlG, § 1 Rn. 73 f. sowie *Maas*, in: Assmann/Schlitt/v. Kopp-Colomb, WpPG, § 1 VermAnlG Rn. 78.

[629] *v. Ammon*, in: Siering/Izzo-Wagner, VermAnlG, § 1 Rn. 73; *Maas*, in: Assmann/Schlitt/v. Kopp-Colomb, WpPG, § 1 VermAnlG Rn. 78.

[630] Siehe zur ausschließenden Wirkung und dem Begriff des qualifizierenden Nachrangs: RegE BT-Drucks. 15/3641, S. 36; VG Frankfurt a. M. ZIP 2014, 2278, 2279; *BaFin*, Merkblatt Einlagengeschäft (März 2014), Ziff. I.5; *Reschke*, in: Beck/Samm/Kokemoor, KWG, § 1 Rn. 120 ff.; *Schäfer*, in: Boos/Fischer/Schulte-Mattler, KWG, § 1 KWG Rn. 44, 46; *Schwennicke*, in: Schwennicke/Auerbach, KWG, § 1 Rn. 27; *Veith*, BKR 2016, 184, 186. Unklar da

Die Erfassung durch das VermAnlG ist dabei weniger einschneidend als die Erfassung durch das KWG, da das KWG umfassende aufsichtsrechtliche Vorgaben für den laufenden Geschäftsbetrieb enthält[631] und sich nicht primär auf Informationspflichten beschränkt. Die Gewährung eines Nachrangdarlehens ist demgegenüber risikoreicher als die Gewährung eines gewöhnlichen Darlehens, da der Anspruch auf Rückzahlung bereits dann ausgeschlossen ist, wenn die Erfüllung einen Insolvenzgrund schaffen würde. Die rechtspolitisch eher fragwürdige Konsequenz des derzeitigen regulatorischen Systems ist damit, dass die Darlehensnehmer durch eine Erhöhung der Verlustrisiken für die Darlehensgeber ihre eigenen regulatorischen Verpflichtungen verringern können. Jedenfalls dienen sowohl das VermAnlG als auch das KWG dem Schutz des Vertrauens der Marktteilnehmer in die Fairness, Integrität und Stabilität des Finanzmarkts.[632] In der vermögensanlagerechtlichen Mindestschwelle kommt zum Ausdruck, dass das Regelungsziel nicht hinreichend berührt ist und insofern keine aufsichtsrechtliche Erfassung notwendig ist. Wenn aber für die risikoreicheren Nachrangdarlehen eine Mindestschwelle gilt, die von der Anzahl der Vertragsschlüsse losgelöst ist, dann muss diese erst recht auch für die risikoärmere Tätigkeit der Aufnahme einfacher Darlehen gelten. Die Schwellen sind insofern auf den isolierten Betrieb des Einlagengeschäfts gem. § 1 Abs. 1 Satz 2 Nr. 1 KWG zu übertragen.

Dieser Analogieschluss wird durch das WpPG bestätigt. Das WpPG dient als finanzmarktrechtliches Gesetz ebenso wie das VermAnlG und die bankaufsichtsrechtliche Erfassung des isoliert betriebenen Einlagengeschäfts letztlich dem Schutz des Vertrauens in die Fairness, Stabilität und Integrität des Finanzsystems.[633] Gem. § 3 Abs. 1 WpPG darf ein Anbieter Wertpapiere, zu denen Schuldtitel wie Inhaberschuldverschreibungen gehören, im Inland erst dann öffentlich anbieten, wenn er zuvor einen Prospekt für diese Wertpapiere veröffentlicht hat. Die Prospektpflicht besteht gem. § 3 Abs. 2 Satz 1 Nr. 6 WpPG nicht, sofern der Gesamtgegenwert der angebotenen Wertpapiere im Europäischen Wirtschaftsraum (EWR) weniger als 8.000.000 EUR beträgt, wobei diese Obergrenze über einen Zeitraum von zwölf Monaten zu berechnen ist.[634] Ein Anbieter, der die Ausnahme nach § 3 Absatz 2

---

lediglich „Nachrangdarlehen" nennend: *Fischer/Boegl*, in: Schimansky/Bunte/Lwowski, BankR-Hdb, § 127 Rn. 14. A.A. da auch „einfache Nachrangklauseln" genügen lassend: *Henke*, WM 2010, 2157, 2162.

[631] Siehe zu den Anforderungen insbesondere oben Kapitel 1 B.

[632] Siehe zur allgemeinen Zielsetzung kapitalmarktrechtlicher Regelungen wie dem VermAnlG: Kapitel 4 A.III.1.b)bb) m.w.N. Der im RegE BT-Drucks. 18/3994, S. 2 genannte Anlegerschutz stellt entsprechend der allgemeinen kapitalmarktrechtlichen Zielsetzungen ein der allgemeinen Zielsetzung unselbstständiges Nebenziel dar.

[633] Siehe zur allgemeinen kapitalmarktrechtlichen Zielsetzung Kapitel 4 A.III.1.b)bb) m.w.N. Spezifisch zum WpPG und ohne Klärung der Verhältnisse der Teileelemente der Zielsetzung bzw. Einordnung in ein Gesamtkonzept: RegE BT-Drucks. 15/4999, S. 25; *Schnorbus*, in: FK-WpPG, Vor. §§ 1 ff. Rn. 3.

[634] Siehe zum neu gestalteten, mehrstufigen Publizitätssystem des WpPG etwa *Klöhn*, ZIP 2018, 1713, 1713 ff. sowie *Poelzig*, BKR 2018, 357, 358 ff.

Satz 1 Nummer 6 in Anspruch nimmt, darf jedoch gem. § 3a Abs. 1 Satz 1 WpPG Wertpapiere mit einem Gesamtgegenwert im EWR von 100.000 EUR oder mehr, wobei diese Untergrenze über einen Zeitraum von zwölf Monaten zu berechnen ist, im Inland erst dann öffentlich anbieten, wenn er zuvor ein Wertpapier-Informationsblatt erstellt, bei der BaFin hinterlegt und veröffentlicht hat.[635]

Wertpapierprospektrechtliche Wertpapiere wie Inhaberschuldverschreibungen können wie Darlehen ausgestaltet werden und einen einfachen Rückzahlungs- und Zinsanspruch enthalten. Der einzig wesentliche Unterschied zum Einlagengeschäft besteht dann in der gesteigerten Handelbarkeit der Inhaberschuldverschreibungen am Markt. Auch hier zeigt sich, dass der Gesetzgeber bei niedrigen Volumina im Bereich von 100.000 EUR die finanzmarktrechtlichen Interessen für eine regulatorische Erfassung nicht hinreichend berührt sieht.[636]

Zusammenfassend ist der quantitative Schwellenwert aus dem vermögensanlagerechtlichen Befreiungstatbestand auf die Erlaubnispflicht des isoliert betriebenen Einlagengeschäfts zu übertragen. Soweit die Summe aller angenommenen Einlagen über einen Zeitraum von zwölf Monaten nicht mehr als 100.000 EUR beträgt, ist die Tätigkeit aufsichtsfrei. Wesentlich ist, dass es sich alleine um die Übertragung eines Ausnahmetatbestands handelt. Es darf also nicht der Umkehrschluss gezogen werden, dass jede Darlehensaufnahme, die quantitativ über der Schwelle liegt, erlaubnispflichtig ist. Das Bankgeschäft muss weiterhin gewerbsmäßig oder in einem Umfang, der einen in kaufmännischer Weise eingerichteten Geschäftsbetrieb erfordert, erfolgen.

bb) Vereinbarkeit mit Europarecht

Die Erfassung des isolierten Betreibens des Einlagengeschäfts durch das KWG ist europarechtlich bedingt. Es handelt sich um die Ausübung der den Mitgliedstaaten gewährten Option in Art. 9 Abs. 2 CRD IV, das isoliert betriebene Einlagengeschäft zuzulassen. Die zuvor dargestellte finanzmarktrechtliche Schwelle muss deshalb auch im Einklang mit der europarechtlichen Vorgabe des Anleger- und Einlegeschutzes in Art. 9 Abs. 2 CRD IV stehen. Auf europäischer Ebene kann ebenfalls ein Vergleich zu wertpapierprospektrechtlichen Regelungen gezogen werden. Im Mit-

---

[635] Siehe zur Zulässigkeit dieser „kleinen Prospektpflicht" für Kleinemissionen *Klöhn*, ZIP 2018, 1713, 1717 f. sowie *Poelzig*, BKR 2018, 357, 359 (beide die Zulässigkeit bejahend, *Klöhn* jedoch mit Zweifeln aufgrund geschätzter Kosten von 10.000 EUR bis 20.000 EUR für das Wertpapier-Informationsblatt).

[636] Die wertpapierprospektrechtliche Mindestschwelle weicht um 0,01 EUR geringfügig von der vermögensanlagerechtlichen Mindestschwelle ab: Gem. § 2 Abs. 1 Nr. 3 lit. b VermAnlG besteht bei *genau* 100.000,00 EUR noch *keine Pflicht* zur Veröffentlichung eines Vermögensanlagen-Informationsblatts (womit die Pflicht erst ab 100.000,01 EUR besteht), während gem. § 3a Abs. 1 Satz 1 WpPG ab *genau* 100.000,00 EUR eine Pflicht zur Veröffentlichung eines Wertpapier-Informationsblatts besteht.

telpunkt steht die neue europäische Prospekt-Verordnung[637] (ProspektVO). So findet diese gem. Art. 1 Abs. 3 Unterabs. 1 ProspektVO keine Anwendung auf öffentliche Angebote von Wertpapieren mit einem Gesamtgegenwert in der Union von weniger als 1.000.000 EUR, wobei diese Obergrenze über einen Zeitraum von 12 Monaten zu berechnen ist.[638]

Die ProspektVO und Art. 9 Abs. 2 CRD IV dienen beide dem kapitalmarktrechtlichen Vertrauensschutz. Aus dem in der ProspektVO vorgesehenen Schwellenwert lässt sich wie auf nationaler Ebene die Wertung ableiten, dass die Aufnahme verhältnismäßig geringer Mengen Kapital den kapitalmarktrechtlichen Schutzzweck nicht so stark berührt, als dass eine Regulierung zwingend erforderlich wäre. Diese Wertung lässt sich auch auf Art. 9 CRD IV übertragen. Eine bei 100.000 EUR angesiedelte finanzmarktrechtliche Schwelle ist als solche jedenfalls bis zu dieser Höhe zulässig.

Problematisch ist, dass diese Schwelle deutlich niedriger angesiedelt ist, als die 1.000.000 EUR, die in der ProspektVO vorgesehen sind. Jedoch räumt Art. 1 Abs. 3 Unterabs. 2 ProspektVO den Mitgliedstaaten für Wertpapierangebote die Option ein, unterhalb der Schwelle Offenbarungspflichten vorzusehen, wenn diese keine unverhältnismäßige oder unnötige Belastung darstellen. Europarechtlich sind also auch niedrigere Schwellenwerte grundsätzlich zulässig.[639]

Dabei muss der Vorschrift zufolge jedoch das allgemeine Gebot der Verhältnismäßigkeit eingehalten werden, was letztlich eine verfassungsrechtliche Selbstverständlichkeit ist. Für die Erlaubnispflicht des Einlagengeschäfts ist eine gewerbsmäßige Tätigkeit notwendig oder eine Tätigkeit in einem Umfang, der einen in kaufmännischer Weise eingerichteten Geschäftsbetrieb erfordert. Durch die Auslegung der Begriffe, etwa im Rahmen der Verwaltung und Nutzung des eigenen Vermögens, kommt es dann nur zu einer Erfassung, wenn der Eingriff in angemessenem Verhältnis zum Schutzzweck steht. Dies erfüllt die Anforderungen. Im Ergebnis wird man festhalten können, dass die aus dem VermAnlG abzuleitende finanzmarktrechtliche Mindestschwelle also solche nicht gegen europäische kapitalmarktrechtliche Grundsätze verstößt und den Mindestanforderungen des Art. 9 Abs. 2 CRD IV genügt.

---

[637] Verordnung (EU) 2017/1129 des Europäischen Parlaments und des Rates vom 14. Juni 2017 über den Prospekt, der beim öffentlichen Angebot von Wertpapieren oder bei deren Zulassung zum Handel an einem geregelten Markt zu veröffentlichen ist und zur Aufhebung der Richtlinie 2003/71/EG, ABlEU Nr. L 168 v. 30. 6. 2017, S. 12.

[638] Der deutsche Gesetzgeber hat von der Option in Art. 3 Abs. 2 ProspektVO Gebrauch gemacht und sieht die allgemeine Prospektpflicht gem. § 3 Abs. 1 WpPG erst ab einem Emissionsvolumen von 8 Mio. EUR oder höher vor.

[639] Wobei die Mitgliedstaaten gem. Art. 1 Abs. 3 Unterabs. 2 ProspektVO Emissionen unter 1 Mio. EUR jedoch nicht der allgemeinen Prospektpflicht unterwerfen dürfen.

cc) Unterschiedlicher regulatorischer Ansatz der Regelungen

Problematisch erscheint, dass das KWG einerseits und das VermAnlG andererseits grundlegende strukturelle Unterschiede aufweisen. Das VermAnlG ist „produktbezogen", indem es mit den Veröffentlichungspflichten und den dazugehörigen Regelungen primär die Modalitäten der Veräußerung von Vermögensanlagen regelt. Die bankaufsichtsrechtlichen Regelungen sind demgegenüber „geschäftsbezogen", indem sie hauptsächlich die Geschäftstätigkeit selbst betreffen und kaum Regelungen vorsehen, die das Produktangebot oder die Veräußerung selbst betreffen.

Für die Frage des Anwendungsbereichs der Vorschriften zur Erfassung der Tätigkeit am Finanzmarkt geht es jedoch nicht um die strukturellen Unterschiede der Art und Weise der Adressierung der Risiken, sondern darum, ob das Verhalten das Schutzziel so stark berührt, dass eine grundsätzliche Erfassung notwendig ist. Diese Wertung kann übertragen werden. Die unterschiedlichen Regelungskonzepte stehen der Übertragung nicht entgegen.

f) Die Darlehensaufnahme im Lichte der Mindestschwelle

Der durchschnittliche Darlehensnehmer nimmt über die P2P-Lending-Plattform ein Darlehen von knapp 7.000 EUR auf. Er liegt damit unterhalb der finanzmarktrechtlichen Mindestschwelle und betreibt damit kein erlaubnispflichtiges Einlagengeschäft. Werden Darlehen von mehr als 100.000 EUR pro Jahr über eine Plattform aufgenommen, wird man aufgrund der gesamtwirtschaftlichen Zielsetzung der Regulierung des Einlagengeschäfts beim P2P-Lending eine Erlaubnispflicht bejahen müssen. Die potentiellen Schäden bei Einlegern und Anlegern wären zu umgreifend. Im Durchschnitt steuern Anleger 33 EUR pro Kreditprojekt beim P2P-Consumer-Lending bei. Ein Verbraucherdarlehensnehmer, der mehr als 100.000 EUR über eine Plattform aufnimmt, würde, legt man die Durchschnittswerte zugrunde, durch eine Insolvenz mindestens ca. 3.030 Anleger schädigen.[640] In tatsächlicher Hinsicht stellt die potentielle Erlaubnispflicht der Darlehensnehmer im Ergebnis kein größeres Problem dar, da über die Plattformen üblicherweise Darlehen mit einem Volumen im niedrigeren bis mittleren fünfstelligen Bereich aufgenommen werden können.[641] Damit ist die Schwelle beim P2P-Consumer-Lending derzeit noch weit unterschritten.

2. Die Annahme der Gelder beim P2P-Business-Lending als erlaubnispflichtiges Einlagengeschäft

Auch Unternehmen, die Darlehen mit einem Gesamtvolumen von nicht mehr als 100.000 EUR über P2P-Business-Lending-Plattformen aufnehmen, bedürfen auf-

---

[640] Siehe zum durchschnittlichen Beitrag zu einzelnen Kreditprojekten oben Kapitel 1 A.

[641] Siehe oben Kapitel 1 A.

grund der finanzmarktrechtlichen Mindestschwelle keiner Erlaubnis.[642] Umgekehrt ist für Unternehmen wie für Privatnutzer eine Erlaubnispflicht nach § 32 Abs. 1 Satz 1 i.V.m. § 1 Abs. 1 Satz 2 Nr. 1 KWG dann zu bejahen, wenn Darlehen mit einem Gesamtvolumen von mehr als 100.000 EUR pro Jahr aufgenommen werden. Die Begründung ist im Ausgangspunkt mit der zum P2P-Consumer-Lending identisch. Durch die gesamtwirtschaftliche Zielsetzung der Erlaubnispflicht des Einlagengeschäfts soll grundsätzlich das Vertrauen der Einleger und Anleger in die Fairness, Stabilität und Integrität des Finanzmarkts geschützt werden.[643] Dieses Schutzgut überwiegt die Interessen der Darlehensnehmer, wenn sie sich zur Finanzierung des Geschäftsbetriebs über hunderte oder tausende von Anlegern finanzieren und sich über der finanzmarktrechtlichen Mindestschwelle befinden.[644] Insolvenzen schädigen eine erhebliche Anzahl von Anlegern in einem insgesamt nicht völlig unbedeutenden Umfang. Die Bejahung einer Erlaubnispflicht fügt sich auch in die allgemeine Regelungssystematik des Kapitalmarktrechts ein, da die alternativen Formen der Fremdkapitalbeschaffung für Unternehmen am Kapitalmarkt wie die Emission von Wertpapieren oder Vermögensanlagen über 100.000 EUR von den Ausnahmetatbeständen nicht mehr erfasst und damit zugleich der Prospektpflicht unterworfen werden. Unternehmen, die über eine P2P-Plattform einen Kredit aufnehmen, unterliegen konsequenterweise einer Erlaubnispflicht nach § 32 Abs. 1 Satz 1 i.V.m. § 1 Abs. 1 Satz 2 Nr. 1 KWG.

3. Zusammenfassung zur Erlaubnispflichtigkeit der Darlehensaufnahme

Zusammenfassend unterliegen Darlehensnehmer sowohl beim P2P-Consumer-Lending als auch beim P2P-Business-Lending keiner bankaufsichtsrechtlichen Erlaubnispflicht, solange sie die finanzmarktrechtliche Mindestschwelle von 100.000 EUR nicht überschreiten. Umgekehrt besteht in beiden Fällen beim P2P-Lending auch eine Erlaubnispflicht, wenn diese Schwelle überschritten wird.

III. Die sowohl als Darlehensgeber als auch als Darlehensnehmer tätigen Nutzer

Anleger mit verhältnismäßig guter Bonität könnten sich durch die Aufnahme von Darlehen auf anderen P2P-Lending-Plattformen refinanzieren, um noch mehr Darlehen vergeben zu können. Wenn die aufgenommenen Darlehen günstiger als die vergebenen sind, können sie dann aus der Marge profitieren.

---

[642] Siehe zur finanzmarktrechtlichen Mindestschwelle oben Kapitel 4 B.II.1.e).

[643] Siehe oben Kapitel 4 A.III.1.b) sowie Kapitel 4 A.III.2.b).

[644] So wurde 2016 im P2P-Business-Lending-Projekte im Durchschnitt von 640 Anlegern finanziert, *Cambridge Centre for Alternative Finance*, 4th UK Alternative Finance Industry Report, S. 42 und 49.

1. Betrieb eines erlaubnispflichtigen CRR-Kreditinstituts

a) Allgemeine Voraussetzungen

Unabhängig davon, ob es sich bei den darlehensnehmenden und zugleich darlehensgewährenden Nutzern um Privatpersonen oder gewerbliche Teilnehmer handelt, würden diese sowohl das Einlagengeschäft gem. § 1 Abs. 1 Satz 2 Nr. 1 KWG als auch das Kreditgeschäft gem. § 1 Abs. 1 Satz 2 Nr. 2 KWG in gewerbsmäßiger Weise betreiben. Die Tätigkeit wäre gem. § 32 Abs. 1 Satz 1 Var. 1 KWG erlaubnispflichtig und als Betrieb eines CRR-Kreditinstituts zu qualifizieren.

b) Keine Nutzung und Verwaltung des eigenen Vermögens

Das Merkmal der Nutzung und Verwaltung des eigenen Vermögens ist Ausfluss der verfassungskonformen Auslegung des § 32 Abs. 1 Satz 1 KWG und insofern auch im Hinblick auf die Erlaubnispflicht dieser Nutzer der P2P-Lending-Plattformen zu prüfen.[645]

Mit der regulatorischen Erfassung der CRR-Kreditinstitute wird das Ziel verfolgt, die Stabilität des Finanzsystems zu wahren. Auch hier geht es letztendlich um den Schutz des Vertrauens der Einleger. Im Vordergrund steht dabei die Verhinderung von Kettenreaktionen, die durch Vertrauenskrisen ausgelöst werden. Der Betrieb eines CRR-Kreditinstituts ist aufgrund der Erfüllung der Transformationsfunktionen[646] mit den komplexen transformationsspezifischen Risiken verbunden, die ein gesteigertes Risiko des Verlusts der Einlagen der Einleger bergen und über das Potential verfügen, die Volkswirtschaft schwerwiegend zu schädigen.[647] Das Schutzgut wiegt nochmals deutlich schwerer als etwa das der regulatorischen Erfassung der isolierten Betreiber des Kreditgeschäfts und auch das der isolierten Betreiber des Einlagengeschäfts. Wenn Nutzer über P2P-Lending-Plattformen Darlehen vergeben, die sie gezielt durch andere Darlehen refinanzieren, erzeugen sie zu einem hinreichenden Grad diejenigen transformationsspezifischen Gefahren, die durch die Erlaubnispflicht zum Schutz der Stabilität des Finanzsystems abgewehrt werden sollen. Diese Nutzer werden nicht mehr im Rahmen der Verwaltung und Nutzung ihres eigenen Vermögens tätig. Die bankaufsichtsrechtliche Erfassung ist gerechtfertigt.

---

[645] Siehe oben Kapitel 4 B.I.1.a)bb)(2) zu der abstrakten Darstellung der Kriterien zur Bestimmung der Verwaltung und Nutzung des eigenen Vermögens.

[646] Siehe oben Kapitel 4 A.I.

[647] Siehe oben Kapitel 4 A.II.

c) Keine finanzmarktrechtliche Mindestschwelle

Aufgrund der anders gelagerten Zielsetzung der regulatorischen Erfassung der CRR-Kreditinstitute[648] kann die finanzmarktrechtliche Mindestschwelle[649] keine Anwendung finden.

2. Ergebnis

Sowohl Privatpersonen als auch Unternehmen, die über P2P-Lending-Plattformen Darlehen aufnehmen, die sie gezielt durch Darlehen refinanzieren, unterliegen einer bankaufsichtsrechtlichen Erlaubnispflicht nach § 32 Abs. 1 Satz 1 KWG.

IV. Der Plattformbetreiber

Im Folgenden werden die Erlaubnispflichten des Plattformbetreibers aufgearbeitet. Eine Vielzahl der Erlaubnispflichten hängt von der vermögensanlagerechtlichen Qualifikation der über die Plattform abgeschlossenen Darlehensverträge ab. Es wird deshalb vorab geprüft, ob es sich bei den über P2P-Consumer- und P2P-Business-Lending-Plattformen vermittelten Darlehen um Vermögensanlagen i.S.d. § 1 Abs. 2 VermAnlG handelt.

1. Die Bereitstellung der Kreditmarktplätze durch den Plattformbetreiber

a) Vermögensanlagerechtliche Einordnung

Der Begriff der Vermögensanlage hat drei Voraussetzungen. Erstens darf es sich bei den fraglichen Rechtspositionen weder um Wertpapiere i.S.d. WpPG noch um Anteile an einem Investmentvermögen i.S.d. § 1 Abs. 1 KAGB handeln. Zweitens muss einer der speziellen Tatbestände in § 1 Abs. 2 Nr. 1 bis Nr. 7 VermAnlG erfüllt sein und drittens darf die Annahme der Gelder kein Einlagengeschäft i.S.d. KWG darstellen.

Zunächst wird auf die vermögensanlagerechtliche Einordnung der Darlehensansprüche auf dem Primärmarkt eingegangen und anschließend geprüft, ob sich, wie es die Gesetzgebungsmaterialien nahelegen, durch die Veräußerung der Darlehensforderungen auf dem Sekundärmarkt etwas anderes ergibt.

---

[648] Siehe oben Kapitel 4 A.III.1.a) und Kapitel 4 A.III.2.a).
[649] Siehe oben Kapitel 4 B.II.1.e).

aa) Primärmarkt

(1) Kein Wertpapier oder Anteil an einem Investmentvermögen

Ein Anteil an einem Investmentvermögen i.S.d. § 1 Abs. 1 KAGB liegt nicht vor, da beim P2P-Lending bereits kein verselbstständigtes Vermögen[650] gebildet wird, mithin kein Organismus für gemeinsame Anlagen vorliegt.

Die Darlehen könnten jedoch Anlagen sein, die als Wertpapier i.S.d. des § 2 Nr. 1 WpPG verbrieft sind. Beim P2P-Lending sind die Forderungen nicht verbrieft, sodass der Tatbestand bereits von vornherein nicht erfüllt zu sein scheint.

(a) Kein Verbriefungserfordernis

Der Wertpapierbegriff in § 2 Nr. 1 WpPG setzt im Gegensatz zum Wortlaut des § 1 Abs. 2 VermAnlG grundsätzlich keine Verbriefung voraus,[651] da die Anleger unabhängig von der Verkörperung der Rechtsposition schutzwürdig sind[652]. Fraglich ist, wie das Verbriefungserfordernis im Ausnahmetatbestand am Anfang des § 1 Abs. 2 VermAnlG zu verstehen ist. Ziel des Ausnahmetatbestands ist es, die Anwendungsbereiche des WpPG und VermAnlG klar abzugrenzen.[653] Würden durch den Ausnahmetatbestand nun nur verbriefte Rechtspositionen i.S.d. § 2 Nr. 1 WpPG erfasst werden, bestünde die Gefahr, dass nicht verbriefte Rechtspositionen sowohl dem VermAnlG als auch dem WpPG unterworfen wären. Das Ziel der klaren Abgrenzung würde damit verfehlt werden. Das Verbriefungserfordernis in § 1 Abs. 2 VermAnlG ist deshalb als eine sprachliche Ungenauigkeit zu betrachten, die aus dem sprachlich ebenfalls etwas ungenauen, da eine Verbriefung implizierenden, Begriff des Wertpapiers im WpPG resultiert. Der Ausnahmetatbestand zu Beginn des § 1 Abs. 2 VermAnlG ist so zu verstehen, dass Vermögensanlagen alle „nicht als Wertpapiere i.S.d. WpPG qualifizierte" Anlagen sind.[654] Die Darlehensforderungen können demnach auch ohne Verkörperung als Wertpapier i.S.d. WpPG „verbrieft" sein.

(b) Schuldtitel i.S.d. § 2 Nr. 1 lit. b WpPG

Die Darlehensforderungen könnten als Wertpapiere i.S.d. § 2 Nr. 1 lit. b WpPG zu qualifizieren sein. Demnach sind Wertpapiere „übertragbare Wertpapiere, die an einem Markt gehandelt werden können, insbesondere [...] Schuldtitel [...], mit

---

[650] Siehe zu der Voraussetzung etwa *Jesch*, in: Baur/Tappen, InvG, § 1 KAGB Rn. 6; *Maas*, in: Assmann/Schlitt/v. Kopp-Colomb, WpPG, § 1 VermAnlG Rn. 38.

[651] RegE BT-Drucks. 15/4999, S. 28; *Groß*, Kapitalmarktrecht, § 2 WpPG Rn. 3; *Heidelbach*, in: KMRK, § 2 WpPG Rn. 5; *Ritz/Zeising*, in: Just/Voß/Ritz/Zeising, WpPG, § 2 Rn. 44; *Schnorbus*, in: FK-WpPG, § 2 WpPG Rn. 9.

[652] *Schnorbus*, in: FK-WpPG, § 2 WpPG Rn. 9.

[653] So zur Vorgängervorschrift § 8f VerkProspG a.F.: *Hennrichs*, in: KMRK, § 8f VerkProspG Rn. 13; *Ritz/Zeising*, in: Just/Voß/Ritz/Zeising, WpPG, § 2 Rn. 7 ff. und 44.

[654] Im Ergebnis ebenso *v. Ammon*, in: Siering/Izzo-Wagner, VermAnlG, § 1 Rn. 35.

Ausnahme von Geldmarktinstrumenten mit einer Laufzeit von weniger als zwölf Monaten".

Der Begriff Schuldtitel ist weit gefasst und umfasst alle „schuldrechtlich begründeten Ansprüche vermögensrechtlichen Inhalts"[655], worunter auch Rückzahlungs- und Zinsansprüche aus Darlehensverträgen wie beim P2P-Lending fallen.

(c) Handelbarkeit an einem Markt i.S.d. § 2 Nr. 1 WpPG

Der Schuldtitel müsste am Markt handelbar sein. Mit Blick nach Großbritannien scheint dies der Fall zu sein. Sowohl Zopa als auch Ratesetter betreiben seit vielen Jahren Sekundärmärkte, auf denen die Darlehensforderungen erfolgreich gehandelt werden. So wurden etwa bei Ratesetter seit Einführung der Funktion 2013 insgesamt Forderungen im Wert von ca. 486 Millionen GBP veräußert.[656] Es stellt sich jedoch die Frage, ob dieser tatsächlich stattfindende „Handel" den Anforderungen an die „Handelbarkeit an Märkten" i.S.d. § 2 Nr. 1 WpPG genügt.

Die Handelbarkeit setzt insbesondere die Fungibilität der Wertpapiere voraus.[657] Die betreffenden Rechtspositionen müssen untereinander austauschbar, also vertretbar i.S.d. § 91 BGB, sein.[658] Das ist dann nicht der Fall, wenn ein Schuldtitel entsprechend den individuellen Bedürfnissen des einzelnen Anlegers ausgestaltet ist.[659] Schuldtitel, die ausschließlich im Wege der Abtretung übertragen werden, sind nicht fungibel,[660] da individuelle Einreden des Schuldners gem. § 404 BGB auch gegenüber dem Erwerber erhalten bleiben[661].

Bei den Rückzahlungs- und Zinsansprüchen der P2P-Lending-Darlehensgeber handelt es sich um schlichte unverbriefte Forderungen aus Darlehensverträgen, sodass sie mit besagten individuellen Einreden behaftet sein können. Entsprechend

---

[655] So zum insofern entsprechenden wertpapierhandelsrechtlichen Schuldtitelbegriff in § 2 Abs. 1 Nr. 3 WpHG: *Assmann*, in: Assmann/Schneider/Mülbert, WertpapierhandelsR, § 2 WpHG Rn. 26. Ähnlich auch: *Fuchs*, in: Fuchs, WpHG, § 2 Rn. 27 sowie *Kumpan*, in: KMRK, § 2 WpHG Rn. 23. Teilweise wird auch die Handelbarkeit an einem Markt in die Definition einbezogen, welche eigentlich gem. § 2 Abs. 1 WpHG allgemeine Voraussetzung des Wertpapierbegriffs ist.

[656] https://www.ratesetter.com/aboutus/statistics, zuletzt abgerufen am 01.12.2018.

[657] RegE BT-Drucks. 15/4999, S. 28; *Foelsch*, in: Holzborn, WpPG, § 2 WpPG Rn. 4; *Schnorbus*, in: FK-WpPG, § 2 WpPG Rn. 4.

[658] *v. Ammon*, in: Siering/Izzo-Wagner, VermAnlG, § 1 Rn. 34; *Ritz/Zeising*, in: Just/Voß/Ritz/Zeising, WpPG, § 2 Rn. 35.

[659] *v. Kopp-Colomb/J. Schneider*, in: Assmann/Schlitt/v. Kopp-Colomb, WpPG, § 2 WpPG Rn. 14; *Ritz/Zeising*, in: Just/Voß/Ritz/Zeising, WpPG, § 2 Rn. 35; *Schnorbus*, in: FK-WpPG, § 2 WpPG Rn. 4.

[660] *v. Ammon*, in: Siering/Izzo-Wagner, VermAnlG, § 1 Rn. 32; *v. Kopp-Colomb/J. Schneider*, in: Assmann/Schlitt/v. Kopp-Colomb, WpPG, § 2 WpPG Rn. 14; *Ritz/Zeising*, in: Just/Voß/Ritz/Zeising, WpPG, § 2 Rn. 36. Richtigerweise Raum für eine Einzelfallbetrachtung lassend („als Faustregel" keine Fungibilität): *Schnorbus*, in: FK-WpPG, § 2 WpPG Rn. 5.

[661] *v. Ammon*, in: Siering/Izzo-Wagner, VermAnlG, § 1 Rn. 32; *v. Kopp-Colomb/J. Schneider*, in: Assmann/Schlitt/v. Kopp-Colomb, WpPG, § 2 WpPG Rn. 14.

ist auch anerkannt, dass Schuldscheindarlehen, welche rechtlich als Darlehensverträge einzuordnen sind,[662] nicht in den Anwendungsbereich des WpPG fallen.[663]

Gleichwohl stellt sich die Frage, wie mit der tatsächlich gewährleisteten Veräußerbarkeit der Forderungen am Sekundärmärkt umzugehen ist. Die beschriebenen abstrakten Kriterien zur Bestimmung der Handelbarkeit an den Märkten müssen als Ausfluss einer typisierten Betrachtung der an den Kapitalmärkten gehandelten Rechtspositionen betrachtet werden. Deren Charakteristikum ist es, dass sie als Wertpapiere eines Emittenten jeweils eine eigene „Asset-Klasse"[664] bilden. Das bedeutet, dass sie massenhaft vorhanden sein müssen und sich Angebot und Nachfrage nach dem Produkt nicht nur gelegentlich, sondern regelmäßig gegenüberstehen, sodass sich ein aussagekräftiger Kurs feststellen lässt.[665] Wenn die fraglichen Rechtspositionen von Anfang an nur in einer dreistelligen Anzahl verfügbar sind, ist das nicht der Fall. Ein Kapitalgeber, der auf der Suche nach dem konkreten Wertpapier (also das eines bestimmten Emittenten bzw. Schuldners) ist, müsste beim P2P-Lending gegebenenfalls Monate warten, bis sein Nachfragebedürfnis erfüllt werden könnte. So stehen den seit 2013 über Ratesetter am Sekundärmarkt veräußerten Darlehensforderungen i.H.v. ca. 486 Millionen GBP beispielsweise insgesamt vergebene Darlehen i.H.v. rund 2,905 Milliarden GBP[666] gegenüber. Der Handel betrifft also durchschnittlich nur einen geringen Bruchteil der Forderungen der einzelnen Kreditprojekte. Das entspricht nicht mehr dem Verständnis der in § 2 Nr. 1 WpPG zugrunde gelegten Handelbarkeit an einem Markt. Nimmt man darüber hinaus an, dass die Standardisierung voraussetzt, dass die Wertpapiere hinsichtlich der Volumina nicht individuell ausgestaltet sein dürfen,[667] wird der Kreis der gegeneinander austauschbaren Wertpapiere und damit der Betrachtungsgegenstand für die Handelbarkeit noch kleiner, da die Darlehensvolumina der einzelnen Darlehensverträge jeweils dem Bedürfnis der einzelnen Darlehensgeber angepasst sind.

Zusammenfassend bedeutet das für den Sekundärmarkt beim P2P-Lending, dass die Forderungen zwar ohne Weiteres veräußerbar sind, sie aber mangels massen-

---

[662] *Berger*, in: MüKo-BGB, Vor. § 488 Rn. 51; *Steffek*, in: Langenbucher/Bliesener/ Spindler, Bankrechts-Kommentar, Kap. 12 Rn. 32.

[663] RegE BT-Drucks. 15/4999, S. 28; *Foelsch*, in: Holzborn, WpPG, § 2 WpPG Rn. 6; *Heidelbach*, in: KMRK, § 2 WpPG Rn. 8; *v. Kopp-Colomb/J. Schneider*, in: Assmann/Schlitt/v. Kopp-Colomb, WpPG, § 2 WpPG Rn. 14; *Ritz/Zeising*, in: Just/Voß/Ritz/Zeising, WpPG, § 2 Rn. 59.

[664] *Sester*, ZBB 2008, 369, 375.

[665] So zum insofern entsprechenden wertpapierhandelsrechtlichen Wertpapierbegriff: *Roth*, in: KK-WpHG, § 2 Rn. 30; *Sester*, ZBB 2008, 369, 375. Die Frage einer „Mindestzahl" offenlassend: *Fuchs*, in; Fuchs, WpHG, § 2 Rn. 14; *Ritz*, in: Just/Voß/Ritz/Becker, WpHG, § 2 Rn. 18a.

[666] https://www.ratesetter.com/aboutus/statistics, zuletzt abgerufen am 01.12.2018.

[667] So zum insofern entsprechenden wertpapierhandelsrechtlichen Wertpapierbegriff: RegE BT-Drucks. 16/4028, S. 54; *Fuchs*, in; Fuchs, WpHG, § 2 Rn. 14; *Ritz*, in: Just/Voß/Ritz/Becker, WpHG, § 2 Rn. 18; *Roth*, in: KK-WpHG, § 2 Rn. 25.

hafter Verfügbarkeit nicht i.S.d. § 2 Nr. 1 WpPG an einem Markt handelbar sind. Demnach handelt es sich bei den darlehensvertraglichen Rückzahlungs- und Zinsforderungen um keine Wertpapiere i.S.d. WpPG. Der Ausnahmetatbestand am Anfang des § 1 Abs. 2 VermAnlG ist damit nicht erfüllt.

(2) Sonstige Anlage i.S.d. § 1 Abs. 2 Nr. 7 VermAnlG

Des Weiteren muss einer der speziellen Tatbestände des § 1 Abs. 2 Nr. 1 bis Nr. 7 VermAnlG erfüllt sein. Die Nrn. 3 (partiarische Darlehen) und 4 (Nachrangdarlehen) sind nicht erfüllt: Mangels Orientierung der Vergütung am Erfolg oder Umsatz des Darlehensnehmers[668] handelt es sich um keine partiarischen Darlehen und aufgrund der Unbedingtheit des Rückzahlungsanspruchs[669] auch nicht um Nachrangdarlehen.

Es kommt allein eine Einordnung als sonstige Anlage i.S.d. § 1 Abs. 2 Nr. 7 VermAnlG in Betracht, bei dem es sich um einen Auffangtatbestand[670] handelt. Konkret könnte die erste Tatbestandsvariante der Vorschrift erfüllt sein. Sie setzt eine sonstige Anlage voraus, die eine Verzinsung und Rückzahlung für die zeitweise Überlassung von Geld gewährt oder in Aussicht stellt. Es handelt sich beim echten P2P-Lending um Annuitätendarlehen, die Rückzahlungs- und Zinsansprüche können ohne Weiteres unter den Wortlaut gefasst werden.

Bei systematischer Betrachtung sind in § 1 Abs. 2 Nr. 3 und Nr. 4 VermAnlG mit den partiarischen Darlehen und den Nachrangdarlehen Sonderformen des Darlehensvertrags geregelt. Es könnte damit der Umkehrschluss gezogen werden, dass „einfache" Darlehensverträge entgegen des Wortlauts nicht vom Auffangtatbestand erfasst sind.[671] Anderenfalls wäre die ausdrückliche Regelung in den Nrn. 3 und 4 überflüssig. Gegen dieses Argument spricht jedoch, dass es sich bei § 1 Abs. 2 Nr. 7 VermAnlG um einen Auffangtatbestand handelt. Er soll es ermöglichen, Tatbestände zu erfassen, die mit den Katalognummern 1 bis 6 vergleichbar sind, aber nicht mehr unter den Wortlaut subsumierbar sind. Dies wird beispielsweise bei Darlehen mit einfacher Nachrangklausel deutlich, die nicht mehr von der Nr. 4 erfasst wären. Der Tatbestand sollte deshalb nicht durch Umkehrschlüsse aus den Nummern eingeengt werden. Hierfür spricht auch das Ziel der Einführung des § 1 Abs. 2 Nr. 7 VermAnlG, wonach Regelungslücken geschlossen, der Anlegerschutz verbessert und das Risiko von Vermögenseinbußen vermindert werden sollte.[672] Eine ausreichende Einengung

---

[668] Siehe zu den Merkmalen des partiarischen Darlehens *v. Ammon*, in: Siering/Izzo-Wagner, VermAnlG, § 1 Rn. 70; *Danwerth*, ZBB 2016, 20, 23; *Maas*, in: Assmann/Schlitt/v. Kopp-Colomb, WpPG, § 1 VermAnlG Rn. 77. Umfassend zu partiarischen Darlehen etwa *K. Schmidt*, in: MüKo-HGB, § 230 Rn. 54 ff. m.w.N.

[669] Siehe dazu etwa *v. Ammon*, in: Siering/Izzo-Wagner, VermAnlG, § 1 Rn. 73 f.; *Maas*, in: Assmann/Schlitt/v. Kopp-Colomb, WpPG, § 1 VermAnlG Rn. 78.

[670] RegE BT-Drucks. 18/3994, S. 39.

[671] *Casper*, ZBB 2015, 265, 269 (die Problematik aufgrund § 1 Abs. 2 a.E. VermAnlG offenlassend); *Polke*, Crowdlending, S. 170.

[672] RegE BT-Drucks. 18/3994, S. 1 f.

wird durch die Ausnahmetatbestände am Anfang und am Ende des § 1 Abs. 2 VermAnlG gewährleistet.

Des Weiteren könnten die gewerberechtlichen Auswirkungen gegen eine vermögensanlagerechtliche Erfassung einfacher Darlehen sprechen. Der Tatbestand der Darlehensvermittlung i.S.d. § 34c Abs. 1 Satz 1 Nr. 2 GewO würde im Falle der Erfassung der Darlehen in seinem Anwendungsbereich ganz erheblich eingeschränkt werden, da die Finanzanlagenvermittlung i.S.d. § 34f Satz 1 Nr. 3 GewO die Vermittlung von Vermögensanlagen erfasst. Damit würde die klassische Darlehensvermittlungstätigkeit nicht mehr vom Tatbestand der Darlehensvermittlung in § 34c Abs. 1 Satz 1 Nr. 2 GewO erfassen werden.[673] Diese Problematik ist aber zutreffenderweise auf gewerberechtlicher Ebene zu lösen, wo einfache Darlehensverträge ausschließlich von der Vorschrift des § 34c Abs. 1 GewO als lex specialis erfasst werden und lediglich partiarische Darlehen sowie Nachrangdarlehen von der Finanzanlagenvermittlung erfasst werden.[674] Darlehensverträge können demnach nicht mit der Argumentation vom Anwendungsbereich ausgenommen werden, dass Tatbestände im Gewerberecht leer liefen.

Zuletzt wird von einer zum P2P-Lending vertretenen Ansicht impliziert, dass Darlehensforderungen nicht vom Auffangtatbestand erfasst seien. Demnach sei das P2P-Lending in keiner Weise von § 1 Abs. 2 VermAnlG erfasst, da es in der Regierungsbegründung heißt, dass von § 1 Abs. 2 Nr. 7 VermAnlG die Tätigkeit von P2P-Lending-Plattformen nicht erfasst werde.[675] Die These ist bereits deshalb abzulehnen, weil in der Regierungsbegründung im selben Absatz zum unechten P2P-Lending ausführt wird, dass es sich bei den vom kooperierenden Kreditinstitut durch die Forderungskaufverträge angebotenen Teilforderungen um Anlagen i.S.d. § 1 Abs. 2 Nr. 7 VermAnlG handle.[676] Es kann also nicht mit dem gesetzgeberischen Willen argumentiert werden. Im Übrigen schließt der Plattformbetreiber beim echten (und unechten) P2P-Lending auch keine Darlehensverträge mit den Nutzern. Demnach kann er keine Vermögensanlagen emittieren, die von Nr. 7 erfasst werden könnte. Nicht ausgeschlossen ist dagegen, dass der Plattformbetreiber Anbieter der (vom Darlehensnehmer emittieren) Anlage ist und damit beispielsweise der Prospektpflicht aus § 6 VermAnlG unterworfen ist.

Im Ergebnis überzeugen die gegen die Erfassung einfacher Darlehen angeführten Argumente nicht. Einfache Darlehen sind, wie eingangs dargestellt, grundsätzlich von § 1 Abs. 2 Nr. 7 VermAnlG erfasst.

---

[673] *Danwerth*, ZBB 2016, 20, 24.

[674] *Danwerth*, ZBB 2016, 20, 24; *Graf zu Solms-Laubach/Mihova*, DStR 2015, 1872, 1876. Siehe auch RegE BT-Drucks. 18/3994, S. 59, wo ausschließlich diese Darlehensvarianten in Bezug auf die Finanzanlagenvermittlung genannt werden.

[675] So aber *Buck-Heeb*, NJW 2015, 2535, 2535 und wohl auch *Heisterhagen/Conreder*, DStR 2015, 1929, 1929 f. mit Verweis auf RegE BT-Drucks. 18/3994, S. 39.

[676] *Polke*, Crowdlending, S. 169 f. Siehe insofern RegE BT-Drucks. 18/3994, S. 39.

(3) Kein Einlagengeschäft

Als letzte Voraussetzung darf es sich bei der Annahme der Gelder um kein Einlagengeschäft gem. § 1 Abs. 1 Satz 2 Nr. 1 KWG handeln. Hierdurch soll verhindert werden, dass sich der Anwendungsbereich des VermAnlG mit dem des KWG überschneidet und es so zu einer Doppelregulierung kommt.[677] So wird klar zwischen den Anwendungsbereichen des VermAnlG und des KWG abgegrenzt.[678] Der Negativtatbestand greift unabhängig davon, ob das Einlagengeschäft gewerbsmäßig betrieben wird oder in einer Weise, die einen in kaufmännischer Weise eingerichteten Geschäftsbetrieb erfordert.[679] Anderenfalls würden die Wertungen des KWG unterlaufen werden.

Sowohl Verbraucherdarlehensnehmer als auch Unternehmerdarlehensnehmer betreiben das Einlagengeschäft gem. § 1 Abs. 1 Satz 2 Nr. 1 KWG, sodass der Ausnahmetatbestand in § 1 Abs. 2 a. E. VermAnlG erfüllt ist.[680] Die Ansprüche sind demnach nicht von der vermögensanlagenrechtlichen Regulierung erfasst.[681]

bb) Sekundärmarkt

Die Forderungen können später jedoch über einen Sekundärmarkt veräußert werden. Es stellt sich die Frage, ob eine Veräußerung zu einer anderen vermögensanlagerechtlichen Qualifizierung führt. Dies könnte der Fall sein, weil die Veräußerung der Darlehensforderungen durch den Darlehensgeber zu einer vermögensanlagerechtlichen Neubewertung der Qualifizierung führt (dazu (1)) oder die Darlehensnehmer nach den sogleich unter (1) dargestellten Grundsätzen in die Betrachtung des Veräußerungsvorgangs einzubeziehen sind und deshalb die Darlehensforderungen als Vermögensanlagen qualifiziert werden können (dazu (2)).

(1) Verhältnis Darlehensgeber zum Erwerber

Der Wortlaut des § 1 Abs. 2 Nr. 7 Var. 1 VermAnlG scheint bei einem weiten bzw. funktionalen Verständnis grundsätzlich offen dafür zu sein, dass die durch den Forderungskauf erworbenen Forderungen nunmehr als Vermögensanlage zu qualifizieren sind. Der Erwerber zahlt dem veräußernden Darlehensgeber einen bestimmten Betrag und erhält im Gegenzug Rückzahlungs- und Zinsansprüche. Diese sind zwar nicht gegen den Darlehensgeber gerichtet, da dieser im Rahmen des Forderungskaufvertrags lediglich zur Übertragung der Ansprüche verpflichtet ist. Er erhält aber die Rückzahlungs- und Zinsansprüche gegen den Darlehensnehmer. Aus

---

[677] RegE BT-Drucks. 18/3994, S. 38 f.

[678] *v. Ammon*, in: Siering/Izzo-Wagner, VermAnlG, § 1 Rn. 104.

[679] RegE BT-Drucks. 18/3994, S. 39; *v. Ammon*, in: Siering/Izzo-Wagner, VermAnlG, § 1 Rn. 105; *Fett*, KSzW 2015, 139, 141; *Maas*, in: Assmann/Schlitt/v. Kopp-Colomb, WpPG, § 1 VermAnlG Rn. 54.

[680] Siehe oben Kapitel 4 B.II.1 f.

[681] So auch *Veith*, BKR 2016, 184, 186.

seiner Perspektive wird wirtschaftlich letztlich das bewirkt wird, was § 1 Abs. 2 Nr. 7 Var. 1 VermAnlG voraussetzt: Das angelegte Geld wird zurückgezahlt und verzinst. Die Entgegennahme des Forderungskaufpreises durch den veräußernden Darlehensgeber stellt für den Veräußerer aufgrund der fehlenden Rückzahlbarkeit der Gelder auch kein Einlagengeschäft dar, sodass der Ausnahmetatbestand am Ende des § 1 Abs. 2 VermAnlG nicht erfüllt wäre.

Dieses Verständnis scheint der Regierungsbegründung zum Kleinanlegerschutzgesetz zugrunde zu liegen, wonach „die Veräußerung bestehender Darlehensforderungen dem neuen Auffangtatbestand der Nummer 7 [unterliegt], da sie als reiner Forderungsverkauf kein Einlagengeschäft im Sinne von § 1 Absatz 1 Satz 2 Nummer 1 des Kreditwesengesetzes darstellt".[682]

Das würde bedeuten, dass sich die rechtliche Qualifizierung derselben Rechtsposition im Laufe der Zeit ändern könnte. Durch den Forderungsverkauf würde aus einer Nichtvermögensanlage eine Vermögensanlage werden, was wohl ein „kapitalmarktrechtliches Novum"[683] wäre.

An der These bestehen erhebliche Zweifel.[684] Dies hängt maßgeblich mit dem vermögensanlagerechtlichen Schutzkonzept zusammen, das in weiten Teilen an die Emittentenstellung (§ 1 Abs. 3 VermAnlG) anknüpft. So muss beispielsweise der Anbieter in dem zu veröffentlichenden Prospekt alle tatsächlichen und rechtlichen Angaben aufnehmen, die notwendig sind, um dem Publikum eine sachgerechte Beurteilung des Emittenten zu ermöglichen (§§ 6, 7 Abs. 1 Satz 1 VermAnlG). Des Weiteren ist der Emittent im Rahmen der „kleinen" Ad-hoc-Publizität gem. § 11a Abs. 1 Satz 1 VermAnlG dazu verpflichtet, jede Tatsache, die sich auf ihn oder die von ihm emittierte Vermögensanlage unmittelbar bezieht und nicht öffentlich bekannt ist, unverzüglich zu veröffentlichen, wenn sie geeignet ist, die Fähigkeit des Emittenten zur Erfüllung seiner Verpflichtungen gegenüber dem Anleger erheblich zu beeinträchtigen. Ein weiteres Beispiel ist der nach § 23 Abs. 1 VermAnlG zu erstellende Jahresbericht, der unter anderem einen von einem Abschlussprüfer geprüften Jahresabschluss des Emittenten enthalten muss.

Aus dem Wortlaut des § 1 Abs. 3 VermAnlG geht nicht ganz eindeutig hervor, wer Emittent einer Vermögensanlage ist, da lediglich an die Person angeknüpft wird, „deren" Vermögensanlagen aufgrund eines öffentlichen Angebots im Inland ausgegeben sind. Aus den genannten Beispielen geht hervor, dass alle Informationen direkt oder indirekt dazu dienen, es dem Anleger zu ermöglichen, den Erfolg seiner Anlage und die Wahrscheinlichkeit der Erfüllung seiner entsprechenden Ansprüche besser einschätzen zu können. Deshalb muss die Person der Emittent sein, die der Schuldner der die Vermögensanlage prägenden Ansprüche ist.

---

[682] RegE BT-Drucks. 18/3994, S. 39. So auch *Graf zu Solms-Laubach/Mihova*, DStR 2015, 1872, 1876. Nicht eindeutig: *Danwerth*, ZBB 2016, 20, 24; *Fett*, KSzW 2015, 139, 141.

[683] *Riethmüller*, DB 2015, 1451, 1456.

[684] Ob das Novum zu bejahen ist offenlassend: *Riethmüller*, DB 2015, 1451, 1456.

Das bedeutet, dass der veräußernde Darlehensgeber beim P2P-Lending nicht Emittent sein kann. Der Anspruch des Erwerbers gegen ihn richtet sich lediglich auf Übertragung der Darlehensansprüche, nicht auf die Erfüllung derselben. Informationen über die wirtschaftliche Verfassung des veräußernden Darlehensgebers wären für den Inhaber der Vermögensanlage nach Vollzug des Kaufvertrags weitgehend sinnlos oder sogar irreführend und entgegen der vermögensanlagerechtlichen Zielsetzung kapitalmarktschädlich, da es zu Personenverwechslungen und damit fehlerhaften Anlageentscheidungen kommen könnte. Vielmehr sind die Rückzahlungs- und Zinsansprüche für die Anlage des Erwerbers prägend. Er benötigt insofern Informationen über den Darlehensnehmer. Wird ausschließlich auf den veräußernden Darlehensgeber abgestellt, muss demnach eine Qualifizierung als Vermögensanlage ausscheiden, da das VermAnlG erkenntlich einen Emittenten voraussetzt und diese Rolle nicht vom Veräußerer eingenommen wird.

Die eingangs dargestellten Ausführungen in der Regierungsbegründung zum Kleinanlegerschutzgesetz sind demnach missverständlich. Sie betreffen ausschließlich das unechte P2P-Lending und unterschlagen, dass dort die Darlehensnehmer tatsächlich die Emittenten i.S.d. § 1 Abs. 3 VermAnlG sind. Beim unechten P2P-Lending ist der Ausnahmetatbestand in § 1 Abs. 2 a.E. VermAnlG nicht erfüllt, weil die Darlehensnehmer das Darlehen von einem CRR-Kreditinstitut erhalten und damit kein Einlagengeschäft i.S.d. § 1 Abs. 1 Satz 2 Nr. 1 KWG vorliegt.[685] Die Darlehen sind beim unechten P2P-Lending als Vermögensanlage zu qualifizieren. Im Bericht des Finanzausschusses zum KASG, der sich ebenfalls auf das unechte P2P-Lending bezieht, wird dies deutlich. Dort wird der Darlehensnehmer richtigerweise als Emittent der Vermögensanlage betrachtet.[686]

(2) Einbeziehung des Darlehensnehmers

Im vorigen Abschnitt wurde festgestellt, dass die Darlehen nicht neu bewertet werden können, wenn ausschließlich auf den Darlehensgeber abgestellt wird, da dieser nicht Emittent ist. Damit eine Vermögensanlage vorliegt, müsste aber ein Emittent existieren. Beim echten P2P-Lending sind die Darlehensnehmer die Schuldner der prägenden Ansprüche der in Frage stehenden Vermögensanlage. Diese könnten nun in die Betrachtung einbezogen und als Emittenten der Vermögensanlage angesehen werden. In diesem Fall würden für sie auch alle vermögensanlagerechtlichen Folgepflichten bestehen. Dies stünde aber im direkten Widerspruch zur gesetzlichen Wertung in § 1 Abs. 2 a.E. VermAnlG. Die Rückzahlungs- und Zinsansprüche wurden beim Entstehen der Forderungen aufgrund dieses Ausnahmetatbestands, welcher die Doppelregulierung vermeiden soll, gerade aus dem Anwen-

---

[685] Siehe unten Kapitel 5 A.III. Siehe *Polke*, Crowdlending, S. 169 ff. zur insofern grundlegend anderen vermögensanlagerechtlichen Qualifizierung beim unechten P2P-Lending.

[686] Bericht Finanzausschuss, BT-Drucks. 18/4708, S. 58. Die Einordnung des Darlehensnehmers als Emittent entspricht beim unechten P2P-Lending der wohl herrschenden Meinung: *BaFin*, Auslegungsschreiben Crowdlending (Oktober 2015), Ziff. 2.1.2; *Maas*, in: Assmann/ Schlitt/v. Kopp-Colomb, WpPG, § 1 VermAnlG Rn. 89; *Polke*, Crowdlending, S. 173 f.

dungsbereich des VermAnlG herausgenommen.[687] Die klare Abgrenzung zwischen KWG und VermAnlG wäre bei einer Einbeziehung des Darlehensnehmers nicht mehr gegeben. Der Darlehensgeber darf also bereits wegen der Regelung des § 1 Abs. 2 a.E. VermAnlG nicht als Emittent betrachtet werden. Erschwerend kommt hinzu, dass der Darlehensnehmer durch die Forderungsabtretung ohne seine Zustimmung oder gar Kenntnis zum Emittenten werden würde. Das würde für ihn beispielsweise das Risiko einer Prospekthaftung nach § 21 Abs. 1 Satz 1 VermAnlG bergen.[688]

Zusammenfassend können also weder der Darlehensnehmer noch der veräußernde Darlehensgeber als Emittent betrachtet werden. Das Resultat wäre damit eine emittentenlose Vermögensanlage. Das ist nach der gesetzlichen Konzeption des VermAnlG nicht möglich, da das VermAnlG einen solchen als Adressat und Gegenstand der vermögensanlagerechtlichen Regulierung und damit zum Schutz der Anleger voraussetzt. Es kann der Schluss gezogen werden, dass für die vermögensanlagerechtliche Qualifizierung einer fraglichen Rechtsposition immer und ausschließlich deren Entstehungstatbestand zu betrachten ist. Wenn dieser nicht von § 1 Abs. 2 VermAnlG erfasst ist, können auch spätere Transaktionen zu keiner anderen Bewertung führen.

Im Ergebnis ändert sich die rechtliche Qualifizierung der auf dem Primärmarkt entstandenen Darlehensforderungen nicht dadurch, dass sie auf Dritte übertragen werden. Es gibt kein kapitalmarktrechtliches Novum.[689] Demnach fällt das echte P2P-Lending vollständig aus dem vermögensanlagerechtlichen Anwendungsbereich heraus.

cc) Zusammenfassung

Zusammenfassend sind die Darlehen weder beim echten P2P-Business- noch beim echten P2P-Consumer-Lending als Vermögensanlagen i.S.d. § 1 Abs. 2 VermAnlG zu qualifizieren. Dies gilt unabhängig davon, ob der Primär- oder Sekundärmarkt betrachtet wird.

---

[687] RegE BT-Drucks. 18/3994, S. 38 f.

[688] *Riethmüller*, DB 2015, 1451, 1456. *Polke*, Crowdlending, S. 174 ff. nimmt jedoch an, dass der Haftungstatbestand und alle weiteren, an die Emittenteneigenschaft anknüpfende Vorschriften teleologisch zu reduzieren seien, wenn der Emittent das öffentliche Angebot nicht veranlasst hat. Das Argument ist vorliegend jedoch nicht streitentscheidend, weshalb die Frage offenbleiben soll.

[689] Dahingehend tendiert auch *Riethmüller*, DB 2015, 1451, 1456, wonach bereits der Wortlaut des § 1 Abs. 2 Nr. 7 VermAnlG so verstanden werden könne, dass KWG-pflichtige nicht nachrangige Darlehen aus dem Anwendungsbereich des P2P-Lendings ausnehmen sind.

b) Die Bereitstellung des Primärmarkts durch den Plattformbetreiber

Im Folgenden wird geprüft, wie die Bereitstellung des Primärmarkts durch den Plattformbetreiber aufsichtsrechtlich zu qualifizieren ist.

aa) Anlagevermittlung gem. § 1 Abs. 1a Satz 2 Nr. 1 KWG

Die Bereitstellung des Primärmarkts könnte als erlaubnispflichtige Anlagevermittlung gem. § 32 Abs. 1 Satz 1 KWG i.V.m. § 1 Abs. 1a Satz 2 Nr. 1 KWG zu qualifizieren sein. Der Tatbestand setzt die Vermittlung von Geschäften über die Anschaffung und die Veräußerung von Finanzinstrumenten voraus.

Der Begriff des Finanzinstruments wird in § 1 Abs. 11 Satz 1 KWG durch einen Katalogtatbestand legaldefiniert und umfasst insbesondere Vermögensanlagen i.S.d. § 1 Abs. 2 VermAnlG (§ 1 Abs. 11 Satz 1 Nr. 3 KWG). Die über die Plattform abgeschlossenen Darlehensverträge stellen jedoch, wie zuvor geprüft, gerade keine Vermögensanlagen dar.[690]

Ebenfalls erfasst sind gem. § 1 Abs. 11 Satz 1 Nr. 3 KWG Schuldtitel, wenn sie ihrer Art nach an den Kapitalmärkten handelbar sind. Der bankaufsichtsrechtliche Begriff des am Kapitalmarkt handelbaren Schuldtitels entspricht dem wertpapierprospektrechtlichen Begriff des am Markt handelbaren Schuldtitels, da die beiden Begriffe auf Art. 4 Nr. 18 lit. b MiFID I zurückzuführen sind,[691] welcher mittlerweile durch den inhaltsgleichen Art. 4 Nr. 44 lit. b MiFID II ersetzt wurde[692]. Im Rahmen der Prüfung, ob es sich bei den Darlehen um eine Vermögensanlage i.S.d. § 1 Abs. 2 VermAnlG handelt, wurde bereits analysiert, ob es sich um wertpapierprospektrechtliche Schuldtitel handelt.[693] Dies wurde verneint, da die Darlehensforderungen mangels der massenhaften Verfügbarkeit nicht in einer Weise gehandelt werden können, die dem typisierten Bild der Handelbarkeit am Kapitalmarkt entspricht.[694] Entsprechendes gilt dann auch für den inhaltsgleichen Begriff in § 1 Abs. 11 Satz 1 Nr. 3 KWG. Es liegt damit kein Schuldtitel vor.

Der Tatbestand der Anlagevermittlung ist nicht erfüllt, da bereits kein Finanzinstrument vorliegt, über das ein Geschäft vermittelt werden könnte. Der Primärmarkt kann damit ohne bankaufsichtsrechtliche Erlaubnis betrieben werden.

---

[690] Siehe oben Kapitel 4 B.IV.1.a)aa).

[691] Siehe zu § 1 Abs. 11 KWG: RegE BT-Drucks. 16/4028, S. 90. Siehe zu § 2 Nr. 1 WpPG: RegE BT-Drucks. 15/4999, S. 28.

[692] Siehe insofern Art. 94 Abs. 2 MiFID II, wonach Bezugnahmen auf MiFID I als Bezugnahmen auf die nunmehr in der MiFID II oder MiFIR befindlichen entsprechenden Vorschriften gelten.

[693] Siehe oben Kapitel 4 B.IV.1.a)aa)(1).

[694] Siehe oben Kapitel 4 B.IV.1.a)aa)(1)(c).

bb) Finanzanlagenvermittlung gem. § 34f Abs. 1 GewO

Wenn die Tätigkeit nicht als Anlagenvermittlung gem. § 1 Abs. 1a Satz 2 Nr. 1 KWG zu qualifizieren ist, scheidet auch eine gewerberechtliche Erlaubnispflicht nach § 34f Abs. 1 GewO aus, da diese notwendigerweise den bankrechtlichen Betrieb der Anlagevermittlung in Verbindung mit dem Ausnahmetatbestand in § 2 Abs. 6 Satz 1 Nr. 8 KWG voraussetzt.

cc) Darlehensvermittlung gem. § 34c Abs. 1 GewO

Wer gewerbsmäßig den Abschluss von Darlehensverträgen vermittelt (Vermittlungsmakler) oder die Gelegenheit zum Abschluss solcher Verträge nachweist (Nachweismakler) benötigt gem. § 34c Abs. 1 Satz 1 Nr. 2 GewO eine gewerberechtliche Erlaubnis, es sei denn, es handelt sich um Darlehen i.S.d. § 34i Abs. 1 Satz 1 GewO (Immobiliardarlehensvermittlung).

Der Plattformbetreiber könnte ein Vermittlungsmakler sein. Vermittlung bedeutet jede auf Abschluss von Darlehensverträgen abzielende Tätigkeit.[695] Der Begriff ist sehr weit gefasst, die Tätigkeit muss nicht unbedingt aufgrund eines Maklervertrags gem. § 652 BGB erfolgen,[696] weshalb es unschädlich ist, dass beim P2P-Lending zivilrechtlich gesehen keine Nachweis- oder Vermittlungstätigkeit vorliegt[697]. Der Plattformbetreiber stellt die Plattforminfrastruktur zur Verfügung, über welche die Darlehensnehmer die Angebote in Form von Kreditprojekten einstellen können, welche die Darlehensgeber eigenhändig oder unter Verwendung des Anlageautomatismus annehmen können. Er erbringt damit eine Vermittlungsleistung. Der Betrieb der Plattform erfolgt selbstständig, ist auf Dauer angelegt und wird mit Gewinnerzielungsabsicht durchgeführt, womit der Plattformbetreiber gewerbsmäßig i.S.d. § 34c Abs. 1 Satz 1 Nr. 2 GewO handelt.[698] Schlussendlich ist auch der Ausnahmetatbestand, wonach kein Darlehen i.S.v. § 34i Abs. 1 Satz 1 GewO vorliegen darf, nicht erfüllt. Damit ist die Bereitstellung des Primärmarkts als erlaubnispflichtige Darlehensvermittlung gem. § 34c Abs. 1 Satz 1 Nr. 2 GewO zu qualifizieren.[699]

---

[695] VGH Kassel NJW 2003, 3578, 3578; *Ennuschat*, in: Tettinger/Wank/Ennuschat, GewO, § 34c Rn. 16; *Marcks*, in: Landmann/Rohmer, GewO, § 34c Rn. 8; *Veith*, BKR 2016, 184, 189; *Will*, in: BeckOK-GewO, § 34c Rn. 19, 5. Die Definition sowohl auf die Vermittlungs- als auch Nachweistätigkeit beziehend: OVG Münster GewArch 2000, 282, 283.

[696] OVG Münster GewArch 2000, 282, 283; *Höfling*, in: Friauf, GewO, § 34c Rn. 14; *Marcks*, in: Landmann/Rohmer, GewO, § 34c Rn. 8.

[697] Siehe zur weitgehend „abweichenden" zivilrechtlichen Einordnung oben Kapitel 3 A.II.3.a).

[698] Siehe zur Definition und den einzelnen Merkmalen *Ennuschat*, in: Tettinger/Wank/ Ennuschat, GewO, § 34c Rn. 5 ff. m.w.N.

[699] Im Ergebnis ebenso: *Renner*, ZBB 2014, 261, 264. Siehe auch *BaFin*, Merkblatt Kreditvermittlungsplattform (Mai 2007), Einleitung: „Erlaubnispflicht kann gegebenenfalls nach § 34c Gewerbeordnung bestehen".

c) Die Bereitstellung des Sekundärmarkts durch den Plattformbetreiber

Über den Sekundärmarkt können die Darlehensgeber ihre Rückzahlungs- und Zinsansprüche aus den Darlehensverträgen veräußern.

aa) Bankaufsichtsrechtliche Erlaubnispflichten

Sowohl der Tatbestand der Anlagevermittlung gem. § 1 Abs. 1a Satz 2 Nr. 1 KWG als auch der des Betriebs eines multilateralen Handelssystems gem. § 1 Abs. 1a Satz 2 Nr. 1b KWG setzen voraus, dass Finanzinstrumente i.S.d. § 1 Abs. 11 Satz 1 KWG Gegenstand des Geschäfts sind. Die Darlehen und auch die veräußerten Darlehensforderungen sind aber gerade keine Finanzinstrumente,[700] sodass der Plattformbetreiber durch den Betrieb des Sekundärmarkts keiner bankaufsichtsrechtlichen Erlaubnispflicht unterliegt.

bb) Darlehensvermittlung gem. § 34c Abs. 1 GewO

Der Anwendungsbereich der Darlehensvermittlung gem. § 34c Abs. 1 Satz 1 Nr. 2 GewO erfasst lediglich den Abschluss von Darlehensverträgen. Die Vermittlung des Abschlusses von Forderungskaufverträgen[701] über Rückzahlungs- und Zinsansprüche lässt sich auch bei einem sehr weiten Verständnis von „Abschluss von Darlehensverträgen" nicht mehr unter den Wortlaut fassen. Die Bereitstellung des Sekundärmarkts stellt beim echten P2P-Lending keine Darlehensvermittlung dar.

Das entspricht auch dem Sinn und Zweck der Vorschrift. Durch ihn sollen primär die Darlehensnehmer geschützt werden.[702] Beim Forderungskaufvertrag über die Rückzahlungs- und Zinsansprüche befindet sich keine der Vertragsparteien in einer mit einem Darlehensnehmer vergleichbaren Situation, da die Leistungen sofort, vollständig und endgültig ausgetauscht werden.

cc) Anzeigepflichtiges Gewerbe

Zusammenfassend stellt die Bereitstellung des Sekundärmarkts keine erlaubnispflichtige Tätigkeit dar. Es handelt sich ausschließlich um ein gem. § 14 Abs. 1 Satz 1 GewO anzeigepflichtiges Gewerbe.

---

[700] Siehe oben Kapitel 4 B.IV.1.b)aa).

[701] Siehe oben Kapitel 3 B.I.1.

[702] So *Polke*, Crowdlending, S. 219. Implizit: BRat, Begründung zur Verordnung zur Durchführung des § 34c der Gewerbeordnung, BR-Drucks. 786/73; *Ennuschat*, in: Tettinger/Wank/Ennuschat, GewO, § 34c Rn. 56; *Marcks*, in: Landmann/Rohmer, GewO, § 34c Rn. 48.

2. Der Plattformbetreiber als Ratingagentur

Der Plattformbetreiber ermittelt sowohl beim P2P-Consumer- als auch beim P2P-Business-Lending die Bonität der Darlehensnehmer. Aufbauend hierauf erstellt er Ratings der Darlehensnehmer. Diese ähneln kapitalmarktlichen Ratings stark. Buchstaben repräsentieren in aufsteigender Reihenfolge stufenweise die Bonität der gerateten Person, wobei A die höchste und F die niedrigste Bonität bedeutet. Die Ratings der Darlehensnehmer werden auf der Plattform zusammen mit deren Kreditprojekten veröffentlicht.

Der Plattformbetreiber könnte aufgrund dieser Tätigkeit als Ratingagentur gem. Art. 14 Abs. 1 EU-RatingVO[703] zu qualifizieren sein. Das würde bedeuten, dass der Plattformbetreiber den umfangreichen Verhaltenspflichten der Verordnung unterworfen wäre, durch die seine Unabhängigkeit gefördert und Interessenkonflikte vermieden werden sollen (Art. 1 Abs. 1 Satz 2 EU-RatingVO).[704]

Eine Ratingagentur ist gem. Art. 3 Abs. 1 lit. b EU-RatingVO jede Rechtspersönlichkeit, deren Tätigkeit die gewerbsmäßige Abgabe von Ratings umfasst. Als Rating wird gem. Art. 3 Abs. 1 lit. a EU-RatingVO insbesondere ein Bonitätsurteil in Bezug auf einen Schuldtitel oder eine finanzielle Verbindlichkeit sowie deren Emittenten verstanden, welches anhand eines festgelegten und definierten Einstufungsverfahrens für Ratingkategorien abgegeben wird. Kennzeichnend für ein Rating i.S.d. EU-RatingVO ist die quantitative und qualitative Analyse des Ratingobjekts.[705] Die quantitative Analyse umfasst die Zusammenfassung und Auswertung von Daten und deren Bewertung auf Grundlage von vorgegebenen statistischen Systemen und Modellen[706]. Das zusätzlich erforderliche qualitative Element ist auf den Meinungscharakter des Ratings zurückzuführen[707] und setzt voraus, dass ein Ratinganalyst durch wesentliche analytische Beiträge Einfluss auf das Ratingergebnis nimmt[708].

Das Rating der Darlehensnehmer wird beim P2P-Consumer-Lending auf Grundlage von Daten wie den Informationen von Auskunfteien, monatlichen Einnahmen- und Ausgaben, Beschäftigungsart, Wohnort und Computertyp erstellt.[709] Der Plattformbetreiber nutzt zur Risikoermittlung ausschließlich statistische Mo-

---

[703] Verordnung (EG) Nr. 1060/2009 des Europäischen Parlaments und des Rates vom 16. September 2009 über Ratingagenturen, ABlEG Nr. L 302 v. 17.11.2009, S. 1.

[704] *Veith*, BKR 2016, 184, 189.

[705] *ESMA*, Leitlinien Geltungsbereich CRA-Verordnung, Nr. 13; *Veith*, BKR 2016, 184, 190.

[706] *ESMA*, Leitlinien Geltungsbereich CRA-Verordnung, Nr. 13.

[707] *Stemper*, Rahmenbedingungen des Ratings, S. 218 weist insofern auf die hinsichtlich des Meinungscharakters deutlichere englische Sprachfassung des Art. 3 Abs. 1 lit. a EU-RatingVO hin: „‚credit rating' means an opinion regarding the creditworthiness [...]".

[708] *ESMA*, Leitlinien Geltungsbereich CRA-Verordnung, Nr. 13; *Stemper*, Rahmenbedingungen des Ratings, S. 218.

[709] Siehe oben Kapitel 2 E.I.

delle. Die Mitarbeiter setzen sich nicht auf individuelle Weise vertieft mit der Zahlungsfähig- und -willigkeit der einzelnen Darlehensnehmer auseinander oder bewerten diese in einer selbstständigen Weise. Sie nehmen damit keinen Einfluss auf das Ratingergebnis. Tatsächlich sind die Ratings nicht mehr als Kredit-Scorings.[710] Ein Rating i.S.d. der EU-RatingVO liegt mangels qualitativer Analyse nicht vor. Der Plattformbetreiber unterliegt demnach beim P2P-Consumer-Lending nicht der EU-RatingVO.

Beim P2P-Business-Lending scheint es schwieriger, mit rein quantitativen Methoden zu sinnvollen Aussagen über die Bonität des potentiellen Darlehensnehmers zu kommen. Das dürfte der Grund sein, weshalb beispielsweise bei Zopa bislang ausschließlich Einzelunternehmer Darlehen aufnehmen können.[711] Da der Unternehmer persönlich haftet, kann die Plattform die Bonität auf die gleiche Weise ermitteln, wie beim P2P-Consumer-Lending. Bei dieser Form des P2P-Business-Lendings ist der Plattformbetreiber ebenfalls nicht als Ratingagentur zu qualifizieren. Gleiches gilt bei der Kreditvergabe im Rahmen des P2P-Business-Lendings an Selbstständige. Über Ratesetter können dagegen beispielsweise auch in der Rechtsform einer Kapitalgesellschaft tätige Unternehmen Darlehen aufnehmen. Diese müssen Auskunft über den bisherigen Geschäftsverlauf geben und Finanzunterlagen wie Jahresabschlüsse vorlegen. Hier sind grundsätzlich auch noch rein quantitative Analysen möglich, indem einfache Finanzkennzahlen wie etwa Eigenkapitalquoten, Umsatzrendite und Verschuldensgrad herangezogen werden. Solange es hierbei belassen wird, handelt es sich noch nicht um eine Tätigkeit, die zu einer Qualifikation als EU-Ratingagentur führen kann. Kommen jedoch qualitative Analysen, wie die Analyse des Businessplans durch einen Ratinganalyst hinzu, läuft der Plattformbetreiber Gefahr, als EU-Ratingagentur qualifiziert zu werden.

3. Zahlungsdienste des Plattformbetreibers

Der Plattformbetreiber erbringt keine Zahlungsdienste gem. § 1 Abs. 1 Satz 2 ZAG. Die Zahlungen zwischen Darlehensnehmern und Darlehensgebern werden vollständig über das kooperierende Kreditinstitut abgewickelt. Würde der Plattformbetreiber selbst von den Nutzern Gelder entgegennehmen und weiterleiten, würde er gem. § 1 Abs. 1 Satz 2 Nr. 6 ZAG das Finanztransfergeschäft gewerbsmäßig betreiben und als Zahlungsinstitut gem. § 1 Abs. 1 Satz 1 Nr. 1 ZAG eine zahlungsdiensteaufsichtsrechtliche Erlaubnis gem. § 10 Abs. 1 Satz 1 ZAG benötigen.[712]

---

[710] Zu keinem abschließenden Ergebnis kommend: *Veith*, BKR 2016, 184, 190.

[711] http://help.zopa.com/customer/portal/articles/2468041, zuletzt abgerufen am 01.12. 2018.

[712] Insofern auf die potentielle Erlaubnispflicht hinweisend: *BaFin*, Auslegungsschreiben Crowdlending (Oktober 2015); *Polke*, Crowdlending, S. 167; *Veith*, BKR 2016, 184, 193. A.A. aber ohne nähere Begründung *Scholz-Fröhling*, BKR 2017, 133, 137, die bei Crowd-Geschäften

4. Forderungsverwaltung und Inkasso

Der Plattformbetreiber verwaltet für die Darlehensgeber die Darlehensverträge. Er wickelt für sie die gesamte Kommunikation ab, verschickt Mahnungen, führt die Kommunikation mit der Treuhand durch und veräußert gegebenenfalls die Forderungen für die Darlehensgeber.

a) Rechtsdienstleistung

Die Tätigkeit könnte eine Rechtsdienstleistung gem. § 2 Abs. 1 Satz 1 RDG darstellen. Diese ist legaldefiniert als jede Tätigkeit in konkreten fremden Angelegenheiten, sobald sie eine rechtliche Prüfung des Einzelfalls erfordert. Eine rechtliche Prüfung des Einzelfalls ist nicht erforderlich, solange „eine Handlung – wie letztlich jeder wirtschaftliche Vorgang – zwar die Kenntnis und Anwendung von Rechtsnormen erfordert, die Subsumtion unter juristische Begriffe und Tatbestände aber auch für juristische Laien so selbstverständlich ist, dass die Rechtsanwendung kein besonderes rechtliches Wissen voraussetzt"[713]. Maßgeblich ist also nicht, ob im Einzelfall eine rechtliche Prüfung, sondern ob im Einzelfall juristische Sachkunde erforderlich ist.[714] Reine „Routineangelegenheiten" wie das Auffinden von Rechtsnormen sowie deren Lektüre, Wiedergabe und rein schematische Anwendung sind deshalb nicht vom Anwendungsbereich des § 2 Abs. 1 Satz 1 RDG erfasst.[715]

Als Rechtsdienstleistung kommt ausschließlich die durch den Plattformbetreiber erfolgende Kontaktaufnahme und Mahnung im Verzugsfall in Betracht. Der Verzugsfall ist ein Geschäftsvorfall, der für wirtschaftliche Beziehungen typisch ist und sich durch einen Abgleich der Daten ohne Weiteres feststellen lässt. Diese Tätigkeit stellt keine Rechtsdienstleistung des Plattformbetreibers dar. Im Übrigen wird lediglich die Kommunikation mit der Treuhand sichergestellt, indem diese über Forderungsausfälle informiert wird, oder Kontakt mit einem Inkassobüro aufnimmt, das, soweit die Treuhand nicht greift, für die Darlehensgeber die Forderungen eintreibt. Auch hierfür ist keine juristische Sachkunde erforderlich. Der Plattformbetreiber erbringt keine Rechtsdienstleistung i.S.d. § 2 Abs. 1 Satz 1 RDG.

„grds. immer" eine Erlaubnispflicht nach § 8 Abs. 1 ZAG a.F. (nunmehr in § 10 Abs. 1 ZAG geregelt) annimmt.

[713] RegE BT-Drucks. 16/3655, S. 46. So auch *Kleine-Cosack*, RDG, § 2 Rn. 35; *Weth*, in: Henssler/Prütting, BRAO, § 2 RDG Rn. 29. Dahingehend auch *Dreyer/Müller*, in: Dreyer/Lamm/Müller, RDG, § 2 Rn. 22; *Krenzler*, in: Krenzler, RDG, § 2 Rn. 16 ff.

[714] *Weth*, in: Henssler/Prütting, BRAO, § 2 RDG Rn. 29.

[715] *Deckenbrock/Henssler*, in: Deckenbrock/Henssler, RDG, § 2 Rn. 37; *Kleine-Cosack*, RDG, § 2 Rn. 39.

b) Inkassodienstleistung

Die Forderungsverwaltung könnte aber als Inkassodienstleistung gem. § 2 Abs. 2 Satz 1 Var. 1 RDG zu qualifizieren sein. Hierbei handelt es sich der Vorschrift zufolge um die Einziehung fremder Forderungen, wenn die Forderungseinziehung als eigenständiges Geschäft betrieben wird.

Unter Einziehung ist jede Maßnahme zu verstehen, die auf die Geltendmachung einer Forderung gerichtet ist.[716] Hierunter lässt sich bereits die Mahnung der Darlehensnehmer durch den Plattformbetreiber subsumieren. Diese sehr weite Fassung des Tatbestands ist dadurch bedingt, dass die ordnungsgemäße Durchführung der Inkassotätigkeit sowohl für den Auftraggeber als auch für den Schuldner von wirtschaftlich großer Bedeutung ist[717]. Insbesondere ist der Rechtsverkehr davor zu schützen, dass unseriöse Unternehmen inexistente Forderungen eintreiben, unangemessene Methoden der Forderungseinziehung wählen oder durch übertriebene Inkassoforderungen einzutreibende Bagatellforderungen aufblähen.[718]

Die Forderungseinziehung müsste auch ein „eigenständiges Geschäft" des Plattformbetreibers darstellen. Das setzt voraus, dass die Einziehung im Rahmen seiner ständigen haupt- oder nebenberuflichen Tätigkeit erfolgt.[719] Kein „eigenständiges Geschäft" i.S.d. § 2 Abs. 2 Satz 1 Var. 1 RDG liegt dagegen vor, wenn sich die Tätigkeit als eine bloße Nebenleistung zu einer anderen beruflichen Tätigkeit darstellt.[720] Dies ist anhand der in § 5 Abs. 1 Satz 2 RDG genannten Kriterien festzustellen.[721] Ob es sich bei einer Dienstleistung um eine Nebenleistung handelt, ist demzufolge nach dem Inhalt und Umfang der in Frage stehenden Dienstleistung sowie ihrem sachlichen Zusammenhang mit der Haupttätigkeit zu beurteilen, wobei die für die Haupttätigkeit erforderlichen Rechtskenntnisse zu berücksichtigen sind.

Kern der gewerblichen Betätigung des Plattformbetreibers ist die Bereitstellung des Primär- und Sekundärmarkts, also die Vermittlung von Darlehens- sowie Forderungskaufverträgen zwischen Kapitalnehmern und Kapitalgebern. Hierum spannt sich ein Netz weiterer Dienstleistungen, das die Prüfung der Bonität, die Bereitstellung des Plattforminterface zur Forderungsüberwachung, die Bereitstellung der Treuhand und schlussendlich auch die Forderungsverwaltung für die Darlehensgeber inklusive der Geltendmachung der Forderungen gegenüber den Darlehensnehmern

---

[716] *Kleine-Cosack*, RDG, § 2 Rn. 93; *Weth*, in: Henssler/Prütting, BRAO, § 2 RDG Rn. 44. Noch zu Art. 1 § 1 Abs. 1 RBerG: BayObLG GewArch 1989, 173, 173; OLG Frankfurt a.M. NJW-RR 2005, 786, 787.

[717] RegE BT-Drucks. 16/3655, S. 48; *Kleine-Cosack*, RDG, § 2 Rn. 90; *Weth*, in: Henssler/Prütting, BRAO, § 2 RDG Rn. 42.

[718] RegE BT-Drucks. 17/13057, S. 9; *Deckenbrock/Henssler*, in: Deckenbrock/Henssler, RDG, § 2 Rn. 68.

[719] RegE BT-Drucks. 16/3655, S. 49; BGH NJW 2013, 59, 60; BGH NJW 2014, 847, 849; *Weth*, in: Henssler/Prütting, BRAO, § 2 RDG Rn. 52.

[720] RegE BT-Drucks. 16/3655, S. 49; BGH NJW 2013, 59, 60; BGH NJW 2014, 847, 849.

[721] BGH NJW 2013, 59, 60; *Weth*, in: Henssler/Prütting, BRAO, § 2 RDG Rn. 52.

umfasst. Die Tätigkeit des Plattformbetreibers im Bereich der Inkassodienstleistungen beschränkt sich auf die Mahnung. Der Betreiber erbringt für die Darlehensgeber keine darüberhinausgehenden Leistungen, da die Forderungen veräußert werden, sobald die Darlehensnehmer mit einer Rate in Verzug sind. Auch wird die Mahnung als Dienstleistung nur denjenigen Personen angeboten, die über die P2P-Lending-Plattform ein Darlehen gewährt haben. Die Plattform wird primär wegen der Vermittlung in Anspruch genommen und nicht wegen der Einziehungstätigkeiten. Diese Vermittlungstätigkeit unterliegt darüber hinaus bereits der gewerberechtlichen Regulierung und Überwachung. Die Geltendmachung der Forderungen stellt kein „eigenständiges Geschäft" i.S.d. § 2 Abs. 2 Satz 1 RDG dar. Der Plattformbetreiber erbringt keine Inkassodienstleistung.

V. Die Treuhandgesellschaft

Befindet sich der Darlehensnehmer mit mehreren Raten im Verzug, teilt der Plattformbetreiber dies der Treuhand bzw. Treuhandgesellschaft[722] mit, welche die Darlehensforderung erstattet, indem die Treuhand die ausstehenden Forderungen zum Nominalwert erwirbt.

1. Factoring

Bei dem Ankauf von Forderungen der Darlehensgeber könnte es sich um erlaubnispflichtiges Factoring gem. § 1 Abs. 1a Satz 2 Nr. 9 KWG handeln. Dies setzt den laufenden Ankauf von Forderungen auf der Grundlage von Rahmenverträgen mit oder ohne Rückgriff voraus.

Als Rahmenvertrag könnten noch die Treuhandverträge zwischen den Darlehensgebern und der Treuhandgesellschaft betrachtet werden, da diese die wesentlichen Konditionen des späteren Ankaufs regeln. Es müsste aber auch ein „laufender" Ankauf auf Grundlage des Rahmenvertrags vereinbart sein. Das bedeutet, dass weitere Ankäufe vertraglich verabredet sein müssten.[723] Schließen zwei Parteien nacheinander mehrere Forderungskaufverträge, ohne dass diese rechtlich durch den Rahmenvertrag verklammert sind, genügt das nicht.[724] Dies ist bei der Treuhandkonstruktion der Fall. Es handelt sich bei den Beiträgen der Darlehensgeber um Schenkungen unter Auflage.[725] Der Treuhand steht es nach eigenem Ermessen

---

[722] Siehe zur Rechtsnatur der Treuhand und der fehlenden eigenständigen Rechtspersönlichkeit oben Kapitel 3 A.VI.

[723] *Reschke*, in: Beck/Samm/Kokemoor, KWG, § 1 Rn. 682; *Schäfer*, in: Boos/Fischer/Schulte-Mattler, KWG, § 1 Rn. 183; *Schwennicke*, in: Schwennicke/Auerbach, KWG § 1 Rn. 142; *Weber/Seifert*, in: Luz/Neus, KWG, § 1 Rn. 74.

[724] *Reschke*, in: Beck/Samm/Kokemoor, KWG, § 1 Rn. 684 f.

[725] Siehe oben Kapitel 3 A.VI.4.

vollkommen frei, ob sie die notleidenden Forderungen erwirbt oder nicht. Damit ist kein laufender Ankauf vereinbart. Der Tatbestand des Factorings scheidet aus.

2. Inkassodienstleistung

Der Forderungskauf durch die Treuhandgesellschaft könnte eine Inkassodienstleistung gem. § 2 Abs. 2 Satz 1 Var. 2 RDG darstellen. Diese Variante der Inkassodienstleistung würde voraussetzen, dass die Darlehensgeber der Treuhandgesellschaft die Forderungen abtreten, damit diese die Forderungen auf Rechnung der Darlehensgeber einzieht. Der Treuhandgesellschaft werden im Rahmen des Forderungskaufvertrags zwar die Forderungen übertragen, die Übertragung erfolgt aber endgültig. Ein Regress ist nicht vorgesehen. Die Treuhandgesellschaft trägt das volle Ausfallrisiko. Sie zieht die Forderung demnach nicht auf fremde, sondern auf eigene Rechnung ein.[726] Die Tätigkeit der Treuhandgesellschaft unterliegt somit nicht dem RDG.

3. Versicherungsunternehmen

Indem die Treuhandgesellschaft Beiträge der Darlehensgeber entgegennimmt und später mit diesen Geldern im Falle eines Kreditereignisses wie dem Verzug von den Darlehensgebern die ausstehenden Forderungen gegen den Nominalwert erwirbt, könnte sie Versicherungsgeschäfte betreiben und damit als Versicherungsunternehmen i.S.d. § 7 Nr. 33 VAG einer Erlaubnispflicht nach § 8 Abs. 1 VAG unterliegen.

Ein Versicherungsgeschäft liegt vor, wenn jemand gegen „Entgelt für den Fall eines ungewissen Ereignisses bestimmte Leistungen übernimmt, wobei das übernommene Risiko auf eine Vielzahl durch die gleiche Gefahr bedrohter Personen verteilt wird und der Risikoübernahme eine auf dem Gesetz der großen Zahl beruhende Kalkulation"[727] zugrunde liegt. Der Versicherer muss „bestimmte Leistungen übernehmen". Der Versicherungsbegriff setzt also notwendigerweise voraus, dass dem Begünstigten im Versicherungsfall ein Rechtsanspruch auf die versprochene Leistung zusteht.[728] An diesem mangelt es, wie bereits im zivilrechtlichen Teil

---

[726] Siehe zu den für die Abgrenzung zwischen Einziehung auf eigene und fremde Rechnung maßgeblichen Faktoren der Endgültigkeit und dem Bonitätsrisiko: RegE BT-Drucks. 16/3655, S. 46; BGH NJW 2013, 59, 60; BGH NJW 2014, 847, 848; *Deckenbrock/Henssler*, in: Deckenbrock/Henssler, RDG, § 2 Rn. 75; *Kleine-Cosack*, RDG, § 2 Rn. 95; *Offermann-Burckart*, in: Krenzler, RDG, § 2 Rn. 89; *Weth*, in: Henssler/Prütting, BRAO, § 2 RDG Rn. 48.

[727] BVerwGE 3, 220, 221; BVerwGE 32, 196, 197; BVerwG NJW-RR 1987, 474, 474; BVerwGE 75, 155, 159 f.; BVerwGE 77, 253, 254; BVerwG NJW-RR 1993, 289, 289. Siehe zur allgemeinen Theoriendiskussion zum Versicherungsbegriff etwa *Präve*, in: Prölss/Dreher, VAG, § 1 Rn. 24 ff. m.w.N.

[728] BVerwG BVerwGE 75, 155, 160; BVerwG VersR 1987, 453, 454. Siehe auch *Kaulbach*, in: FKBP, VAG, § 1 Rn. 22; *Präve*, in: Prölss/Dreher, VAG, § 1 Rn. 35.

dargestellt,[729] da die Treuhand die Darlehensforderungen von den Darlehensnehmern ausschließlich nach freiem Ermessen erwirbt. Die Treuhandgesellschaft betreibt kein erlaubnispflichtiges Versicherungsgeschäft.

VI. Das kooperierende Kreditinstitut

Wollen die Anleger Gebote für Kreditprojekte abgeben, müssen sie ein Anlagekonto bei dem mit dem Plattformbetreiber kooperierenden Kreditinstitut einrichten und hierauf Gelder einzahlen. Bis zur Höhe der eingezahlten Gelder können sie Angebote über die Plattform abgeben. Auf dasselbe Konto fließen später auch die Zahlungen der Darlehensnehmer. Der Anleger kann jederzeit auf sein Guthaben auf dem Konto zugreifen, es sei denn, es befindet sich auf dem Sperrkonto. Die Bereitstellung des Anlagekontos (welches das Sperrkonto als Unterkonto umfasst) ist als Einlagengeschäft i.S.d. § 1 Abs. 1 Satz 2 Nr. 1 KWG zu qualifizieren. Dieses wird auch in gewerbsmäßiger Weise betrieben, sodass die Tätigkeit nach § 32 Abs. 1 Satz 1 KWG erlaubnispflichtig ist.

Hierdurch erklärt sich die Kooperation des Plattformbetreibers mit dem Kreditinstitut. Für den Betreiber wäre eine Erlaubnis mit einem massiven regulatorischen Aufwand verbunden,[730] der jedenfalls von kleineren Betreibern von P2P-Lending-Plattformen nicht erfüllt werden könnte. Als Kooperationspartner dient dabei ein CRR-Kreditinstitut. Dieses kann Zahlungsdienste nach § 1 Abs. 1 Satz 2 ZAG erbringen, ohne dass es dabei einer zahlungsdiensteaufsichtsrechtlichen Erlaubnispflicht nach § 10 Abs. 1 Satz 1 ZAG unterliegt, da sie Zahlungsdienstleister gem. § 1 Abs. 1 Nr. 3 ZAG sind. Durch die weitgehende Freistellung der CRR-Kreditinstitute vom ZAG wird eine Kollision mit bankaufsichtsrechtlichen Vorschriften verhindert.[731]

---

[729] Siehe oben Kapitel 3 A.VI.1.

[730] Siehe ausschnittsweise oben Kapitel 1 B.

[731] *Winkelhaus*, in: Casper/Terlau, ZAG, § 1 Rn. 191.

Kapitel 5

Reformperspektiven

In diesem Kapitel werden die Reformperspektiven für das P2P-Lending aufgezeigt. Dazu wird zunächst ein zusammenfassender Überblick über die wesentlichen vertrags- und aufsichtsrechtlichen Qualifikationen des echten und unechten P2P-Lendings gegeben, anschließend der Nutzen und die Risiken des P2P-Lendings herausgearbeitet und schlussendlich geprüft, wie eine sinnvolle regulatorische Erfassung des P2P-Lendings gestaltet sein könnte. Im Fokus steht dabei der im März 2018 veröffentlichte Entwurf der Europäischen Kommission für eine Crowdfunding-Verordnung.

A. Zusammenfassender Überblick über die wesentlichen Ergebnisse und Vergleich zum unechten P2P-Lending

In diesem Abschnitt werden die wesentlichen Ergebnisse zur vertrags- und aufsichtsrechtlichen Qualifikation der Beziehungen und Tätigkeiten beim echten P2P-Lending dargestellt und mit der herrschenden Auffassung zur zivil- und aufsichtsrechtlichen Einordnung des unechten P2P-Lending verglichen.[732]

I. Zivilrechtliche Qualifikation

Beim echten P2P-Lending kommen zwischen Darlehensnehmern und Anlegern unmittelbar Darlehensverträge i.S.d. § 488 BGB zustande. Im Rahmen des echten P2P-Consumer-Lending sind die von gewerblichen Anlegern vergebenen Darlehen als Verbraucherdarlehen gem. § 491 Abs. 1 Satz 1 BGB zu qualifizieren.[733] Darlehen von Privat an Privat sind aufgrund der Verwaltung und Nutzung des eigenen Vermögens der Darlehensgeber dagegen keine Verbraucherkredite.[734] Beim P2P-Busi-

---

[732] Siehe für eine ausführliche Analyse des unechten P2P-Lendings *Polke*, Crowdlending, passim.

[733] Siehe oben Kapitel 3 A.I.4.b).

[734] Siehe oben Kapitel 3 A.I.4.a).

ness-Lending handelt es sich unabhängig davon, ob Privatanleger oder gewerbliche Anleger die Darlehen gewähren, ebenfalls nicht um Verbraucherkredite.[735]

Beim unechten P2P-Lending gibt es ausschließlich einen Darlehensvertrag. Die Darlehensnehmer schließen diesen mit dem Kreditinstitut, das mit der Plattform kooperiert.[736] Damit werden beim unechten P2P-Consumer-Lending immer Verbraucherdarlehensverträge geschlossen. Beim unechten P2P-Business-Lending dagegen nie, es sei denn, die Ausnahme gem. § 513 BGB für Existenzgründer greift. Die Forderungen aus den geschlossenen Darlehensverträgen werden den Anlegern anschließend auf Grundlage eines Forderungskaufvertrags im Wege der (Teil-)Abtretung übertragen. Diese Übertragung ändert an der Qualifikation der Darlehensverträge als Verbraucherdarlehensvertrag nichts, da anderenfalls gem. § 512 Satz 2 BGB eine Umgehung des Verbraucherschutzes vorläge.[737]

II. Aufsichtsrechtliche Qualifikation der Darlehensvergabe

Die Privatanleger unterliegen sowohl beim echten P2P-Consumer-Lending als auch beim echten P2P-Business-Lending keiner Erlaubnispflicht nach § 32 Abs. 1 Satz 1 i.V.m. § 1 Abs. 1 Satz 2 Nr. 2 KWG, da das P2P-Lending für sie die Verwaltung und Nutzung des eigenen Vermögens darstellt.[738] Gewerbliche Anleger unterliegen beim P2P-Business-Lending ebenfalls keiner Erlaubnispflicht.[739] Ausschließlich beim P2P-Consumer-Lending betreiben die gewerblichen Anleger das Kreditgeschäft in erlaubnispflichtiger Weise, da hier der Schutz der Verbraucherdarlehensnehmer überwiegt.[740]

Beim unechten P2P-Lending stellt sich bereits die Frage, ob der Tatbestand des Kreditgeschäfts überhaupt erfüllt ist, da die Anleger die Forderung im Wege der Abtretung vom zwischengeschalteten Kreditinstitut erwerben. Basierend auf dem herrschenden Verständnis des § 1 Abs. 1 Satz 2 Nr. 2 KWG müsste angenommen werden, dass der Erwerb einer Forderung im Wege der Abtretung für den Erwerber kein Kreditgeschäft darstellt, da bei einer Abtretung nicht mehr von einer „Gewährung" eines Kredits gesprochen werden kann.[741] Dem wird von *Polke* entgegengehalten, dass sich die Abtretung von Forderungen bei einer schutzzweckori-

---

[735] Siehe oben Kapitel 3 A.I.5.

[736] Siehe *Polke*, Crowdlending, S. 52 f.

[737] *Weidenkaff*, in: Palandt, BGB, § 491 Rn. 8 m.w.N.

[738] Siehe oben Kapitel 4 B.I.1.

[739] Siehe oben Kapitel 4 B.I.2.b).

[740] Siehe oben Kapitel 4 B.I.2.a).

[741] *BaFin*, Merkblatt Kreditgeschäft (Mai 2016), 1 a) bb) (4); *Brogl* in: Reischauer/Kleinhans, KWG, § 1 Rn. 64; *Haug*, in: Szagunn/Haug/Ergenzinger, KWG, § 1 Rn. 31; *Samm/Reschke*, in: Beck/Samm/Kokemoor § 1 Rn. 207; *Schäfer*, in: Boos/Fischer/Schulte-Mattler, KWG, § 1 Rn. 57; Schwennicke, in: Schwennicke/Auerbach § 1 Rn. 36; *Schwennicke*, in: Schwennicke/Auerbach § 1 Rn. 36.

entierten Auslegung durchaus noch als das Gewähren eines Darlehens verstehen ließe.[742] Das unechte P2P-Lending sei jedoch ausnahmsweise nicht erfasst, weil der Schutzzweck des Kreditgeschäfts nicht berührt sei. Es seien insbesondere unsachgemäße Verwaltungsentscheidungen ausgeschlossen. So könnten beispielsweise die einzelnen Anleger als (Teil-)Zessionare ein Darlehen nur kündigen, wenn sich alle anderen Zessionare entsprechend verhalten, was unwahrscheinlich sei.[743] *Polke* unterschlägt dabei aber, dass die Plattform oder das kooperierende Kreditinstitut von den Anlegern regelmäßig ermächtigt ist, jegliche Entscheidungen im Kontext der Verwaltung der Darlehensforderungen zu treffen. So wird beispielsweise bei Auxmoney das forderungsverwaltende Partnerunternehmen unwiderruflich zur Forderungsverwaltung ermächtigt[744] und das Kündigungsrecht verbleibt bei der verkaufenden Bank,[745] welche im Verwertungsfall ermächtigt ist, die Forderung des Käufers an ein Inkassounternehmen zu verkaufen[746]. Beim unechten P2P-Lending ist eine einheitliche Ausübung der Rechte der Zessionare also garantiert. Damit sind die nach *Polkes* Auffassung abzuwehrenden unsachgemäßen Verwaltungsentscheidungen möglich, sodass demnach die Erlaubnispflicht beim unechten P2P-Lending konsequenterweise bejaht werden müsste. Insgesamt erscheint es vorzugswürdiger, den Wortlaut des § 1 Abs. 1 Satz 2 Nr. 2 KWG aufgrund des erheblichen Eingriffsgewichts der Erlaubnispflicht eng zu verstehen, sodass die Abtretung einer Darlehensforderung mit der herrschenden Ansicht nicht mehr als die „Gewährung von Gelddarlehen" begriffen wird. Im Ergebnis wird jedenfalls Einigkeit bestehen, dass die Anleger, unabhängig davon, ob es sich um Privatanleger oder gewerbliche Anleger handelt, beim unechten P2P-Lending kein Kreditgeschäft betreiben und damit keiner Erlaubnispflicht unterliegen.[747]

---

[742] *Polke*, Crowdlending, S. 108 ff.

[743] *Polke*, Crowdlending, S. 139 ff.

[744] So wird das Serviceunternehmen von allen Käufern ermächtigt, Forderungen einzuziehen und bevollmächtigt, Ratenplanänderungen anzuweisen, siehe § 7 Abs. 1 lit. A, Abs. 2 lit. a und 4 Muster Servicingvertrag, abrufbar unter https://www.auxmoney.com/contact/dokumen te/lender/AnlageD.pdf, zuletzt abgerufen am 01.12.2018.

[745] Siehe § 1 Abs. 2 Muster Vertrag über den Verkauf und die Abtretung einer zukünftigen Verbraucherdarlehensforderung einschließlich Verwertungsvollmacht, abrufbar unter https:// www.auxmoney.com/contact/dokumente/lender/AnlageC.pdf, zuletzt abgerufen am 01.12. 2018.

[746] Siehe § 7 Abs. 6 Muster Vertrag über den Verkauf und die Abtretung einer zukünftigen Verbraucherdarlehensforderung einschließlich Verwertungsvollmacht, abrufbar unter https:// www.auxmoney.com/contact/dokumente/lender/AnlageC.pdf, zuletzt abgerufen am 01.12. 2018.

[747] *Schäfer*, in: Boos/Fischer/Schulte-Mattler, KWG, § 1 Rn. 43; *Scholz-Fröhling*, BKR 2017, 133, 136; *Veith*, BKR 2016, 184, 188. Kritischer *Hartmann*, BKR 2017, 321, 324 der darauf hinweist, dass es sich um ein Umgehungsgeschäft handelt.

III. Aufsichtsrechtliche Qualifikation der Darlehensaufnahme

Die Darlehensnehmer unterliegen sowohl beim echten P2P-Consumer-Lending als auch beim echten P2P-Business-Lending keiner bankaufsichtsrechtlichen Erlaubnispflicht, solange sie die finanzmarktrechtliche Mindestschwelle von 100.000 EUR nicht überschreiten.[748] Umgekehrt besteht in beiden Fällen beim echten P2P-Lending eine Erlaubnispflicht gem. § 32 Abs. 1 Satz 1 i.V.m. § 1 Abs. 1 Satz 2 Nr. 1 KWG, wenn diese Schwelle überschritten wird.

Beim unechten P2P-Lending gewährt das zwischengeschaltete CRR-Kreditinstitut den Darlehensnehmern die Darlehen. Auch dort stellt sich die Frage, ob die Darlehensnehmer überhaupt das Einlagengeschäft gem. § 1 Abs. 1 Satz 2 Nr. 1 KWG betreiben. Aufbauend auf der herrschenden Ansicht wäre das zu verneinen.[749] Die mit dem Plattformbetreiber kooperierenden Kreditinstitute verfügen über eine Erlaubnis und würden damit nicht dem zu schützenden „Publikum" zugerechnet werden, sodass die Darlehensnehmer keine anderen unbedingt rückzahlbaren Gelder des Publikums gemäß § 1 Abs. 1 Satz 2 Nr. 1 Var. 2 KWG annehmen würden.[750] Hinsichtlich des § 1 Abs. 1 Satz 2 Nr. 1 Var. 1 KWG wird von *Polke* zudem vertreten, dass ausnahmsweise kein Einlagengeschäft vorläge, weil sich die Anleger wissentlich außerhalb des Bereichs sicherer Bankeinlagen bewegen würden und insofern nicht schutzwürdig seien.[751] Demnach wäre die Darlehensaufnahme beim unechten P2P-Lending nicht erlaubnispflichtig.

Aufbauend auf den Ergebnissen dieser Arbeit müssten beide Ansichten abgelehnt werden. Die Ansicht, dass Kreditinstitute nicht dem Publikum zuzurechnen seien, wurde bereits im Rahmen der Prüfung des von den Darlehensnehmern betriebenen Einlagengeschäfts aufgrund des Schutzzwecks der Regulierung abgelehnt.[752] Auch Kreditinstitute sind Teilnehmer an den Kapitalmärkten, deren Vertrauen es zu schützen gilt. Der Ansicht *Polkes* ist, wie ebenfalls bereits dargestellt, nicht zu folgen, da anderenfalls eine Erhöhung der Risiken für die Gläubiger zu einer Reduzierung der aufsichtsrechtlichen Anforderungen führt.[753] Richtigerweise ist beim P2P-Lending die Gewerbsmäßigkeit der Darlehensaufnahme und das Erfordernis eines in kaufmännischer Weise eingerichteten Geschäftsbetriebs zu verneinen. Die

---

[748] Siehe oben Kapitel 4 B.II.1.e) f. sowie Kapitel 4 B.II.2.

[749] Siehe zu dieser bereits oben Kapitel 4 B.II.1.a)aa).

[750] *Reschke*, in: Beck/Samm/Kokemoor, KWG, § 1 Rn. 135. Siehe allgemein dazu, dass die Aufnahme eines Darlehens bei einem Kreditinstitut für den Darlehensnehmer grundsätzlich keine erlaubnispflichtige Tätigkeit darstellt: *Reschke*, in: Beck/Samm/Kokemoor, KWG, § 1 Rn. 135; *Schäfer*, in: Boos/Fischer/Schulte-Mattler, KWG, § 1 KWG Rn. 46; *Schwennicke*, in: Schwennicke/Auerbach, KWG, § 1 Rn. 28; *Weber/Seifert*, in: Luz/Neus, KWG, § 1 Rn. 24.

[751] Die Ansicht *Polkes* (*Polke*, Crowdlending, S. 153 ff.) beruht auf einer „vereinfachten Betrachtung". Siehe für eine ausführliche Auseinandersetzung mit dieser oben Kapitel 4 B.II.1.a)bb).

[752] Siehe oben Kapitel 4 B.II.1.a)aa).

[753] Siehe oben Kapitel 4 B.II.1.a)bb).

Darlehensaufnahme erfolgt aufgrund eines einzelnen Darlehensvertrags. Die Kreditaufnahme erfolgt rein gelegentlich, womit keine Erlaubnispflicht gem. § 32 Abs. 1 KWG besteht.[754]

Im Ergebnis ist die Kapitalaufnahme durch die Darlehensnehmer beim unechten P2P-Lending jedenfalls nach derzeit wohl ganz herrschender Ansicht erlaubnisfrei.[755]

IV. Aufsichtsrechtliche Qualifikation der Plattform und sonstiger Beteiligter

Plattformbetreiber, die echtes P2P-Lending anbieten, sind als Darlehensvermittler gem. § 34c Abs. 1 GewO zu qualifizieren und unterliegen damit der allgemeinen gewerberechtlichen Regulierung.

Beim unechten P2P-Lending unterliegen die Plattformbetreiber ebenfalls keiner bankaufsichtsrechtlichen Erlaubnispflicht. Zwar handelt es sich bei den Darlehen um Vermögensanlagen i.S.d. § 1 Abs. 2 Nr. 7 VermAnlG, womit die Plattform grundsätzlich Anlagenvermittlung gem. § 1 Abs. 1a Satz 2 Nr. 1 KWG betreibt. Sie ist jedoch aufgrund des Ausnahmetatbestands in § 2 Abs. 6 Satz 1 Nr. 8 Halbsatz 1 lit. e) KWG von der bankaufsichtsrechtlichen Regulierung befreit.[756] Die Plattform ist damit als Finanzanlagenvermittler nach § 34f Abs. 1 Satz 1 Nr. 3 GewO erlaubnispflichtig.[757] Daneben bedarf sie aufgrund der Vermittlung der Darlehen an das Kreditinstitut einer gewerberechtlichen Erlaubnis nach § 34c Abs. 1 Satz 1 Nr. 2 GewO (Darlehensvermittlung).[758]

V. Vermögensanlagerechtliche Qualifikation

Die Anleger werden beim echten P2P-Lending nicht durch die vermögensanlagerechtlichen Regelungen geschützt, da es sich aufgrund des Einlagencharakters der

---

[754] Siehe zum Begriff der Gewerbsmäßigkeit oben Kapitel 4 B.I.1.a)bb).

[755] *Hartmann*, BKR 2017, 321, 323 f.; *Kunz*, in: Bräutigam/Rücker, E-Commerce, 12. Teil, E Rn. 104; *Polke*, Crowdlending, S. 156; *Renner*, EuCML 2016, 224, 225; *Schäfer*, in: Boos/Fischer/Schulte-Mattler, KWG, § 1 Rn. 43; *Veith*, BKR 2016, 184, 188.

[756] *Hartmann*, BKR 2017, 321, 323; *Veith*, BKR 2016, 184, 188 f. Ausführlicher dazu *Polke*, Crowdlending, S. 151 f.

[757] *Hartmann*, BKR 2017, 321, 323; *Polke*, Crowdlending, S. 218 f.; *Schönleiter*, in: Landmann/Rohmer, GewO, § 34f Rn. 89 b; *Veith*, BKR 2016, 184, 189; *Will*, in: BeckOK-GewO, § 34f Rn. 64a.

[758] *Hartmann*, BKR 2017, 321, 327; *Polke*, Crowdlending, S. 218 f.; *Veith*, BKR 2016, 184, 189. Aufgrund der unterschiedlichen Schutzrichtung der beiden Erlaubnistatbestände sind sie grundsätzlich nebeneinander anwendbar, siehe dazu *Polke*, a.a.O. m.w.N.

über die Plattform vermittelten Darlehen nicht um Vermögensanlagen gem. § 1 Abs. 2 Nr. 7 VermAnlG handelt.[759]

Die beim unechten P2P-Lending vermittelten Darlehen werden demgegenüber als Vermögensanlage gem. § 1 Abs. 2 Nr. 7 VermAnlG qualifiziert.[760] Das VermAnlG findet dabei aber nach wohl einhelliger Ansicht nur eingeschränkt Anwendung. Es gibt jedoch bislang keine einheitliche Ansicht dazu, welche Befreiungstatbestände konkret greifen und in welchem Umfang die Beteiligten damit von den Pflichten des VermAnlG befreit sind. Einheitlich wird allein die Annahme des Gesetzgebers abgelehnt bzw. die praktische Bedeutung der in der Gesetzesbegründung zum KASG getroffenen Aussage zum P2P-Lending verneint, wonach § 2 Abs. 1 Satz 1 Nr. 7 lit. d VermAnlG (Ausgabe von Vermögensanlagen durch ein Kreditinstitut) beim unechten P2P-Lending anwendbar sei.[761] Die Ablehnung wird damit begründet, dass das zwischengeschaltete Kreditinstitut beim unechten P2P-Lending nicht Emittent gem. § 1 Abs. 3 VermAnlG sei, sondern die Darlehensnehmer.[762] *Polke* lehnt dann auch die Anwendbarkeit des umfangreichsten Befreiungstatbestands in § 2 Abs. 1 Satz 1 Nr. 3 VermAnlG ab, weil § 2 Abs. 1 Satz 1 Nr. 3 lit. a VermAnlG (Ausnahme für weniger als 20 angebotene Anteile bzw. Verkaufspreis für jeden Anteil von mindestens 200.000 EUR pro Anleger) ohne praktische Relevanz sei und § 2 Abs. 1 Satz 1 Nr. 3 lit. b VermAnlG (Ausnahme, wenn der Verkaufspreis der im Zeitraum von zwölf Monaten angebotenen Anteile einer Vermögensanlage insgesamt 100.000 EUR nicht übersteigt) aus teleologischen Gründen nicht anwendbar sei.[763] Er kommt dann zu dem Ergebnis, dass allein § 2a Abs. 1 VermAnlG (Ausnahme, wenn der Verkaufspreis sämtlicher angebotener Vermögensanlagen desselben Emittenten 2,5 Millionen EUR nicht übersteigt) greife.[764] Dies hätte zur Folge, dass beim unechten P2P-Lending gem. § 13 Abs. 1 VermAnlG für jedes Kreditprojekt ein Vermögensanlagen-Informationsblatt erstellt und veröffentlicht werden müsste. Bislang existiert keine vertiefte rechtswissenschaftliche Auseinandersetzung mit *Polkes* Auffassung. Die BaFin nimmt in ihrem Auslegungsrundschreiben zum P2P-Lending an, dass der umfangreichere Ausnahmetatbestand in § 2 Abs. 1 Satz 1 Nr. 3 Verm-

---

[759] RegE BT-Drucks. 18/3994, S. 39; *BaFin*, Auslegungsschreiben Crowdlending (Oktober 2015), Ziff. 2.1; *BaFin*, Crowdlending, https://www.bafin.de/DE/Aufsicht/FinTech/Crowdfunding/Crowdlending/crowdlending_node.html, zuletzt abgerufen am 01.12.2018; *Hartmann*, BKR 2017, 321, 323; *Veith*, BKR 2016, 184, 188. Ausführlicher dazu *Polke*, Crowdlending, S. 151 f.

[760] RegE BT-Drucks. 18/3994, S. 39; *BaFin*, Auslegungsschreiben Crowdlending (Oktober 2015), Ziff. 2.1; *BaFin*, Crowdlending, https://www.bafin.de/DE/Aufsicht/FinTech/Crowdfunding/Crowdlending/crowdlending_node.html, zuletzt abgerufen am 01.12.2018; *Hartmann*, BKR 2017, 321, 323; *Veith*, BKR 2016, 184, 188. Ausführlicher dazu *Polke*, Crowdlending, S. 151 f.

[761] RegE BT-Drucks. 18/3994, S. 39.

[762] *BaFin*, Auslegungsschreiben Crowdlending (Oktober 2015), Ziff. 2.1. Siehe ausführlich dazu auch *Polke*, Crowdlending, S. 182 ff.

[763] *Polke*, Crowdlending, S. 184 ff.

[764] *Polke*, Crowdlending, S. 184 ff.

AnlG greife, womit beim unechten P2P-Lending insbesondere kein Prospekt oder Vermögensanlagen-Informationsblatt erstellt und veröffentlicht werden müsste.[765] Erst wenn eine der Schwellen des § 2 Abs. 1 Satz 1 Nr. 3 VermAnlG überschritten würde, greife § 2a Abs. 1 VermAnlG, also wenn beispielsweise der Verkaufspreis der im Zeitraum von zwölf Monaten angebotenen Anteile einer Vermögensanlage insgesamt 100.000 Euro übersteigt. Gewisse Bestätigung findet diese Ansicht in der Literatur.[766] Sie spiegelt sich auch in der Praxis wider. So werden beispielsweise den Kreditprojekten bei Auxmoney keine Vermögensanlage-Informationsblätter beigefügt.[767]

B. Nutzen und Potentiale des P2P-Lendings

Eingangs dieser Arbeit wurde bereits dargestellt, dass das P2P-Lending aus Perspektive der Darlehensnehmer mit verbesserten Kreditkonditionen einhergehen kann und zu einer breiteren Kreditversorgung der Bevölkerung führt, da auch Personen Darlehen erhalten, denen Banken keine oder nur eingeschränkt Darlehen gewähren.[768] Des Weiteren kann die Dienstleistungsqualität der Plattformbetreiber besser als diejenige von Banken sein, was insbesondere den Zeitraum zwischen Stellung des Darlehensantrags und Valutierung des Darlehens betrifft.

Für die Darlehensgeber bedeutet das P2P-Lending vor allem eine neue Anlageklasse, da sie nunmehr Geld in Projekte von Privatpersonen anlegen können. Ein Bereich, der ihnen bislang weitgehend verschlossen geblieben ist.[769]

Über P2P-Lending-Plattformen, die sowohl einen Primär- als auch einen Sekundärmarkt anbieten, werden die Bedarfsstrukturprobleme der Darlehensnehmer vollständig und die der Darlehensgeber zu großen Teilen gelöst.[770] Die Darlehensnehmer erhalten wie von klassischen Banken Darlehen, welche ihrem Bedürfnis im Hinblick auf Volumen, Laufzeit und Verzinsung entsprechen. Auf Seiten der Darlehensgeber wird das Losgrößenproblem gelöst. Der Fristenproblematik kann durch einen funktionsfähigen Sekundärmarkt in einem hinreichenden Maß begegnet werden.[771] Im Hinblick auf die Risikoproblematik werden jedenfalls risikoreduzierende Maßnahmen getroffen. So ermittelt der Plattformbetreiber die Bonität der

---

[765] *BaFin*, Auslegungsschreiben Crowdlending (Oktober 2015), Ziff. 2.1.3.

[766] *Renner*, EuCML 2016, 224, 226; *Veith*, BKR 2016, 184, 190 f.

[767] Siehe https://www.auxmoney.com/project/list eingesehen werden, zuletzt abgerufen am 01.12.2018.

[768] Siehe oben Kapitel 2 A.

[769] Siehe oben Kapitel 2 A.

[770] Siehe zu den Bedarfsstrukturproblemen und den Transformationsfunktionen bereits oben Kapitel 4 A.I m.w.N.

[771] Siehe auch *Jamin*, WiSt 2015, 215, 217 dazu, dass ohne ein Sekundärmarkt keine Fristentransformation erfolgt.

Darlehensnehmer und stellt risikoadäquate Zinssätze fest. Hierauf aufbauend können die Darlehensgeber ihr Kapital auf eine Vielzahl von Darlehensnehmer streuen, sodass das Risiko eines Totalverlusts eingeschränkt ist.

Das P2P-Lending löst die Bedarfsstrukturprobleme beider Marktseiten primär durch Vermittlungs- und Informationsdienstleistungen. Da der Plattformbetreiber selbst nicht als Vertragspartei zwischen Kapitalgeber und Kapitalnehmer geschaltet ist, ist der Betreiber nicht wie klassische Banken ein Finanzintermediär im engeren, sondern im weiteren Sinn.[772] Aus Perspektive der Darlehensnehmer macht es dabei materiell kaum einen Unterschied, ob sie einen Kredit von einer klassischen Bank erhalten oder ob der Kredit über eine P2P-Lending-Plattform vermittelt wird. Die Grenzen sind hier nur durch das Kapitalangebot gezogen. Auf Seiten der Darlehensgeber stellt das P2P-Lending aufgrund der erhöhten Risiken und der geringeren Liquidität keine echte Alternative zum traditionellen Einlagengeschäft der Banken in Form von Girokonten oder Sparbüchern dar. Auf Seite der Einleger wird kaum in die traditionellen Geschäftsfelder der Banken eingedrungen. Insofern führt das P2P-Lending zwar zu einer Disintermediation der Kreditmärkte, geht aber nur mit einer eingeschränkten Substitution der traditionellen Banken einher. Das „disruptive"[773] Potential ist, wenn man es allein am Eindringen in die traditionellen Geschäftsfelder der Banken festmacht, nur teilweise gegeben, nämlich hinsichtlich des Kreditgeschäfts. Gleichwohl handelt es sich für die Anleger um eine bedeutsame Finanzinnovation.

C. Risiken des P2P-Lendings

I. Für die Darlehensnehmer

Beim P2P-Consumer-Lending sind die Darlehensnehmer Verbraucher.[774] Es besteht damit die Gefahr, dass ihnen die finanziellen und mathematischen Kenntnisse fehlen, um die wirtschaftliche Bedeutung und Tragweite der Darlehensaufnahme zu überblicken. Sie können den Nutzen des Konsums über- und die Kosten des Darlehens unterschätzen. Das kann letztlich dazu führen, dass sie stärker in ihrer finanziellen Freiheit eingeschränkt sind, als sie es erwartet hatten. Unterschätzen die

---

[772] Mit demselben Begriffsverständnis von Finanzintermediären im weiteren Sinne: *Bitz*, WiSt 1989, 439, 431; *Bitz/Stark*, Finanzdienstleistungen, S. 11; *Hartmann-Wendels/Pfingsten/ Weber*, Bankbetriebslehre, S. 3. Dagegen *Bernet*, Finanzmediation, S. 22, wonach solche Unternehmen und Organisationen sind, für welche die Intermediationsfunktionen nicht zum Kerngeschäft gehören, sondern diese als Zusatz- oder Ergänzungsleistung anbieten.

[773] *Moenninghoff/Wieandt*, ZFBF 2013, 466, 467.

[774] Siehe insofern ausführlich auch die Ausführungen zur Zielsetzung des Verbraucherschutzrechts Kapitel 3 A.I.4.a) m.w.N., wobei das Verbraucherkreditrecht nur dann einen Schutz vorsieht, wenn der Vertragspartner Unternehmer ist.

Darlehensnehmer die Kosten des Darlehens, kann es auch zu einer Überschuldung kommen.

Die Darlehensnehmer überlassen die Bonitätsbewertung und darauf aufbauend die Ermittlung des risikoadäquaten Zinssatzes vollständig den Plattformbetreibern. Nehmen die Plattformbetreiber die Bonitätsanalyse nicht sorgfältig vor, kann das die Kosten für die Darlehensnehmer unnötig erhöhen.[775] Dies ist beispielsweise der Fall, wenn das Ausfallrisiko von den Plattformbetreibern zu hoch eingeschätzt wird. Dann müssen die Darlehensnehmer höhere Zinsen als notwendig zahlen, um die vermeintlichen Risiken adäquat zu kompensieren.

Die Darlehensnehmer können darüber hinaus Opfer von Interessenkonflikten des Plattformbetreibers werden. Die Provision des Betreibers hängt davon ab, wie groß das vermittelte Darlehen ist. Des Weiteren führen Kreditausfälle bei ihm zu keinen unmittelbaren Verlusten. Damit besteht der Anreiz, Darlehensnehmer zu veranlassen, unnötige oder unnötig hohe Darlehen aufzunehmen.[776]

Schlussendlich können die Darlehensnehmer dadurch geschädigt werden, dass der Plattformbetreiber die Darlehen auf unseriöse oder kriminelle Weise eintreibt.[777]

II. Für die Darlehensgeber

Für die Darlehensgeber bestehen zunächst erhebliche Erfolgsrisiken. Es kann aufgrund fehlender Zahlungswillig- und -fähigkeit der Darlehensnehmer[778] zu einem Totalverlust der Anlage[779] kommen. Aber auch unsachgemäße Bonitätsprüfungen und Ratings des Plattformbetreibers können zu nicht risikoadäquaten Zinsen führen und so ein Erfolgsrisiko erzeugen. Ebenso sind die Beteiligten auf der Plattform grundsätzlich anonym aktiv, sodass betrügerische Darlehensnehmer Schäden verursachen können.[780] Die Erfolgsrisiken können zwar durch die Treuhandkonstruktion aufgefangen werden, jedoch ist erstens deren Leistungsfähig- und -willigkeit nicht gewährleistet und zweitens tragen die Darlehensgeber durch die Beiträge mittelbar die aus dem Fehlverhalten resultierenden Kosten selbst.

Neben dem Erfolgsrisiko steht für die Darlehensgeber das Liquiditätsrisiko im Vordergrund. Durch den Sekundärmarkt wird lediglich ein virtueller Marktplatz zur Verfügung gestellt, an dem Forderungen tatsächlich veräußert werden können. Die Darlehensgeber haben aber keine rechtlich gesicherte Position, auf deren Grundlage

---

[775] *Macchiavello*, Colum. J. Eur. L., 21 (2015), 521, 539.

[776] *Macchiavello*, Colum. J. Eur. L., 21 (2015), 521, 541.

[777] *Macchiavello*, Colum. J. Eur. L., 21 (2015), 521, 539.

[778] *EBA*, lending-based crowdfunding, S. 12.

[779] *Hartmann*, BKR 2017, 321, 325.

[780] *EBA*, lending-based crowdfunding, S. 14; *Milne/Parboteeah*, Peer-to-Peer Lending, S. 22.

sie ihre Forderung unabhängig von der Kaufentscheidung anderer Anleger liquidieren können.[781] Die Liquidität kann schnell versiegen, wenn bekannt wird, dass die
Darlehen auf einer Plattform strukturell nicht risikoadäquat vergütet werden, das
Kapitalangebot aufgrund eines gesamtwirtschaftlichen Abschwungs insgesamt
verringert ist oder schlussendlich institutionelle Anleger durch einen kurzfristigen
Verkauf großer Positionen den verhältnismäßig kleinen Sekundärmarkt überfluten.[782]

III. Für Darlehensgeber und Darlehensnehmer

Sowohl für Darlehensgeber als auch Darlehensnehmer stellt die Insolvenz des
Betreibers ein gravierendes Risiko dar, da dieser alle Darlehen verwaltet. Die Darlehensnehmer hätten einen erheblich größeren Aufwand, wenn sie selbst die Zahlungen für hunderte oder gar tausende einzelne Darlehensverträge veranlassen
müssten. Die Darlehensgeber müssten demgegenüber die Erfüllung der Darlehensverträge durch eine Vielzahl unterschiedlicher Schuldner überwachen und gegebenenfalls Maßnahmen zur Durchsetzung einleiten. Der Aufwand und die Kosten
stünden in keinem zumutbaren Verhältnis zu den Volumina der einzelnen Darlehen.
Weitere Ursachen für den Zusammenbruch einer Plattform können neben einer
schlechten Produktqualität (etwa mangelhafte Ratings oder unzureichende Verwaltung) insbesondere auch Datenverluste durch Cyberangriffe oder unzulängliche
IT-Ausstattung sein[783]. Zuletzt ist das Szenario denkbar, dass die Plattformbetreiber
Garantien für die vermittelten Darlehen gewähren, was von den Anlegern als Zeichen
der Sicherheit positiv aufgefasst werden könnte.[784] Damit würde der Betreiber jedoch
selbst unmittelbar an den Kreditrisiken beteiligt werden und so ein neues Ausfallrisiko schaffen.

Schlussendlich können auch die Nutzer unmittelbare Opfer von Cyberkriminalität
werden, wenn es zu einem Identitäts- oder Datendiebstahl kommt.[785] Im Hinblick auf
die Darlehensnehmer sind die Daten besonders sensibel, da sie Auskunft über ihre
Vermögensverhältnisse geben.

---

[781] *EBA*, lending-based crowdfunding, S. 12.

[782] *Milne/Parboteeah*, Peer-to-Peer Lending, S. 23.

[783] *EBA*, lending-based crowdfunding, S. 14; *Macchiavello*, Colum. J. Eur. L., 21 (2015),
521, 541; *Milne/Parboteeah*, Peer-to-Peer Lending, S. 22.

[784] Siehe zu entsprechenden Erscheinungen auf dem chinesischen P2P-Lending-Markt
Milne/Parboteeah, Peer-to-Peer Lending, S. 18.

[785] *EBA*, lending-based crowdfunding, S. 14, 17, 18; *Macchiavello*, Colum. J. Eur. L., 21
(2015), 521, 539; *Milne/Parboteeah*, Peer-to-Peer Lending, S. 22.

IV. Für die Gesamtwirtschaft und Allgemeinheit

P2P-Lending-Plattformen erzeugen keine vergleichbaren gesamtwirtschaftlichen Risiken wie CRR-Kreditinstitute, da sie selbst keine Finanzintermediäre im engeren Sinne sind.[786] Die P2P-Lending-Plattformen sind aber Teil der Finanzmärkte. Missstände können das allgemeine Vertrauen der Marktteilnehmer in die Stabilität, Integrität und Fairness der Finanzmärkte beeinträchtigen und so eine gesamtwirtschaftlich wünschenswerte möglichst effiziente Kapitalallokation beeinträchtigen. Mit jedem vergebenen Darlehen erhöht sich zudem die Geldmenge in der Volkswirtschaft, sodass das P2P-Lending inflatorische Wirkung haben kann.[787] Zuletzt besteht aufgrund der Anonymität auf der Plattform eine gesteigerte Gefahr für Geldwäsche und Terrorismusfinanzierung.[788]

D. Adressierung der Risiken de lege lata

Beim echten P2P-Lending wird von den drei zentral Beteiligten ausschließlich der Plattformbetreiber in jeder Variante des P2P-Lendings erfasst. Dieser benötigt als Darlehensvermittler gem. § 34c Abs. 1 Satz 1 Nr. 2 GewO eine gewerberechtliche Erlaubnis. Er muss insofern gem. § 34c Abs. 2 GewO zuverlässig sein und über geordnete Vermögensverhältnisse verfügen. Im Übrigen muss er die Anforderungen der MaBV erfüllen, was im wesentlichen Dokumentationspflichten umfasst (§ 10 Abs. 1, Abs. 2 MaBV). Durch das Erfordernis der Zuverlässigkeit werden Betriebe ausgeschlossen, die finanziell nicht leistungsfähig oder aus persönlichen Gründen grob ungeeignet sind.[789] Extremen Missständen auf dem P2P-Lending-Markt kann so entgegengewirkt werden. Unterhalb der Schwelle des schwerwiegenden Fehlverhaltens, wie der Begehung von Straftaten, besteht für die Plattformbetreiber jedoch ein relativ weiter Handlungsspielraum, innerhalb dessen Schäden bei Darlehensnehmern und Darlehensgebern verursacht werden können. Insbesondere wird weder die IT-Sicherheit erfasst noch die Implementierung von Abwicklungskonzepten für den Fall der Insolvenz vorgeschrieben. Lediglich in dem Fall, in dem der Plattformbetreiber selbst Sicherheiten für die Darlehen gewährt, unterliegt er gem. § 32 Abs. 1 Satz 1 KWG i.V.m. § 1 Abs. 1 Satz 2 Nr. 8 KWG der bankaufsichtsrechtlichen Regulierung.

---

[786] Siehe oben Kapitel 5 B.

[787] Siehe oben Kapitel 4 A.III.2.c)dd).

[788] *EBA*, lending-based crowdfunding, S. 18.

[789] *Marcks*, in: Landmann/Rohmer, GewO, § 34c Rn. 78. Siehe im Übrigen auch § 34c Abs. 2 Nr. 1 Halbsatz 2 GewO.

Im Übrigen werden die aus der Kreditaufnahme resultierenden unmittelbaren Risiken für die Darlehensnehmer[790] und die aus der Kreditvergabe resultierenden unmittelbaren Risiken für die Darlehensgeber beim echten P2P-Lending gesetzlich in weiten Teilen nicht erfasst. Allein die Darlehensvergabe durch gewerbliche Anleger beim P2P-Consumer-Lending wird der bankaufsichtsrechtlichen Erlaubnispflicht gem. § 32 Abs. 1 Satz 1 KWG i.V.m. § 1 Abs. 1 Satz 2 Nr. 2 KWG unterworfen.

Die Risiken für die Gesamtwirtschaft und Allgemeinheit werden teilweise adressiert. Geldpolitische Instrumente, die das P2P-Consumer-Lending zum Gegenstand haben, existieren nicht. Das P2P-Lending hat jedoch derzeit aufgrund des relativ geringen Umfangs noch eine verhältnismäßig geringe Bedeutung, weshalb eine währungspolitische Erfassung auch nicht notwendig erscheint. Dem Risiko der Geldwäsche und Terrorfinanzierung wird begegnet, indem die kooperierenden Kreditinstitute, über welche die Zahlungen abgewickelt werden, gem. § 2 Abs. 1 Nr. 1 GwG dem Geldwäschegesetz unterworfen sind.

E. Regulierung de lege ferenda

Bislang existiert in Deutschland keine Plattform, die das echte P2P-Lending anbietet. Entsprechend fehlen auch spezialgesetzliche Vorschriften. Ob und wie das P2P-Lending reguliert wird, ist eine Entscheidung, die grundsätzlich der Gesetzgeber zu treffen hat. Bliebe er vollkommen untätig, könnte das echte P2P-Lending nach hier vertretener Auffassung ohne größere rechtliche Hürden angeboten werden, da die Plattformnutzer (mit Ausnahme gewerblicher Anleger beim P2P-Consumer-Lending) aufsichtsrechtlich nicht erfasst werden und die Plattformbetreiber lediglich gem. § 34c Abs. 1 Satz 1 Nr. 2 GewO eine Zulassung als Darlehensvermittler benötigen. Tatsächlich ist es jedoch unwahrscheinlich, dass Plattformbetreiber in Deutschland das echte P2P-Lending ohne einen regulatorischen Eingriff des Gesetzgebers anbieten werden. Dazu sind die eingangs dargestellten zivil-, straf- und aufsichtsrechtlichen Risiken für die Nutzer und Betreiber zu groß.[791]

Der Gesetzgeber sollte deshalb proaktiv das echte P2P-Lending ermöglichen.[792] Für das P2P-Lending im Allgemeinen sprechen die im Rahmen des Nutzens und der

---

[790] Siehe insbesondere zur fehlenden Anwendbarkeit des Verbraucherkreditrechts bei der Kreditvergabe durch Privatanleger beim P2P-Consumer-Lending oben Kapitel 3 A.I.4.a).

[791] Siehe ausführlich oben Kapitel 1 B zu den potentiellen Konsequenzen der abweichenden Rechtsauffassung der Verwaltung und Rechtsprechung.

[792] Sich ebenfalls für eine das echte P2P-Lending „ermöglichende" Regulierung aussprechend: *Polke*, Crowdlending, S. 234; *Renner*, ZBB 2014, 261, 273. *Hartmann*, BKR 2017, 321, 326 spricht sich im Kontext des echten P2P-Lending ausschließlich für eine einheitliche Anwendung der Bagatellgrenzen für den Betrieb des Kreditgeschäfts in § 32 Abs. 1 Satz 1 KWG aus. *Söpper*, Crowdfunding, S. 201 sowie *Wendt*, Peer-to-Peer Lending, S. 25 sehen in Deutschland dagegen keinen Regulierungsbedarf.

Potentiale des P2P-Lendings dargestellten Argumente.[793] Im Speziellen ist das echte P2P-Lending gegenüber dem in Deutschland verbreiteten unechten P2P-Lending die vorzugswürdige Variante. Der erste Vorteil besteht darin, dass kein CRR-Kreditinstitut in die Finanzierungsbeziehung geschaltet wird. Hierdurch sind die Transaktionskosten beim echten P2P-Lending niedriger und damit die Darlehenskonditionen für die Nutzer günstiger. Der zweite Vorteil besteht darin, dass es sich beim echten P2P-Lending im Gegensatz zum unechten P2P-Lending um keine komplizierte und wenig vertrauenserweckende Umgehungsstruktur mit teilweise mehrfacher Forderungsabtretung handelt. Diese Struktur widerspricht nicht nur dem Gedanken des P2P-Lendings, dem „banking without banks"[794], sondern dürfte aufgrund der Komplexität bei einer Vielzahl von Anlegern eine abschreckende Wirkung entfalten.[795]

In Deutschland wird der P2P-Lending-Markt von verschiedenen staatlichen Stellen beobachtet.[796] Zu konkreten Reformbemühungen ist es aber hinsichtlich des echten P2P-Lendings bislang nicht gekommen. Die Europäische Kommission hat dagegen am 8. März 2018 als Teil des Maßnahmenpakets zur Vertiefung der Kapitalmarktunion[797] einen Verordnungsentwurf zur Regulierung des Crowdfundings (CrowdVO-E) veröffentlicht.[798] Dieser betrifft das echte P2P-Business-Lending, nicht jedoch das echte P2P-Consumer-Lending.[799]

Der Verordnungsentwurf der Europäischen Kommission wird im folgenden Abschnitt skizziert und kritisch gewürdigt. Im sich anschließenden Teil wird analysiert, ob und wie sich das P2P-Consumer-Lending in den Verordnungsentwurf integrieren ließe.

I. Der CrowdVO-Entwurf der Europäischen Union

1. Anlass der Regulierung des Crowdfundings

Der Vorschlag für die Crowdfunding-Verordnung ist Teil des Maßnahmenpakets der EU zur Vertiefung der Kapitalmarktunion.[800] Die Verordnung soll sich insbesondere an Start-ups richten. Diese haben der Begründung des Verordnungsentwurfs

---

[793] Siehe oben Kapitel 2 A.

[794] *Renner*, ZBB 2014, 261, 261.

[795] Siehe insofern auch schon bereits oben Kapitel 1 B.

[796] Siehe etwa *Dorfleitner/Hornuf*, FinTech-Markt in Deutschland, S. 1 ff. (Studie für das Bundesfinanzministerium); *Monopolkommission*, Hauptgutachten XXI (2016), Rn. 1388 ff.

[797] Siehe umfassend dazu *Europäische Kommission*, Aktionsplan zur Schaffung einer Kapitalmarktunion, KOM/2015/468 endg.

[798] Vorschlag für eine Verordnung des Europäischen Parlaments und des Rates über Europäische Crowdfunding-Dienstleister für Unternehmen, KOM/2018/113 endg.

[799] Vertieft zum Anwendungsbereich sogleich noch im nächsten Abschnitt.

[800] KOM/2018/113 endg., S. 1.

zufolge oftmals Probleme, eine adäquate Finanzierung für den Sprung in die Expansionsphase zu erhalten.[801] Sie seien derzeit zumeist von unbesicherten kurzfristigen Bankkrediten abhängig, die teuer seien. Crowdfunding stelle für Start-ups eine wichtige Alternative zu diesen Bankkrediten dar. Aber auch für KMU sei das Crowdfunding eine bedeutsame Alternative zum Bankkredit.

Das Problem sei, dass der Crowdfunding-Markt in der EU hochgradig fragmentiert ist.[802] Die Mitgliedstaaten haben unterschiedlichste Regelungsstandards. Die jeweiligen Geschäftsmodelle seien insofern nicht ohne weiteres übertragbar, sondern müssen vielmehr an jedes Land gesondert angepasst werden.[803] Eine grenzüberschreitende Tätigkeit mit dem gleichen Angebot ist quasi nicht möglich. Plattformen, die in mehreren Mitgliedstaaten tätig sein wollen, sehen sich hohen Kosten, einem komplexen Rechtsrahmen und einer erhöhten Unsicherheit konfrontiert.[804] Das führe dazu, dass sich viele Anbieter auf nationale Märkte beschränken.[805] Der Verordnungsentwurf sieht deshalb eine einheitliche Regulierung für Crowdfunding-Dienstleistungen in der EU vor. Dadurch soll sich der Zugang für Start-ups und KMU zur Finanzierung durch Crowdfunding verbessern.[806]

2. Überblick über den wesentlichen Inhalt des Verordnungsentwurfs

Die Crowdfunding-Verordnung soll dabei die nationalen Regelungen nicht verdrängen, sondern ergänzen. Die Plattformen haben dem Entwurf zufolge ein Wahlrecht, ob sie sich als Crowdfunding-Dienstleister nach der Crowdfunding-Verordnung zulassen und dem europäischen Regelungssystem unterwerfen wollen, oder weiterhin rein nach nationalem Recht tätig bleiben bzw. werden (Art. 2 Abs. 1 CrowdVO-E).[807] Die Zulassung ist als Europäischer Pass[808] gestaltet. Verfügt ein Dienstleister über eine Zulassung nach der CrowdVO, kann er damit in der gesamten EU Crowdfunding-Dienstleistungen erbringen (Art. 10 Abs. 8 CrowdVO-E).

„Crowdfunding-Dienstleistung" wird gem. Art. 3 Abs. 1 lit. a Nr. i) CrowdVO-E definiert als die Zusammenführung von Geschäftsfinanzierungsinteressen von Investoren und Projektträgern mithilfe einer Crowdfunding-Plattform, unter anderem durch die Vermittlung von Krediten.[809] Ausdrücklich vom Anwendungsbereich

---

[801] KOM/2018/113 endg., S. 1 und Erwägungsgrund 2 CrowdVO-E.

[802] KOM/2018/113 endg., S. 4.

[803] Erwägungsgrund 7 CrowdVO-E.

[804] KOM/2018/113 endg., S. 4.

[805] Erwägungsgrund 6 CrowdVO-E.

[806] KOM/2018/113 endg., S. 1.

[807] Diesbezüglich ist Erwägungsgrund 14 CrowdVO-E deutlicher. *Will/Quarch*, WM 2018, 1481, 1485 sprechen insofern auch von einem „Opt-in"-Regime.

[808] KOM/2018/113 endg., S. 10.

[809] Vollständig definiert werden „Crowdfunding-Dienstleistungen" durch Art. 3 Abs. 1 lit. a CrowdVO-E als „die Zusammenführung von Geschäftsfinanzierungsinteressen von Investoren

ausgenommen ist dabei die Vermittlung von Krediten an Verbraucher i.S.d. der VerbrKrRL (Art. 2 Abs. 2 lit. a CrowdVO-E). Damit wird durch die CrowdVO ausschließlich das echte P2P-Business-Lending erfasst und nicht das P2P-Consumer-Lending. Darüber hinaus wird das unechte P2P-Lending gar nicht erst erfasst, da die zwischen Darlehensnehmer und Darlehensgeber geschaltete Bank nicht Projektträger des Kreditprojekts wäre.[810]

Das Zulassungsverfahren für Crowdfunding-Dienstleister ist in Kapitel III[811] des Verordnungsentwurfs geregelt. Crowdfunding-Dienstleister können bei der ESMA eine Zulassung für das Erbringen von Crowdfunding-Dienstleistungen beantragen (Art. 10 Abs. 1 CrowdVO-E), die daneben auch für die laufende Aufsicht über die Dienstleister zuständig ist (Art. 12 Abs. 1 CrowdVO-E). Für die Zulassung müssen die Antragsteller unter anderem Angaben zu ihrem Geschäftsplan, ihr Risikomanagement, die Kontrolle und Sicherung der Datenverarbeitungssysteme und die Geschäftsfortführung im Krisenfall machen (Art. 10 Abs. 2 CrowdVO-E). Die Europäische Kommission kann durch delegierte Rechtsakte weitere Anforderungen und Modalitäten für den Zulassungsantrag festlegen (Art. 10 Abs. 10 CrowdVO-E). Nach erfolgter Zulassung werden die Crowdfunding-Dienstleister in einem Verzeichnis auf der Website der ESMA öffentlich zugänglich aufgeführt (Art. 11 CrowdVO-E).

Kapitel II regelt die Erbringung von Crowdfunding-Dienstleistungen und stellt organisatorische und betriebliche Anforderungen an Crowdfunding-Dienstleister auf. Diese müssen ehrlich, fair und professionell sowie im besten Interesse ihrer Kunden und potentiellen Kunden handeln (Art. 4 Abs. 2 CrowdVO-E). Außerdem muss die Geschäftsleitung angemessene Regelungen und Verfahren zur Sicherstellung einer wirksamen und umsichtigen Leitung festlegen, etwa in Bezug auf die Aufgabentrennung, die Geschäftsfortführung im Krisenfall und die Vorbeugung von Interessenkonflikten, und deren Umsetzung überwachen, um die Marktintegrität und die Kundeninteressen zu fördern (Art. 5 CrowdVO-E).

Des Weiteren müssen die Crowdfunding-Dienstleister über ein wirksames und transparentes Beschwerdemanagement verfügen (Art. 6 CrowdVO-E) und Interessenkonflikte verhindern (Art. 7 CrowdVO-E). Schlussendlich können sie nur unter erhöhten Anforderungen betriebliche Aufgaben auslagern (Art. 8 CrowdVO-E) und

---

und Projektträgern mithilfe einer Crowdfunding-Plattform, unter anderem durch: i) die Vermittlung von Krediten; ii) die Platzierung übertragbarer Wertpapiere, die von Projektträgern emittiert wurden, ohne feste Übernahmeverpflichtung im Sinne des Anhangs I Abschnitt A Nummer 7 der Richtlinie 2014/65/EU sowie die Annahme und Übermittlung von Kundenaufträgen im Sinne des Anhangs I Abschnitt A Nummer 1 der Richtlinie 2014/65/EU in Bezug auf diese übertragbaren Wertpapiere".

[810] Siehe für die Legaldefinition des Projektträgers Art. 3 Abs. 1 lit. f: „Im Sinne dieser Verordnung bezeichnet der Ausdruck: „Projektträger" jede Person, die ihr Crowdfunding-Projekt über eine Crowdfunding-Plattform zu finanzieren beabsichtigt".

[811] Im Verordnungsentwurf heißt es fälschlicherweise Kapitel II.

sind speziellen Regelungen zur Verwahrung des Kundenvermögens, dem Halten von Mitteln und dem Erbringen von Zahlungsdiensten unterworfen (Art. 9 CrowdVO-E).

In Kapitel IV des Entwurfs sind Bestimmungen zum Investorenschutz und zur Transparenz geregelt. Sämtliche Informationen, die Crowdfunding-Dienstleister ihren bestehenden oder potentiellen Kunden über sich selbst, über Kosten und Gebühren im Zusammenhang mit Crowdfunding-Dienstleistungen oder -Investitionen, über die Bedingungen für Crowdfunding, einschließlich der Auswahlkriterien für Crowdfunding-Projekte, oder über die Art ihrer Crowdfunding-Dienstleistungen und den damit verbundenen Risiken zur Verfügung stellen, müssen klar, verständlich, vollständig und genau sein (Art. 14 Abs. 1 CrowdVO-E) und den potentiellen Kunden vor Abschluss einer Crowdfunding-Transaktion zur Verfügung gestellt werden (Art. 14 Abs. 2 CrowdVO-E). Die Crowdfunding-Dienstleister müssen prüfen, ob und[812] welche von ihnen angebotenen Crowdfunding-Dienstleistungen für die potentiellen Investoren geeignet sind und ihnen die Möglichkeit bieten, basierend auf ihrem Gesamteinkommen sowie ihren Vermögenswerten und finanziellen Verpflichtungen ihre Verlustfähigkeit zu simulieren (Art. 15 CrowdVO-E). Für jedes Crowdfunding-Projekt muss ein Basisinformationsblatt erstellt, bereitgestellt und aktualisiert werden (Art. 16 CrowdVO-E). Das bedeutet, dass die Crowdfunding-Dienstleister den potentiellen Investoren für jedes Crowdfunding-Angebot ein vom Projektträger erstelltes, bis zu sechs Seiten langes Informationsblatt zur Verfügung stellen müssen, welches Informationen über den Projektträger, das Crowdfunding-Projekt, Merkmale des Crowdfunding-Verfahrens und Bedingungen für die Kapitalbeschaffung oder Kreditaufnahme, Risikofaktoren, Kreditbedingungen und Gebühren enthält.[813] Durch das Basisinformationsblatt sollen die Anleger in klarer, verständlicher, vollständiger und genauer Weise über die mit der Investition verbundenen Risiken aufgeklärt werden. Die Veröffentlichung des Basisinformationsblatts bedarf weder einer Prüfung noch einer Genehmigung durch die ESMA.[814] Informationspflichten zum An- und Verkauf der Anlageobjekte sind ebenfalls vorgesehen (Art. 17 CrowdVO-E). Schließlich erhalten Anleger ein Zugangsrecht zu den aufgezeichneten Informationen der Plattform (Art. 18 CrowdVO-E).

Kapitel VI regelt die Zuständigkeiten und Aufsichtsbefugnisse der ESMA. Diese kann von den Crowdfunding-Dienstleistern Informationen anfordern (Art. 23 CrowdVO-E), Untersuchungen anstellen (Art. 24 CrowdVO-E) und in deren Geschäftsräumen Vor-Ort-Prüfungen durchführen (Art. 24 CrowdVO-E). Verstöße gegen die Kapitel I bis V kann sie mit (a) einem Beschluss, mit dem die Person aufgefordert wird, den Verstoß zu beenden, (b) einem Beschluss über die Verhängung von Geldbußen oder Zwangsgelder, (c) einer öffentlichen Bekanntmachung oder (d) einer Warnung begegnen (Art. 28 Abs. 1 CrowdVO-E). Jeder derartige

---

[812] In der deutschen Sprachfassung wird in wohl missverständlicher Weise statt „und" „bzw." verwendet.

[813] Siehe die detaillierten Vorgaben zu den einzelnen Teilen den Anhang des CrowdVO-E.

[814] Siehe dazu etwa implizit Art. 16 Abs. 2 lit. b) CrowdVO-E.

Beschluss wird auf der Website der ESMA veröffentlicht (Art. 28 Abs. 3 CrowdVO-E). Bußgelder können bis zu 5 % des Jahresumsatzes betragen (Art. 28 Abs. 3 CrowdVO-E).

3. Kritische Würdigung des Verordnungsentwurfs

a) Verlagerung der Aufsicht auf die ESMA

Auffällig ist zunächst, dass das Zulassungsverfahren und die laufende Aufsicht auf die ESMA verlagert werden soll. Bislang führt diese lediglich über EU-Ratingagenturen[815] und Transaktionsregister[816] die ausschließliche Aufsicht. Die Verlagerung der Aufsicht auf die ESMA ergibt aber durchaus Sinn. Die 2011 gegründete Europäische Wertpapier- und Marktaufsichtsbehörde verfügt über Mittel, Personal und Sachkunde zur Überwachung von Finanzmarktakteuren.[817] Wird die CrowdVO in der aktuellen oder vergleichbaren Fassung verabschiedet, wäre es kaum vorstellbar, dass lokale Behörden, wie etwa die in Deutschland derzeit für die Aufsicht über P2P-Lending-Plattformen zuständigen Gewerbeämter, die Aufsicht über P2P-Lending-Plattformbetreiber in ordnungsgemäßer Weise gewährleisten könnten. Ihnen dürfte es regelmäßig an den für eine wirksame Aufsicht erforderlichen Mitteln, Mitarbeitern und Sachkenntnissen fehlen.[818] Eine Verlagerung auf Ebene der nationalen Finanzdienstleistungsaufsichtsbehörden wie der BaFin würde zwar grundsätzlich noch eine sinnvolle Alternative zur Verlagerung auf die ESMA darstellen. In einigen Mitgliedstaaten gibt es jedoch nur eine geringe Zahl von Plattformen, sodass sich noch damit argumentieren lassen kann, dass aus Gründen des Aufbaus eines für die effektive Aufsicht notwendigen Erfahrungsschatzes eine Verlagerung auf Europäische Ebene und damit die ESMA notwendig und sachgerecht ist.[819]

---

[815] Siehe Art. 14 ff. EU-RatingVO.

[816] Siehe Art. 55 ff. Verordnung (EU) Nr. 648/2012 des Europäischen Parlaments und des Rates vom 4. Juli 2012 über OTC-Derivate, zentrale Gegenparteien und Transaktionsregister, ABlEU Nr. L 201 v. 27.07.2012, S. 1 (Transaktionsregister-Verordnung).

[817] Siehe zu den umfangreichen Aufgaben Art. 8 Verordnung (EU) Nr. 1095/2010 des Europäischen Parlaments und des Rates vom 24. November 2010 zur Errichtung einer Europäischen Aufsichtsbehörde (Europäische Wertpapier- und Marktaufsichtsbehörde), zur Änderung des Beschlusses Nr. 716/2009/EG und zur Aufhebung des Beschlusses 2009/77/EG der Kommission, ABlEU Nr. L 331 v. 15.12.2010, S. 84 (ESMA-VO).

[818] Siehe insofern bereits zum VermAnlG *Casper*, ZBB 2015, 265, 281, wonach die Gewerbeämter mangels hinreichend kompetentem Fachpersonal und genügend Fallzahlen für die Aufsicht über Crowdinvesting-Plattformen per se ungeeignet seien. Ebenfalls das Belassen der Aufsicht bei den Gewerbeämtern kritisierend *Klöhn*, ZIP 2017, 2125, 2128.

[819] So gibt es beispielsweise in Griechenland gar keinen P2P-Lending-Markt (*Cambridge Centre for Alternative Finance*, 3rd European Alternative Finance Industry Report, S. 113) und in Irland und Ungarn jeweils weniger als 4 *Crowdfunding*-Plattformen (*Cambridge Centre for Alternative Finance*, a.a.O., S. 23).

Hervorzuheben ist hinsichtlich der Zuständigkeit der ESMA, dass sie durch die in Kapitel VI des CrowdVO-Entwurfs vorgesehenen Aufsichts- und Eingriffsbefugnisse effektive Instrumente zur Hand hat, die den typischen Mitteln nationaler Aufsichtsbehörden entsprechen. So wird eine wirksame europaweit einheitliche Aufsicht und Durchsetzung der CrowdVO erreicht.[820]

b) Die Regulierung der Crowdfunding-Dienstleister

aa) Crowdfunding-Dienstleister als zentrale Adressaten der CrowdVO

Die Plattformbetreiber sind als Crowdfunding-Dienstleister primäre Adressaten der CrowdVO, da diesen umfangreiche Verhaltens- und Organisationspflichten auferlegt werden. Sie sind elementarer Teil jeder Transaktion auf der Plattform.[821] Dies beginnt mit der Ermittlung der Bonität, geht über die Bestimmung der Mindestkonditionen der Darlehen sowie die Bereitstellung der Marktplätze und Algorithmen bis hin zur Verwaltung der Darlehensforderungen. Durch ihre Informations-, Vermittlungs- und Verwaltungsdienstleistungen ermöglicht sie die unmittelbaren darlehensvertraglichen Beziehungen zwischen Kapitalsuchenden und Anlegern überhaupt erst. Herrschen bei einem Plattformbetreiber Missstände oder bricht er zusammen, sind potentiell tausende von den Verwaltungsdienstleistungen der Plattform abhängige Kapitalnehmer und Anleger betroffen, was das Vertrauen in die ordnungsgemäße Funktionsfähigkeit der Finanzmärkte schwerwiegend beeinträchtigen kann. Die Plattformbetreiber sind als Gatekeeper richtigerweise zentrale Adressaten der aufsichtsrechtlichen Verhaltens- und Organisationspflichten.[822]

bb) Verhaltens- und Organisationspflichten

Bei der Regulierung der Verhaltens- und Organisationspflichten besteht die Gefahr, dass der Verordnungsgeber über das Ziel hinausschießt, dadurch unnötige Kosten erzeugt und so die Innovationskraft der sich noch in stetiger Entwicklung befindlichen Branche empfindlich schwächt, ohne dass dies durch den Nutzen der

---

[820] *Will/Quarch*, WM 2018, 1481, 1490, die darauf hinweisen, dass die Europäische Kommission hier erkennbar auf ihr Ziel einer einheitlichen europäischen Kapitalmarktaufsicht hinwirke.

[821] Siehe auch *Will/Quarch*, WM 2018, 1481, 1483 die den Plattformbetreiber als zentrale Schnittstelle und ökonomischen Flaschenhals beschreiben.

[822] Siehe allgemein zu Gatekeepern an Finanzmärkten und deren Regulierung etwa *Payne*, in: Moloney/Ferran/Payne, Oxford Handbook of Financial Regulation, Kap. 9. Der deutsche Gesetzgeber wurde für die nicht erfolgte Auferlegung von spezialgesetzlichen Verhaltens- und Informationspflichten auf die Crowdinvesting-Plattformbetreiber als Gatekeeper vielfach kritisiert, siehe etwa *Casper*, ZBB 2015, 265, 280; *Danwerth*, ZBB 2016, 20, 36; *Klöhn*, ZIP 2017, 2125, 2128 f. Siehe zur Gatekeeper-Funktion der Plattformen auch *Riethmüller*, DB 2015, 1451, 1453 und hinsichtlich des Crowdinvesting *Klöhn/Hornuf*, ZBB 2012, 237, 264 f. m.w.N.

auferlegten Pflichten kompensiert wird. Der Kapitalmarkt- und Anlegerschutz muss mit dem notwendigen (Entwicklungs-)Spielraum der Plattformbetreiber in einen angemessenen Ausgleich gebracht werden. Der Entwurf der CrowdVO verwendet in weiten Teilen unbestimmte Rechtsbegriffe und beschränkt sich damit auf abstrakt gehaltene Anforderungen an Crowdfunding-Dienstleister. Der regulatorische Ansatz ist stark prinzipienbasiert.[823] So müssen die Dienstleister beispielsweise ehrlich, fair und professionell sowie im besten Interesse ihrer Kunden handeln (Art. 4 Abs. 2 CrowdVO-E). Deren Geschäftsleitung muss angemessene Regelungen und Verfahren zur Sicherstellung einer wirksamen und umsichtigen Leitung festlegen, etwa in Bezug auf die Aufgabentrennung, die Geschäftsfortführung im Krisenfall und die Vorbeugung von Interessenkonflikten, und überwacht deren Umsetzung, um die Marktintegrität und die Kundeninteressen zu fördern. Solche Anforderungen können letztlich auch als allgemeine Standards guter Geschäftsführung betrachtet werden. Es handelt sich nicht um einschneidende Regelungen wie sie aus anderen Bereichen der Regulierung von Finanzmarktakteuren bekannt sind.[824] Damit scheint insgesamt ein befriedigender Ausgleich zwischen Kapitalmarkt- und Anlegerschutz einerseits und notwendiger unternehmerischer Freiheit der Plattformbetreiber andererseits gefunden worden zu sein. Es gilt aber noch abzuwarten, ob die durch die unbestimmten Rechtsbegriffe erzeugte Rechtsunsicherheit größere Hindernisse erzeugt und wie Verwaltung sowie Rechtsprechung die Rechtsbegriffe mit Leben füllen.

c) Anlegerschutz

aa) Kenntnisprüfung

Kapitalmarktrechtlich neu für Deutschland ist die in Art. 15 Abs. 1 bis 4 CrowdVO-E vorgesehene Kenntnisprüfung. Im Rahmen dieser müssen die Crowdfunding-Dienstleister prüfen, ob und welche angebotenen Crowdfunding-Dienstleistungen für die potentiellen Investoren geeignet sind. Dazu verlangen sie Informationen über deren Grundkenntnisse und ihr Verständnis hinsichtlich der Risiken, die mit Investitionen im Allgemeinen und mit den auf der Crowdfunding-Plattform angebotenen Investitionsarten im Besonderen verbunden sind. Die Anleger müssen die Plattformbetreiber über frühere Investitionen in übertragbare Wertpapiere oder Kreditverträge informieren sowie einschlägige Kenntnisse oder Berufserfahrungen im Zusammenhang mit Crowdfunding-Investitionen angeben. Kommt ein Plattformbetreiber zu dem Ergebnis, dass ein Anleger nicht über ausreichende Kenntnisse verfügt, setzt er ihn hierüber in Kenntnis und übermittelt ihm eine Risikowarnung. Der Anleger kann jedoch trotz der Warnung in Kreditprojekte inves-

---

[823] Siehe zur prinzipienbasierten Regulierung etwa *Will/Quarch*, WM 2018, 1481, 1487 m.w.N.

[824] Als Extremfall kann die Bankenregulierung gesehen werden, insbesondere im Hinblick auf Eigenmittel- und Liquiditätsvorschriften.

tieren. Man kann darin den ersten Schritt zu einem bereits in der Literatur geforderten, aber inhaltlich bislang wenig konkretisierten oder gar empirisch untersuchten Anlegertest sehen.[825] Solchen Tests wird das Potential zugeschrieben, Anleger wirkungsvoller als reine, pauschale Informationen zu schützen, da die Anleger beim Anlegertest interaktiv Informationen bereitstellen müssen und individuelle Ergebnisse erhalten. Hintergrund sind verhaltenspsychologische Besonderheiten der Anleger. Diese werden durch reine Informationsbereitstellung oftmals entweder in ihrer bereits zuvor feststehenden Meinung bestätigt (confirmation bias) oder zu dem (oftmals falschen) Schluss kommen, dass die bereitgestellten Informationen, wie etwa Warnungen, nur für andere relevant seien und nicht für sie selbst (overconfidence).[826]

Für die Plattformbetreiber könnte es schwierig werden, festzulegen, wo die Schwelle zwischen Geeignet- und Ungeeignetheit der Anleger zu ziehen ist. Bei einigen Anlegern, wie etwa dem sein eigenes Vermögen anlegenden Wertpapierhändler, wird man zwar klar feststellen können, dass sie geeignet sind und bei solchen, denen es an jeglicher finanzwirtschaftlichen Kenntnis und Erfahrung mangelt, dass sie es nicht sind. Dazwischen gibt es aber einen großen Graubereich, in dem sich eben nicht ohne Weiteres Aussagen zur Geeignetheit machen lassen. Wird die Schwelle zur Geeignetheit zu niedrig angesetzt, könnten sich Anleger durch die Bestätigung der Eignung übermäßig darin bestätigt fühlen, dass sie auf der Plattform richtige Entscheidungen treffen werden. Wird sie zu hoch angesetzt, könnten zu viele Anleger abgeschreckt werden und es zu einem suboptimalen Kapitalangebot kommen. Wünschenswert wäre es deshalb, statt der bisher vorgesehenen rein binären Prüfung (Geeignet- oder Ungeeignet) ein anderes System vorzusehen. Ein vorzugswürdiges System der Kenntnisprüfung könnte darin bestehen, die Kenntnishöhe der Anleger anhand einer mehrstufigen Skala festzustellen, den Anlegern das Ergebnis mitzuteilen und ihnen die Option einzuräumen, sich mit dem durchschnittlichen Anleger der Plattform, seiner Einstufung und seinem bisherigen Erfolg zu vergleichen. Die Anleger wären dadurch informiert, und die Gefahren falscher Bestätigung und/oder Abschreckung reduziert.

bb) Simulation der Verlustfähigkeit

Die von den Plattformen anzubietende Simulation der Verlustfähigkeit stellt ein neues Instrument des kapitalmarktrechtlichen Anlegerschutzes dar. Die Plattformen müssen gem. Art. 15 Abs. 5 CrowdVO-E den Anlegern jederzeit die Möglichkeit bieten, ihre Fähigkeit, einen Verlust (als 10 % ihres Nettovermögens berechnet) zu

---

[825] Siehe zum Anlegertest *Klöhn*, Kapitalmarkt, Spekulation und Behavioral Finance, S. 253 f. Siehe auch *Casper*, ZBB 2015, 265, 274; *Danwerth*, ZBB 2016, 20, 33; *Klöhn/Hornuf*, ZBB 2012, 237, 265 dazu, jew. m.w.N. In den Niederlanden gibt es seit 2016 einen Investorentest, siehe dazu etwa *European Crowdfunding Network*, Crowdfunding Regulation 2017, S. 454.

[826] *Klöhn*, Kapitalmarkt, Spekulation und Behavioral Finance, S. 253 f.

tragen, auf der Grundlage folgender Angaben zu simulieren: (a) regelmäßiges Einkommen und Gesamteinkommen sowie Angaben dazu, ob das Einkommen dauerhaft oder vorübergehend erzielt wird, (b) Vermögenswerte, einschließlich Finanzinvestitionen, Eigen- und Kapitalvermögen, Pensionsfonds und etwaiger Bareinlagen und (c) finanzielle Verpflichtungen. Obwohl es sich um ein neuartiges Regulierungsinstrument handelt, hat die Europäische Kommission keine Ausführungen dazu in die Erwägungsgründe oder die Entwurfsbegründung aufgenommen. Durch die Vorschrift wird der Anleger statt mit sonst pauschalen Warnungen zu Verlustrisiken mit konkreten, individuellen Informationen versorgt. Aufgrund der Interaktivität der Dateneingabe und Individualität der ausgegebenen Information besteht Hoffnung, dass sich nicht nur die Informationswahrnehmung, sondern auch das Risikobewusstsein der Anleger verbessert. Offen ist vor allem, ob die zugrundeliegende Höhe des simulierten Verlusts, also des Verlusts als 10 % des Nettovermögens, sinnvoll ist. Auch hier könnte eine flexiblere Lösung zu einem besseren Schutz der Anleger beitragen, etwa indem Anleger beliebige Höhen testen können und so ermitteln können, welche Verluste für sie akzeptabel wären. So könnten sie ein dem individuellen Risikobedürfnissen entsprechendes sachgerechtes Gesamtinvestitionsvolumen bestimmen.

cc) Basisinformationsblatt

Durch das Basisinformationsblatt wird das Produktangebot schlussendlich auch selbst reguliert. Es muss Informationen über den Projektträger, das Crowdfunding-Projekt, Merkmale des Crowdfunding-Verfahrens und Bedingungen für die Kapitalbeschaffung oder Kreditaufnahme, Risikofaktoren, Kreditbedingungen und Gebühren enthalten.[827] Durch das Informationsblatt sollen die Anleger in klarer, verständlicher, vollständiger und genauer Weise über die mit der Investition verbundenen Risiken aufgeklärt werden. Das deutsche Recht kennt mit dem Vermögensanlagen-Informationsblatt gem. § 13 VermAnlG bereits ein vergleichbares Instrument, in dem die wesentlichen Informationen über die Vermögensanlage in kurzer und verständlicher Weise[828] dargestellt werden.[829] Die meisten Angaben des Basisinformationsblatts dürften sich mit überschaubarem Aufwand in kurzer Zeit zusammenstellen lassen (wie etwa Teil A Anhang zum CrowdVO-E, den Informationen über den Projektträger und das zu finanzierende Projekt) oder können dem Emittenten seitens der Plattform in weitgehend automatisierter Weise bereitgestellt werden (wie etwa Teil G Anhang zum CrowdVO-E, den Informationen über den

---

[827] Siehe die detaillierten Vorgaben zu den einzelnen Teilen den Anhang des CrowdVO-E.

[828] RegE BT-Drucks. 17/6051, S. 33.

[829] Das auch bei Schwarmfinanzierungen ein Vermögensanlagen-Informationsblatt erstellt werden muss, ist im Rahmen der Bewertung des KASG grundsätzlich auf positive Kritik gestoßen, siehe etwa *Casper*, ZBB 2015, 265, 279; *Klöhn/Hornuf*, DB 2015, 47, 51.

Darlehensvertrag).[830] Positiv hervorzuheben ist, dass im Basisinformationsblatt im Gegenteil zum Vermögensanlagen-Informationsblatt keine Angaben zu Anlagestrategie, Anlagepolitik und den Anlageobjekten (§ 13 Abs. 3 Satz 1 Nr. 3 VermAnlG) gemacht werden müssen, da dies insbesondere kleine Unternehmen, die das Crowdfunding als reine Alternative zum Bankkredit wählen, mit einem Verwaltungsaufwand belasten würde, der nicht durch den Nutzen für die Anleger kompensiert werden würde. Wirkliches Potential, einen unverhältnismäßigen Aufwand zu erzeugen, scheint Teil C Anhang zum CrowdVO-E zu den Risikofaktoren zu haben. Dort müssen die Hauptrisiken im Zusammenhang mit der Finanzierung des Crowdfunding-Projekts, dem Sektor, dem Projekt, dem Projektträger und dem Investitionsinstrument, gegebenenfalls einschließlich geografischer Risiken, aufgeführt werden. Grundsätzlich lassen sich zwar diese Informationen auch knapp darstellen. Es besteht jedoch die Gefahr, dass die ESMA und Gerichte aus Anlegerschutzgründen relativ hohe Anforderungen stellen werden. Bedenkt man, dass in Deutschland beispielsweise die Emittenten jedenfalls aufgrund der bürgerlich-rechtlichen Prospekthaftung[831] haften würden, werden diese im Zweifel mehr Informationen sammeln und bereitstellen als notwendig, was nicht nur die Kosten der Finanzierung erhöht, sondern die Anleger durch die Informationsflut von der Lektüre abhält (information overload).[832] Die Kommission kann und sollte hier auf Grundlage eines delegierten Rechtsakts (Art. 16 Abs. 9 lit. b CrowdVO-E) die Anforderungen in angemessener Weise konkretisieren und für Klarheit sorgen.

Neben den Haftungsrisiken erzeugt auch die hoch angesetzte Begrenzung der Seitenzahl des Basisinformationsblatts einen Anreiz, mehr Informationen aufzunehmen, als es für den Anlegerschutz notwendig oder förderlich ist. Es könnte zu ähnlichen Problemen wie bei Wertpapierprospekten kommen. Solche Prospekte richten sich vor allem an gewerbliche Anleger.[833] Gerade für Privatanleger sind sie regelmäßig zu umfangreich und werden deshalb von diesen kaum gelesen, womit für sie die unmittelbare anlegerschützende Wirkung verloren geht. Deshalb sollten durch ein Basisinformationsblatt den Anlegern die wesentlichen Informationen in komprimierter Form bereitgestellt werden. Sechs Seiten mit relativ technischen Details sind für Privatanleger aber insgesamt durchaus umfangreich, es kann noch immer zum information overload kommen.[834] Wenn tatsächlich eine Lektüre durch die

---

[830] Siehe *Casper*, ZBB 2015, 265, 279 dazu, dass die Beratungskosten für das inhaltlich ähnliche Vermögensanlagen-Informationsblatts schnell mehrere tausend EUR betragen können.

[831] Wenn man davon ausgeht, dass neben der CrowdVO Raum für die Anwendung nationaler Haftungsregelungen ist. Siehe unten Kapitel 5 E.I.3.d)aa) zu der Frage, inwiefern nationales Recht neben der CrowdVO anwendbar wäre. Siehe allgemein zur bürgerlich-rechtlichen Prospekthaftung *Emmerich*, in: MüKo-BGB, § 311 Rn. 135 ff.

[832] Siehe zum Problem des information overload bei Emissionsprospekten etwa *Klöhn*, Kapitalmarkt, Spekulation und Behavioral Finance, S. 185 ff. m.w.N.

[833] *Klöhn*, ZIP 2017, 2125, 2128.

[834] Insofern ebenfalls Bedenken äußernd: *Will/Quarch*, WM 2018, 1481, 1489.

breite Anlegermasse erwünscht ist, wäre eine Begrenzung auf drei oder maximal vier Seiten für Privatanleger sachgerechter.[835]

Problematisch an der derzeitigen Regelung zum Basisinformationsblatt ist außerdem die undifferenzierte Verpflichtung aller Kapitalsuchenden zur Erstellung eines solchen. Für Selbstständige oder Kleinstunternehmen wäre das Erstellen des Basisinformationsblatts wohl mit so viel Zeit- und/oder Kostenaufwand verbunden, dass das P2P-Business-Lending keine wirklich wirtschaftliche Alternative mehr zum Bankkredit darstellen würde.[836] Eine abgestufte Verpflichtung zur Erstellung und Veröffentlichung des Basisinformationsblatts wäre sinnvoller. So könnte die Verpflichtung erst ab Emissionen mit einem Volumen von mehr als 100.000 EUR vorgesehen werden. Für alle darunterliegenden Emissionen könnte die Plattform dazu verpflichtet werden, lediglich die für die Anlageentscheidung relevanten Rahmendaten des Darlehens sowie die Bonitätsbewertung auf der Plattform in klarer und übersichtlicher Weise zu veröffentlichen.

Ein weiterer, in der Literatur geäußerter Kritikpunkt an der derzeitigen Fassung der Verpflichtung zur Erstellung der Basisinformationsblätter ist, dass diese von den Kapitalsuchenden selbst erstellt werden müssen und nicht vorgesehen sei, dass die Plattformbetreiber diese inhaltlich prüfen.[837] Lediglich die Aktualität, Vollständigkeit und Klarheit müsse von der Plattform geprüft werden. Insofern bestehe die Gefahr, dass die Kapitalsuchenden ihr Projekt übermäßig positiv darstellen. Das führe zu einer strukturellen Begrenzung der Vertrauenswürdigkeit des Basisinformationsblatts. Es stellt sich hier jedoch die Frage, ob die inhaltliche Prüfung durch den Plattformbetreiber (oder eine Behörde) wirklich eine Lösung für dieses Problem wäre, da nicht die inhaltliche Richtigkeit der Angaben das Kernproblem ist, sondern der naheliegende Anreiz der Emittenten, zur Sicherstellung des Finanzierungserfolgs das Basisinformationsblatt übermäßig positiv darzustellen. Anknüpfungspunkt für das Problem wäre deshalb statt einer Verpflichtung Dritter zur Prüfung der inhaltlichen Richtigkeit der Basisinformationsblätter eine prinzipienorientierte Regelung, die die Emittenten insbesondere dazu verpflichtet, das Basisinformationsblatt neutral und nicht irreführend zu gestalten.

Letzter überarbeitungsbedürftiger Aspekt des Basisinformationsblatts ist die Risikowarnung. Demnach muss in das Basisinformationsblatt die Warnung aufgenommen werden, dass es sich um kein Sparprodukt handle und man nicht mehr als 10 % seines Nettovermögens in Crowdfunding-Projekte investieren sollte. Die

---

[835] Siehe zur Kritik an der Begrenzung der Seitenzahl auf 3 für das Vermögensanlagen-Informationsblatt aber auch *Assmann*, in: Assmann/Schlitt/v. Kopp-Colomb, WpPG, § 13 VermAnlG Rn. 9 m.w.N.

[836] Siehe oben Fn. 830 dazu, dass die Erstellung des Vermögensanlagen-Informationsblatts bereits einen Beratungsaufwand von einigen tausend EUR erzeugen kann. Siehe auch Klöhn, ZIP 2018, 1713, 1717 dazu, dass das dem Basisinformationsblatt ähnliche Wertpapier-Informationsblatt nach § 3a Abs. 1 WpPG Beratungskosten zwischen 10.000 und 20.000 EUR erzeugen dürfte.

[837] *Will/Quarch*, WM 2018, 1481, 1489.

Warnung ist zu pauschal, da die 10 %-Schwelle für die einen zu hoch und für die anderen wiederum zu niedrig ist. Die Regelung ist teilweise überschießend und teilweise zu eng gefasst. Ein Hinweis darauf, dass kein übermäßiger Anteil des Nettovermögens investiert werden sollte, würde wohl genügen. Im Grunde sollte die Vorgabe zur Aufnahme einer Risikowarnung vollständig gestrichen werden, da die ebenfalls verpflichtend durchzuführende Simulation der Verlusttragfähigkeit den Anlegern die Anlagerisiken ausreichend vor Augen führt.

dd) Fehlende Regulierung des Scorings

Der Verordnungsentwurf enthält keinerlei ausdrückliche Vorgaben zur Erstellung der Bonitätsurteile bzw. Scorings durch den Plattformbetreiber, obwohl es sich um eine seiner ganz wesentlichen Dienstleistungen handelt. Die Scorings sind eines der grundlegenden Entscheidungskriterien der Anleger[838] und dienen zudem der Bestimmung einer angemessenen, risikoadäquaten Verzinsung. Die Crowdfunding-Dienstleister müssen zwar ehrlich, fair und professionell handeln, Art. 4 Abs. 2 CrowdVO-E. Aber es wäre wünschenswert, hinsichtlich der Scorings zumindest eine erhöhte Transparenz vorzusehen. Zweckmäßig wäre eine Regelung, wonach die Plattformbetreiber dazu verpflichtet werden, die wesentlichen Faktoren zur Bestimmung des Scorings offenzulegen und Statistiken zu veröffentlichen, die die Anleger darüber informieren, wie bislang die tatsächlichen von den erwarteten Kreditausfällen abgewichen sind.[839] Hierdurch kann sich nicht nur das Risikobewusstsein der Anleger verbessern, sondern es wird den Anlegern auch eine Kontrollmöglichkeit eingeräumt und Druck auf die Plattform ausgeübt, die Bonität präzise zu bewerten. Zu weit geht aber der Vorschlag, dass die CrowdVO, ähnlich wie die EU-RatingVO, Kriterien und Verfahren der Scorings standardisieren sollte.[840] Auch im Bereich der Scorings besteht noch erhebliches Innovationspotential, etwa durch Big Data. Daher sollte der Status quo der Art und Weise der Erstellung der Scorings nicht durch gesetzliche Vorgaben in Zement gegossen werden.

ee) Fehlende Sonderregeln für Anlagealgorithmen

Problematisch ist, dass die Europäische Kommission in dem Entwurf im Hinblick auf die Verpflichtung zur Erstellung und Veröffentlichung von Basisinformationsblättern nicht zwischen solchen Kreditprojekten differenziert, in die ausschließlich mit einem Anlagealgorithmus investiert werden kann und solchen, die die Anleger manuell auswählen können. Manche Plattformen operieren ausschließlich mit sol-

---

[838] *Will/Quarch*, WM 2018, 1481, 1491.

[839] Beispielhaft sei hier auf die von Zopa veröffentlichten Daten verwiesen, wo jedoch nicht nach Scoring-Kategorien differenziert wird, sondern aggregierte Daten bereitgestellt werden: https://www.zopa.com/lending/risk-data sowie https://www.zopa.com/lending/risk-performance, jeweils zuletzt abgerufen am 01.12.2018.

[840] So aber *Will/Quarch*, WM 2018, 1481, 1491.

chen Algorithmen.[841] Soweit die Anleger ausschließlich mit einem Algorithmus in ein Kreditprojekt investieren können, haben sie kein gesteigertes Informationsbedürfnis in Bezug auf das einzelne Projekt. Der Algorithmus wählt die Kreditprojekte aus, sodass es bereits vom Ablauf her ausgeschlossen ist, dass die Anleger vor der jeweiligen Investition das Basisinformationsblatt lesen. Die pauschale Verpflichtung zur Erstellung und Veröffentlichung der Basisinformationsblätter erzeugt in dieser Konstellation unnötige Kosten. Eine Ausnahmevorschrift ist insofern erforderlich.

Informationspflichten sollten an anderer Stelle gesetzt werden. Anlagealgorithmen haben heute beim P2P-Lending eine überragende Rolle. Beim P2P-Consumer-Lending werden sie von 99 % und beim P2P-Business-Lending von 97 % der Anleger verwendet.[842] Es überrascht, dass der Verordnungsentwurf sie quasi nicht adressiert. Für die Anleger steht bei der Verwendung der Anlagealgorithmen im Vordergrund, dass die Plattform ihr Geld in Kreditprojekte der von ihnen angegebenen Risikoklasse, Verzinsung und Laufzeit investiert. Für sie wird der Algorithmus zum zentralen Element der gesamten Vermögensanlage auf der Plattform. Es sollte deshalb überdacht werden, ob nicht Informationspflichten im Hinblick auf den Algorithmus selbst aufgenommen werden. Ein Anknüpfungspunkt könnte zwar Art. 4 Abs. 4 CrowdVO-E sein. Demnach können die Plattformbetreiber im Namen ihrer Kunden Ermessensbefugnisse hinsichtlich der Parameter der Kundenaufträge ausüben, müssen den Kunden dann aber die genaue Methode und die Parameter dieser Ermessensbefugnis offenlegen und alles Erforderliche unternehmen, um das bestmögliche Ergebnis für ihre Kunden zu erzielen. Darüber, ob die Algorithmen über Ermessensbefugnisse i.S.d. der Vorschrift verfügen, wird man streiten können. In der derzeitigen Fassung wird bei einem engen Verständnis von „Ermessen" eine menschliche Entscheidung der Plattformbetreiber vorausgesetzt. Demgegenüber handelt es sich bei den von den Plattformen bereitgestellten Algorithmen um einen Programmcode mit festem Regelwerk, der von den Anlegern durch Aktivierung verwendet wird. Eine klarere Fassung des Art. 4 Abs. 4 CrowdVO-E wäre wünschenswert. An sich ist die Verpflichtung, die Parameter der „Ermessensbefugnis" offenlegen zu müssen (nicht im Sinne einer Offenlegung des Programmcodes, sondern im Sinne einer Offenlegung der wesentlichen Kriterien des Anlageregelwerks des Algorithmus) und das bestmögliche Ergebnis für die Kunden herbeizuführen der richtige Weg, mit den Anlagealgorithmen umzugehen.

---

[841] So bieten Zopa und Ratesetter mittlerweile ausschließlich die Möglichkeit an, per Anlagealgorithmus zu investieren siehe Fn. 126.

[842] Bezogen auf Großbritannien in 2017, *Cambridge Centre for Alternative Finance*, 5th UK Alternative Finance Industry Report, S. 32 und 35. Für Europa ohne Großbritannien sind nur Daten aus 2016 verfügbar. Dort waren es bezüglich des P2P-Consumer-Lendings 77 % und bezüglich des P2P-Consumer-Lendings 49 %, *Cambridge Centre for Alternative Finance*, 3rd European Alternative Finance Industry Report, S. 39.

ff) Verzicht auf Zeichnungsgrenzen

Positiv hervorzuheben ist, dass der europäische Gesetzgeber auf die Aufnahme von Zeichnungsgrenzen für (Klein-)Anleger verzichtet hat. Das deutsche Recht sieht solche Grenzen für Schwarmfinanzierungen in § 2a Abs. 3 VermAnlG vor. Durch sie werden Anleger unabhängig von ihren finanzwirtschaftlichen Kenntnissen oder finanziellen Mitteln auf ein Investment pro Vermögensanlage eines Emittenten in folgenden Höhen beschränkt: (1) grundsätzlich 1.000 EUR, (2) 10.000 EUR, sofern der jeweilige Anleger nach einer von ihm zu erteilenden Selbstauskunft über ein frei verfügbares Vermögen in Form von Bankguthaben und Finanzinstrumenten von mindestens 100.000 EUR verfügt, oder (3) den zweifachen Betrag des durchschnittlichen monatlichen Nettoeinkommens des jeweiligen Anlegers nach einer von ihm zu erteilenden Selbstauskunft, höchstens jedoch 10.000 EUR.[843] Mit den Zeichnungsgrenzen möchte der Gesetzgeber Anleger vor Klumpenrisiken schützen.[844] Solche Regelungen sind jedoch Ausdruck eines harten Paternalismus[845] und sollten in einer freiheitlichen Rechtsordnung nur zur Anwendung kommen, wenn sie auch zwingend geboten sind.[846] Zwar handelt es sich um relativ riskante Geschäfte, jedoch zeigt der CrowdVO-Entwurf, dass es auch alternative, die Autonomie der Anleger weniger beeinträchtigende Schutzinstrumente gibt. Die zwingende Kenntnisprüfung mit Mitteilung der Geeignet- oder Ungeeignetheit des Anlageprodukts und die Simulation der Verlustfähigkeit informieren die Anleger erstens darüber, ob sie die Risiken ganz grundsätzlich überschauen können und zweitens darüber, in welchem Umfang sie Verluste auf der Plattform tragen können. Auf Grundlage dieser Informationen werden sie ausreichend in die Lage versetzt, eine informierte, selbstbestimmte Investitionsentscheidung zu treffen.

Lediglich im Hinblick auf Anlagealgorithmen kämen einschneidendere Regelungen in Betracht, die in die Richtung „Zeichnungsgrenze" gehen, da in diesem Fall die Anlageentscheidung in eine fremde Hand, dem Programmcode, gelegt werden, deren Entscheidungsprozesse und -gründe vom durchschnittlichen Anleger nicht mehr überblickt werden können, obwohl sie ihn unmittelbar betreffen. Ein solches Programm könnte beispielsweise Kreditprojekte einseitig auswählen oder im schlimmsten Fall das gesamte Anlagekapital in einzelne hochriskante Projekte investieren. Hinsichtlich des Angebots von Anlagemechanismen könnte deshalb eine

---

[843] Den Zeichnungsgrenzen in § 2a Abs. 3 VermAnlG grundsätzlich positiv gegenüberstehend, aber einen einkommensunabhängigen Schwellenwert von 5.000 EUR vorschlagend: *Casper*, ZBB 2015, 265, 278; *Klöhn/Hornuf*, DB 2015, 47, 52. Den Zeichnungsgrenzen ebenfalls positiv gegenüberstehend: *Heuer*, Crowdinvesting, S. 230 ff. *Danwerth*, ZBB 2016, 20, 32 hält die Streichung der Grenzen für wünschenswert, ansonsten jedenfalls eine Anhebung der Beteiligungsgrenze auf mindestens 5.000 EUR. Siehe auch *Schedensack*, Crowdinvesting, S. 495 ff. ausführlich zur Zweckmäßigkeit der Höhe der einzelnen Zeichnungsgrenzen.

[844] RegE BT-Drucks. 18/3994, S. 42.

[845] *Danwerth*, ZBB 2016, 20, 32; *Klöhn/Hornuf*, DB 2015, 47, 52.

[846] Umfangreich zum Paternalismus und möglicher Rechtfertigungen *Schmolke*, Grenzen der Selbstbindung, S. 25 ff. und 42 ff.

dahingehende Regelung aufgenommen werden, dass die Plattformbetreiber bei Bereitstellung von Algorithmen zum Zwecke der Minimierung von Risiken auf eine angemessene Streuung des angelegten Kapitals hinwirken müssen. Aber auch diesbezüglich ist eher fraglich, ob eine solche Regelung notwendig ist oder ob sie nicht bereits zu tief in Geschäftsmodelle eingreift und Innovationen hemmt. Plattformen werden bereits aus Eigeninteresse und Werbeeffekten versuchen, auf eine entsprechende Risikostreuung hinzuwirken.

d) Anwendungsbereich

aa) Verhältnis zum nationalen Recht

Manche Mitgliedstaaten der EU verfügen bereits über spezialgesetzliche Regelungen zum Crowdfunding. *Will/Quarch* kritisieren, dass die CrowdVO keine Aussage zum Verhältnis der Verordnung zum nationalen Recht enthalte, wenn sich Anbieter für eine Zulassung nach der CrowdVO entscheiden.[847] Nach ihrer Ansicht besteht die Möglichkeit, dass Plattformbetreiber auch dann an nationales Recht gebunden sein könnten, wenn sie über eine Zulassung gem. Art. 10 Abs. 1 Crowd-VO-E verfügen. Zur Begründung wird angeführt, dass es der erklärte Wille der EU sei, das mitgliedstaatliche Recht unberührt zu lassen[848] und dass die CrowdVO nur die Dienstleistungen der Plattformbetreiber, nicht aber die Investoren reguliere. Es könnten insofern beispielsweise weiterhin nationale Regelungen greifen, die Investoren bzw. Anleger betreffen. Nach dieser Ansicht besteht die Möglichkeit, dass die Tätigkeit der Anleger auf der Plattform weiterhin als erlaubnispflichtiges Kreditgeschäft bewertet wird, obwohl der Plattformbetreiber über eine Zulassung nach der CrowdVO verfügt.[849] Wäre dies tatsächlich der Fall, würde die Marktfragmentierung in der EU aller Wahrscheinlichkeit nach fortbestehen.

Diese Kritik oder Befürchtung ist unbegründet. Zunächst kann die Erwägung der EU in den Gesetzgebungsmaterialien auch dahingehend verstanden werden, dass aufgrund des Wahlrechts die mitgliedstaatlichen Regelungsregime unberührt bleiben, mithin eine Koexistenz der CrowdVO zu den nationalen Regelungen angestrebt wird. Anlass der CrowdVO war vielmehr, den Plattformbetreibern in einem hochgradig fragmentierten regulatorischen Umfeld ein Mittel zur Hand zu geben, mit dem sie europaweit ihr Geschäftsmodell anbieten können, ohne 28 verschiedene Regelungsregime beachten zu müssen.[850] Dies schlägt sich unter anderem im vorgesehenen Europäischen Pass gem. Art. 10 Abs. 8 CrowdVO-E nieder. Außerdem werden den Betreibern der Plattformen umfangreiche Verhaltens- und Organisationspflichten zum Schutze der Kapitalnehmer und Kapitalgeber auferlegt. Durch die

---

[847] *Will/Quarch*, WM 2018, 1481, 1490.

[848] Siehe dazu KOM/2018/113 endg., S. 6.

[849] *Will/Quarch* nennen beispielhaft die französische Regulierung der Kreditgeber, siehe *dies.*, WM 2018, 1481, 1490.

[850] Siehe oben Kapitel 5 E.I.1.

Pflicht zur Erstellung der Basisinformationsblätter werden auch die Kapitalnehmer in Anspruch genommen. Durch diese werden dann die Kapitalgeber geschützt. Die CrowdVO betrifft alle am P2P-Lending beteiligten Parteien, sei es als Adressaten von Schutzpflichten oder als Begünstigte der Schutzvorschriften. Schlussendlich wird in Art. 9 CrowdVO-E teils explizit, teils implizit auf die Anwendbarkeit nationaler und europäischer Regelungen im Kontext des Haltens von Kundenvermögen und dem Erbringen von Zahlungsdiensten hingewiesen. Daraus lässt sich schließen, dass die CrowdVO auf europäisches und nationales Recht verweist, wo es anwendbar sein soll. Die CrowdVO ist aufgrund der gesetzgeberischen Intention, des Europäischen Passes sowie der gesamten Struktur ein abgeschlossener Rechtsrahmen. Crowd-funding-Dienstleister mit einer Zulassung nach Art. 10 CrowdVO und die Platt-formnutzer sind nicht an mitgliedstaatliche Spezialregelungen zum P2P-Business-Lending gebunden.

bb) Notwendigkeit einer Vereinheitlichung des Regelungsregimes

Problematischer an dem Ansatz der EU, die CrowdVO neben mitgliedstaatliches Recht zu stellen, ist vielmehr, dass die Plattformbetreiber oftmals den Rechtsrahmen wählen werden, der für sie am günstigsten ist.[851] Dies kann gegebenenfalls auch das nationale Recht sein, wenn es niedrigere Standards als das europäische Recht hat. Um wettbewerbsfähig mit ausschließlich in einzelnen Mitgliedstaaten aktiven Plattformbetreibern bleiben zu können, können europaweit tätige Plattformbetreiber dann gezwungen sein, sich dem nationalen Recht zu unterwerfen. Schlussendlich bleibt es dann gegebenenfalls in weiten Teilen der EU bei der Marktfragmentierung. Dies gefährdet die angestrebte Kapitalmarktunion.[852] Eine Mindestharmonisierung wäre zweckmäßiger.[853]

e) Abschließende Betrachtung

Zusammenfassend ist der CrowdVO-Entwurf der Europäischen Kommission in weiten Teilen gelungen und adressiert eine Vielzahl der aufgezeigten Risiken beim P2P-Business-Lending. Insbesondere die Verwendung von Standards bei der Re-gulierung der Plattformbetreiber kann überzeugen. Im Hinblick auf die Anleger ist es erfreulich, dass neue Instrumente gewählt wurden. Teilweise besteht hier aber noch Verbesserungspotential. Hinsichtlich der Kenntnisprüfung sollte das binäre Ergebnis zur Geeignetheit durch eine Vergleichsmöglichkeit ersetzt werden und die Simu-lation der Verlustfähigkeit sollte Verluste flexibel simulieren lassen. Die Ver-pflichtung zur Erstellung und Veröffentlichung eines Basisinformationsblatts sollte durch Ausnahmevorschriften eingeschränkt werden, insbesondere sollten kleine

---

[851] BR-Drs. 69/18, Beschluss, S. 4 Nr. 14; *Will/Quarch*, WM 2018, 1481, 1490.

[852] *Will/Quarch*, WM 2018, 1481, 1490 f.

[853] Der Bundesrat spricht sich insofern für die Einführung von Mindeststandards in der EU ein, BR-Drs. 69/18, Beschluss, S. 4 Nr. 14.

Unternehmen mit geringem Kapitalbedarf von der Verpflichtung ausgenommen werden. Auch sollten Sonderregelungen für Anlagealgorithmen aufgenommen werden. Schlussendlich sollte die CrowdVO den Rechtsrahmen für Crowdfunding-Dienstleistungen im Wege der Mindestharmonisierung regulieren.

II. Ausdehnung der CrowdVO
auf das echte P2P-Consumer-Lending

Im Folgenden wird beleuchtet, ob und wie sich das P2P-Consumer-Lending in den CrowdVO-Entwurf der Europäischen Kommission einfügen könnte. Dass der Gesetzgeber ganz grundsätzlich zur Schaffung von Rechtssicherheit aktiv werden sollte, um das echte P2P-Consumer-Lending zu ermöglichen, wurde bereits dargelegt.[854]

1. Notwendigkeit einer Europäischen Lösung
für das P2P-Consumer-Lending

Es kommt dabei sowohl eine nationale als auch eine europäische Lösung in Betracht. Vorzugswürdig erscheint eine europäische Lösung. Gleichermaßen wie beim P2P-Business-Lending endet bisher das Geschäftsgebiet der Plattformen an den Grenzen der Mitgliedstaaten. Grenzüberschreitende Dienstleistungen erfolgen, soweit ersichtlich, in keinem nennenswerten Umfang. Wie beim P2P-Business-Lending wird man auch hier die verschiedenen Regelungssysteme der Mitgliedstaaten und spezifisch darauf angepasste Geschäftsmodelle der Plattformen als Ursache der Fragmentierung betrachten können. So wird das unechte P2P-Consumer-Lending in Großbritannien nicht angeboten, weil es für den dortigen Markt vergleichsweise kompliziert und teuer ist. Auf der anderen Seite ist es britischen Plattformen aufgrund der Verwaltungspraxis der BaFin unmöglich, ihr Modell in Deutschland anzubieten. Die Fragmentierung führt zu einem eingeschränkten Wettbewerb. In kleineren Mitgliedstaaten wird das P2P-Consumer-Lending gar nicht erst angeboten.[855] Dort wird das Potential des P2P-Lendings für eine bessere Kapitalversorgung der Verbraucherdarlehensnehmer gar nicht erst freigesetzt. Durch eine Harmonisierung der Regelungen zum P2P-Consumer-Lending und insbesondere einen Europäischen Pass könnte ein Binnenmarkt geschaffen werden, durch den Verbraucher aller Mitgliedstaaten Zugang zu einem verbesserten Kreditangebot erhalten und der durch einen erhöhten Wettbewerb Innovationen fördert.

Überraschend ist, dass die Europäische Kommission den Entwurf der CrowdVO nicht auch auf das P2P-Consumer-Lending ausdehnt, obwohl es erhebliche Schnittmengen mit dem P2P-Business-Lending gibt und beide Varianten des P2P-

---

[854] Siehe oben eingangs zu Kapitel 5 E.
[855] Siehe oben Fn. 819.

Lendings oftmals einheitlich auf Plattformen angeboten werden.[856] Zudem ist das P2P-Consumer-Lending in Europa (ohne Großbritannien) mit einem fast doppelt so großen Marktvolumen erheblich bedeutender als das P2P-Business-Lending.[857] Die Europäische Kommission scheint anzunehmen, dass die Verbraucherdarlehensnehmer ausreichend durch die Verbraucherkreditrichtlinie geschützt werden.[858] Diese Annahme ist nicht nur deshalb fraglich, weil das Verbraucherkreditrecht keine Anwendung findet, wenn Privatanleger im Rahmen des P2P-Consumer-Lendings Verbrauchern Darlehen gewähren,[859] sondern auch, weil der Markt für P2P-Consumer-Lending in der EU gleichermaßen wie der Markt für P2P-Business-Lending fragmentiert ist.

2. Übertragbarkeit der Grundsätze der CrowdVO-E

Zunächst käme eine Integration der Regulierung des P2P-Consumer-Lendings in die CrowdVO in Betracht. Soweit der ESMA die Zuständigkeit für das P2P-Business-Lending übertragen wird, wäre eine Zuständigkeit für das P2P-Consumer-Lending sachlich und fachlich nur konsequent. Inhaltlich sind die Tätigkeiten der Plattformbetreiber beim P2P-Business-Lending und beim P2P-Consumer-Lending weitgehend identisch. Lediglich die Ermittlung der Bonität kann sich beim P2P-Business-Lending komplexer gestalten. An sich scheint demnach eine Aufnahme des P2P-Consumer-Lendings in die CrowdVO grundsätzlich möglich. Nicht nur deshalb, weil sich die Geschäftsmodelle ähneln, sondern auch, weil der Entwurf der Crowd-VO einen prinzipienorientierten Ansatz verfolgt und sich in weiten Teilen mit unbestimmten Rechtsbegriffen auf abstrakte Anforderungen an die Plattformbetreiber beschränkt (also etwa dem Erfordernis ehrlichen, fairen und professionellen Handelns). Auch die Kenntnisprüfung und Simulation der Verlustfähigkeit sind Instrumente, die beim P2P-Consumer-Lending Anwendung finden könnten. Sie würden für einen angemessenen Ausgleich zwischen Kapitalmarkt- und Anlegerschutz sorgen sowie den Plattformbetreibern den notwendigen Spielraum zur Entwicklung lassen.

---

[856] Wie etwa Zopa und Ratesetter.

[857] In Europa ohne Großbritannien betrug das Marktvolumen des P2P-Consumer-Lendings in 2016 697 Millionen EUR und das für P2P-Business-Lending 350 Millionen EUR, siehe *Cambridge Centre for Alternative Finance*, 3rd European Alternative Finance Industry Report, S. 28. Das Marktvolumen des P2P-Consumer-Lendings in Großbritannien im selben Zeitraum betrug 1,169 Milliarden GBP und das für P2P-Business-Lending 1,232 Milliarden GBP, siehe *Cambridge Centre for Alternative Finance*, 4th UK Alternative Finance Industry Report, S. 42 und 49. Siehe für die Entwicklung der jeweiligen Marktvolumen auch oben Kapitel 1 A.

[858] KOM/2018/113 endg., S. 2.

[859] Siehe oben Kapitel 3 A.I.4.a) *Möslein/Omlor*, BKR 2018, 236, 240 weisen insofern darauf hin, dass Verbraucher-Kapitalnehmer künftig schlechter als Unternehmer-Kapitalnehmer geschützt werden. Es sei zweifelhaft, ob diese Diskriminierung von Verbrauchern noch mit Art. 169 AEUV vereinbar sei.

Lediglich die Verpflichtung zur Erstellung und Veröffentlichung eines Basisin-formationsblatts wäre im Hinblick auf das P2P-Consumer-Lending ein unange-messenes Instrument, da es sich hier letztlich um Verbraucherdarlehen handelt. Die Informationspflicht sollte sich dabei auf die wesentlichen Informationen wie Wohnort, Alter, Beruf, Einkommen, Verschuldung, Verwendungszweck, sowie das von der Plattform erstellte Rating beschränken. Für die Verbraucherdarlehensnehmer muss dabei weiterhin die Möglichkeit bestehen, zum Schutz vor missbräuchlichen Durchsetzungsmethoden anonym zu bleiben, solange sich Plattformbetreiber und Darlehensvertragspartner vertragsgemäß verhalten.

3. Anpassung der Verbraucherkreditrichtlinie

Schlussendlich wäre noch eine Anpassung der Verbraucherkreditrichtlinie not-wendig. Nach geltendem Recht kommt man zu dem Ergebnis, dass die Darlehens-verträge als Verbraucherdarlehensverträge qualifiziert werden, wenn gewerbliche Anleger das Darlehen gewähren und als „einfache" Darlehensverträge eingeordnet werden, wenn Privatanleger das Darlehen gewähren. Aus Perspektive der Darle-hensnehmer ist das überraschend, da faktisch kein Unterschied zwischen den beiden Konstellationen besteht. Sie erfahren erst im Zeitpunkt des Vertragsschlusses, wer ihr konkreter Vertragspartner wird. Zuvor verfügen sie lediglich über die formelle Vertragsfreiheit, den Vertrag zu den von der Plattform vorgegebenen Konditionen zu schließen, oder nicht. Für die Darlehensnehmer hängt der verbraucherkreditrecht-liche Schutz vom Zufall ab, obwohl sie nach dem verbraucherkreditrechtlichen Schutzkonzept jedenfalls bei einer Gesamtbetrachtung schutzwürdig wären. Es sollte demnach bei einer Regulierung des P2P-Consumer-Lendings vorgesehen werden, dass die P2P-Consumer-Lending-Plattformbetreiber einen mit der Verbr-KrRL gleichwertigen Schutz der Darlehensnehmer sicherstellen müssen.

Kapitel 6

Zusammenfassung in Thesen

Zu Kapitel 3: Vertragliche Gestaltung des P2P-Lendings

Zwischen den Darlehensgebern und den Darlehensnehmern

1. Die zwischen den Darlehensgebern und Darlehensnehmern vereinbarten Annuitätendarlehen sind Darlehensverträge gem. § 488 BGB. Das Freischalten der Kreditprojekte durch die Darlehensnehmer ist eine invitatio ad incertas personas. Inhaltlich ist sie auf den Abschluss eines Darlehensvertrags oder einer Vielzahl von Darlehensverträgen gerichtet. Die Darlehensgeber können die Angebote eigenhändig oder unter Verwendung eines automatisch oder autonom agierenden Plattformsystems annehmen. Erklärungen der Plattformsysteme sind eigene Willenserklärungen der Darlehensgeber, da diese die Systeme durch die Einstellung und Aktivierung zu ihrem Erklärungswerkzeug machen. Die Pseudonymisierung der Darlehensnehmer und Darlehensgeber lässt die Wirksamkeit der Verträge unberührt und führt auch nicht zu einer Änderung des Vertragspartners.

2. Die Darlehensgeber stehen untereinander in keiner unmittelbaren rechtlichen Beziehung. Sie verfolgen zwar den identischen Zweck, die Darlehensnehmer zu finanzieren, es handelt sich hierbei aber um keinen gemeinsamen Zweck gem. § 705 BGB. Die Darlehensgeber sind damit kein als Innen- oder Außen-GbR gestaltetes Kreditkonsortium. Sie stehen auch nicht im Verhältnis einer Gesamtschuldner- und/oder -gläubigerschaft.

3. Das Verbraucherdarlehensrecht dient dazu, die gestörte Vertragsparität zwischen Darlehensnehmern und Darlehensgebern zu kompensieren. Dem Verbraucherdarlehensrecht liegt ein typisiertes Bild einer in der Rolle des Verbrauchers oder des Unternehmers handelnden Person zugrunde. Die private Vermögensverwaltung ist Ausfluss dieses typisierten Bildes. Handelt eine Person im Rahmen der privaten Vermögensverwaltung, können ihre Handlungen nicht mehr dem gewerblichen Bereich zugeordnet werden. Das Kriterium findet nicht nur bei Darlehensnehmern, sondern auch bei Darlehensgebern Anwendung.

4. Die Darlehensnehmer sind beim P2P-Consumer-Lending Verbraucher gem. § 13 BGB.

5. Die Privatanleger werden im Rahmen des P2P-Consumer-Lendings zwar mit Wiederholungs- und Gewinnerzielungsabsicht tätig. Es handelt sich hierbei aber um einen Teil ihrer privaten Vermögensverwaltung. Im Ergebnis liegen damit

beim P2P-Consumer-Lending keine Verbraucherdarlehensverträge gem. § 491 Abs. 1 BGB vor, wenn Privatanleger die Darlehen gewähren.

6. Die Verbraucherkreditrichtlinie dient neben dem Ziel des Verbraucherschutzes auch dem Ziel der Stärkung der Stabilität des Finanzsystems. Die Zielsetzung hat aber keinen Einfluss auf den durch den rollenbezogenen Verbraucher- und Unternehmerbegriff geprägten Anwendungsbereich des Verbraucherkreditrechts.

7. Obwohl die Darlehensvergabe in einem hochprofessionalisierten Umfeld erfolgt, stellt die Darlehensvergabe über P2P-Consumer-Lending-Plattformen kein Umgehungsgeschäft gem. § 512 Satz 2 BGB dar. Die Vertragsparität zwischen Verbraucherdarlehensnehmern und Privatanlegern ist nicht gestört. Die Privatanleger sind auch keine Strohmänner des Plattformbetreibers, da dieser nicht am wirtschaftlichen Risiko der Darlehensverträge beteiligt ist. Somit kann kein Umgehungsgeschäft daraus hergeleitet werden, dass ausschließlich der Plattformbetreiber in unmittelbarem Kontakt zu den Darlehensnehmern steht.

8. Die gewerblichen Anleger werden unabhängig von ihrem Unternehmenszweck beim P2P-Consumer-Lending als Unternehmer i.S.d. § 14 BGB tätig. Somit bestehen in dieser Konstellation Verbraucherdarlehensverträge.

9. Die Darlehensnehmer sind beim P2P-Business-Lending Unternehmer i.S.d. § 14 Abs. 1 BGB. Damit liegen unabhängig davon, ob Privatanleger oder gewerbliche Anleger auf Darlehensgeberseite stehen, beim P2P-Business-Lending keine Verbraucherdarlehensverträge vor.

Zwischen dem Plattformbetreiber und den Darlehensnehmern

10. Der zwischen dem Plattformbetreiber und den jeweiligen Darlehensnehmern geschlossene Plattformnutzungsvertrag ist ein Rahmenvertrag, der die Einrichtung und Nutzung des Nutzerkontos sowie den Datenschutz regelt und im Übrigen die inhaltliche Grundlage für alle weiteren über die Plattform geschlossenen Verträge darstellt. Ein Teilnahme- und Nutzungsvertrag, durch den die Darlehensnehmer durch einseitige Weisungen Leistungen in Anspruch nehmen könnten, liegt aufgrund zwingend notwendiger, aber im Ergebnis noch ungewisser Zwischenakte nicht vor.

11. Die Darlehensnehmer willigen lediglich in die Prüfung ihrer Bonität und die Erstellung sowie Veröffentlichung eines Ratings ein. Zwischen dem Plattformbetreiber und den Darlehensnehmern kommt kein Ratingvertrag zustande.

12. Der Plattformbetreiber wird nicht auf Grundlage eines Nachweismaklervertrags tätig. Der Plattformbetreiber verfügt nach seiner Beauftragung vereinbarungsgemäß nicht mehr über die Freiheit zu entscheiden, ob er überhaupt tätig wird. Andererseits verbleibt den Darlehensnehmern nach dem möglichen „Nachweis der Gelegenheit zum Abschluss eines Vertrags" ebenfalls keine Entschei-

dungsfreiheit mehr, über den Abschluss des Darlehensvertrags zu entscheiden, da dieser im selben Moment zustande kommt. Dies widerspricht dem typisierten Bild der Vermittlungsmaklertätigkeit, weshalb eine entsprechende Qualifizierung ausscheiden muss. Die Vermittlungsleistung des Plattformbetreibers erfolgt vielmehr auf Grundlage eines Dienstvertrags mit Geschäftsbesorgungscharakter. Die einzige Ausnahme bildet der Fall, dass ein gewerblicher Anleger einem Verbraucher beim P2P-Consumer-Lending ein Darlehen gewährt. In diesem Fall liegt ein Verbraucherdarlehensvertrag vor. Die Vermittlungsleistung des Plattformbetreibers erfolgt dann gegenüber dem Darlehensnehmer auf Grundlage eines Darlehensvermittlungsvertrags gem. § 655a Abs. 1 Satz 1 Nr. 3 BGB.

Zwischen dem Plattformbetreiber und den Darlehensgebern

13. Zwischen dem Plattformbetreiber und den Darlehensgebern besteht ein Rahmenvertrag, der inhaltlich dem Rahmenvertrag zwischen Plattformbetreiber und Darlehensnehmern entspricht.

14. Die Vermittlungsleistung erfolgt gegenüber den Darlehensgebern auf Grundlage eines Auftragsverhältnisses. Aus den Nebenpflichten ergibt sich, dass der Plattformbetreiber nur ordnungsgemäß erstellte Ratings zur Verfügung stellen darf. Das hat zur Konsequenz, dass dieser bei deren Erstellung die Grundsätze der Objektivität, Neutralität und Sachkunde einhalten muss.

15. Der Plattformbetreiber erbringt die im Zusammenhang mit den Darlehensverträgen stehenden Verwaltungsaufgaben wie Bereitstellung des Plattforminterfaces zur Überwachung der Darlehensverträge, Mahnung der Darlehensnehmer oder Mitwirkung bei den Erstattungen durch die Treuhand aufgrund eines Dienstvertrags mit Geschäftsbesorgungscharakter.

Zwischen der Treuhandgesellschaft und den Darlehensgebern

16. Die Treuhand ist eine unselbstständige Stiftung, die dem Zweck dient, notleidende Forderungen der Darlehensgeber zu erwerben. Rechtsgeschäftlich handelt es sich bei den Treuhandbeiträgen der Darlehensgeber um eine Schenkung unter Auflage. Es handelt sich weder um einen Versicherungsvertrag noch um eine Gesellschaft bürgerlichen Rechts.

Zwischen dem kooperierenden Kreditinstitut und den Darlehensgebern

17. Das Anlagekonto wird aufgrund eines Girovertrags bereitgestellt.

Auf dem Sekundärmarkt

18. Die Darlehensgeber können über den vom Plattformbetreiber bereitgestellten Sekundärmarkt ihre Rückzahlungs- und Zinsansprüche durch Forderungskaufverträge veräußern. Auch hier wird der Plattformbetreiber gegenüber den veräußernden Darlehensgebern auf Grundlage eines Dienstvertrags mit Geschäftsbesorgungscharakter und gegenüber den Erwerbern auf Grundlage eines

Auftragsverhältnisses tätig. Dies gilt für alle Konstellationen beim P2P-Consumer- und P2P-Business-Lending. Im Übrigen schließen die Erwerber der Darlehensforderungen mit dem Plattformbetreiber entsprechende Verwaltungs-, Treuhand- und Giroverträge wie die Darlehensgeber.

Zu Kapitel 4: Aufsichtsrechtliche Anforderungen an das P2P-Lending

Banken als Finanzintermediäre und besondere Risiken im Banksystem

19. CRR-Kreditinstitute sind Finanzintermediäre im engeren Sinne. Sie transformieren Losgrößen, Fristen und Risiken, indem sie sich vertraglich zwischen die Anbieter und Nachfrager von Geldkapital schalten. Durch die Finanzintermediation erzeugen sie transformationsspezifische Risiken.

20. Aufgrund einer besonderen Risikoaversion verlieren die gegenwärtigen und künftigen Einleger von Banken besonders leicht das Vertrauen in die Liquidität und Solvenz derselben und können deshalb schlagartig große Mengen Kapital entziehen. Aufgrund der Transformationsfunktionen und den damit zusammenhängenden Risiken wirkt sich dies besonders schwerwiegend aus. Vertrauenskrisen können sich in begrenzten und allgemeinen Runs äußern und die Volkswirtschaft schwerwiegend schädigen.

Europarechtliche Zielsetzung der Bankenaufsicht

21. Ziel der europarechtlichen Regulierung von CRR-Kreditinstituten ist die Wahrung der Stabilität des Finanzsystems. Mit dieser gesamtwirtschaftlichen Zielsetzung einhergehend sollen auch die Einleger geschützt werden. Dieses Ziel ist unselbstständiger Natur. Der Einlegerschutz ist eine notwendige Bedingung für die Wahrung der Stabilität des Finanzsystems. Er hat aber keine über diese Zielsetzung hinausgehende selbstständige Bedeutung, etwa in Form von sozialpolitischen Erwägungen.

22. Die EU-Mitgliedstaaten müssen gem. Art. 9 Abs. 1 CRD IV den isolierten Betrieb des Einlagengeschäfts verbieten. Sie können jedoch gem. Art. 9 Abs. 2 CRD IV für die Privatwirtschaft eine Ausnahme vorsehen, wenn die jeweiligen Tätigkeiten Regelungen und Kontrollen unterworfen sind, die den Schutz von Einlegern und Anlegern bezwecken. Dieser Zweck hat keine eigenständige Bedeutung. Vielmehr ist er aufgrund der gesamtwirtschaftlichen Zielsetzung des CRD IV-Pakets dahingehend zu verstehen, dass er dem Schutz der Funktionsfähigkeit der Finanzmärkte dient. Einleger und Anleger müssen geschützt werden, um ihr Vertrauen in die Stabilität, Integrität und Fairness der Finanzmärkte zu wahren. Nur so werden sie auf diesen aktiv und stellen ihr Kapital zur Verfügung.

23. Europarechtlich ist die Regulierung der Unternehmerdarlehensgeber durch die Verbraucherkreditrichtlinien bedingt. Die Richtlinien können nicht nur als ein Element des europäischen Verbraucherprivatrechts, sondern aufgrund des Art. 20 VerbrKrRL sowie Art. 35 WohnimmoKrRL auch als ein Element des

europäischen Bankenaufsichtsrechts betrachtet werden. Die umsetzenden Rechtsakte der Mitgliedstaaten dienen insofern immer auch dem Verbraucherschutz und dort, wo der durch den Verbraucherschutz geprägte Anwendungsbereich eröffnet ist, auch der Stabilität des Finanzsystems.

Nationale Zielsetzung der Bankenaufsicht

24. Der deutsche Gesetzgeber verfolgt mit der Regulierung der CRR-Kreditinstitute keine über das CRD IV-Paket hinausgehenden Ziele. Das Ziel, die Funktionsfähigkeit des Kreditapparats zu wahren, ist inhaltsgleich zum Ziel der Wahrung der Stabilität des Finanzsystems.

25. Der deutsche Gesetzgeber nimmt mit der regulatorischen Erfassung des isoliert betriebenen Einlagengeschäfts im KWG von der Ermächtigung in Art. 9 Abs. 2 CRD IV Gebrauch, das gewerblich betriebene Einlagengeschäft abweichend von dem in Art. 9 Abs. 1 CRD IV vorgesehenen Grundsatz zuzulassen. Mit der Regulierung werden keine über Art. 9 Abs. 2 CRD IV hinausgehenden Ziele verfolgt. Der dort bezweckte Einlegerschutz hat keine über die Funktionsfähigkeit des Finanzmarkts hinausgehende Bedeutung. Dasselbe gilt damit für das nationale Recht.

26. Die Regulierung des isoliert betriebenen Kreditgeschäfts dient insbesondere der Umsetzung von Art. 20 VerbrKrRL sowie Art. 35 WohnimmoKrRL. Damit wird mit der regulatorischen Erfassung dieses Bankgeschäfts auch das Ziel des Schutzes der Verbraucherdarlehensnehmer sowie der Stärkung der Stabilität des Finanzsystems verfolgt. Ein über den Anwendungsbereich der VerbrKrRL hinausgehender Verbraucherschutz wird vom nationalen Gesetzgeber dagegen nicht bezweckt. Neben dem Verbraucherschutz wird aber ein allgemeines ordnungsrechtliches Ziel verfolgt, indem der kreditnehmende Teil der Bevölkerung vor ungeeigneten oder unzuverlässigen Darlehensgebern geschützt werden soll. Währungspolitische Ziele werden schlussendlich nicht verfolgt, insbesondere weil die Kompetenz zur Schaffung währungspolitischer Instrumente bei der EU liegt.

Erlaubnispflicht der Darlehensgeber

27. Die Tätigkeit der Darlehensgeber auf den P2P-Lending-Plattformen wäre nach den allgemeinen Begriffsmerkmalen gem. § 32 Abs. 1 Satz 1 KWG i.V.m. § 1 Abs. 1 Satz 2 Nr. 2 KWG als isoliert betriebenes Kreditgeschäft erlaubnispflichtig. Die Erlaubnispflicht setzt nicht die Tätigkeit einer juristischen Person voraus. Das aus dem allgemeinen Gewerberecht stammende Merkmal der Nutzung und Verwaltung des eigenen Vermögens ist Ausfluss einer verfassungskonformen Auslegung des Gewerbebegriffs. Im Rahmen des § 32 Abs. 1 Satz 1 KWG ist die „Gewerbsmäßigkeit" sowie das „Erfordernis" aufgrund der Weite des Tatbestands und des Gewichts des Eingriffs in entsprechender Weise verfassungskonform auszulegen.

28. Die Privatanleger sind sowohl auf P2P-Consumer-Lending- als auch P2P-Business-Lending-Plattformen im Rahmen der Nutzung und Verwaltung ihres eigenen Vermögens tätig und unterliegen damit ausnahmsweise keiner bankaufsichtsrechtlichen Erlaubnispflicht.

29. Gewerbliche Anleger stehen beim P2P-Consumer-Lending dagegen in einer verbraucherkreditrechtlichen Beziehung zu den Darlehensnehmern. Die Darlehensvergabe stellt für sie nicht mehr die Nutzung und Verwaltung des eigenen Vermögens dar, womit sie für den Betrieb des Kreditgeschäfts eine bankaufsichtsrechtliche Erlaubnis gem. § 32 Abs. 1 Satz 1 KWG i.V.m. § 1 Abs. 1 Satz 2 Nr. 2 KWG benötigen.

30. Die Darlehensvergabe beim P2P-Business-Lending stellt für die gewerblichen Anleger dagegen die Nutzung und Verwaltung ihres eigenen Vermögens dar und unterliegt keiner Erlaubnispflicht.

Erlaubnispflicht der Darlehensnehmer

31. Die Tätigkeit der Darlehensnehmer auf den P2P-Lending-Plattformen wäre nach den allgemeinen Begriffsmerkmalen gem. § 32 Abs. 1 Satz 1 KWG i.V.m. § 1 Abs. 1 Satz 2 Nr. 1 Var. 2 KWG als isoliert betriebenes Einlagengeschäft erlaubnispflichtig. Die Regulierung bezweckt, gewerblich auftretende Kapitalnehmer Mindeststandards zu unterwerfen, wodurch das Vertrauen der Einleger in die Stabilität, Integrität und Fairness der Finanzmärkte gestärkt werden soll. Einleger sollen auch dann in die Einhaltung dieser Mindeststandards vertrauen können, wenn sie risikoreiche Anlagen tätigen. Die Erlaubnispflicht der Darlehensnehmer beim P2P-Lending kann hierauf aufbauend nicht wegen der Risikokenntnis der Darlehensgeber verneint werden. Ob ihre Tätigkeit als die Verwaltung und Nutzung ihres Vermögens zu qualifizieren ist, kann insbesondere bei kleineren Darlehensvaluta aufgrund der Komplexität der Zielsetzung aber nicht eindeutig festgestellt werden.

32. Die Frage der Erlaubnispflicht ist für den isolierten Betrieb des Einlagengeschäfts deshalb anders zu lösen. Nachrangdarlehen werden gem. § 2 Abs. 1 Nr. 3 lit. b VermAnlG nicht von der vermögensanlagerechtlichen Regulierung erfasst, wenn der Verkaufspreis der im Zeitraum von zwölf Monaten angebotenen Darlehen insgesamt 100.000 EUR nicht übersteigt. Wenn risikoreiche Nachrangdarlehen nicht vom deutschen Finanzmarktrecht erfasst werden, dann erst recht nicht die risikoärmeren Darlehensverträge beim P2P-Lending. Aus dem VermAnlG kann eine finanzmarktrechtliche Mindestschwelle abgeleitet werden, die sowohl beim P2P-Consumer- als auch beim P2P-Business-Lending für die Darlehensnehmer greift. Diese können in einem Zeitraum von 12 Monaten Darlehen mit einem Gesamtvolumen bis einschließlich 100.000 EUR aufnehmen, ohne einer bankaufsichtsrechtlichen Erlaubnispflicht zu unterliegen.

33. Wird die finanzmarktrechtliche Mindestschwelle überschritten, besteht aber bei beiden Arten des P2P-Lendings eine Erlaubnispflicht nach § 32 Abs. 1 Satz 1 KWG i.V.m. § 1 Abs. 1 Satz 2 Nr. 1 Var. 2 KWG. Beim P2P-Lending erfolgt die Finanzierung typischerweise über mehrere hundert Anleger. Das mit der Erlaubnispflicht verfolgte gesamtwirtschaftliche Ziel des Vertrauensschutzes überwiegt hier die Interessen der Darlehensnehmer, sodass kein Raum mehr für die Nutzung und Verwaltung des eigenen Vermögens besteht.

Erlaubnispflicht der Darlehensnehmer, die kumulativ das Einlagen- und das Kreditgeschäft betreiben

34. Werden Teilnehmer auf einer oder mehreren P2P-Lending-Plattformen sowohl als Anleger als auch als Darlehensnehmer tätig, unterliegen sie der Erlaubnispflicht für CRR-Kreditinstitute. Es handelt sich hierbei nicht mehr um die Nutzung und Verwaltung des eigenen Vermögens. Aufgrund der anders gelagerten Zielsetzung der regulatorischen Erfassung der CRR-Kreditinstitute kann die finanzmarktrechtliche Mindestschwelle nicht übertragen werden. Dies gilt für alle Teilnehmer unabhängig davon, ob es sich um das P2P-Consumer- oder P2P-Business-Lending handelt.

Aufsichtsrechtliche Erfassung des Plattformbetreibers

35. Die Darlehensverträge sind keine Wertpapiere i.S.d. § 2 Nr. 1 lit. b WpPG. Der Wertpapierbegriff setzt zwar keine Verkörperung voraus. Jedoch müssten die Darlehen handelbar sein. Ein Blick nach Großbritannien zeigt zwar, dass diese ohne Weiteres veräußert werden können. Dies entspricht aber nicht der wertpapierprospektrechtlichen Handelbarkeit i.S.d. § 2 Nr. 1 WpPG.

36. § 1 Abs. 2 Nr. 7 VermAnlG erfasst auch einfache Darlehen. Beim P2P-Consumer- und P2P-Business-Lending ist jedoch der Ausnahmetatbestand des § 1 Abs. 2 Nr. 7 a.E. VermAnlG erfüllt. Die Darlehensverträge sind damit keine Vermögensanlagen i.S.d. § 1 Abs. 2 VermAnlG. Eine Qualifizierung als Vermögensanlage scheidet auch dann aus, wenn die Rückzahlungs- und Zinsansprüche von den Darlehensgebern über einen Sekundärmarkt veräußert werden. Das „kapitalmarktrechtliche Novum" der Umwandlung einer „Nicht-Vermögensanlage" in eine Vermögensanlage ist abzulehnen.

37. Die Bereitstellung des Primärmarkts durch den Plattformbetreiber stellt keine Tätigkeit als Anlagenvermittler gem. § 1 Abs. 1a Satz 2 Nr. 1 KWG oder als Finanzanlagenvermittler gem. § 34f Abs. 1 GewO dar. Er ist vielmehr als Darlehensvermittler gem. § 34c Abs. 1 GewO zu qualifizieren.

38. Die Bereitstellung des Sekundärmarkts führt nicht zu einer Qualifizierung als Anlagenvermittler gem. § 1 Abs. 1a Satz 2 Nr. 1 KWG, Betreiber eines multilateralen Handelssystems gem. § 1 Abs. 1a Satz 2 Nr. 1b KWG oder Darlehensvermittler gem. § 34c Abs. 1 Satz 1 Nr. 2 GewO. Die Bereitstellung des Sekundärmarkts ist erlaubnisfrei und lediglich nach § 14 Abs. 1 Satz 1 GewO anzeigepflichtig.

39. Die „Ratings" der Darlehensnehmer sind einfache Kredit-Scorings. Der Platt-formbetreiber ist damit keine EU-Ratingagentur gem. Art. 14 Abs. 1 EU-Ra-tingVO.

40. Der Plattformbetreiber verwaltet für die Darlehensgeber die Darlehensforde-rungen. Dabei steht er in Kontakt zu den Darlehensnehmern, mahnt diese und veräußert gegebenenfalls die Forderungen für die Darlehensgeber an eine In-kassostelle. Diese Tätigkeiten stellten für den Plattformbetreiber weder eine Rechts- noch eine Inkassodienstleistung gem. § 2 Abs. 1 Satz 1 RDG bzw. § 2 Abs. 2 Satz 1 Var. 1 RDG dar.

Die Treuhandgesellschaft

41. Die Treuhandgesellschaft betreibt mangels Ankaufverpflichtung kein Factoring gem. § 1 Abs. 1a Satz 2 Nr. 9 KWG. Da sie die Forderungen auf eigene Rechnung einzieht, handelt es sich auch nicht um eine Inkassodienstleistung gem. § 2 Abs. 2 Satz 1 Var. 2 RDG. Aufgrund einer fehlenden Verpflichtung zum Erwerb der notleidenden Forderungen ist die Treuhandgesellschaft auch kein Versicherungsunternehmen und unterliegt keiner Erlaubnispflicht gem. § 8 Abs. 1 VAG. Der Betrieb der Treuhandgesellschaft stellt mangels Gewinner-zielungsabsicht und Entgeltlichkeit der Tätigkeit kein Gewerbe dar und ist damit auch nicht gem. § 14 Abs. 1 Satz 1 GewO anzeigepflichtig. Die Treuhandge-sellschaft agiert im aufsichtsfreien Raum.

Das kooperierende Kreditinstitut

42. Der Plattformbetreiber kooperiert mit einem zugelassenen CRR-Kreditinstitut, das über die notwendige Erlaubnis gem. § 32 Abs. 1 Satz 1 KWG verfügt, um den Anlegern die Konten bereitzustellen und die Zahlungen für den Platt-formbetreiber abzuwickeln.

Zu Kapitel 5: Reformperspektiven

43. Darlehensnehmer können durch günstigere Zinsen und besserer Kreditverfüg-barkeit vom P2P-Lending profitieren. Anlegern wird durch das P2P-Lending eine vollkommen neue Anlageklasse geschaffen.

44. P2P-Lending-Plattformen dringen nur teilweise in die Geschäftsbereiche klassischer Kreditinstitute vor. Das Verbraucherdarlehensgeschäft wird substi-tuiert, nicht dagegen das traditionelle Einlagengeschäft in Form von bei-spielsweise Girokonten und Sparbüchern.

45. Für Darlehensnehmer besteht primär die Gefahr, sich mangels mathematischer und finanzwirtschaftlicher Kenntnisse zu überschulden. Für Darlehensgeber besteht vor allem das Risiko, dass es zum vollständigen oder teilweisen Verlust der Anlage kommt. Darüber hinaus besteht für sie das Liquiditätsrisiko, dass die Forderungen nicht über den Sekundärmarkt veräußerbar sind. Weder die Risiken der Darlehensnehmer noch die der Darlehensgeber werden unmittelbar ge-setzlich adressiert.

Der Crowdfunding-Verordnungs-Entwurf der Europäischen Kommission

46. Der CrowdVO-Entwurf der Europäischen Kommission erfasst nur das echte P2P-Business-Lending.

47. Der CrowdVO-Entwurf ist in weiten Teilen gelungen und adressiert eine Vielzahl der relevanten Risiken beim P2P-Business-Lending. Insbesondere die Verlagerung der Aufsicht auf die ESMA sowie die Regulierung der Plattformbetreiber als Gatekeeper ist gelungen. Bei einigen unmittelbaren Anlegerschutzinstrumenten besteht noch Verbesserungspotential.

48. Die Kenntnisprüfung sollte nicht in einem binären Ergebnis (geeignet/ungeeignet) münden, sondern die Anleger auf einer Skala einordnen. Den Anlegern sollte anschließend die Möglichkeit eingeräumt werden, sich mit anderen Anlegern zu vergleichen.

49. Die Simulation der Verlustfähigkeit sollte Anleger Verluste flexibel simulieren lassen. Hierdurch werden die Anleger umfassender über die Risiken informiert. Auch ist zu erwarten, dass eine interaktive Simulation das Risikobewusstsein besser stärkt.

50. Die Verpflichtung zur Erstellung und Veröffentlichung eines Basisinformationsblatts ist undifferenziert und schließt aufgrund der Kosten faktisch kleinere Unternehmen mit geringem Kapitalbedarf vom P2P-Business-Lending aus. Eine sinnvolle Schwelle läge bei 100.000 EUR.

51. Kreditprojekte, in die ausschließlich mit Anlageautomatismen investiert werden kann, sollten von der Basisinformationsblattpflicht befreit werden. Das Informationsblatt verfehlt hier seine anlegerschützende Wirkung, da Anleger es vor Abschluss der Darlehensverträge nicht wahrnehmen können.

52. Bietet eine Plattform Anlagealgorithmen an, sollte sie diesbezüglich Publizitätspflichten unterworfen werden. Die Anleger geben die Entscheidung über die Kapitalanlage letztlich in eine dritte Hand. Der Algorithmus wird zentrales Element der Anlage.

53. Auch für die Scorings sollten Publizitätspflichten aufgenommen werden. Insbesondere müssen Anleger darüber informiert werden, wieviele Kreditausfälle der Plattformbetreiber auf Basis seiner Scorings erwartet hat und wieviele tatsächlich eingetreten sind.

54. Die CrowdVO ist ein abschließender Rechtsrahmen. Soweit ein Plattformbetreiber eine Zulassung gem. Art. 10 Abs. 1 CrowdVO-E besitzt, können Plattformbetreiber, Darlehensnehmer und Darlehensgeber durch die Mitgliedstaaten keinen weiteren spezialgesetzlichen Anforderungen unterworfen werden.

55. Die europäische Regulierung des Crowdfundings sollte den Rechtsrahmen für Crowdfunding-Dienstleistungen jedenfalls im Wege der Mindestharmonisierung vereinheitlichen, statt den Plattformbetreibern ein Wahlrecht für nationales Recht zu geben. Anderenfalls ist zu erwarten, dass das von der Europäischen

Kommission mit der CrowdVO verfolgte Ziel der Beseitigung der Fragmentierung der P2P-Lending-Märkte weitgehend verfehlt wird.

Die Regulierung des P2P-Consumer-Lendings

56. Das P2P-Consumer-Lending sollte ebenso wie das P2P-Business-Lending aufgrund der Marktfragmentierung auf europäischer Ebene reguliert werden. Grundsätzlich würde sich die Regulierung des P2P-Consumer-Lendings in weiten Teilen in die Struktur der CrowdVO integrieren lassen. Die Darlehensnehmer müssten beim P2P-Consumer-Lending lediglich von der Verpflichtung zur Erstellung eines Basisinformationsblatts befreit werden. Stattdessen könnte eine knappe Übersicht über die Rahmendaten des Darlehensnehmers und Darlehensvertrags als Substitut für das Basisinformationsblatt dienen.

57. Der verbraucherkreditrechtliche Schutz der Darlehensnehmer hängt derzeit aus Darlehensnehmer-Perspektive vom Zufall ab, da sie vor Vertragsschluss nicht wissen, ob und in welchem Umfang Darlehensverträge mit Privatanlegern oder gewerblichen Anlegern geschlossen werden. Die Verbraucherkreditrichtlinie sollte dahingehend angepasst werden, dass ihr Schutz unabhängig davon greift, ob ein Privatanleger oder gewerblicher Anleger Vertragspartner wird. Es genügt eine Regelung, die die Plattformbetreiber zur Sicherstellung eines gleichwertigen Schutzes verpflichtet.

Literaturverzeichnis

Achleitner, Ann-Kristin/*Everling*, Oliver (Hrsg.), Handbuch Ratingpraxis, Wiesbaden 2004 (zitiert: *Bearbeiter*, in: Achleitner/Everling, Hdb-Ratingpraxis)

Adolff, Johannes/*Eschwey*, Claudius, Lastenverteilung bei der Finanzmarktstabilisierung, ZHR 177 (2013), 902–977

Ady, Johannes/*Paetz*, Erich, Die Umsetzung der Verbraucherkreditrichtlinie in deutsches Recht und besondere verbraucherpolitische Aspekte, WM 2009, 1061–1070

Aschenbeck-Florange, Tanja/*Drefke*, Thorge, Neueste Entwicklungen der Crowdfunding-Regulierung und aufsichtsrechtliche Anforderungen an Crowdfunding in Deutschland, RdF 2015, 284–293

Assmann, Heinz-Dieter/*Schlitt*, Michael/*Kopp-Colomb*, Wolf von (Hrsg.), Wertpapierprospektgesetz – Vermögensanlagengesetz, 3. Auflage, Köln 2017 (zitiert: *Bearbeiter*, in: Assmann/Schlitt/v. Kopp-Colomb, WpPG)

Assmann, Heinz-Dieter/*Schneider*, Uwe H./*Mülbert*, Peter O. (Hrsg.), Wertpapierhandelsrecht, 7. Auflage, Köln 2019 (zitiert: *Bearbeiter*, in: Assmann/Schneider/Mülbert, WertpapierhandelsR)

Assmann, Heinz-Dieter/*Schütze*, Rolf A. (Hrsg.), Handbuch des Kapitalanlagerechts, 2. Auflage, München 1997 (zitiert: *Bearbeiter*, in: Assmann/Schütze, Hdb-Kapitalanlagerecht, 2. Auflage)

Assmann, Heinz-Dieter/*Schütze*, Rolf A. (Hrsg.), Handbuch des Kapitalanlagerechts, 4. Auflage, München 2015 (zitiert: *Bearbeiter*, in: Assmann/Schütze, Hdb-Kapitalanlagerecht)

Atz, Ulrich/*Bholat*, David, Peer-to-peer lending and financial innovation in the United Kingdom, Bank of England Staff Working Paper No. 598, April 2016, abrufbar unter https://ssrn.com/abstract=2774297, zuletzt abgerufen am 01.12.2018 (zitiert: *Atz/Bholat*, Peer-to-peer lending)

Auerbach, Dirk (Hrsg.), Banken- und Wertpapieraufsicht, München 2015 (zitiert: *Auerbach*, Bankenaufsicht)

BaFin, Auslegungsschreiben zum Crowdlending, Stand: 09.10.2015, https://www.bafin.de/SharedDocs/Veroeffentlichungen/DE/Auslegungsentscheidung/WA/ae_151009_crowdlending.html, zuletzt abgerufen am 01.12.2018 (zitiert: *BaFin*, Auslegungsschreiben Crowdlending [Oktober 2015])

BaFin, Merkblatt – Hinweise zum Tatbestand des Einlagengeschäfts, Stand: 11.03.2014, abrufbar unter https://www.bafin.de/SharedDocs/Veroeffentlichungen/DE/Merkblatt/mb_14 0311_tatbestand_einlagengeschaeft.html, zuletzt abgerufen am 01.12.2018 (zitiert: *BaFin*, Merkblatt Einlagengeschäft [März 2014])

BaFin, Merkblatt – Hinweise zum Tatbestand des Kreditgeschäfts, Stand: 02.05.2016, https://www.bafin.de/SharedDocs/Veroeffentlichungen/DE/Merkblatt/mb_090108_tatbestand_kre ditgeschaeft.html, zuletzt abgerufen am 01. 12. 2018 (zitiert: *BaFin*, Merkblatt Kreditgeschäft [Mai 2016])

BaFin, Merkblatt – Hinweise zur Erlaubnispflicht der Betreiber und Nutzer einer internetbasierten Kreditvermittlungsplattform nach dem KWG, Stand: 14. 05. 2007, https://www.bafin. de/SharedDocs/Veroeffentlichungen/DE/Merkblatt/mb_070514_kreditvermittlungsplattform. html, zuletzt abgerufen am 01. 12. 2018 (zitiert: *BaFin*, Merkblatt Kreditvermittlungsplattform [Mai 2007])

Bamberger, Heinz Georg/*Roth*, Herbert/*Hau*, Wolfgang/*Poseck*, Roman (Hrsg.), BeckOK BGB, Stand: August 2018, München (zitiert: *Bearbeiter*, in: BeckOK-BGB)

Bank, Matthias, Gestaltung von Finanzierungsbeziehungen, Wiesbaden 1998 (zitiert: *Bank*, Finanzierungsbeziehungen)

Baumgärtel, Gottfried, Die Unzumutbarkeit der Forderungsabtretung, AcP 156 (1957), 265 – 290

Baur, Jürgen/*Tappen*, Falko (Hrsg.), Investmentgesetze, Erster Band, 3. Auflage, Berlin u. a. 2015 (zitiert: *Bearbeiter*, in: Baur/Tappen, InvG)

Beck, Heinz/*Samm*, Carl-Theodor/*Kokemoor*, Axel (Hrsg.), Kreditwesengesetz mit CRR, Heidelberg, Stand: Oktober 2018 (zitiert: *Bearbeiter*, in: Beck/Samm/Kokemoor, KWG)

Beckmann, Klaus/*Bauer*, Joachim, Bankaufsichtsrecht Entscheidungssammlung, Loseblattsammlung, Stand 1989, Frankfurt a. M. (zitiert: *Beckmann/Bauer*)

Beckmann, Roland Michael/*Matusche-Beckmann*, Annemarie (Hrsg.), Versicherungsrechts-Handbuch, 3. Auflage, München 2015 (zitiert: *Bearbeiter*, in: Beckmann/Matusche-Beckmann, VersR-Hdb)

BeckOGK-BGB, siehe: *Gsell*, Beate/*Krüger*, Wolfgang/*Lorenz*, Stephan/*Mayer*, Jörg (Hrsg.)

BeckOK-BGB, siehe: *Bamberger*, Heinz Georg/*Roth*, Herbert/*Hau*, Wolfgang/*Poseck*, Roman (Hrsg.)

BeckOK-GewO, siehe: *Pielow*, Johann-Christian (Hrsg.)

Berger, Sven Christian/*Skiera*, Bernd, Elektronische Kreditmarktplätze: Funktionsweise, Gestaltung und Erkenntnisstand bei dieser Form des „Peer-to-Peer-Lending", KuK 2012, 289 – 311

Bernet, Beat, Institutionelle Grundlagen der Finanzintermediation, München 2003 (zitiert: *Bernet*, Finanzintermediation)

Berrar, Carsten/*Meyer*, Andreas/*Müller*, Cordula/*Schnorbus*, York/*Singhof*, Bernd/*Wolf*, Christoph (Hrsg.), Frankfurter Kommentar – WpPG und EU-ProspektVO. 2. Auflage, Frankfurt a. M. 2017 (zitiert: *Bearbeiter*, in: FK-WpPG)

Bieg, Hartmut, Bankbilanzen und Bankenaufsicht, München 1983 (zitiert: *Bieg*, Bankbilanzen)

Bieg, Hartmut, Erfordert die Vertrauensempfindlichkeit des Kreditgewerbes bankspezifische Bilanzierungsvorschriften? (Teil II), WPg 1986, 299 – 307

Bitz, Michael, Erscheinungsformen und Funktionen von Finanzintermediären, WiSt 1989, 430 – 436

Bitz, Michael/*Stark*, Gunnar, Finanzdienstleistungen, 9. Auflage, Berlin u. a. 2015

Blaurock, Uwe, Verantwortlichkeit von Ratingagenturen – Steuerung durch Privat- oder Aufsichtsrecht?, ZGR 2007, 603–653

Boos, Karl-Heinz/*Fischer*, Reinfrid/*Schulte-Mattler*, Hermann (Hrsg.), KWG, Band 1, 5. Auflage, München 2016 (zitiert: *Bearbeiter*, in: Boos/Fischer/Schulte-Mattler, KWG)

Boos, Karl-Heinz/*Fischer*, Reinfrid/*Schulte-Mattler*, Hermann (Hrsg.), KWG, Band 2, 5. Auflage, München 2016 (zitiert: *Bearbeiter*, in: Boos/Fischer/Schulte-Mattler, KWG)

Bork, Reinhard, Allgemeiner Teil des Bürgerlichen Gesetzbuchs, 4. Auflage, Tübingen 2016 (zitiert: *Bork*, BGB AT)

Bräutigam, Peter/*Klindt*, Thomas, Industrie 4.0, das Internet der Dinge und das Recht, NJW 2015, 1137–1142

Bräutigam, Peter/*Rücker*, Daniel (Hrsg.), E-Commerce, München 2017

Buck-Heeb, Petra, Das Kleinanlegerschutzgesetz, NJW 2015, 2535–2541

Buck-Heeb, Petra, Kapitalmarktrecht. 9. Auflage, Heidelberg 2017

Bülow, Peter/*Artz*, Markus (Hrsg.), Verbraucherkreditrecht, 9. Auflage, München 2016

Büschgen, Hans Egon, Bankbetriebslehre, 5. Auflage, Wiesbaden 1998

Büsselmann, Elke, Bankenaufsicht und marktbezogenes Eigenkapital, Wiesbaden 1993 (zitiert: *Büsselmann*, Bankenaufsicht)

Cambridge Centre for Alternative Finance, Entrenching Innovation, The 4th UK Alternative Finance Industry Report, abrufbar unter https://www.jbs.cam.ac.uk/faculty-research/centres/ alternative-finance/publications/entrenching-innovation/, zuletzt abgerufen am 01.12.2018 (zitiert: *Cambridge Centre for Alternative Finance*, 4th UK Alternative Finance Industry Report)

Cambridge Centre for Alternative Finance, The 5th UK Alternative Finance Industry Report, abrufbar unter https://www.jbs.cam.ac.uk/faculty-research/centres/alternative-finance/publica tions/5th-uk-alternative-finance-industry-report//, zuletzt abgerufen am 01.12.2018 (zitiert: *Cambridge Centre for Alternative Finance*, 5th UK Alternative Finance Industry Report)

Cambridge Centre for Alternative Finance, Expanding Horizons, The 3rd European Alternative Finance Industry Report, abrufbar unter https://www.jbs.cam.ac.uk/faculty-research/centres/ alternative-finance/publications/expanding-horizons/, zuletzt abgerufen am 01.12.2018 (zitiert: *Cambridge Centre for Alternative Finance*, 3rd European Alternative Finance Industry Report)

Canaris, Claus-Wilhelm, Inhaberschaft und Verfügungsbefugnis bei Bankkonten, NJW 1973, 825–833

Canaris, Claus-Wilhelm, Wandlungen im Schuldvertragsrecht – Tendenzen zu seiner „Materialisierung", AcP 200 (2000), 273–364

Casper, Matthias, Das Kleinanlegerschutzgesetz – zwischen berechtigtem und übertriebenem Paternalismus, ZBB 2015, 265–282

Casper, Matthias/*Möllers*, Caroline, Kennt der Darlehensvertrag nur Zinsen? – Überlegungen anlässlich der aktuellen Debatte um die AGB-rechtliche Zulässigkeit von Bearbeitungsentgelten, BKR 2014, 59–69

Casper, Matthias/*Terlau*, Matthias (Hrsg.), Zahlungsdiensteaufsichtsgesetz, München 2014 (zitiert: *Bearbeiter*, in: Casper/Terlau, ZAG)

Cecchetti, Stephen G./*Schoenholtz*, Kermit, Money, Banking, and Financial Markets, 4. Auflage, New York 2015

Chaffee, Eric C./*Rapp*, Geoffrey C., Regulating Online Peer-to-Peer Lending in the Aftermath of Dodd–Frank: In Search of an Evolving Regulatory Regime for an Evolving Industry, Wash. Lee L. Review, Vol. 69 (2), 2012, 485–533

Cornelius, Kai, Vertragsabschluss durch autonome elektronische Agenten, MMR 2002, 353–358

Danwerth, Christoph, Crowdinvesting – Ist das Kleinanlegerschutzgesetz das junge Ende einer innovativen Finanzierungsform?, ZBB 2016, 20–39

De Roure, Calebe/*Pelizzon*, Loriana/*Tasca*, Paolo, How does P2P lending fit into the consumer credit market?, Deutsche Bundesbank Discussion Paper No 30/2016, abrufbar unter https://www.bundesbank.de/resource/blob/704046/b53dc281b4666672e6d526a35e50fd50/mL/201 6-08-12-dkp-30-data.pdf, zuletzt abgerufen am 01.12.2018 (zitiert: *De Roure/Pelizzon/Tasca*, Deutsche Bundesbank Discussion Paper 30/2016)

Deckenbrock, Christian/*Henssler*, Martin (Hrsg.), Rechtsdienstleistungsgesetz, 4. Auflage, München 2015 (zitiert: *Bearbeiter*, in: Deckenbrock/Henssler, RDG)

Derleder, Peter/*Knops*, Kai-Oliver/*Bamberger*, Heinz Georg (Hrsg.), Deutsches und europäisches Bank- und Kapitalmarktrecht, Band 1, 3. Auflage, Berlin u. a. 2017 (zitiert: *Bearbeiter*, in: Derleder/Knops/Bamberger, Bank- und Kapitalmarktrecht)

Dorfleitner, Gregor/*Hornuf*, Lars, FinTech-Markt in Deutschland, abrufbar unter http://www.bundesfinanzministerium.de/Content/DE/Standardartikel/Themen/Internationales_Finanzmarkt/2016-11-21-Gutachten-Langfassung.pdf?__blob=publicationFile&v=1, zuletzt abgerufen am 01.12.2018 (zitiert: *Dorfleitner/Hornuf*, FinTech-Markt in Deutschland)

Dreyer, Heinrich/*Lamm*, Christian-Peter/*Müller*, Thomas (Hrsg.), Rechtsdienstleistungsgesetz mit Einführungsgesetz und Rechtsdienstleistungsverordnung, Berlin 2009 (zitiert: *Bearbeiter*, in: Dreyer/Lamm/Müller, RDG)

EBA, Opinion of the European Banking Authority on lending-based crowdfunding, EBA/Op/2015/03 (zitiert: *EBA*, lending-based crowdfunding)

Ebenroth, Thomas (Begr.)/*Boujong*, Karlheinz (Begr.)/*Joost*, Detlev (Hrsg.)/*Strohn*, Lutz (Hrsg.), Handelsgesetzbuch, Band 2, 3. Auflage, München 2015 (zitiert: *Bearbeiter*, in: Ebenroth/Boujong/Joost/Strohn, HGB)

Erman, Walter (Begr.), Bürgerliches Gesetzbuch, Band 1, 10. Auflage, Köln 2000 (zitiert: *Bearbeiter*, in: Erman, BGB, 10. Auflage)

Erman, Walter (Begr.), Bürgerliches Gesetzbuch, Band 1, 14. Auflage, Köln 2014 (zitiert: *Bearbeiter*, in: Erman, BGB, 14. Auflage)

Erman, Walter (Begr.), Bürgerliches Gesetzbuch, Band 1, 15. Auflage, Köln 2017 (zitiert: *Bearbeiter*, in: Erman, BGB)

ESMA, Leitlinien und Empfehlungen zum Geltungsbereich der CRA-Verordnung, ESMA/2013/720, abrufbar unter https://www.esma.europa.eu/sites/default/files/library/2015/11/

esma_2013_00650000_de_tra.pdf, zuletzt abgerufen am 01.12.2018 (zitiert: *ESMA*, Leitlinien Geltungsbereich CRA-Verordnung)

Europäische Kommission, Kommission will stärkere und verantwortungsvollere Banken in Europa, IP/11/915, abrufbar unter http://europa.eu/rapid/press-release_IP-11-915_de.htm, zuletzt abgerufen am 01.12.2018 (zitiert: *Europäische Kommission*, IP/11/915)

European Crowdfunding Network, Review of Crowdfunding Regulation 2017, 2017, abrufbar unter https://eurocrowd.org/2017/10/26/ecn-review-crowdfunding-regulation-2017/, zuletzt abgerufen am 01.12.2018 (zitiert: *European Crowdfunding Network*, Crowdfunding Regulation 2017)

Faber, Wolfgang von, Elemente verschiedener Verbraucherbegriffe in EG-Richtlinien, zwischenstaatlichen Übereinkommen und nationalem Zivil- und Kollisionsrecht, ZEuP 1998, 854–892

FBKP, siehe: *Kaulbach*, Detlef/*Bähr*, Gunne/*Pohlmann*, Petra/*Bürkle*, Jürgen/*Göertz*, Susann (Hrsg.)

Fekonja, Benjamin, BaFin-Verlautbarungen, Baden-Baden 2014

Fest, Alexander, Zwecke, Ansätze und Effizienz der Regulierung von Banken, Berlin 2008 (zitiert: *Fest*, Regulierung von Banken)

Fett, Torsten, Der Regierungsentwurf zum Kleinanlegerschutzgesetz, KSzW 2015, 139–147

FK-WpPG, siehe: *Berrar*, Carsten/*Meyer*, Andreas/*Müller*, Cordula/*Schnorbus*, York/*Singhof*, Bernd/*Wolf*, Christoph (Hrsg.)

Flume, Werner, Allgemeiner Teil des Bürgerlichen Rechts, 2. Band, Das Rechtsgeschäft, 4. Auflage, Berlin u.a. 1992 (zitiert: *Flume*, Allgemeiner Teil Bd. 2)

Friauf, Karl Heinrich (Hrsg.), Kommentar zur Gewerbeordnung, Stand: November 2018, Köln (zitiert: *Bearbeiter*, in: Friauf, GewO)

Fuchs, Andreas (Hrsg.), Wertpapierhandelsgesetz, 2. Auflage, München 2016 (zitiert: *Bearbeiter*, in: Fuchs, WpHG)

Funken, Thora Katharina, Übertragung von Darlehensforderungen durch Kreditinstitute, Hamburg 2011 (zitiert: *Funken*, Übertragung von Darlehensforderungen)

Gaitanides, Charlotte, Das Recht der Europäischen Zentralbank, Tübingen 2005 (zitiert: *Gaitanides*, Europäische Zentralbank)

Geibel, Stefan J., Treuhandrecht als Gesellschaftsrecht, Tübingen 2008

Gitter, Rotraud/*Roßnagel*, Alexander, Rechtsfragen mobiler Agentensysteme im E-Commerce, K&R 2003, 64–72

Gorton, Gary B./*Metrick*, Andrew, Securitized Banking and the Run on Repo, Yale ICF Working Paper No. 09–14, abrufbar unter https://ssrn.com/abstract=1440752, zuletzt abgerufen am 01.12.2018 (zitiert: *Gorton/Metrick*, Securitized Banking)

Grimm, Annemarie, Bericht über den Bankrechtstag am 26. Juni 2015 in Frankfurt a.M., WM 2015, 1497–1505

Groß, Wolfgang, Kapitalmarktrecht, 6. Auflage, München 2016

Gsell, Beate/*Krüger*, Wolfgang/*Lorenz*, Stephan/*Mayer*, Jörg (Hrsg.), beck-online.GROSS-KOMMENTAR, Stand: Oktober 2018, München (zitiert: *Bearbeiter*, in: BeckOGK-BGB)

Gunkel, Sophie/*Richter*, Thomas: Banken im Spannungsfeld regulatorischer Anforderungen und der Weiterentwicklung ihrer Geschäftsmodelle, Bericht über den Bankrechtstag am 24. Juni 2016 in Frankfurt a. M., WM 2016, 1517–1528

Günther, Marcus, Systemrelevanz von Finanzinstituten, WM 2010, 825–831

Habersack, Mathias, Rechtsfragen des Emittenten-Ratings, ZHR 169 (2005), 185–211

Habersack, Mathias/*Mülbert*, Peter O./*Schlitt*, Michael (Hrsg.), Handbuch der Kapitalmarktinformation, 2. Auflage, München 2013 (zitiert: *Bearbeiter*, in: Habersack/Mülbert/Schlitt, Hdb-Kapitalmarktinformation)

Hammen, Horst, Anmerkung zu VG Frankfurt, Urt. v. 19. 06. 2008 – 1 E 2566/07, WuB I L 1. § 37 KWG 1.09, 695–697

Hammen, Horst, KWG-rechtliche und EG-rechtliche Aspekte des Kreditgeschäfts in § 1 Abs. 1 Satz 2 Nr. 2 KWG, WM 1998, 741–748

Hartmann, Bernd, Digitale Ökonomie am Beispiel der Fintechs, BKR 2017, 321–327

Hartmann-Wendels, Thomas/*Pfingsten*, Andreas/*Weber*, Martin, Bankbetriebslehre, 6. Auflage, Berlin u. a. 2015

Heiderhoff, Bettina, Grundstrukturen des nationalen und europäischen Verbrauchervertragsrechts, München 2004 (zitiert: *Heiderhoff*, Grundstrukturen)

Heisterhagen, Christoph/*Conreder*, Christian, Die Regulierung des grauen Kapitalmarktes durch das Kleinanlegerschutzgesetz – Ein Überblick, DStR 2015, 1929–1934

Henke, Matthias, Zum einlagenlosen Einlagengeschäft im Kreditwesengesetz – Über die Reichweite des Einlagengeschäfts und das Verhältnis von Bankaufsichts- und Gesellschaftsrecht –, WM 2010, 2157–2163

Henssler, Martin/*Prütting*, Hanns, Bundesrechtsanwaltsordnung, 4. Auflage, München 2014 (zitiert: *Bearbeiter*, in: Henssler/Prütting, BRAO)

Herr, Sascha/*Bantleon*, Ulrich, Crowdinvesting als alternative Unternehmensfinanzierung – Grundlagen und Marktdaten in Deutschland, DStR 2015, 532–539

Herzog, Rainer, Die unselbstständige Stiftung des bürgerlichen Rechts, Baden-Baden 2006 (zitiert: *Herzog*, Unselbstständige Stiftung)

Heuer, Jan Frederik, Die Regulierung von Crowdinvesting durch das Kleinanlegerschutzgesetz (zitiert: *Heuer*, Crowdinvesting)

Hoeren, Thomas/*Sieber*, Ulrich/*Holznagel*, Bernd (Hrsg.), Handbuch Multimediarecht, Stand: Januar 2018, München (zitiert: *Bearbeiter*, in: Hoeren/Sieber/Holznagel, MultimediaR)

Holzborn, Timo (Hrsg.), WpPG, 2. Auflage, Berlin 2014 (zitiert: *Bearbeiter*, in: Holzborn, WpPG)

Hopt, Klaus/*Wohlmannstetter*, Gottfried (Hrsg.), Handbuch Corporate Governance von Banken, München 2011 (zitiert: *Bearbeiter*, in: Hopt/Wohlmannstetter, Corporate Governance)

Horn, Norbert, Werksparkassenverbot und Vermögensbildung durch Belegschaftsdarlehen und -obligationen, ZGR 1976, 435–446

Hübner, Heinz, Allgemeiner Teil des Bürgerlichen Gesetzbuchs, 2. Auflage, Berlin 1995 (zitiert: *Hübner*, BGB AT)

Jamin, Gösta, Crowdlending-Plattformen, WiSt 2015, 215–217

Just, Clemens/*Voß*, Thorsten/*Ritz*, Corinna/*Becker*, Ralf (Hrsg.), Wertpapierhandelsgesetz, München 2015 (zitiert: *Bearbeiter*, in: Just/Voß/Ritz/Becker, WpHG)

Just, Clemens/*Voß*, Thorsten/*Ritz*, Corinna/*Zeising*, Michael (Hrsg.), Wertpapierprospektgesetz (WpPG) und EU-Prospektverordnung, München 2009 (zitiert: *Bearbeiter*, in: Just/Voß/Ritz/ Zeising, WpPG)

Kaulbach, Detlef/*Bähr*, Gunne/*Pohlmann*, Petra/*Bürkle*, Jürgen/*Göertz*, Susann, Versicherungsaufsichtsgesetz, 5. Auflage, München 2012 (zitiert: *Bearbeiter*, in: FKBP, VAG)

Kirby, Eleanor/*Worner*, Shane, Crowd-funding: An Infant Industry Growing Fast, IOSCO Staff Working Paper 3/2014, abrufbar unter https://www.iosco.org/library/pubdocs/pdf/IO SCOPD459.pdf, zuletzt abgerufen am 01.12.2018 (zitiert: *Kirby/Worner*, Crowd-funding)

Kleine-Cosack, Michael, Rechtsdienstleistungsgesetz, 3. Auflage, Heidelberg u.a. 2014 (zitiert: *Kleine-Cosack*, RDG)

Klöhn, Lars, Die neue Prospektfreiheit „kleiner" Wertpapieremissionen unter 8 Mio €, ZIP 2018, 1713–1721

Klöhn, Lars, Kapitalmarkt, Spekulation und Behavioral Finance, Berlin 2006

Klöhn, Lars, Regulierung des Crowdinvesting-Marktes zum Ende der 18. Legislaturperiode, ZIP 2017, 2125–2133

Klöhn, Lars/*Hornuf*, Lars, Crowdinvesting in Deutschland, ZBB 2012, 237–266

Klöhn, Lars/*Hornuf*, Lars, Die Regelung des Crowdfunding im RegE des Kleinanlegerschutzgesetzes, DB 2015, 47–53

KMRK, siehe: *Schwark*, Eberhard/*Zimmer*, Daniel (Hrsg.)

Koenig, Ulrich (Hrsg.), Abgabenordnung, 3. Auflage, München 2014 (zitiert: *Bearbeiter*, in: Koenig, AO)

Kohtamäki, Natalia, Die Reform der Bankenaufsicht in der Europäischen Union, Tübingen 2012 (zitiert: *Kohtamäki*, Reform der Bankenaufsicht)

Kollhosser, Helmut, Die Verfügungsbefugnis bei sog. Sperrkonten, ZIP 1984, 389–397

Kölner Kommentar zum WpHG, hrsg. von *Hirte*, Heribert/*Möllers*, Thomas M. J., 2. Auflage, Köln 2014 (zitiert: *Bearbeiter*, in: KK-WpHG)

Koos, Stefan, Fiduziarische Person und Widmung, München 2004

Körner, Eberhard, Schutz des Publikums bei Verstößen gegen die Verbots- und Genehmigungsvorschriften des Kreditwesengesetzes und des Versicherungsaufsichtsgesetzes, ZHR 131 (1968), 127–149

Krämer, Gregor, Ziele, Adressaten und Risiken der Bankenaufsicht, Saarbrücken 2000 (zitiert: *Krämer*, Bankenaufsicht)

Kramer, Rainer, Der Verstoß gegen ein gesetzliches Verbot und die Nichtigkeit von Rechtsgeschäften (§ 134 BGB), Diss. Mainz 1976 (zitiert: *Kramer*, Verstoß gegen ein gesetzliches Verbot)

Krenzler, Michael (Hrsg.), Rechtsdienstleistungsgesetz, 2. Auflage, Baden-Baden 2017 (zitiert: *Bearbeiter*, in: Krenzler, RDG)

Krümmel, Hans-Jacob, Bankenaufsichtsziele und Eigenkapitalbegriff, Frankfurt a. M. 1983 (zitiert: *Krümmel*, Bankenaufsichtsziele)

Krümmel, Hans-Jacob, Bankpolitische Normen und ihre Wirkungen auf das Bankgeschäft, KuK 1975, 524–548

Krümmel, Hans-Jacob, Liquiditätssicherung im Bankwesen, KuK 1968, 247–307

Kümpel, Siegfried (Begr.)/*Wittig*, Arne (Hrsg.), Bank- und Kapitalmarktrecht, 4. Auflage, Köln 2011 (zitiert: *Bearbeiter*, in: Kümpel/Wittig, Bank- und Kapitalmarktrecht)

Landmann, Robert von/*Rohmer*, Gustav (Begr.), Gewerbeordnung und ergänzende Vorschriften, Stand: April 2018, München (zitiert: *Bearbeiter*, in: Landmann/Rohmer, GewO)

Langenbucher, Katja, Kredithandel nach dem Risikobegrenzungsgesetz, NJW 2008, 3169–3173

Langenbucher, Katja/*Bliesener*, Dirk H./*Spindler*, Gerald (Hrsg.), Bankrechts-Kommentar, 2. Auflage, München 2016

Larenz, Karl, Lehrbuch des Schuldrechts, Band II, Halbband 1, 13. Auflage, München 1986 (zitiert: *Larenz*, Schuldrecht II/1)

Lenenbach, Markus, Kapitalmarkt- und Börsenrecht, 2. Auflage, Köln 2010 (zitiert: *Lenenbach*, Kapitalmarktrecht)

Lenz, Rainer, Peer-to-Peer Lending – Opportunities and Risks, abrufbar unter https://ssrn.com/abstract=2912164, zuletzt abgerufen am 01.12.2018 (zitiert: *Lenz*, Peer-to-Peer lending)

Looschelders, Dirk/*Pohlmann*, Petra (Hrsg.), Versicherungsvertragsgesetz, 3. Auflage, Köln 2016 (Bearbeiter, in: Looschelders/Pohlmann, VVG)

Lünterbusch, Armin, Die privatrechtlichen Auswirkungen des Gesetzes über das Kreditwesen auf Einlagen- und Kreditgeschäfte, Köln 1968 (zitiert: *Lünterbusch*, Einlagen- und Kreditgeschäfte)

Luz, Günther/*Neus*, Werner/*Schaber*, Mathias/*Schneider*, Peter/*Wagner*, Claus-Peter/*Weber*, Max (Hrsg.), KWG und CRR, Band 1, 3. Auflage, Stuttgart 2015 (zitiert: *Bearbeiter*, in: Luz/Neus, KWG)

Macchiavello, Eugenia, Peer-to-Peer Lending and the ‚Democratization‘ of Credit Markets: Another Financial Innovation Puzzling Regulators, Colum. J. Eur. L., 21 (2015) 521–586

Mai, Jens, Die Teilnichtigkeit unerlaubt betriebener Einlagengeschäfte, ZBB 2010, 222–231

Mankiw, Gregory Nicholas/*Taylor*, Mark Peter, Grundzüge der Volkswirtschaftslehre, 7. Auflage, Stuttgart 2018 (zitiert: *Mankiw/Taylor*, Volkswirtschaftslehre)

Medicus, Dieter/*Petersen*, Jens, Allgemeiner Teil des BGB, 11. Auflage, Heidelberg 2016 (zitiert: *Medicus/Petersen*, BGB AT)

Meller-Hannich, Caroline, Verbraucherschutz im Schuldvertragsrecht, Tübingen 2005 (zitiert: *Meller-Hannich*, Verbraucherschutz)

Milne, Alistair/*Parboteeah*, Paul, The Business Models and Economics of Peer-to-Peer Lending, ECRI Research Report No 17, Brüssel 2016, abrufbar unter https://ssrn.com/abstract=2763682, zuletzt abgerufen am 01. 12. 2018, (zitiert: *Milne/Parboteeah*, Peer-to-Peer Lending)

Mishkin, Frederic S./*Eakings*, Stanley G., Financial Markets and Institutions, 9. Auflage, New York 2018

Mitschke, Ulf, „Kreditauktionen" im Internet und die bankaufsichtsrechtliche Erlaubnispflicht der Beteiligten, BaFinJournal 05/2007, 3–5

Moenninghoff, Sebastian/*Wieandt*, Axel, The Future of Peer-to-Peer Finance, ZFBF 2013, 466–487

Moloney, Niamh/*Ferran*, Eilís/*Payne*, Jennifer, The Oxford Handbook of Financial Regulation, Oxford 2015 (zitiert: *Bearbeiter*, in: Moloney/Ferran/Payne, Oxford Handbook of Financial Regulation)

Monopolkommission, Hauptgutachten XXI: Wettbewerb 2016, abrufbar unter https://www.monopolkommission.de/images/HG21/HGXXI_Gesamt.pdf, zuletzt abgerufen am 01. 12. 2018 (zitiert: *Monopolkommission*, Hauptgutachten XXI [2016])

Möschel, Wernhard, Das Wirtschaftsrecht der Banken, Frankfurt a. M. 1972 (zitiert: *Möschel*, Wirtschaftsrecht)

Möschel, Wernhard, Eine Systematik von Bankenregulierungszielen, in: Marcus Lutter/Hans-Joachim Mertens/Peter Ulmer (Hrsg.), Festschrift für Walter Stimpel zum 68. Geburtstag, Berlin 1985, S. 1065–1085

Möslein, Florian/*Omlor*, Sebastian, Die europäische Agenda für innovative Finanztechnologien (FinTech), BKR 2018, 236–243

Mülbert, Peter O., Die Auswirkungen der Schuldrechtsmodernisierung im Recht des „bürgerlichen" Darlehensvertrags, WM 2002, 465–476

Müller, Werner A., Bankenaufsicht und Gläubigerschutz: Eine Analyse von Regulierungs- und Aufsichtsvorschriften für Kreditinstitute, Baden-Baden 1981 (zitiert: *Müller*, Bankenaufsicht)

Müller-Schmale, Verena, Crowdfunding: Aufsichtsrechtliche Pflichten und Verantwortung des Anlegers, BaFinJournal 06/2014, 10–14

Münchener Handbuch des Gesellschaftsrechts, hrsg. von *Gummert*, Hans/*Weipert*, Lutz, Band 1, 4. Auflage, München 2014 (zitiert: *Bearbeiter*, in: MüHdb-GesR I)

Münchener Kommentar zum Bürgerlichen Gesetzbuch, hrsg. von *Säcker*, Franz Jürgen/*Rixecker*, Roland/*Oetker*, Hartmut, Band 1, 6. Auflage, München 2012 (zitiert: *Bearbeiter*, in: MüKo-BGB, 6. Auflage)

Münchener Kommentar zum Bürgerlichen Gesetzbuch, hrsg. von *Säcker*, Franz Jürgen/*Rixecker*, Roland/*Oetker*, Hartmut/*Limpberg*, Bettina, Band 2, 7. Auflage, München 2016 (zitiert: *Bearbeiter*, in: MüKo-BGB)

Münchener Kommentar zum Bürgerlichen Gesetzbuch, hrsg. von *Säcker*, Franz Jürgen/*Rixecker*, Roland/*Oetker*, Hartmut/*Limpberg*, Bettina, Band 3, 7. Auflage, München 2016 (zitiert: *Bearbeiter*, in: MüKo-BGB)

Münchener Kommentar zum Bürgerlichen Gesetzbuch, hrsg. von *Säcker*, Franz Jürgen/*Rixecker*, Roland/*Oetker*, Hartmut/*Limpberg*, Bettina, Band 3a, 7. Auflage, München 2017 (zitiert: *Bearbeiter*, in: MüKo-BGB)

Münchener Kommentar zum Bürgerlichen Gesetzbuch, hrsg. von *Säcker*, Franz Jürgen/*Rixecker*, Roland/*Oetker*, Hartmut/*Limpberg*, Bettina, Band 5/2, 7. Auflage, München 2017 (zitiert: *Bearbeiter*, in: MüKo-BGB)

Münchener Kommentar zum Bürgerlichen Gesetzbuch, hrsg. von *Säcker*, Franz Jürgen/*Rixecker*, Roland/*Oetker*, Hartmut/*Limpberg*, Bettina, Band 6, 7. Auflage, München 2017 (zitiert: *Bearbeiter*, in: MüKo-BGB)

Münchener Kommentar zum Bürgerlichen Gesetzbuch, hrsg. von *Säcker*, Franz Jürgen/*Rixecker*, Roland/*Oetker*, Hartmut/*Limpberg*, Bettina, Band 1, 8. Auflage, München 2018 (zitiert: *Bearbeiter*, in: MüKo-BGB)

Münchener Kommentar zum Handelsgesetzbuch, hrsg. von *Schmidt*, Karsten, Band 3, 3. Auflage, München 2012 (zitiert: *Bearbeiter*, in: MüKo-HGB)

Münchener Kommentar zum Handelsgesetzbuch, hrsg. von *Schmidt*, Karsten, Band 4, 3. Auflage, München 2014 (zitiert: *Bearbeiter*, in: MüKo-HGB)

Münchener Kommentar zum Handelsgesetzbuch, hrsg. von *Schmidt*, Karsten, Band 6, 3. Auflage, München 2014 (zitiert: *Bearbeiter*, in: MüKo-HGB)

Münchener Kommentar zum Versicherungsvertragsgesetz, Band 1, hrsg. von *Langheid*, Theo/*Wandt*, Manfred, 2. Auflage, München 2016 (zitiert: *Bearbeiter*, in: MüKo-VVG)

Niethammer, Thomas, Die Ziele der Bankenaufsicht in der Bundesrepublik Deutschland, Berlin 1990 (zitiert: *Niethammer*, Ziele der Bankenaufsicht)

Nietsch, Michael/*Eberle*, Nicolas, Grundsatzfragen der Regulierung internetgestützter Alternativ-Finanzierungen (Online Alternative Finance) unter Berücksichtigung der Entwicklungen in Großbritannien und den Vereinigten Staaten, ZVglRWiss 2017, 205–229

NomosKommentar zum BGB, hrsg. von *Dauner-Lieb*, Barbara/*Heidel*, Thomas/*Ring*, Gerhard, Band 1, 3. Auflage, Baden-Baden 2016 (zitiert: *Bearbeiter*, in: NK-BGB)

NomosKommentar zum BGB, hrsg. von *Dauner-Lieb*, Barbara/*Heidel*, Thomas/*Ring*, Gerhard, Band 2/2, 3. Auflage, Baden-Baden 2016 (zitiert: *Bearbeiter*, in: NK-BGB)

Oetker, Hartmut/*Maultzsch*, Felix, Vertragliche Schuldverhältnisse, 4. Auflage, Berlin u. a. 2013

Palandt, Otto, Bürgerliches Gesetzbuch, 77. Auflage, München 2018 (zitiert: *Bearbeiter*, in: Palandt, BGB)

Park, Tido (Hrsg.), Kapitalmarktstrafrecht, 4. Auflage, Baden-Baden 2017 (zitiert: *Bearbeiter*, in: Park, Kapitalmarktstrafrecht)

Pielow, Johann-Christian (Hrsg.), BeckOK Gewerberecht, Stand: Oktober 2018, München (zitiert: *Bearbeiter*, in: BeckOK-GewO)

Pilbeam, Keith, Finance & Financial Markets, 3. Auflage, Hampshire (New York) 2010 (zitiert: *Pilbeam*, Financial Markets)

Poelzig, Dörte, Erleichterungen der Prospektpflicht zur Anpassung an die EU-Prospektverordnung, BKR 2018, 357–366

Polke, Tobias, Crowdlending oder Disintermediation in der Fremdkapitalvergabe, Berlin 2017 (zitiert: *Polke*, Crowdlending)

Prölss, Erich (Begr.)/*Martin*, Anton (Hrsg.), Versicherungsvertragsgesetz, 30. Auflage, München 2018 (zitiert: *Bearbeiter*, in: Prölss/Martin, VVG)

Prölss, Erich (Begr.)/*Dreher*, Meinrad (Hrsg.), Versicherungsaufsichtsgesetz, 13. Auflage, München 2018 (zitiert: *Bearbeiter*, in: Prölss/Dreher, VAG)

Prütting, Hanns/*Wegen*, Gerhard/*Weinreich*, Gerd (Hrsg.), Bürgerliches Gesetzbuch, 13. Auflage, Köln 2018 (zitiert: *Bearbeiter*, in: PWW, BGB)

Redeker, Helmut, IT-Recht, 6. Auflage, München 2016

Reich, Norbert/*Micklitz*, Hans-Wolfgang, Europäisches Verbraucherrecht, 4. Auflage, Baden-Baden 2003

Reischauer, Friedrich/*Kleinhans*, Joachim (Begr.), Kreditwesengesetz, Stand: Oktober 2018, München (zitiert: *Bearbeiter*, in: Reischauer/Kleinhans, KWG)

Renner, Moritz, „Banking Without Banks"? Rechtliche Rahmenbedingungen des Peer-to-Peer Lending, ZBB 2014, 261–273

Renner, Moritz, Peer-to-peer lending in Germany, EuCML 2016, 224–226

Ricke, Markus/*Rudolph*, Kai, Stichwort: Einlagensicherung, BKR 2002, 899–903

Riethmüller, Tobias, Auswirkungen des Kleinanlegerschutzgesetzes auf die Praxis der bankenunabhängigen Finanzierung, das Crowdinvesting und Crowdlending, DB 2015, 1451–1457

Rohe, Mathias/*Lischek*, Jan, Haftung für bankinterne Ratings, WM 2006, 1933–1940

Rüffer, Wilfried/*Halbach*, Dirk/*Schimikowski*, Peter (Hrsg.), Versicherungsvertragsgesetz, 3. Auflage, Baden-Baden 2015 (zitiert: *Bearbeiter*, in: Rüffer/Halbach/Schimikowski, VVG)

Ruhl, Alexander, Das Einlagengeschäft nach dem Kreditwesengesetz, Baden-Baden 2005 (zitiert: *Ruhl*, Einlagengeschäft)

Sachs, Michael/*Schmitz*, Heribert (Hrsg.), Verwaltungsverfahrensgesetz, 9. Auflage, München 2018 (zitiert: *Bearbeiter*, in: Stelkens/Bonk/Sachs, VwVfG)

Sachverständigenrat zur Begutachtung der gesamtwirtschaftlichen Entwicklung, Das Erreichte nicht verspielen, Jahresgutachten 2007/08, abrufbar unter https://www.sachverstaendigenrat-wirtschaft.de/86.html, zuletzt abgerufen am 01.12.2018 (zitiert: *Sachverständigenrat*, Jahresgutachten 2007/2008)

Schäfer, Frank, Wohnimmobilienkreditrichtlinie. Geschichte und Umsetzung im Verbraucherdarlehensrecht, VuR 2014, 207–216

Schantz, Peter, Die zivilrechtliche Verantwortlichkeit von Ratingagenturen gegenüber Investoren, Berlin 2015 (zitiert: *Schantz*, Verantwortlichkeit von Ratingagenturen)

Schedensack, Jasper, Crowdinvesting: Phänomen – Rechtsbeziehungen – Regulierung, Berlin 2018 (zitiert: *Schedensack*, Crowdinvesting)

Schierenbeck, Henner, Ertragsorientiertes Bankmanagement, 4. Auflage, Wiesbaden 1994 (zitiert: *Schierenbeck*, Bankmanagement)

Schimansky, Herbert/*Bunte*, Hermann-Josef/*Lwowski*, Hans-Jürgen (Hrsg.), Bankrechtshandbuch, Band I, 5. Auflage, München 2017 (zitiert: *Bearbeiter*, in: Schimansky/Bunte/ Lwowski, BankR-Hdb)

Schimansky, Herbert/*Bunte*, Hermann-Josef/*Lwowski*, Hans-Jürgen (Hrsg.), Bankrechtshandbuch, Band II, 5. Auflage, München 2017 (zitiert: *Bearbeiter*, in: Schimansky/Bunte/ Lwowski, BankR-Hdb)

Schlüter, Andreas/*Stolte*, Stefan, Stiftungsrecht, 3. Auflage, München 2016

Schmolke, Klaus Ulrich, Grenzen der Selbstbindung im Privatrecht, Tübingen 2014 (zitiert: *Schmolke*, Grenzen der Selbstbindung)

Schneider, Manfred, KWG-Kommentar, 3. Auflage, München 1986 (zitiert: *M. Schneider*, KWG)

Schneider, Uwe H., Ist die Annahme von Gesellschafterdarlehen ein „erlaubnisbedürftiges Bankgeschäft"?, DB 1991, 1865–1869

Scholz-Fröhling, Sabine, FinTechs und die bankaufsichtsrechtlichen Lizenzpflichten, BKR 2017, 133–139

Schönleiter, Ulrich, Internetauktionen sind keine Versteigerungen i.S.d. § 34b GewO – Beschluss des Bund-Länder-Ausschusses „Gewerberecht", GewArch 2000, 49–50

Schork, Ludwig, Gesetz über das Kreditwesen, Köln u. a. 1965 (zitiert: *Schork*, KWG)

Schürnbrand, Jan, Die Richtlinie über Wohnimmobilienkreditverträge für Verbraucher, ZBB 2014, 168–178

Schürnbrand, Jan, Gestaltungsrechte als Verfügungsgegenstand, AcP 204 (2004), 177–207

Schwark, Eberhard, Anlegerschutz durch Wirtschaftsrecht, München 1979 (zitiert: *Schwark*, Anlegerschutz)

Schwark, Eberhard/*Zimmer*, Daniel (Hrsg.), Kapitalmarktrechts-Kommentar, 4. Auflage, München 2010 (zitiert: *Bearbeiter*, in: KMRK)

Schweinitz, Oliver von, Die Haftung von Ratingagenturen, WM 2008, 953–959

Schwennicke, Andreas, Vergabe privater Darlehen und Erlaubnispflicht nach dem KWG, WM 2010, 542–550

Schwennicke, Andreas/*Auerbach*, Dirk (Hrsg.), Kreditwesengesetz (KWG) mit Zahlungsdiensteaufsichtsgesetz (ZAG) und Finanzkonglomerate-Aufsichtsgesetz (FKAG), 3. Auflage, München, 2016 (zitiert: *Bearbeiter*, in: Schwennicke/Auerbach, KWG)

Schwintowski, Hans-Peter (Hrsg.), Bankrecht, 5. Auflage, Köln 2018

Seifart, Werner (Begr.)/*Richter, Andreas* (Hrsg.), Stiftungsrechts-Handbuch, 4. Auflage, München 2014 (zitiert: *Bearbeiter*, in: Seifart/Richter, StiftungsR-Hdb)

Seifert, Ekkehard, Privilegierung und Regulierung im Bankwesen, Baden-Baden 1984 (zitiert: *Seifert*, Bankwesen)

Sester, Peter, Fallen Anteile an Geschlossenen Fonds unter den Wertpapierbegriff der MiFID bzw. des FRUG?, ZBB 2008, 369–383

Sester, Peter/*Nitschke*, Tanja, Software-Agent mit Lizenz zum ...? Vertragsschluss und Verbraucherschutz beim Einsatz von Softwareagenten, CR 2004, 548–554

Siekmann, Helmut (Hrsg.), Kommentar zur Europäischen Währungsunion, Tübingen 2013 (zitiert: *Bearbeiter*, in: Siekmann, EWU-Kommentar)

Siering, Lea Maria/*Izzo-Wagner*, Anna Lucia (Hrsg.), VermAnlG, Berlin 2017 (zitiert: *Bearbeiter*, in: Siering/Izzo-Wagner, VermAnlG)

Söbbing, Thomas, FinTechs: Rechtliche Herausforderungen bei den Finanztechnologien der Zukunft, BKR 2016, 360–366

Solms-Laubach, Georg Graf zu/*Mihova*, Stanislava, Übersicht über die aufsichtsrechtliche Regulierung von alternativen Finanzierungen nach Inkrafttreten des KAGB und des Kleinanlegerschutzgesetzes, DStR 2015, 1872–1877

Soergel, Hans Theodor (Begr.), Bürgerliches Gesetzbuch, Band 4/1, 12. Auflage, Stuttgart 1998 (zitiert: *Bearbeiter*, in: Soergel, BGB, 12. Auflage)

Soergel, Hans Theodor (Begr.), Bürgerliches Gesetzbuch, Band 2, 13. Auflage, Stuttgart 1999 (zitiert: *Bearbeiter*, in: Soergel, BGB)

Soergel, Hans Theodor (Begr.), Bürgerliches Gesetzbuch, Band 2a, 13. Auflage, Stuttgart 2002 (zitiert: *Bearbeiter*, in: Soergel, BGB)

Soergel, Hans Theodor (Begr.), Bürgerliches Gesetzbuch, Band 5/3, 13. Auflage, Stuttgart 2010 (zitiert: *Bearbeiter*, in: Soergel, BGB)

Soergel, Hans Theodor (Begr.), Bürgerliches Gesetzbuch, Band 7, 13. Auflage, Stuttgart 2014 (zitiert: *Bearbeiter*, in: Soergel, BGB)

Soergel, Hans Theodor (Begr.), Bürgerliches Gesetzbuch, Band 10, 13. Auflage, Stuttgart 2012 (zitiert: *Bearbeiter*, in: Soergel, BGB)

Söpper, Pascal, Crowdfunding, Münster 2016

Spindler, Gerald/*Schuster*, Fabian (Hrsg.), Recht der elektronischen Medien, 3. Auflage, München 2015 (zitiert: *Bearbeiter*, in: Spindler/Schuster, Elektronische Medien)

Spindler, Gerald/*Wiebe*, Andreas (Hrsg.), Internet-Auktionen und Elektronische Marktplätze, 2. Auflage, Köln 2005 (zitiert: *Bearbeiter*, in: Spindler/Wiebe, Elektronische Marktplätze)

Stadler, Rainer, Der rechtliche Handlungsspielraum des Europäischen Systems der Zentralbanken, Baden-Baden 1996 (zitiert: *Stadler*, Handlungsspielraum)

Staub, Hermann (Begr.), Handelsgesetzbuch, Dritter Band, Teil 3, Bankvertragsrecht, 3. Auflage, Berlin 1981 (zitiert: *Bearbeiter*, in: Staub, HGB, 2. Auflage)

Staub, Hermann (Begr.), Handelsgesetzbuch, Fünfter Band, Bankvertragsrecht, Erster Teil, 4. Auflage, Berlin 2005 (zitiert: *Bearbeiter*, in: Staub, HGB, 4. Auflage)

Staudinger, Julius von (Begr.), J. von Staudingers Kommentar zum Bürgerlichen Gesetzbuch mit Einführungsgesetz und Nebengesetzen, Buch 1, Einleitung zum BGB, §§ 1–14, VerschG, Neubearbeitung 2013, Berlin 2013 (zitiert: *Bearbeiter*, in: Staudinger, BGB)

Staudinger, Julius von (Begr.), J. von Staudingers Kommentar zum Bürgerlichen Gesetzbuch mit Einführungsgesetz und Nebengesetzen, Buch 1, §§ 90–124, §§ 130–133, Neubearbeitung 2017, Berlin 2017 (zitiert: *Bearbeiter*, in: Staudinger, BGB)

Staudinger, Julius von (Begr.), J. von Staudingers Kommentar zum Bürgerlichen Gesetzbuch mit Einführungsgesetz und Nebengesetzen, Buch 1, §§ 134–138, ProstG, Neubearbeitung 2017, Berlin 2017 (zitiert: *Bearbeiter*, in: Staudinger, BGB)

Staudinger, Julius von (Begr.), J. von Staudingers Kommentar zum Bürgerlichen Gesetzbuch mit Einführungsgesetz und Nebengesetzen, Buch 2, §§ 315–326, Neubearbeitung 2015, Berlin 2015 (zitiert: *Bearbeiter*, in: Staudinger, BGB)

Staudinger, Julius von (Begr.), J. von Staudingers Kommentar zum Bürgerlichen Gesetzbuch mit Einführungsgesetz und Nebengesetzen, Buch 2, §§ 397–432, Neubearbeitung 2017, Berlin 2017 (zitiert: *Bearbeiter*, in: Staudinger, BGB)

Staudinger, Julius von (Begr.), J. von Staudingers Kommentar zum Bürgerlichen Gesetzbuch mit Einführungsgesetz und Nebengesetzen, Buch 2, §§ 488–490, 607–609, Neubearbeitung 2015, Berlin 2015 (zitiert: *Bearbeiter*, in: Staudinger, BGB)

Staudinger, Julius von (Begr.), J. von Staudingers Kommentar zum Bürgerlichen Gesetzbuch mit Einführungsgesetz und Nebengesetzen, Buch 2, §§ 491–512, Neubearbeitung 2012, Berlin 2012 (zitiert: *Bearbeiter*, in: Staudinger, BGB)

Staudinger, Julius von (Begr.), J. von Staudingers Kommentar zum Bürgerlichen Gesetzbuch mit Einführungsgesetz und Nebengesetzen, Buch 2, §§ 516–534, Neubearbeitung 2013, Berlin 2013 (zitiert: *Bearbeiter*, in: Staudinger, BGB)

Staudinger, Julius von (Begr.), J. von Staudingers Kommentar zum Bürgerlichen Gesetzbuch mit Einführungsgesetz und Nebengesetzen, Buch 2, §§ 652–661a, Neubearbeitung 2016, Berlin 2016 (zitiert: *Bearbeiter*, in: Staudinger, BGB)

Staudinger, Julius von (Begr.), J. von Staudingers Kommentar zum Bürgerlichen Gesetzbuch mit Einführungsgesetz und Nebengesetzen, Buch 2, §§ 705–740, Neubearbeitung 2003, Berlin 2003 (zitiert: *Bearbeiter*, in: Staudinger, BGB)

Spremann, Klaus/*Gantenbein*, Pascal, Finanzmärkte, 4. Auflage, Konstanz u.a. 2017

Steden, Philip, Marktorientierte Bankenregulierung, Sternenfels 2002 (zitiert: *Steden*, Bankenregulierung)

Stelkens/Bonk/Sachs, VwVfG, siehe: *Sachs*, Michael/*Schmitz*, Heribert (Hrsg.)

Stemper, Marthe-Marie, Rechtliche Rahmenbedingungen des Ratings, Baden-Baden 2010 (zitiert: *Stemper*, Rahmenbedingungen des Ratings)

Stoll, Ralf, Die Abtretbarkeit von Darlehensforderungen durch eine Bank bzw. Sparkasse vor dem Hintergrund des Bankgeheimnisses und der §§ 134 BGB, 203 Abs. 2 Satz 1 Nr. 2 StGB, DZWIR 2010, 139–144

Streinz, Rudolf (Hrsg.), EUV/AEUV, 3. Auflage, München 2018 (zitiert: *Bearbeiter*, in: Streinz, EUV/AEUV)

Stützel, Wolfgang, Bankpolitik heute und morgen, Frankfurt a.M. 1964 (zitiert: *Stützel*, Bankpolitik)

Susat, Werner/*Stolzenburg*, G., Gedanken zur Automation, MDR 1957, 146–147

Szagunn, Volkhard/*Haug*, Ulrich/*Ergenzinger*, Wilhelm, Gesetz über das Kreditwesen, 6. Auflage, Stuttgart u.a. 1997 (zitiert: *Bearbeiter*, in: Szagunn/Haug/Ergenzinger, KWG)

Teichmann, Arndt, Aufklärungs- und Schutzpflichten gegenüber Verbrauchern, in: Günther Hönn/Horst Konzen/Peter Kreutz (Hrsg.), Festschrift für Alfons Kraft zum 70. Geburtstag, Neuwied u.a. 1998, S. 629–644

Teichmann, Arndt, Die Gesetzesumgehung, Göttingen 1962 (zitiert: *Teichmann*, Gesetzesumgehung)

Tettinger, Peter J./*Wank*, Rolf/*Ennuschat*, Jörg, Gewerbeordnung, 8. Auflage, München 2011 (zitiert: *Bearbeiter*, in: Tettinger/Wank/Ennuschat, GewO)

Tiffe, Achim, Die Zulässigkeit von Bearbeitungsgebühren bei Verbraucherdarlehen, VuR 2012, 127–133

Tipke, Klaus/*Kruse*, Heinrich Wilhelm (Begr.), Abgabenordnung, Köln, Stand: August 2018 (zitiert: *Bearbeiter*, in: Tipke/Kruse)

Uffmann, Katharina, „Der Schwarm im Bürgerlichen Recht" – Rechtsbeziehung zwischen Crowdinvesting-Plattform und Investor, JZ 2016, 928–937

Ulmer, Peter/*Habersack*, Mathias, Verbraucherkreditgesetz, 2. Auflage, München 1995 (zitiert: *Bearbeiter*, in: Ulmer/Habersack, VerbrKrG)

Veith, Julian, Crowdlending – Anforderungen an die rechtskonforme Umsetzung der darlehensweisen Schwarmfinanzierung, BKR 2016, 184–193

Vortmann, Jürgen, Verbraucherkreditgesetz, Stuttgart u. a. 1991

Welcker, Johannes, Neuordnung der Bankenaufsicht, Frankfurt a. M. 1978 (zitiert: *Welcker*, Neuordnung der Bankenaufsicht)

Wendt, Stefan, Peer-to-Peer Lending – Chancen und Risiken für Verbraucherinnen und Verbraucher, abrufbar unter http://www.svr-verbraucherfragen.de/wp-content/uploads/Wendt_Peer_to_Peer_Lending.pdf, zuletzt abgerufen am 01.12.2018 (zitiert: *Wendt*, Peer-to-Peer Lending)

Westphalen, Friedrich Graf von/*Emmerich*, Volker/*Rottenburg*, Franz von, Verbraucherkreditgesetz, 2. Auflage, Köln 1996 (zitiert: *Bearbeiter*, in: v. Westphalen/Emmerich/v. Rottenburg, VerbrKrG)

Wiebe, Andreas, Die elektronische Willenserklärung, Tübingen 2002 (zitiert: *Wiebe*, Elektronische Willenserklärung)

Will, Martin, Kleinanlegerschutzgesetz und Gewerbeordnung – Auswirkungen auf die Finanzanlagenvermittlung (§ 34f GewO) und Honorar-Finanzanlagenberatung (§ 34h GewO), GewArch 2015, 430–435

Will, Martin/*Quarch*, Benedikt, Der Kommissionsvorschlag einer EU-Crowdfunding Verordnung, WM 2018, 1481–1491

Wochner, Georg, Die unselbstständige Stiftung, ZEV 1999, 125–132

Wolf, Manfred/*Neuner*, Jörg, Allgemeiner Teil des Bürgerlichen Rechts, 11. Auflage, München 2016 (zitiert: *Wolf/Neuner*, BGB AT)

Zahn, Marcus, Überschuldungsprävention durch verantwortliche Kreditvergabe, Berlin 2011 (zitiert: *Zahn*, Verantwortliche Kreditvergabe)

Stichwortverzeichnis